“十二五”国家重点图书出版规划项目
2012年度国家出版基金项目

西方教育史经典名著译丛

单中惠 徐小洲/主编

The History of pedagogy

教育学史

〔法〕加布里埃尔·孔佩雷/著

张 瑜 王 强/译

山东教育出版社

图书在版编目(CIP)数据

教育学史/(法)孔佩雷著;张瑜,王强译.—济南:山东教育出版社,2013(2017 重印)
(西方教育史经典名著译丛/单中惠,徐小洲主编)
ISBN 978-7-5328-7745-4

Ⅰ.①教… Ⅱ.①孔…②张…③王… Ⅲ.①教育史—法国 Ⅳ.①G556.59

中国版本图书馆 CIP 数据核字(2013)第 037330 号

西方教育史经典名著译丛

单中惠　徐小洲　主编

教育学史

[法]加布里埃尔·孔佩雷　著

张　瑜　王　强　译

主　　管:山东出版传媒股份有限公司
出 版 者:山东教育出版社
（济南市纬一路 321 号　邮编:250001)
电　　话:(0531)82092664　传真:(0531)82092625
网　　址:www.sjs.com.cn
发 行 者:山东教育出版社
印　　刷:山东新华印刷厂潍坊厂
版　　次:2017 年 3 月第 1 版第 2 次印刷
规　　格:710mm×1000mm　16 开本
印　　张:32 印张
字　　数:450 千字
书　　号:ISBN 978-7-5328-7745-4
定　　价:65.00 元

(如印装质量有问题,请与印刷厂联系调换)
印厂电话:0536-2116806

“西方教育史经典名著译丛”总序

教育史蕴藏着教育智慧，教育史名著闪耀着人类教育智慧的光辉，因此，从教育史中可以寻找教育智慧的宝藏。教育是人类社会的一个永恒课题，在教育发展的过程中，不同历史时期不同国家的思想家和教育家，或在自己教育实践的基础上，或在总结前人教育经验的前提下，提出各具特点的教育主张、教育理论和教育方法。毋庸置疑，在数千年的历史长河中，古今教育家通过他们的实践探索和理论思考给后人留下很多教育智慧。从事教育的人，研究教育的人，管理教育的人，以及学习教育的人，如果不了解教育的历史，那不仅与自己的崇高称号不相匹配，而且是令人难以想象的。不了解教育历史的人往往对教育限于感性，在教育实践中会走弯路。不了解教育的历史，不知道教育上的巨人是谁以及他的肩膀在哪里，就无法在历史传承的基础上谈教育创新。

法国教育社会学家涂尔干（Emile Durkheim）在《教育思想的演进》（The Evolution of Educational Thought）一书中曾这样说过：“历史的研究不仅将会使我们有能力与我们自己的原则交流，而且也会使我们时不时从我们的前辈那里，发现我们必须纳入考虑的一些至关重要的东西，因为他们是我们的先辈，而我们是他们的传人。”概括起来，教育史研究的意义主要在于：一是拓展教育视野。教育既是一种历史现象，又是一种永恒现象。通过教育史，可以了解古今教育家是如何对教育问题进行实践探索和理论思考的，从而拓展教育视野。二是增长教育智慧。教育问题的解决需要教育智慧。通过教育史，可以拥有前辈的经验和智慧，从而既能对过去和现在的事情作出合理的解释，也能对将来的事情作出合理的推测。三是寻求教育思想支撑。从历史传承的意义上来讲，教育史上教育家的一些思想并没有过时。通过教育史，可以从历史上的教育家那里借鉴一些有益的东西，得到一些有益的启迪。四是获得教育方法。在教育发展历史上，很多教育家都是有长期教育实践经验的教师。通过教育史，可以了解其有特色的教育理论，获得其有启示的教育方法。

20世纪以来，在西方教育史学界，美国、英国和法国等国教育史学家撰著了很多在学术上造诣很深和影响很广的教育史著作。这些著作既对西方教育史学的发展起了很大的推动作用，也在西方教育史学界确立了重要的学术地位。这次，我们策划翻译出版“西方教育史经典名著译丛”，其目的在于向我国教育界尤其是教育史学界推介一些西方教育史经典名著。通过这些西方教育史经典名著，教育学者尤其是教育史学者不仅能在教育理论素养上有所提高，而且能在教育史学观念上有所感悟，还有能在教育史研究方法上有所启迪。

在确定“西方教育史经典名著译丛”的入选书目时，我们主要考虑了三条原则：一是经典性。入选的书目在西方教育史学界应是流传较广和影响较大的著作。由于它们具有形成智慧的教育价值，因而凸现出经典性。二是代表性。入选的书目在西方教育史领域的不同学术研究方向和研究视角应有一定的代表性。其中，既有通史，又有问题史；既有制度史，又有思想史；既有古代史，又有近现代史。三是独特性。入选的书目在西方教育史领域应能体现不同的史学理论和研究方法，同时应能体现西方不同国家教育史学家的学术成果和学术思想。其中，既有体现传统史学研究的著作，又有体现当代史学研究的著作。在确定“西方教育史经典名著译丛”入选书目的过程中，我们还征求了国内外一些学者的意见，在此表示衷心的感谢。

据此，“西方教育史经典名著译丛”精选了十本西方教育史经典名著。其中有：

〔美〕布里克曼（William W. Brickman）：《教育史学：传统、理论和方法》（Educational Historiography: Tradition, Theory, and Technique）。

〔英〕弗里曼（Kenneth J. Freeman）：《希腊的学校》（Schools of Hellas）。

〔英〕科班（A. B. Cobban）：《中世纪大学：发展与组织》（The Medieval Universities：Their Development and Organization）。

〔英〕伍德沃德（William Harrison Woodward）：《文艺复兴时期教育研究》（Studies in Education During the Age of the Renaissance，1400—1600）。

〔法〕孔佩雷（Gabriel Compayré）：《教育学史》（The History of Pedagogy）。

〔美〕伯茨（R. F. Butts）：《西方教育文化史》（A Cultural History of Western Education）。

〔美〕布鲁巴克（John S. Brubacher）：《教育问题史》（A History of the Problems of Education）。

〔英〕拉斯克（Robert R. Rusk）、斯科特兰（James Scotland）：《伟大教育家的学说》（Doctrines of the Great Educators）。

〔美〕克雷明（Lawrence Arthur Cremin）：《学校的变革》（The Transformation of the School）。

〔美〕托里斯（Carlos Alberto Torres）：《教育、权力与个人经历：当代西方批判教育家访谈录》（Education，Power，and Personal Biography，Dialogues with Critical Educators）。

改革开放以来，由于山东教育出版社领导的精心打造，教育史著作出版已成为山东教育出版社的特色品牌。这次“西方教育史经典名著译丛”的翻译出版，得到了山东教育出版社领导的高度重视和大力支持，在此谨致最诚挚的敬意。还必须感谢的是，在翻译出版的过程中，教育理论编辑室主任蒋伟编审做了大量的指导和协调工作，付出了辛勤的努力。

我们希望“西方教育史经典名著译丛”的翻译出版，不仅能推动我国西方教育史的学术研究和学术积累，而且能为我国教育界提供一些具有重要学术价值的西方教育史经典读物。

单中惠　徐小洲
浙江大学教育学院
2009 年 2 月

目　录

解读

单中惠

《教育学史》(*The History of Pedagogy*)一书是法国教育史学家加布里埃尔·孔佩雷(Gabriel Compayré)的代表作,出版于1881年,副题是"主要教育家及其理论;重要著作分析"(*Principal educators and their doctrines; Analysis of the most important works*)。原书名为《十六世纪以来法国教育理论批评史》两卷本(*Histoire Critique des Doctrines de l'Éducation en France depuis le Seizième Siècle*),出版于1879年。1886年,《教育学史》一书由美国著名教育家、密执安大学教授佩恩(William Harold Payne)翻译成英文。

1843年1月2日,孔佩雷出生于法国南部达恩省的省会阿比尔市。他曾在家庭里受到严格的早期教育。在父亲的培养下,他先后进入卡斯特尔中学、图卢兹国立中学和巴黎的路易斯勒国立中学学习。1862年,他进入巴黎高等师范学校学习哲学专业。1865年毕业后,他被任命为波城中学的哲学教师。1868年大学毕业后,他被派往普瓦捷中学。在学习过程中,孔佩雷表现出聪慧博学、想象力丰富、博闻强记和刻苦勤奋等优点。

孔佩雷对法国普通民众十分同情和关注;他歌颂卢梭的雄辩演讲也得到了法兰西研究院的提名表扬。自此,创作和荣誉占据了他的生涯。除了完成本专业的任务和哲学著作以外,他还仔细研究法国的社会和政治问题。1874年,孔佩雷的博士学位论文《大卫·休谟哲学》(*Philosophy of David Hume*)发表,显示了他在哲学思想和语言上的最高成就。1875年,他担任图卢兹大学哲学教授,并开始研究教育科学。由于他的出色的风格、自由的思想、渊博的学识，成为共和党中的重要力量，因此，他遭到了嫉妒者和反对者的激烈攻击。1880 年，孔佩雷被授予爵士荣誉勋章。1881 年，他被选为达恩省拉瓦区的代表，由此开始了他的政治生涯。1881 年，公共教育部长曾将他召到巴黎，让他帮助建立高等师范学校。1889 年后，他先后担任里昂学院院长、国民教育部总督学。1913 年，孔佩雷去世。

孔佩雷一生中发表了大量的学术著作。除《教育学史》一书外，主要还有：1880 年的《公民和道德教育手册》(*Manual of Civil and Moral Instruction*)两卷本、1882 年与他的朋友（著名作家）戴普兰（M. A. Delplan）合著的《公民与道德讲稿》(*Manual of Civil and Moral Instruction*)、1883 年的《公民教育课程》(*Course of Civil Instruction*)、1885 年的《教育理论与实际》(*Cours de pedagogie theorigue et pratique*)、1886 年的《教育学入门》(*Nations elemenaires de pedagogie*)、1887 年的《道德理论与实际》(*Cours de morale theorigue et pratigue*)等。其中，《公民和道德教育手册》两卷本出版后不到三年时间，第一卷售出 30 多万本，第二卷售出 50 多万本。孔佩雷翻译并加以注释的著作有贝恩（Bain）的《归纳和演绎逻辑》、赫胥黎（Huxley）的《休谟生平及其哲学》、洛克（Locke）的《教育漫话》等。此外，他还在《哲学杂志》和《教育学词典》上发表了许多文章。

《教育学史》一书除“英文本译者序”和“前言”外，共 22 章。

在“前言”中，孔佩雷讨论了“一部完整的教育史应该是什么样”、“一部简要的教育学史应该是什么样”、“教育学史的分类”以及“教育学史的有用性”四个方面。他明确指出：“教育史学家不仅仅要阐明教育哲学家们传授给人们的有待认可的普遍概念。如果他希望自己的著作完整，那么，他还必须详细记录教育获得了什么成就，要切实研究由不同时期的教育组织者所建立的教育体制。”“教育学史是研究教育本身的必要导入。教育学史研究并不是为了达到博学或满足好奇心，而是有实际的目标，即为了从中寻找到一些永恒的真理，作为教育理论的本质精华。”在他看来，教育学史研究不仅有利于人们的智力发展，而且还可以给人们带来道德和心灵的激励。因此，教育学史应该“构成法国初等师范学校研究课程的一部分”。

第一章至第四章(共 4 章),主要论述古代教育。其中,第一章:古代东方教育,包括古代印度的教育学、佛教改革对教育的影响、犹太人的教育、古代中国的教育以及其他东方国家的教育;第二章:古希腊教育,包括古希腊教育学、雅典和斯巴达的教育以及苏格拉底、柏拉图、色诺芬和亚里士多德;第三章:古罗马教育,包括古罗马早期的教育、古希腊教育对古罗马学校的影响以及西塞罗、瓦罗、昆体良、塞内卡、普鲁塔克和奥里略;第四章:早期基督教徒和中世纪教育,包括基督教新精神、中世纪智育的衰落、经院哲学和大学以及圣哲罗姆、查理曼大帝、阿尔琴、阿伯拉尔、热尔松和维多里诺。

第五章至第八章(共 4 章),主要论述文艺复兴和宗教改革时期的教育与教育思想。其中,第五章:文艺复兴与 16 世纪教育理论,包括教育复兴的起因、16 世纪的教育理论和实践以及伊拉斯谟、拉伯雷和蒙田;第六章:新教主义与初等教育,包括初等教育的起源、新教改革精神以及加尔文、梅兰希顿、慈温利、马丁·路德、拉特克、夸美纽斯和培根;第七章:教会教育,包括教会办学、耶稣会、詹森教派、奥拉托利会;第八章:芬乃龙的教育思想,包括《论女子教育》的评析、对修道院教育的批评、对女子教育固有偏见的反驳以及兰伯特夫人、波舒哀。

第九章至第十二章(共 4 章),主要论述 17 世纪教育和教育思想。其中,第九章:17 世纪哲学家的教育思想,包括笛卡儿、马勒伯郎士、洛克;第十章:17 世纪女子教育,包括塞维尼侯爵夫人、弗勒里神父、德曼特农夫人以及女修道院的教育、波特·诺亚尔学校和圣西尔修道院;第十一章:罗林的教育思想,包括巴黎大学学科的复兴、罗林的《学习论》评析;第十二章:天主教与初等教育,包括 17 世纪初等教育的状况、德米亚、克劳德·乔利以及拉萨尔与基督教学校、基督教学校兄弟会教育机构的建立和《基督教学校管理》。

第十三章至第十九章(共 7 章),主要论述 18 世纪教育和教育思想。其中,第十三章:卢梭与《爱弥儿》,包括卢梭的先辈们和对卢梭产生重要影响的其他人物以及《爱弥儿》所体现的一般理论及影响;第十四章:18 世纪哲学家的教育思想,包括孔狄亚克、狄德罗、马蒙泰尔、爱尔维修和康德；第十五章：世俗教育和国民教育的起源，包括耶稣会士的放逐和对耶稣会士教育的普遍不满以及拉夏洛泰、罗兰和杜尔哥；第十六章：法国大革命与教育，包括法国大革命时期教育的主要特征以及米拉波、塔列兰和孔多塞；第十七章：法国国民议会与教育，包括国民议会的措施、巴黎师范学校、国民议会创立的重要机构以及拉卡纳尔、多努、雷佩尔提、圣茹斯特、罗姆和布基耶提出的计划；第十八章：裴斯泰洛齐的教育思想，包括虔信派佛兰克、慈善主义者巴泽多以及裴斯泰洛齐的教育活动和理论、裴斯泰洛齐与卢梭；第十九章：裴斯泰洛齐的继承者，包括福禄培尔、佩雷·吉拉德的活动和理论。

第二十章至二十二章(共 3 章)，主要论述 19 世纪教育和教育思想。其中，第二十章：19 世纪女子教育家，包括金利斯夫人、艾吉渥兹小姐、汉密尔顿小姐、肯潘夫人、雷米萨特夫人、基佐夫人、尼克尔·德·索绪尔夫人、卡朋蒂埃夫人以及索旺小姐；第二十一章：19 世纪教育理论和实践，包括福尔库瓦与 1802 年法案、帝国大学的建立、相互教学法的实行、初等教育的状况、基佐与 1833 年法案、民众教育的发展以及教育理论家雅克托、圣西门、傅立叶、卡贝、孔德、迪庞卢和库辛；第二十二章：教育科学，包括德国哲学家费希特、施莱尔马赫、赫尔巴特、贝内克和查尔斯·施密特以及英国哲学家赫伯特·斯宾塞和亚历山大·贝恩。

相对其他的教育史著作来说，《教育学史》一书的书名的确很有特色，因而显得与众不同。从整体来看，它表现出以下的特点：

第一，资料丰富且文献翔实。《教育学史》运用了大量的史料，其中包括教育家的著作、教育法令、教育历史事例、教育实践情况等，甚至还有中国老子《道德经》、《犹太法典》以及佛陀与他的弟子的对话。此外，书中有两章专门论述女子教育(第十章：17 世纪女子教育、第二十章：19 世纪女子教育家)，在一本通史性教育史著作中如此集中地论述女子教育历史确实是不多见的。还有，值得注意的是，书中运用了不少具体而有趣的事例。例如，在论述法国大革命前的法国学校教育情况时，作者写道："一位死于 1782 年的苏比安校长，在任教期间杖打过学生 911 527 次，鞭打过学生 124 010 次，扭耳朵 10 235 次，打头 1 115 800 次。

此外，他还让学生在三角木板上下跪 777 次，让学生戴傻瓜帽 5 001 次，让学生高举棍子 1 707 次。他曾经说过 3 000 句左右的脏话。”①又如，在论述 18 世纪教师状况时，作者写道：裴斯泰洛齐的一个门徒在参加学校教师招聘时，参加考试的两个人都没有文化。校长在考试结束后告诉他，他们都不合格，但是，校长又说：“我的竞争对手阅读能力好一些，而我书写能力好一些；……此外，我的房间比他的大一些，能在里面更好地给孩子们上课。最后，我被录用了。”②

第二，论述简明扼要且分析精辟中矢。《教育学史》一书尽管出版时间较早，但与它以后出版的西方教育史著作相比，它在分析力度和行文流畅上一点也不逊色，作为一本西方教育史经典名著是名副其实的。在整个论述中，作者结合丰富的史料进行了精当的分析，有时还进行比较分析。尤其是每一章最后面的“分析性总结”，不仅言简意赅，而且是画龙点睛。这里试举二三例。例如，“与古希腊教育突出智育或文化训练相对比，古罗马教育可以说是十分务实的。因此，古希腊和古罗马为世界提供了两种不同的教育模式，在当今教育领域中分别代表着古典课程和科学课程。”（第三章）③又如，“苏格拉底哲学代表了人类思维的主观性倾向，而培根哲学则代表了人类思维的客观性倾向。这两种哲学造就了两派不同的教育家，即形式主义教育家和现实主义教育家。前者认为，教育的主要目的是训练、培养和形式；而后者则认为，教育的主要目的是教学和知识的获得。”（第十六章）④再如，“教育改革家包括两类人：第一类人，明确目标，看清未来的路；第二类人，心怀激情，探索未来的路。有的人用理性和反思之光看到了目标，然后铺设了一条通往目标的逻辑道路，他们或许不一定亲自踏上征途，但最终会有人去实践。而有的人则从强烈的内心情感出发，在感情的迷雾中，他们看不清目标的位置和轮廓，但他们依然摸索前行。前者的动力是理智，而后者

① *Gabriel Compayer*, *The History of Pedagogy*, Boston: D. C. Heath & Company, 1910, p. 416.

② *The History of Pedagogy*, p. 432—433.

③ *The History of Pedagogy*, p. 59—60.

④ *The History of Pedagogy*, p. 211.

的动力则是情感。这两种天赋的最高表现形式是互不相容的。”(第十八章)①此外，还需要一提的是，英译本的翻译者、美国教育家佩恩所做的许多十分精彩得当的注释，也为《教育学史》一书增添了力度。

第三，凸显法国教育学发展的历史。尽管作者在整本书中既论述了古代东方和古希腊罗马以及中世纪的教育学发展，也论述了近代英国、德国、美国等一些欧美国家的教育学发展，但是，作为法国的一位教育史学家，法国的教育学发展历史在《教育学史》中明显占据了绝大部分的篇幅。例如，17 世纪法国教育家芬乃龙和罗林、18 世纪法国教育思想家卢梭以及法国大革命与教育、法国国民议会与教育，该书都列了专章进行论述。此外，还论述了法国哲学家和思想家拉萨尔、狄亚克、狄德罗、马蒙泰尔、爱尔维修、拉夏洛泰、罗兰、达朗贝尔、杜尔哥、米拉波、塔列兰、孔多塞等人的教育思想以及 19 世纪法国女子教育家。因此，在某种意义上，《教育学史》可以被看做是一本法国教育学史。这无疑有助于读者拓展他们在法国教育历史上的视野。

第四，整体论述采取分节的方式。综观西方教育史著作，应该说，采取这种分节的写作方式的西方教育史学家并不多见。《教育学史》一书的全部论述共分 667 节，而且每个节之间也存在着一定的关联性，这使得读者在阅读时仍然能够非常清晰明了。这里，作者采取了与 17 世纪英国哲学家和教育家洛克在《教育漫话》中相似的写作方式，也许是因为他曾翻译过洛克的这本书，从中在写法上得到了启发。但是，孔佩雷和洛克两人之间还是有一点区别的。洛克在分节写作时是不分章的，给人一气呵成的感觉；孔佩雷在分节写作时不仅分章，而且列有章的标题，给人深入思考的停顿。

《教育学史》是孔佩雷的一本最重要的著作，在 1879 年第一版出版后，不到两年时间(即到 1883 年时)，在法国已发行第四版。该书除英文译本外，还有完整的德文译本。美国教育家佩恩认为，我们在教育史领域需要一本既全面又不冗长、既有明确清晰的处理方式又有宽泛精确的批评洞察力的著作，而《教育学史》不论在内容上还是形式上都是

① *The History of Pedagogy*, p. 444.

教育通史的一个典范。[①] 美国著名教育史学家和比较教育家布里克曼(William W. Brickman)1982 年在《教育史学:传统、理论和方法》(*Educational Historiography*: *Tradition*, *Theory*, *and Technique*)中曾对《教育学史》一书作了这样的评价[②]:虽然该书是一本出版时间比较早的著作,但是,它对于了解西方教育学史尤其是法国教育学史仍然是很有用的。

---

① *The History of Pedagogy*, Translator's Preface, p. vi.

② William W, Brickman, *Educational Historiography*: *Tradition*, *Theory*, *and Technique*, New York, Cherry Hill: Emeritus, Inc. , Publisher, 1982, p. 10.

英文本译者序

我承担此书的翻译工作，主要考虑到以下两方面的原因： v

第一，大量教育类研究文献显示，在教育研究的三个阶段，即实践研究、理论研究和历史研究中，作为最后一个阶段的历史研究，仅仅得到极少数英美教育工作者的关注。然而，教师首先应该是一个有文化的人。在专门的教育活动中，教师应该对教育活动领域有一定历史性认识，这是至关重要的。因此，我们认为，有理由把历史研究应用于教学实践。秉承开阔视野、公正坦诚和目标一致的基本原则，在教育实践中开展多种多样的实验和实践活动以及批评和调查活动，这对教师是最有帮助的。在每个历史时代中，最敏锐的思想家都曾致力于解决各种教育问题，教育艺术在各种环境中进行着，包括民间的、社会的、宗教的、哲学的以及种族的。这些教学实践为教育的稳步发展提供了最佳条件，现在正是我们重申这些教学实践的时刻。

第二，历史研究几乎被完全忽视，很大程度上是由于此领域的著作 vi
几乎没有，我们无从获得。干枯、琐碎和不完全的事实叙述，导致研究兴趣的迷惑和钝化。我们需要一本既全面又不冗长、既有明确清晰的处理方式又有宽泛精确的批评洞察力的著作。几年前，我怀着深切的崇敬之情读完了加布里埃尔·孔佩雷[①](Gabriel Compayre)的《十六世纪以来法国教育理论批评史》(*Histoire Critique des Doctrines de*

① Gabriel Compayré，法国教育家(1843—1913)，中文名译为加布里埃尔·孔佩雷。——译者注

l'Éducation en France depuis Le Seizième Siècle)(巴黎,1879 年)。在我看来,此书不论在内容上还是形式上都是教育通史的典范。近期,孔佩雷先生把这本批评史改写为一本教育通史,名为《教育学史》(*Histoire de la Pédagogie*)。本书保留了原先著作的所有特点,并比较充分地展现了本人心目中教育应有的理想的著作模式。

读者会注意到孔佩雷先生对“教育学”(Pedagogy)和“教育”(Education)所作的区分。从术语上,本人更愿意给教育学一个不同的内涵;但站在道义的立场上,本人认为,只要在文本许可的情况下,应该保留孔佩雷先生对这些术语的应用。

如果因为历史的联想意义便拒绝使用“教育学”一词,这看起来是过于拘谨的。实际上,这个术语在德语、法语和意大利语的教育文献中是广泛应用的,这便足够保证我们可以毫无风险地使用它。对我们而 vii
言,术语“Pedagogics”可以被用为“Pedagogy”的同义词。在我看来,按照欧洲大陆的用法,最好把术语“Pedagogy”限定为教育的艺术和实践,而术语“Pedagogics”则限定为与之相关的理论科学。

我特别感谢孔佩雷先生以及他的出版者保罗·戴拉普兰先生(Paul Delaplane),感谢他们特许我出版这本译著。我也要感谢我的朋友劳瑞(C. E. Lowrey)博士,感谢他为我的翻译工作提供了详细的资料和重要的帮助。

威廉·哈罗德·佩恩
(William Harold Payne)
密执安大学,1886 年 1 月 4 日

在该书第二版发行时,我们对以前的译文又进行了认真的修正,更改了其中几处用词错误。在这个版本中,译者和出版者将不遗余力,努力使此书不愧对广大教育界对它的厚爱。

威廉·哈罗德·佩恩
1886 年 8 月 1 日

前 言

一部完整的教育史应该是什么样。——在一部简要的教育学史(history of pedagogy)的编写过程中，我并非试图编写一部教育史(history of education)。教育学与教育，就像逻辑与科学、辩论与口才一样，是类似的但又不同的事物。 ix

一部完整的教育史不应该包括什么？在浩瀚的发展过程中，它是各个时期、各个国家人类智力和道德文化的全部记录。它是一本人类生活的简历，展现人类社会的多个方面：文学的、科学的、宗教的、政治的。教育是进步的动因，会影响人类的性格，改变人类的天赋，塑造形形色色的不同个体，就像伯里克利(Pericals)[1]时代的人与现代的欧洲人截然不同、中世纪的法国人和大革命后的法国人截然不同一样。

事实上，不仅有这样一种在学校里进行、来源于教师直接行动的教育，而且还有一种自然的教育，即我们在不知情或无意情况下、在我们生活的社会环境影响下接受的教育。曾有一位哲学家天才般地称之为 x
教育的神秘推手，其包括气候、种族、行为方式、社会条件、政治机构及宗教信仰等。如果一个19世纪的人不同于一个17世纪的人，不仅因为前者在法国的国立高等学校受教育、后者在耶稣派学院受教育，而且还因为在不同的成长环境中他们培养了不同的思维和感受习惯，体验着不同的法律条文、社会文化和政治活动，汲取了不同的哲学和宗教思想。在那个被称为“人类灵魂”(the human soul)微妙多变的结构中，有

[1] 伯里克利(公元前490—前429)，古希腊雅典民主派政治家。——译者注

多少我们没有觉察的力量却留下了它们的痕迹！有多少潜在因素与我们的美德和缺点密切相关！学校教师有意识的决定性影响，也许并不是最有力的。除了个人努力和个人独创能力所取得的成就外，还有数不尽的因素与教师一起发挥着教育功能，那是一种隐性而强大的力量。

我们理解的教育学史应该是什么样的：是一部包罗万象的历史哲学，庞大的包容性为我们提供了最多样、最细微和最深刻的源泉去审视人类的道德生活。

xi **一部简要的教育学史应该是什么样。**——与教育史是完全不同的，教育学史的目标是有限而适度的。它仅仅以阐明教育家的理论和方法为目的。狭义地说，教育被简化地定义为一种预想的行为，一种将个人的意愿和想法施加到别人身上以对他进行教育和训练的行为。它是人类灵魂自我发展的反思性助手。自然可以对人类为所欲为，命运可以对人类恣意戏弄，从而成为影响人类最盲目而致命的因素；而教育则增添了理性的艺术，它警觉、冷静、自愿和自觉，用理性和方法去启迪灵魂，其真理性和有效性已经过实践考验并得到广泛的认可。

即使在这样的限定下，教育学史还是为我们提供了广阔的领域去开拓。没有一门学科像教育一样将人类所具有的思维能力激发到如此高的程度。只须看一下在法国发表过的教育类著作的书目，这是由比松(Buisson)[①]在最近整理出的，[②]虽然尚不完整，但此书目已包括了至少两千个书名。或许教育活动获得了更大的成果，或许德国比法国有
xii 更大的发展空间。这种活动归因于以下几方面的事实：首先，每个时代都给予教育问题新的关注，对于人类精神来说，这是一种不可抗拒的、永恒的吸引；其次，父母身份激发着这样的研究兴趣，并想当然地认为自己有一定能力解决教育问题，但这并不是一件完全幸运的事情；最后，从教育问题的本质来说，教育问题不能依靠抽象的、独立的理性思维，以数学问题的解决模式来解决，相反，教育问题是与人类的命运和

① 比松(1841—1932)，法国教育家、政治家。——译者注

② 参见F·比松(F. Buisson)：《教育学词典》(*Dictionnaire de Pédagogie*)，文献目录。

本质密切相关的，并随着心理和道德信条的变化而变化，教育是心理和道德因素的结果而不是原因。不同的心理体系对应着不同的教育体系。唯心主义者马勒伯朗士（Malebranche）①对于教育的思考方式肯定不同于感觉经验论者洛克（Locke）②。同样，每一个道德体系都孕育着它独特新颖的教育体系的种子。神秘主义者热尔松（Gerson）③与注重实践实证的作家斯宾塞（Herbert Spencer）④为教育确立了不同的目的。因此，教育体系是多种多样的，或者我们至少可以说，教育观点的微观差异是无穷无尽的。进一步说，教育活动还可以用不同的方式展现自己：思想的、理论的、方法的、实践的。教育史学家不仅仅要阐明教育哲学家们传授给人们的有待认可的普遍概念，如果他希望自己的著作完整，那么，他还必须详细记录教育获得了什么成就，要切实研究由不同时期的教育组织者所建立的教育机制。

教育是一件复杂的事情，教育学史的编写有多种不同的方法，其中一种方法极少受到关注。这种方法绝不是像人们认为的那样无聊或毫无意义。它既不研究伟大的教育作家和他们的理论，也不研究伟大的教师和他们的教育方法，而是研究学生本身。如果我们有可能对一个伟人或好人的受教育的方式——假定历史可以为我们提供关于这一方面的必要资料——做到十分详尽的描述；如果我们能够分析在杰出个人的才能培养和道德发展中发挥影响的不同因素；简而言之，如果我们有可能通过精确的个人自传重现这种缓慢艰辛、不断奋斗的教育过程，重现在不同的阶段教育如何塑造了伟人坚定的个性、明确的目标和公正的思想，那么，结果应该是一部非常具有实际价值的著作。一部好的逻辑史不会列举探索真理的一步步抽象形式的逻辑推断，而是纳入一些成功的实践经验和明智的新发现，正是这些一点一滴的东西积累着科学的财富。这或许才是最好的逻辑史，因为它是真实的和实践的；同

① 马勒伯朗士（1638—1715），法国道德哲学家。——译者注

② 洛克（1632—1704），英国哲学家、思想家、教育理论家。——译者注

③ 热尔松（1363—1429），法兰西基督教神学家、神秘主义者。——译者注

④ 斯宾塞（1820—1903），英国哲学家、社会学家和教育家。——译者注

xiv 样，最好的教育学论文需要我们从中汲取的不是普遍真理，因为普遍真理往往难以付诸实践或难以应用，而是实践方法和生活方法，这些快乐而有效的方法应当在实践中被切实运用。

刚才我们回顾了这本教育学史构想和编写计划，还没有涉及书中包含的一系列教程的准确大纲。然而，我们已经通过各种方式尽可能地使它接近理想中的状态：第一，尽力涵盖在主要的哲学和道德思想下形成的多种教育体系；第二，尽力保留必要的精华；第三，在潦草素描初稿的基础上增加了经过深入研究的、精致的绘画；第四，使理论分析和重要著作解读与实践方法和实际机构检查相结合；最后，深入了解伟大教育家的思想，学习他们如何成为伟人，并追随他们的脚步，学习他们在各自成功开辟的教育体系中如何将理论与实践结合运用。①

教育学史的分类。——教育学问题繁杂多样，研究教育的思想家众多。简而言之，这门学科的复杂性可能会激发教育史学家产生分解
xv 他的著作的想法，即把研究分解为几个系列。例如，笼统地编写一部教育史，然后再编写一部教育学史，仅仅作为教育的一个元素。这样是有可能的。因为教育本身可以分为德育、智育、体育三类，这就为三类互不相同的学科的研究创造了机会。但是，这样的分类也会导致严重的不便。总的来说，一个教育家的观点是不可以被轻易分割的。他对待教学的方式与他提出的解决教育问题的合适方法是密切相关的。一种思维方式会渗透到他的道德教育的理论或实践中，同样也会影响他关于智育的观念。因此，把教育的各个不同系统看成一个统一的体系是十分必要的。

或许，一种更好的分类方法是不考虑年代顺序，而把所有的教育理论和方法分为几个派别，并把所有教育家用一种总体的趋势联系起来。例如，禁欲趋势，从教堂里的牧师的禁欲到中世纪时期的禁欲；从洛克的实利趋向到众多现代人的实用趋向；从波特·诺亚尔学校（Port

---

① 现在面对公众的这本书在编写之前已经被用于教学。它是过去三年中一系列讲座的结果，既包括在法国丰特内和罗塞斯高等师范学校的讲座，也包括在塞夫勒和圣克卢等地师范学校课程中的讲座。

Royal)的消极主义到芬乃龙(Fenelon)[1]的积极主义;从文艺复兴时期人文主义者的人文学校到狄德罗(Diderot)[2]和孔多塞(Condorcet)[3]的科学学校。这种处理方式有它自身的益处,因为展现教育思想在表面上看来是如此不同,同时我们会清晰地发现在所有历史阶段中重复出 xvi
现的某些统一的原则。但是,这样的教育史更应该被称为一种教育史哲学(a philosophy of the history of education),而不是一种简单的教育学史(a simple history of pedagogy)。

这样,我们力所能及的事情仅仅是按照年代的顺序依次研究各个时代,古代、中世纪、文艺复兴时期以及现代的教育家。我们将依次调查那些历史上杰出的教师和教育家们,探究他们每一个人是怎样解决各个方面教育问题的。除了更简单、更自然的优点之外,这样的顺序还有利于为我们展示教育发展的过程,在长时期的摸索停滞中,从本能直觉渐渐上升到深刻反思,从自然发展到艺术,从低端逐渐成长为一个完整的、明确的体系。这种策划还为我们展示了人类持续成长进步的美丽景观。起初,教育没有几门学科,参与教育的人也只有被挑选出的极少数。之后,在生存斗争的要求下,人们需要的知识领域不断扩大,道德范围不断扩大,受教育者的人数不断增加。就像夸美纽斯(Comenius)[4]所说的一样,教育的理想情况应该是任何人都可以学习任何知识。

教育学史的有用性。——教育学史旨在确立为法国初等师范学校 xvii
学习课程的一部分。它已经被纳入三年级课程的必修科目,被命名为《教育学史——主要教育家及其理论、重要著作分析》(*History of Pedagogy——Principal educators and their doctrines. Analysis of the most important works*)。[5]

有没有必要论证一下这门学科的地位呢?首先,教育学史是一门

① 芬乃龙(1651—1715),17世纪法国教育家。——译者注

② 狄德罗(1713—1784),法国启蒙思想家、唯物主义哲学家。——译者注

③ 孔多塞(1743—1794),法国数学家、哲学家。——译者注

④ 夸美纽斯(1592—1670),17世纪捷克教育家。——译者注

⑤ 1881年8月3日决议。

非常有趣的学科，因为它是与人类思想史和阐释人类行为的哲学密切相关的。当然，教育学理论既不是偶然的观点，也不是琐碎的小事。一方面，这些理论在道德、宗教和政治信仰上都有自己的原因和原则，理论是信仰的忠实象征；另一方面，理论是培养人类思想和行为的指导性工具。回到耶稣会《教学大全》(*Ratio Studiorum*)，回到卢梭(Roussean)[①]的《爱弥儿》(*Émile*)，我们可以清晰而完整地看到逐渐延伸的宗教和哲学脉络。从文艺复兴时期人文主义者组织的人文经典研究中，我们看到了路易十四(Louis XIV)的世纪突显的人文盛世曙光；同样，在一百年前，狄德罗和孔多塞准备的科学研究也孕育了18世纪
xviii 积极的时代精神。人的教育既是一切信仰的结果，又是一切命运的成因。

但是，研究教育学家和阅读他们的著作还有一些别的原因。教育学史是研究教育本身的必要导入。教育学史研究并不是为了达到博学或满足好奇心，而是有实际的目标，即为了从中寻找到一些永恒的真理，作为教育理论的本质精华。现在，期待我们做的事情与其说是去发现新的思想，不如说是去理解现有的思想并从中进行选择，然后尽力将所选择的思想应用于实践。当我们公正地思考19世纪前创造和运用的所有教育思想时，或当我们清楚地认识到我们的先辈留给我们许多结论尚待推断、许多不完整又晦涩的思想尚待普及证明，特别是一些相反的趋势有待调和的时候，我们才能去探寻先辈们真正留给了我们哪些事物有待去发现。

即使我们学习的是前人的狂想和错误的教育方法，这也是有益的。
xix 实际上，众多记录下来的实践经验会警告我们避开应该避开的拦路石，让我们有机会去改善教育方法。一方面，学习蒙田(Montaigne)[②]和波特·诺亚尔学校明智的教育理论，这会让我们受益匪浅；另一方面，学习卢梭的悖论并分析违背自然教育的原则和荒唐的后果，这同样也让

① 卢梭(1712—1778)，法国启蒙思想家、教育思想家。——译者注

② 蒙田(1533—1592)，文艺复兴晚期法国人文主义思想家、散文作家和教育家。——译者注

我们受益匪浅。

事实上，如果一个人对过去几个世纪的教育家有准确的知识建构的话，那么，建构教育体系的工作就完成了一大半。剩下的工作仅仅是整理零散分布在著作中的真知灼见，这些真知灼见是通过个人反思而获得的，通过心理分析和道德信仰已取得了累累硕果。

值得注意的是，人们学习自己创造出来并应用于实践的教育方法，而教育方法本身又为人们呈现出一种惊人的明确轮廓。创新者们为他们的创新烙上活生生的、有时甚至是过度个人的痕迹，然而，恰恰因为这个原因，我们才能够更好地理解他们的思想，更完整地发现其真理和谬误所在。

教育学史研究不仅有利于智力的发展，而且还可以带来道德和心灵的激励。为了鼓励那些投身于教育事业而辛勤工作的男女教师们，难道我们不应该向他们展现一下在这一行业获得过如此杰出成就的夸美纽斯、罗林(Rollin)[①]、裴斯泰洛齐(Pestalozzi)[②]这些人名吗？难道那些日复一日背负重任的教师们不应该得到鼓舞和支持吗？一位教师如果能将前辈的经验——为他开辟了道路、示范了该如何走进教室的前辈经验——与自己的想象力准确结合，难道他不应该以更美好、更强大的形象走进困难重重、十分劳累的教室吗？通过电这个神奇的媒介，我们现在能够传输物质和机械能量，并且能跨越距离实现空间的转移；而通过阅读和沉思，我们能在精神世界里做类似的事情，我们能够跨越几个世纪从前辈那里借取某种启发他们的精神力量，然后将他们的奉献、信念和美德在我们自己的心中复活。从这一点来说，一部简要的教育学史虽然不能替代真正阅读相关作家和著作的工作，但是它为这项工作做好了准备和激发了兴趣。 XX

因此，我们可以说，教育学史的有用性与教育的有用性是不可分割的。当今，我们没有必要为证明这一点提供任何证据。教育学在法国被忽视了很长时间，现在不仅重新站起来了，而且还变成了时尚潮流。

---

① 罗林(1661—1741)，法国教育家。——译者注

② 裴斯泰洛齐(1746—1827)，瑞士教育家。——译者注

"法国正在对教育学上瘾"(France is becoming addicted to pedagogy)——这句话是不久前与我们同时代中的一个著名人物说的,他将为教育学研究的兴起和教育学研究的指导做出最大的贡献。[1]"pedagogue"、"pedagogy"等词在英国语言历史中遇到了危险。利特雷
xxi (Littre)[2]告诉我们:"pedagogue"这个词"常常被用作贬义词"。另一方面,如果我们查阅他的词典,我们会看到几年前"pedagogy"这个词的意思还没有明确,因为那时它被定义为"儿童的道德教育"。今天,不管在语言中还是在现实中,教育学的命运已经被确定。当然,我们既不能贬低它,也不能赋予它所缺乏的一种权威性和全能性。借用圣伯沃(Sainte-Beuve)[3]对于逻辑的说法,我们可以随意地说一说教育学:最好的辩论不是为了自己的利益而辩论,不是为了自我迷恋,而是谦逊地认识到自我力量的局限性。最好的事物是我们自己创造的,而不是从书本上学来的。

即使面临这样的局限性,教育学的传授注定会为教育事业提供重要的服务,而且我们可以假定,教育的重要性也正在一天天变得新鲜而丰富。这主要归因于以下几点事实:首先,在自由政府管辖下的民主社会中,公民需要接受教育和启蒙变得越来越必要。自由是一件可怕的事物,除非通过教育获得一种平衡。其次,我们必须记住,我们之前提到的那些一直通过自然行动而在无形之中影响教育并纠正教育的神秘推手,在当今社会中有些神秘推手已经失去了影响力,有些神秘推手不
xxii 仅不帮助教育活动,而且会阻挠教育和危及教育安全。从一方面来说,宗教已经目睹了自己影响力的衰落。她不能再像以前一样发挥守护的力量,庇护一代一代人平静地成熟成长。通过理性的思维过程和道德的反思性发展,用教育来弥补宗教渐渐失去的影响力是十分必要的。

从另一方面来说,社会条件的变革、公民自由和政治自由的发展趋

---

① 参见佩科特(M. Pecaut)在《教育学杂志》(*Revue Pedagogique*)1882年第2期中的论文。

② 利特雷(1801—1881),法国辞书编纂家、哲学家。——译者注

③ 圣伯沃(1840—1869),法国文学评论家。——译者注

势、家庭给予孩子越来越多独立空间的大趋势、书籍不分好坏的大规模出版，所有这些力量形成了一股合力共同影响着教育，然而这股合力并不完全是顺从的、有益的教育助手。它们甚至可能会变为道德败坏的帮凶，因此，我们的教师必须做出更大的努力去影响人们的意志、情感和思维，塑造良好的品格，进而实现我们国家的复兴。

加布里埃尔·孔佩雷生平简介[①]

加布里埃尔·孔佩雷1843年1月2日出生于法国南部的一个名 xxiii
为阿比尔的城市，该城市是达恩省的省会，大约有1.5万居民。他早期的教育是由他父亲一手掌管的。他的父亲是一个具有优秀品格的人，是《阿比尔教派历史性研究》(*Historical Studies Concerning the Albigenses*)一书的作者。

在父亲的培养下，孔佩雷首先进入卡斯特尔中学学习，然后进入图卢兹国立中学学习，最后进入巴黎的路易斯勒国立中学学习。他的同学们还能愉悦地回忆起他在这些教育机构学习时获得的成功。聪慧博学、想象力丰富、博闻强记以及刻苦勤奋这些优点，注定了孔佩雷为人类做出杰出的贡献。

孔佩雷于1862年进入高等师范学校学习。兴趣使他选择了哲学专业，其实那时他已表现出对道德和智力科学的兴趣，但是，他本性中有强烈的务实性格，这使他不能永远满足于微妙的形而上学研究，这样的研究让他觉得虚无缥缈。于是，他开始热情地倡导实验方法和培根
(Baconian)的哲学。他转为研究处于社会和家庭关系中的人，分析人 xxiv
的情感和行为，并且从这些分析中推断演绎出支配人类行为、智力和道德发展的一般规律。

1865年从高等师范学校毕业后，孔佩雷被任命为波城国立中学的哲学教师。在这里他曾做过一次关于卢梭的讲座，招致教皇至上主义

---

① 得到莫尔登中学校长乔治·E·盖伊(Geo. E. Gay)先生的资助。

党的严厉指责，并因此卷入一场持续至今的是非纠纷。

1868年大学毕业后，孔佩雷被派往普瓦捷国立中学。在这里他为劳动民众开设了一门关于道德主题的课程，表现了他对普通民众的同情和关注。大约就在这前后，他歌颂卢梭的雄辩演说得到了法兰西研究院的提名表扬。在他的演说中，他详细讲述了卢梭对法国政府和学校教育方法两方面的影响，并且完全肯定了卢梭在这两方面做出的改革。

从这时起，孔佩雷的生涯便被创作和荣誉所占据。除了完成本专业的任务和哲学写作外，他还仔细研究法国的社会和政治问题。

孔佩雷不断地从一个职位荣升到另一个职位，终于在1880年7月14日，他被授予爵士荣誉勋章。

1874年，孔佩雷的博士学位论文《大卫·休谟哲学》(*Philosophy*
XXV *of David Hume*)发表。这是一部关于哲学思想和语言艺术的最高成就的著作，他的论文得到了研究院的奖励。

1874年到1880年间，孔佩雷的大部分讲座都致力于研究与现代思想密切相关的一些主题。从“达尔文主义研究”、“儿童心理”、“教育理论”这些主题中，我们可以对他的研究轮廓略知一二。他的出色风格、自由思想以及渊博学识，使他遭到嫉妒者和反对者的激烈攻击；然而，他的知名度丝毫未减，这位年轻的教授很快成为共和党中的重要力量，他早年就投身于共和党事业。

在这一时期，孔佩雷发表了大量的著作。他翻译并添加重要注释的著作有：贝恩(Bain)[①]的《归纳和演绎逻辑》(*Inductive and Deductive Logic*)、赫胥黎(Huxley)[②]的《休谟生平及其哲学》(*Hume, His Llife and Philosophy*)、洛克(Locke)的《教育漫话》(*Thoughts on Education*)等。他最重要的著作是《十六世纪以来的法国教育理论史》(*History of the Doctrine of Education in France since the Sixteenth Century*)，两卷本，第一版出版于1879年，1883年已在法国出版到第四版，有完整的

---

① 贝恩(1818—1903)，英国心理学家、哲学家和教育家。——译者注

② 赫胥黎(1825—1895)，英国近代生物学家、教育家。——译者注

德文译本，书中大量摘抄广见于多种英美教育期刊。除这些著作外，再加上他在《哲学杂志》(*Revue Philosophique*)和《教育学词典》(*Dictionnaire de Pédagogie*)上面发表的文章著作，无怪乎 1881 年公共教育部长将他召到巴黎，让他帮助建立丰特内和罗塞斯高等师范学校。他成功地制定了该学校的教学课程。同年，他帮助组织建立位于 xxvi
塞夫勒的一所新的学校，这所学校是为年轻教师进入师范学校学习教学课程做准备的。1880 年，他出版了《公民和道德教育手册》(*Manual of Civil and Moral Instruction*)两卷本。这本著作大获成功，在不到 3 年时间里，第一卷售出 30 多万本，第二卷售出 50 多万本。

1882 年，孔佩雷与他的朋友、著名作家戴普兰(M. A. Delplan)合作出版了《公民与道德讲稿》(*Civil and Moral Lectures*)。1883 年，他针对师范学校出版了《公民教育课程》(*Course of Civil Instruction*)一书。

1881 年，孔佩雷被选为达恩省拉瓦区的代表，由此开始了他的政治生涯。他在当今名人中占有举足轻重的地位，他的性格、才能、名望以及对公民和智力自由事业的献身，也使他在未来的名人中占有同等重要的地位。

孔佩雷是一个普通的学者，中分的黑发往后梳着，额头高而宽阔，眼睛炯炯有神。干净的脸上只留了一撇小胡子，让人察觉到他天才般的睿智和不屈不挠的毅力。

第一章　古代东方教育

1. 引言 1

曾有一位德国哲学史家在他著作的开篇提出这样一个问题：“亚
当（Adam）是一位哲学家吗?”有些教育学史家也以同样的思路对原
始社会野蛮人的教育开展学术研究。我们的研究不会锁定到如此遥远
的古代。毫无疑问，自人类产生家庭那时起，从父母开始关爱自己的
子女开始，教育实际上就诞生了。但是，研究教育学的这些朦胧开端
并没有重要的实际意义。这样的研究只是满足人们的求知欲或好奇心 2
而已。[①] 而且，考证原始社会教育的蛛丝马迹有很大难度，研究原始
人类缓慢的探索过程是费力而收效甚微的。事实上，教育学史产生于
相对较近的古代历史时期，起源于人类用反思取代了本能、用技艺代
替了盲从自然。因此，我们在即将对古希腊和古罗马经典教育开展研
究之前，快速简略地回顾一下东方民族的教育，或者其发源地或悠久
的起源、或近期的发展。

2. 古代印度的教育学

人们或许认为，研究印度文明的细节对于我们没有太大的价值，

---

① 了解人类在未开化时期的思想和道德水平，对于展现人类教育至今所取得的成就具有重要的意义。如果人们能清楚了解一个没有纳税制度的社会及其状况的话，也许就不会对收税者有如此多的抱怨。如果要想知道教育做了什么，那么，我们就需要了解完全未受任何教育影响的社会及其状况。卢博科（Lubbock）的《文明的起源》（*Origin of Civilization*）一书对研究教育史很有帮助。认真读过此书的人都会面对这样一个问题：智力方面的迟钝甚至愚蠢，怎么会与敏锐持久的感官训练形影相随？此外，野蛮部落在很大程度上是“追随自然”的历史写照。——佩恩注

因为印度文化与我们如此不同。但是，我们不能忘记，在一定程度上我们能够从印度人那里寻找到我们的渊源，我们属于同一个种族，印度语言也是欧洲语言的重要来源。

3. 政治等级制度和宗教泛神论

社会方面的种姓政治等级精神和宗教泛神论，是印度社会的基本
3 特征。印度社会的种姓等级制度是一种阶层世袭制，社会等级和职业不可以自由选择，而是由出生决定的。于是，人们一成不变地沿袭着这些陈规，而无视人的个性、个体才能和儿童的倾向，个人不可能通过自己的努力提高自己的社会等级。[①] 另一方面，本来就已被禁闭的印度青年的思想和活动，进一步受到宗教思想的禁锢。上帝无处不在，他以天地之间的各种现象显现着，他是太阳、星辰、喜马拉雅山、恒河，他寓于一切并赋予一切现象以生命，人们所感受到的表象变化只不过是永恒不变上帝时时更换的衣裳。“用这样一种泛神论观点认识世界和人生，印度人的思想和意志在对灵魂神秘的冥想中消失殆尽。克制自我欲望、抛弃世俗思想、死后努力达到自我脱俗、融入自然神力、以斋戒和赎罪等方式实现自我完全融入自然万物的原本境界——即印度人的最高智慧、真正的幸福归宿和正规教育的最高理想。”[②]

4

4. 对教育的影响

在社会和宗教双重枷锁的重压下，印度的教育目的显而易见。现

---

① 现代小说认为，社会等级制度是一种“美丽的自然体系”，人生活在社会之中就像树木生长在大地之上，这样，教育就由两种行为构成，即环境对人的作用和人对环境的反作用。人为了生存需要一定的能力，而环境的力量就是创造这些能力的源泉。一个人可能生来是印第安人、澳大利亚丛林居民，也有可能是一名会计。不论哪种情况下，教育的功能就是使人适应自然的生长环境。这种对于社会等级制度的现代辩护，是斯宾塞在他的《教育论》（*Education*）一书第一章中提出的睿智观点。

② 迪特斯（Dittes）著、拉多费（Redolfi）译：《教育和教学的历史》（*Histoire de L'éducation et de L' instruction*）1880 年，第 38 页。

代社会的教育越来越多地注重解放个性，创造个人自由和自我意识，而印度婆罗门人则努力通过布道宣经，致力于倡导克己主义、轻视生命、压抑一切内在的自发性、废除一切个人爱好。如此，一个人生来就是双重奴隶，他一方面受制于社会条件，注定只能生活在祖辈筑就的社会阶层等级制中；另一方面遵从对上天神秘力量的依赖，个人的一切世俗活动终将融入至高无上的上天，人类所看到的仅仅是带有欺骗性的和被歪曲的表象。

5. 佛教改革

公元前 6 世纪，佛教（Buddhist）改革对婆罗门主义（Brahmanism）造成深刻的影响，但并没有明显地改变印度人的教育观。佛陀（Buddha）也同样认为，万恶源于人的七情六欲，达到道德境界的唯一方法就是自我克制，摒弃所有自私自利的个人欲望。

6. 佛陀与伯纳之间的对话

有一个传说，可以让我们更好地了解印度思想既感人又坦率的特性。该传说就是佛陀与他的弟子伯纳（Purna）之间的对话。伯纳要出发去未开化人的地方传授新的宗教思想。

佛陀说：“未开化人的脾气暴躁、情感激烈、生性残暴、好怒无 5
礼。如果他们用粗鲁恶毒的话对付你，并且跟你发脾气，那你会怎么想？”

“如果他们用粗鲁傲慢的词语跟我说话，我会认为他们肯定是好人，只不过是习惯公然用恶毒的语言罢了，但他们既不用拳头打我，也不用石头砸我。”

“但是，如果他们真的用拳头打你或用石头砸你，那你会怎么想呢？”

“我认为他们是好人、君子，他们只用拳头打我或用石头砸我，而没有用棍棒打我或用剑砍我。”

“但是，如果他们真的用棍棒打你或用剑砍你呢？”

“他们是好人，他们只用棍棒打我或用剑砍我，但他们并不真的把我杀死。”

“如果他们真的要把你杀死呢？”

“他们是好人、君子，因为他们使我从这个污秽堆积的躯体里解脱了出来，而没有忍受太多的痛苦。”

“很好，伯纳！你可以去未开化人的国度生活了。去吧，伯纳！自己被解放了，那就解救他人吧；自己获得了安慰，那就去安慰他人；到达涅槃极乐世界而功德圆满，就引导世人同去吧！”①

这种奇怪的道德体系自然有其值得称赞的地方，但无论如何，我们都不能无视它在现实中造成的罪恶后果，例如，消极的自我克制被滥用、正义感和公正思想完全丧失、积极品德消失。

7. 对教育的影响

对于印度早期教育的实际情况，我们知之甚少。然而，我们可以断定，婆罗门人和僧侣们独揽教育大权。女子完全从属于男性，没有任何接受教育的机会。

6 对于男孩来说，印度似乎总是具有为了男孩利益而设置的学校，例如，在乡间树荫下开办学校，或天气不好时在遮棚下开办学校。从非常遥远的古代开始，印度就开展教学活动了。事实上，贝尔(Andrew Bell)② 在18世纪末就是从印度学到这种教学模式的。练习写字时，最初是用小棍棒写在沙子上，之后使用铁制笔尖写在棕榈叶上，最后用墨水写在悬铃木的干叶上。在纪律方面，教师可以进行体罚，除了使用教鞭外，还有其他的方法纠正学生的错误，如教师可以往违反纪律的学生身上泼冷水。此外，教师受到宗教式崇拜，学生必须像尊敬佛陀一样尊敬教师。

高深学问的学习只是为了僧侣阶层，他们早在公元3世纪之前就成功开设了修辞、逻辑、星象学和数学等科目。

---

① 比尔努夫（Burnouf）：《佛教历史介绍》（*Introduction u Phitoire du Bouddhismc*），第252页。

② 贝尔（1753—1832），英国教育家。——译者注

8. 犹太人的教育

“如果曾有一个民族证明了教育的力量的话，那么，这个民族就是犹太民族。”① 事实上，犹太人为我们展现了一个多么奇特的景象！他们失去自己的国家长达1 800年，从而分布生活在不同国家，但没有丧失自己的身份；他们虽然长期没有国家、没有政府、并非统治者，但却生存了下来，并通过不懈努力保持着自己的风俗习惯、行为方式和信仰！犹太人顽强的生命力，一方面应归因于这一种族的自然禀赋，包括其坚韧的性格和杰出的智力；另一方面则理所当然归功于有效的宗教和民族教育，也就是希伯来人传承给子孙后代的传统。 7

9. 原始社会的宗教和民族教育

历史上早期，希伯来人教育的主要特点是家庭教育。在公元3世纪之前，公共学校，至少是为儿童提供公共教育的学校的痕迹无处可寻。家庭生活是原始社会的起源，国家的概念还没有产生，上帝才是民族的真正主宰。

儿童要成长为耶和华（Jehovah）② 的忠实奴仆。为了达到这个目的，儿童并不一定需要成为一个有学问的人，而需要做的仅仅是从父母的语言和教导等示范中学习民族的道德观念和宗教信仰。以下论断对此做了恰当的表达：③“在所有民族中，教育目的取决于该民族对于一个完美的人的定义。在罗马人看来，一个完美的人应该是英勇的武士，不畏疲劳，严守纪律。对于雅典人而言，完美的人应该是能将道德完美和身体完美和谐愉悦地集于一身的人。对于希伯来人而言，完美的人是虔诚的、有品德的人，能够追随上帝实现圆满的人，因为上帝说：‘你将来会是神圣的，因为我——你的主人和上帝是神圣的！’”④

---

① 迪特斯：《教育和教学的历史》，第49页。

② 耶和华，指上帝。——译者注

③ 西蒙（J. Simon）：《古代犹太人的教育和教学》（*L'education et l'instruction chez les anciens Juifs*），巴黎，1897年，第16页。

④《圣经》，《利未记》19，第2页。

《圣经》（*Bible*）中有许多谚语都证明当时教育纪律十分严厉，例
8 如，“让棍子闲着的人，不爱自己的孩子；爱孩子的人就要适时打孩子。”① “不要拒不打孩子，因为你用棍子打他是不会把他打死的，但会把他的灵魂从地狱里拯救出来。”② 还有一句更有代表性的谚语是：“只要还抱有希望，就要敲打你的孩子，不要因为他哭你就心软了。”③

似乎只有男孩才学习读写。而女孩则学习纺线和编织，或准备饭菜和负责家务，有的女孩也唱歌跳舞。

总之，智育在希伯来人的原始教育中只是偶然的现象。在他们看来，更重要的是道德、宗教和民族情感教育。父亲给孩子讲述本民族的历史以及那些体现着“上帝之子”命运的重要事件。每年都有一些重大节日来庆祝这些重要事件，孩子们也参加节日庆祝，以此使他们的心中充满对上帝的感恩之情和对国家的热爱。

10. 公共教育的发展

我们很难准确地说明，随着基督教的兴起，古代犹太人对教育的热情达到何等高涨的程度。基督教兴起后，犹太人的教育从家庭教育发展到公共教育。此外，向孩子灌输宗教信仰和健全的道德体系已经不再是教育的全部，孩子们还要学习其他内容。在基督教诞生的最初几个世纪中，犹太人的教育已经接近我们现代的教育理想，努力使其成为强迫性的和普及的。像每一个曾经被征服而精神犹存的民族一样，如耶拿战争后的普鲁士和 1870 年后的法国，犹太人试图通过智
9 力提升来消除被征服的惨局，通过发展公共教育来收复失去的国土。

11. 学校的建立

公元 64 年，大牧师伽玛拉（Joshua Ben Gamala）不畏被逐出教会的危险，强制要求每一个城镇都建立一所学校。如果一个城镇被河

---

① 《圣经》，《箴言》13，第 24 页。

② 《圣经》，《箴言》13，第 13、14 页。

③ 《圣经》，《箴言》19，第 18 页。

流一分为二，并且没有安全的桥梁交通设施的话，那河流两岸应该分别各建立一所学校。关于学校和教师的数量，即使在今天我们也远远未实现当时《犹太法典》(*Talmud*) 中的这一条规定：如果学生人数不超过 25 人，学校配备一位老师即可；如果学生人数超过 25 人，应该再招募一位助理教师；如果超过 40 人，学校应有两位教师。

12. 尊敬教师

在古代，人们对教师深怀至高无上的崇敬，把教师看做“城邦的真正守护者”(those true guardians of the city)，同时对教师的要求也相当严格。犹太教教士要求教师必须已婚，他们对不是一家之主的教师难以信赖。下面这段优美的语言巧妙地表达了对教师的成熟和经验的要求：“师从于年轻老师的人，是如同吃青葡萄，喝刚酿制出来的新酒；而师从于老教师的人，则是吃熟透了的美味葡萄，喝陈年老酒。”温和、耐心和无私是一位教师应有的首要品德。《犹太法典》中讲：“如果你的老师和父亲同时需要你的帮助，先帮助你的老师，因为父亲只给了你今世的生活，而老师则给了你来生。”[1] 10

13. 方法和学科

犹太儿童在 6 岁时上学。《犹太法典》规定：“未满 6 岁的儿童上学，学校不予接受。”为了表明对超过 6 岁的儿童应该好好弥补之前的时光，《犹太法典》补充规定：“已满 6 岁的儿童，学校不仅允许他入学，并且要像喂牛一样喂饱他。”而与此相反，同时期的其他一些权威则更公正、富有远见，认为布置任务应该适度，“对待青少年学生和成年学生应根据他们各自的体力有所区别”。

除了阅读和写作外，[2] 犹太学校还开设一定的自然历史课程以及

① 正因如此，亚历山大 (Allexander) 称他更感激他的老师亚里士多德 (Aristotle)，而不是他的父亲菲利普 (Philip)。

② 阅读和写作遵循的是什么样的教学方法呢？雷南 (Renan) 在他的《耶稣的一生》(*Vie de Jesus*) 一书中告诉我们：“毫无疑问，耶稣是按照东方的方法学会了阅读和写作，即给孩子一本书，让他与全班同学一起诵读，直到能够背诵为止。”

大量几何和天文学。《圣经》往往是发到孩子们手中的第一本书。教师在上阅读课的时候，会传授一些道德知识，并努力确保发音正确，采用多种方式对学习内容做出解释，确保孩子们能够理解。如果有必要的话，教师甚至会重复解释四百遍。看起来，这些教学方法富有建设性和吸引力，而纪律相对温和。那个时期，有关严厉教育的谚语并不是很多。《犹太法典》有一则是这样规定的："一手惩罚孩子，一手抚慰孩子。"基督教精神，也就是耶稣说的"让我遭受孩子们遭受的
11 痛苦"的同感精神，深深感染着犹太人自己。然而，体罚在一定程度上是可以容忍的，但好奇的是，体罚对象仅限于11岁以上的孩子。11岁以上的孩子如果违反纪律的话，那就可以用禁食甚至皮带来惩罚他。

14. 排斥和嫉妒倾向

犹太人的教育有许多值得称赞之处，但也有一些缺点。与其他民族相比，许多犹太人吝啬、缺乏宽广的胸怀和怜悯之心。当今，一些犹太人甚至继承了这种嫉妒和排外的倾向。在基督教诞生的最初世纪里，犹太人强烈的爱国主义热情使他们排斥一切非犹太民族、一切不被犹太传统认可的事物。希腊或罗马文化也无法传播到这个封闭的社会。① 犹太学者像蔑视养猪的人一样，蔑视教授孩子希腊科学的老师。

15. 古代中国的教育

我们已经介绍了与西方文明最为密切的两个东方国家的教育实践活动。接下来，我们将用简短的篇幅介绍一下其他古代社会，对于他们的历史我们知之甚少，这些古代文明也与我们的差异巨大，研究他

---

① 这一观点有待进一步证明。"几乎所有上层阶级的家庭中，女人都说希腊语。"引自《教育学词典》(*Dictionnaire de Pedagogie*) 第一部分。犹太教徒虽然不喜欢研究世俗哲学，但在他们的反对声中，还是有大量的人阅读柏拉图和亚里士多德著作。有人说，在著名的加马利埃尔学校 (Gamaliel) 中，有500名学生学习希腊哲学和文学。——佩恩注

们的教育制度至少可以满足我们的好奇心。

中国文明源远流长，始于遥远的古代，在其悠久历史的每个时期 12
都保留着本民族的某些特征。在长达三千多年的历史长河里，绝对统一性和非流动性始终是中华民族的显著特征。一切均受制于传统，教育模式机械而正式。教师的主要任务是教给学生某些机械能力或使其能够循规蹈矩。他们对于外在装扮和得体的行为举止的追求，胜过对道德规范的追求。人生主要体现为缜密制定的礼仪，人们必须严格地遵守它们，其中缺乏自由和内在个性的自我表达。中国的文科教育特色体现为传统文雅和极为精深，而缺乏辉煌壮丽的气势。中国的教育家崇尚形式，可以说是东方的耶稣会。①

16. 老子和孔子

公元前 6 世纪左右，中国出现了两位改革家，即老子和孔子。老子代表着解放、进步、追求完美、反对循规守旧的精神，但他最终失败了。相反，孔子则以“Confucius”② 的名字闻名世界，相传他有三千多弟子，他的实用主义道德观建立在国家、家庭权威以及个人利益的基础之上，并取得巨大的胜利。

下面是引自老子《道德经》中的一段话，足以证明人类思想早在公元前 6 世纪就已经在中国达到如此高的水平：

“以圣人之治，虚其心，实其腹；弱其志，强其骨。常使民无知 13
无欲，使夫智者不敢为也。为无为，则无不治。”

这些思想与人性背道而驰。统治者应该通过口头和文字形式教育帮助民众，而不是像对待奴隶一样压迫他们，应该尽一切努力为民众造福。

换言之，只有教育开化民众、为民众的利益做出忠实奉献的统治

---

① 本书作者对中国教育的认识可能存在一定程度的偏差。——译者注

② “Confucius”，孔子的英文名。孔子（公元前 551—前 478），中国古代春秋战国时期伟大的思想家、教育家、哲学家。——译者注

者才值得称为统治者。

也许中国人尚未完全受益于这些明智而高尚的建议，但是，至少他们为争取大众的教育而做出了努力。一位中国使者曾大胆宣称：中国是世界上所有国家中初等教育开展最为广泛的国家。同样，一位德国学者也曾断言：在中国，不论在何等贫穷质朴的村落里，都存在着某种类型的学校或学习场所。[①] 在中国这样一个传统国家里，我们可以从它们现在的状况推断出它过去的情形。但是，广泛开展的基本教育仍是表层的，体现的是外在的文化。就像迪特斯（Dittes）所指出的，中国的教育方法注重礼仪而非学生的发展。[②]

17. 其他东方国家的教育 14

在所有东方国家中，埃及是智育和文化发展水平最高的国家之一，但这种教育只面向贵族特权阶级。同印度一样，埃及的神职阶层垄断着当时的教育，他们骄横地守护着神秘的知识财富，只有王公贵族才有权享受。平民分为不同的劳动阶级，其子女继承着父辈的社会阶级遗产，往往只接受最必要的教育以继承父辈的职业和培养宗教信仰。

古代波斯重视军事甚至超过神权，人们致力于大众教育。宗教二元论区分了善与恶，并认为善能战胜恶，每个人都有责任恪守美德，为善的最终胜利而献身。因此，为了实现精神和身体的完美，人们做出不懈努力。波斯人在节约和节欲方面的教育，受到某些古希腊作家的推崇，特别是色诺芬（Xenophon）[③] 在他的《居鲁士王传》（*Cyropaedia*）[④] 中，我们可以发现一张栩栩如生的图画表现了古代

---

① 关于中国教育实际状况的更多资料，请查阅比松的《教育学词典》中的“中国”条。

② 迪特斯：《教育和教学的历史》，第 32 页。

③ 色诺芬（约公元前 431—前 354），古希腊雄辩术学者、教育家。——译者注

④《居鲁士王传》，色诺芬写的一部劝世的历史小说。——译者注

波斯人①的英勇和高贵。

总体上看，东方国家的教育学史并没有为我们提供太多典范和榜 15
样。从一定程度上说，原始教育具有以下几个特点：一、教育是上层阶级的特权；二、女子没有受教育的权利；三、对于普通民众来说，教育无非是学习某种行业技能、学习如何作战以及学习宗教为来生做准备；四、教育并没有唤醒人们的自由精神，古代的人们大多生活在宗教观念、既定传统和政治独裁的多重压迫与束缚之中。

18. 分析性总结

一般说来，早期的东方民族的教育有以下几个特点：

(1) 统治阶级掌握着教育大权，主要因为僧侣和教士们是唯一有学问的人，所以也是唯一可以传授知识的人。

(2) 传授的知识大部分是宗教的、伦理的和常识性的，教育的最终目的是培养良好的行为。

(3) 因为教育的内容是经过当局审核的知识，学习者不可以自由提问，总的趋势是刻板与僵化。

(4) 因为知识是蕴含在语言中的，学习的过程就是话语理解的过
程，所以，学习中需要经常并大量运用记忆方法，逐字记忆大量的行 16
为规范和原则，结果使学习者性格呆板。

(5) 既然教学以行为规范的引导为主要目的，那么，那时人们还没有认识到教育的其他目的，如训练和文化等。

(6) 把教育看做民族复兴的一种手段，这种思想在犹太人中表现

---

① 不久前，大神父法勒（Archdeacon Farrar）这样评论波斯教育："我们为自己的教育理想感到自豪。在基督降临之前的远古时代，我们的教育理想就在很多重要方面达到了至高的境界。古代波斯人崇拜火焰和太阳。大部分波斯儿童或许都不太能通过最基本的身体机能考试，但这并不妨碍我们研究波斯人创立的典范。我们的小孩在 14 岁时已离开学校，这正是无所事事的年龄，而高贵的波斯人把他们的青少年送进学校，为他们提供最好的 4 位老师，分别教他们智慧、正义、秉性和勇气。智慧包括崇拜；正义包括一生不变的真正职责；秉性包括控制情绪；勇气包括与一切罪恶为敌的自由意志。"——佩恩注

得最为显著；在犹太民族中我们能够发现一种强制行为——每个城镇都有义务支持开办一所学校。

(7) 在波斯，国家首次成为推进教育发展的专门机构。

(8) 在中国，从遥远的古代起，学识就成为选拔官员的条件之一，因此，教育受到各级考试的制约。

(9) 除了少数犹太女子之外，各国女子都被剥夺了受教育的机会。

(10) 总体看来，教育目的旨在永久地维护阶级差别。教育作为一种普遍权利和公共利益的观念还没有形成。

第二章　古希腊教育

19. 古希腊教育学 17

在古希腊这块特殊的土地上，在雅典人中，艺术家、诗人、史学家和哲学家云集。在以纪律和美德著称并体现原始本色的城邦斯巴达，教育与其说是体现了人类意志和反思的有计划的活动，还不如说是顺应自然的产物，是从不同的行为方式、人物和种族中自然诞生的果实。然而，古希腊也有它自己的教育学，因为这个国家有立法者和哲学家，立法者从具体实践方面指导着教育，哲学家通过理论建构探
究人类精神发展的深层规律。同其他方面一样，现代社会的教育活动 18
与深邃的精神生活都是在古希腊文明影响下而发展起来的。①

20. 雅典和斯巴达的教育

在古希腊为我们呈现的教育景象中，首先值得我们关注的是，与古代东方国家强调静态和统一的教育不同，古希腊教育重视人的各种官能的自由发展以及发展倾向和方式的多样化。毫无疑问，在古希腊，公民总是服从于国家，即使在雅典公民个人的尊严也很少得到重视。但是，雅典和斯巴达之间又存在着很大差异，因此，两个城邦对于个人生活也相应有不同的理解和指导。雅典在重视人的体质发展的同时，更加着重发展人的心灵，智育的发展被推向了一个高峰，以至于出现了过度分科的现象。人们对能言善辩的追求达到如此的高度，以致滥用语言和思辨，使辩论变成诡辩。在斯巴达，心灵发展则从属

---

① 关于这一点，可以参见亚历山大·马丁（Alexander Martin）的著作《古希腊教育学原理》（*Les Doctrines Pedagogiques des Grecs*），巴黎，1881 年。

于体质，体力和军事技能是人们最推崇的素质，因此，教育仅局限于运动员和战士的培养。这种片面的教育，培养了庄严和勇气，但同时也造成了愚昧和残酷。法国散文作家和教育家蒙田对这两种对立的教育模式做了分析，其中不免对斯巴达的教育有种偏爱。

“人们可以去希腊的其他城市寻找雄辩家、画家和音乐家，但是，必须去斯巴达寻找立法者、行政官和将领。雅典传授的是雄辩术，而
19 斯巴达传授的是英勇善战。雅典教人如何分析复杂的辩论以及如何识别恶意扭曲的诡辩，但斯巴达则教人如何不贪图享乐、临危不惧、宠辱不惊。雅典人热衷于语言艺术，而斯巴达人则热衷于实干，前者持续追求口齿伶俐，而后者则持续追求心灵发展。”①

上述部分的最后一句话或许有失公正。斯巴达青年每天的活动主要是跑、跳、摔跤、投标枪、掷铁环，不能看成是智力活动。相反，雅典青年在学习辩论的同时，也学到了感悟和思考。

21. 古代雅典的学校

古代雅典立法者梭伦（Solon）将体育和智育放在同等重要的位置。他说，孩子首先应该学习“游泳和识字”（to swin and to read）。在雅典教育体系中，体育仿佛占有重要的位置，文法学校（school for grammar）和音乐学校（school for music）一般是由私人设置的，而体育馆（gymnasia）则是在国家指导下设置的，体育馆的负责人每年由民众大会选举产生。然而，雅典教育却越来越向人文教育的方向发展，特别是公元前 6 世纪之后。

雅典儿童在 6 周岁或 7 周岁前由保姆和侍者照看。7 岁起，儿童由奴隶担任的教师或“儿童指导者”（conductor of children）负责看管。在教师的指导下，孩子轮流去文法学校、儿童体育学校（palestra）、成人体育学校（school for gymnastics）② 和音乐学校进行

---

① 蒙田（Montaigne）：《随笔集》（*Essays*），第 1 卷，第 24 章。

② 古希腊儿童体育学校称为“palestra”，成人体育学校称为“gymnasium”，它们是分开办学的。

学习。文法老师有时在露天场所（如街道或广场）授课，授课内容包 20
括阅读、写作和神话故事。《荷马史诗》（*Homer*）是学生的阅读课本。文法教学之后是体育教学，体育学习首先从少儿体育学校开始，然后进入体育馆。音乐教育一般安排在语言教育和体育之后。音乐老师首先教孩子唱歌，然后教他们弹奏乐器，如六弦琴和竖琴。众所周知，雅典人非常重视音乐。柏拉图和亚里士多德（Aristotle）一致认为，音乐的韵律和谐能够激发灵魂对秩序、和谐和规律的热爱，并且能够平复激情。此外，音乐在希腊人的日常生活中也占有重要的地位。法律条文以歌传颂，宗教仪式伴歌进行。有人曾说地米斯托克利(Themistocles)①的教育没有受到重视，是因为他不会唱歌。蒙田说："我们必须把古希腊看做运动员和战士的民族，人们接受各种训练而变得坚强凶猛，因此，需要接受一些别的训练使其变得柔和，而音乐通过身体感官影响人的心灵，正是实现这一需求的最佳方式。"②

雅典的初等教育最初对学生有严格的纪律约束。阿里斯多芬(Aristophanes)③悲叹世风日下，怀念那曾经逝去的良好秩序和旧时学校：④

"让我来讲讲过去我当老师时的学校教育，那是多么美好的时光
啊！正义之光在闪耀，谦虚谨慎在盛行。孩子们光着头、光着脚丫跑 21
到街上，风雨无阻，排着队去音乐学校上课。在学校里，他们必须安静有序、端端正正地坐着，不许把一条腿搭在另一条腿上。他们学习唱一些好歌，老师首先慢慢地并庄重地唱给他们听，故意唱跑调的学生要被严厉地鞭打。"

22. 修辞学校和哲学学校

文法、体操、音乐是雅典年轻人初等教育的主要内容，但是，这

---

① 地米斯托克利（约公元前524—约前460），古希腊杰出的政治家，古代雅典执政官（前493—前492）。——译者注

② 蒙田：《法律的精神》(*Esprit des Lois*)，第1卷，第8章。

③ 阿里斯多芬尼斯（约公元前446—前385），古希腊著名的喜剧代表作家、诗人。——译者注

④ 阿里斯多芬尼斯：《云》(*Clouds*)。

种教育是为富裕家庭提供的。按照梭伦的目的，穷人的孩子只需要学习阅读、游泳和手艺。能够参加修辞学校（school of rhetoric）和哲学学校（school of philosophy）的成年人范围则更为局限。

在这里，我们的目的不是去研究老师们是如何在公共场所或操场上教授文学或者演说方法等雄辩术。作为周游各地的哲学家（itinerant philosophers），这些智者们从一个城市穿梭到另一个城市，收取高昂的学费传授辩论技巧、教人们如何高谈阔论、伸张正义、谴责邪恶、探寻真理。但是，他们既表现了演说术教学的耀眼之处，也暴露了其不光彩的一面。[①] 而哲学家则更好地完成了他们自己的使命。
22 苏格拉底、柏拉图和亚里士多德都是有名的伦理学老师。苏格拉底虽然没有建立正规的学校，但他招纳一些出色的年轻人启发他们钻研学问和学习美德。柏拉图的学园（Academy）和亚里士多德的吕克昂（Lyceum）都是著名的哲学学校，是由个人设立的真正的私立高等学府，每所学校都由一位著名的哲学家主持指导。这些学校的教育内容跨越悠久的历史，并将以书本的形式永恒存续。此外，古希腊人的耀眼的精神为我们提供了一些基本的方法和思想，这对于教育学史研究是非常重要的，因为这些思想和方法是人类对于教育艺术第一次进行的认真的反思。

23. 苏格拉底：苏格拉底方法

苏格拉底一生都致力于教学，并且始终运用同一种创新的教学方法和理念，因此，人们称之为“苏格拉底方法”（Socratic Method）。他创造了一种天才般的问答法。他可能会向他遇到的每个人提问，包括在体育场和街道上；他向那些诡辩家提问，让他们认识自己的错误和无知；向那些自以为是而无知的青年人提问，让他们学到真理；向

---

① 诡辩家的名声是格罗特（Grote）提升起来的，参见《古希腊历史》（*History of Greece*），第 8 卷；后期关于诡辩家更为有趣的描述，参见普林尼（Pliny）的《书信集》（*Letters*）、摩尔莫斯（Melmoth）的译本第 2 册第三封信。也可以参见布莱克儿（Blackie）的《道德发展四阶段》（*Four Phases of Morals*）及法勒（Ferrier）的《古希腊哲学》（*Greek Philosophy*）。——佩恩注

那些著名的政治家或平民、泥瓦匠提问，例如，一会儿向伯里克利（Pericles）[①] 提问，一会又向店铺老板提问。他无时无刻或无处不在地向人们发问，通过这种方式让人们形成清晰的观念，这便是他持续一生的事业和热情。有人问他对来生的向往，他笑着说希望能在极乐天堂里继续发扬雅典集市上的传统，向那些伟大亡者的幽灵提问。对于苏格拉底来说，谈话变成一门艺术，对话成为一种方法。他很少用说教的形式直接进行教育。他跟别人对话，让对话者说出自己的想法，通过微妙的问题步步深入，巧妙地让对话者接受他心中的真理，或者让对话者在错误的路上徘徊，直到最后发现自己的错误并摆脱困 23
扰。所有这些都离不开完美的分析艺术、极致微妙的推理过程、简单的语言以及日常生活中的事例，包括直觉性的事例。

24. 苏格拉底式讥讽

要清晰地阐述苏格拉底方法，我们必须分清苏格拉底方法的两个重要阶段。苏格拉底采取了双重方法，从而达到双重结果。

首先，他向错误和谬论宣战；然后，采取“苏格拉底式讥讽”[②]（Socratic Irony）的方法。他会像虚心求教的学生一样提出问题。如果对方的回答存在错误，他也不反对，而是装作支持回答者的想法和情感。然后，他通过一系列敏锐的和诱导性的问题，引导对方做出进一步推想，以此证明对方观点的谬误。接着，让对方意识到其结论是荒谬的、自相矛盾的，让他失去原有的自信，并最终接受苏格拉底的观点，承认他自己的错误。

25. “产婆术”——激发灵感的艺术

类比推理过程是苏格拉底方法的另一个重要方面，被苏格拉底称

---

① 伯里克利（公元前490—前429），古雅典政治家。——译者注

② “Irony”（讥讽）这一词在古希腊文中的本义是“提问”、“审问”。苏格拉底用一种幽默嘲讽的方式进行提问，使得这一词语失去了原来的意思，变成现在我们所说的“讥讽”之意。

为“产婆术”（Maieutics）或激发灵感的艺术。

苏格拉底认为，人类的心灵在正常状态下具有利用自身特殊机制发现真理的能力，因此，人们需要知道如何引导并激发这些认知能
24 力。他呼唤学习者的自发性和内在力量，通过巧妙的方法使学习者认同他的观点。然而，这种方法只能用于探索可以通过理性、直觉、常识和自然等途径获得的知识，例如，有关心理的、伦理的、宗教的真知。①

26. 苏格拉底式讥讽和产婆术举例

下面的例子，可以让我们对苏格拉底方法形成更加明确的认识。这些例子引自苏格拉底的弟子的文章，例如，柏拉图的《对话集》（*Dialogues*）、《高尔吉亚篇》（*Gorgias*）和《尤西德姆斯》（*Euthydemus*）等。色诺芬的《回忆苏格拉底》（*Memorabilia*）对苏格拉底的教学思想和方法的表达或许更加忠实和明了。尽管这些引文还不够充分，但从下面的引文中我们可以一窥苏格拉底敏锐而尖刻的批判精神和成效显著的教学方法。“三十暴君”（Thirty Tyrants）把公民中很多精英判处死刑，并唆使其他民众做不义之举。有一天，苏格拉底说：“如果一个牧羊人把他的羊群中一部分羊屠杀了，并且虐待其余的羊，却
25 不承认他自己是一个糟糕的牧羊人，对此我会大感吃惊。但是，让我更加吃惊的是，当权者竟然会对他的民众进行屠杀和剥削，却不对这样的作为感到羞耻，更不承认自己是一个糟糕的统治者。”苏格拉底的话很快传到三十暴君的耳朵里，他们派人将苏格拉底抓来，给他看法律条文，并严禁他与青年人交谈。

“苏格拉底对暴君们说，他对这项惩罚还有不明白之处，是否可

---

① 苏格拉底用于探索真理的方法，只能在学生对新知识已经有原始的知识储备的情况下才能发挥作用。心理学、逻辑学、伦理学、数学以及语法和修辞，都是苏格拉底方法可以应用的领域。然而，利用这种方法去教授地理、历史、生物等其他学科也许是十分荒谬的，因为学生对这些学科没有知识基础。如果苏格拉底的对话法利用不得当，那会导致假设定论、狂妄无知和自以为是。有时候，滥用苏格拉底对话法会使老实温顺的学生感到糊涂和迷惑。——佩恩注

以提几个问题。暴君们勉为其难地准许了他的要求。苏格拉底问道：‘我准备好服从法律，但为了避免以后因为无知而犯法，我想让你们明确地告诉我，你们之所以严禁我回话是因为它是好事还是坏事？如果是好事，那么我今后将避免说好话；如果是坏事，那么我今后则避免说坏话。’”

“这时，暴君卡里克勒斯（Charicles）发怒了，他说：‘既然你不明白，那我们就跟你说点简单易懂的：我们禁止你与青年人交谈！’苏格拉底乘机问道：‘为了严格地遵守法律，请您告诉我几岁以下的是青年人、几岁以上的是成年人？’‘当他有能力参加议会时就算是成年人，因为到那时他们才懂得谨慎；所以，不要与30岁以下的人交谈。’”

“但是，如果我想买东西，卖者小于30岁时，我能向他打听物品的价钱吗？”

“当然可以；但你习惯问别人一些你自己具有明确答案的事情， 26
这是不允许的。”

“这样的话，如果有个青年人问我你们这些君王住在哪里，我绝对不能回答。”

暴君说：“你可以回答这样的问题，但是，你绝对不能与鞋匠、铁匠以及其他的手工艺者谈话，因为我觉得他们早已经对你的喋喋不休烦透了。”

苏格拉底接着说：“那么，我还论证过您所说的这些事业代表着正义、虔诚和很多美德，现在看来，我必须摒弃这样的观点了。”①

在这次尖锐对话的最后部分，我们可以看出语调走向高昂而思想更加深刻。苏格拉底激烈的讥讽手法可谓高超。

下面是一则苏格拉底利用“产婆术”促使认识道德真理——信仰上帝的例子：

“我来说说，有一次我听到的他与小阿里斯托玛科斯（Aristodemus）之间关于上帝的对话。他知道阿里斯托玛科斯不信奉上帝，也不相信

---

① 色诺芬：《回忆苏格拉底》（*Memorabilia*），第1卷，第2章。

神谕，而且嘲笑那些参与宗教活动的人。苏格拉底便问他：‘告诉我，
阿里斯托玛科斯，有没有一些人的才能让你觉得崇拜？’‘有啊。’‘告
诉我，你崇拜的人都有谁。’‘在史诗方面，我特别崇拜荷马；在酒神
赞歌方面，我崇拜米兰尼匹迪斯（Melanippides）；在悲剧方面，我崇
拜索福克里斯（Sophocles）①；在雕刻方面，是波利克里托斯
（Polycltus）②；而绘画方面，是宙克西斯（Zeuxis）③。’‘但是，哪种
艺术家更值得你崇拜，是那些创作缺乏意义和动作的艺术家呢，还是
那些创造活生生的、有思想、有行动的人物的艺术家呢？’‘那些能创
造生动人物的艺术家，因为他们的著作是智慧而非巧合的结晶。’‘那
27 么意图不明确的著作和意图鲜明的著作，哪个是智慧的结晶，哪个是
偶然巧合的产物呢？’‘理所当然，有一定意义的著作当然是智慧的
著作。’”④

这时，苏格拉底告诉小阿里斯托玛科斯，人体的各部分器官如何各司其职，维系生命和发挥人类的力量。就这样，一个接一个地举例，一步接一步地归纳，苏格拉底通过提问的方式使对方的思维保持高度警惕的状态，引导对方做出回答，迫使对方进行思考，让他得到应有的思维训练，并最终让他认识到上帝的存在。

27. 柏拉图的《理想国》

卢梭（J. J. Rousseau）曾经说过：“你想对公共教育发表什么观点吗？那就去读柏拉图的《理想国》（*The Republic*）吧！那里有对教育最为精辟的论述。”实事求是地讲，我们不得不承认卢梭对此所表现出过度的热情。《理想国》确实提出了一些睿智而实际的教育思想，但总体上看，它是理想主义的产物，包含大量的悖论和虚构。在柏拉

---

① 索福克里斯（约公元前 496—前 406），古希腊三大悲剧作家之一。——译者注

② 波利克里托斯（活动时期公元前 5 世纪后半期），古希腊雕刻家。——译者注

③ 宙克西斯（活动时期公元前 5 世纪末），古希腊最著名的画家之一。——译者注

④ 色诺芬：《回忆苏格拉底》，第 1 卷，第 4 章。

图所构想的理想生活共同体中，个人和家庭都是无条件服从于国家的。女子与男子一样也要接受体育训练，履行战士的职责。孩子不知道自己的父母是谁，从他们出生的那天起，他们就要被交到公共保育人员的手中，而公共保育人员是受人尊敬的公共职业之一。在他的理想国中，“我们应该注意的一点是，母亲不可以知道她的孩子是谁”。我们或许可以猜测，在大肆赞颂《理想国》时，《爱弥儿》（*Émile*）的
作者却自相矛盾，正希望他的读者能够欣然接受他自己构筑的梦境。28

28. 武士和统治者的教育

柏拉图的理想国隐约借鉴了印度人的国家体制，建立了三个社会等级：劳动者和工匠、武士、统治者。劳动者和工匠不需要接受教育，这一社会等级的人只需要学会某种手艺就足够了。在政治方面，柏拉图坚持贵族主义立场，蔑视普通民众，称他们为“健壮的野性动物”。然而，他并没有为这三个社会等级之间设置不可跨越的鸿沟。如果一个出身低的社会等级的儿童表现出显著的才能，那么，他也可以进入上层社会；同样，如果战士或统治者的孩子确实无能，不配上层社会，那么他的财产应该被没收，成为劳动者或工匠。

经过深思熟虑，柏拉图对于战士和统治者的教育认真地做了界定。战士的教育包括两个部分：音乐和体操；而统治者的教育则包括高层次的哲学、各门科学和形而上学等。柏拉图理想国中的官员不像东方国家那样必须是神职人员，但必须是学者和哲学王。

29. 音乐和体操

虽然柏拉图很重视体操，但他认为音乐更为重要。柏拉图是一个理想主义者，认为训练身体之前要先训练心灵。在他看来，躯体能够实现的各种完美都是心灵所赐予的。即使体育训练的目的也应该是增
强心灵的活力：“在躯体的训练中，我们的青年应该以提升道德力量 29
为最高目标。”他生动地刻画了只接受躯体锻炼的战士的样子：“一个人如果只参加体操项目，接受这方面的训练，大吃大喝，完全忽视音乐和哲学，那么起初他的身体会开始强壮起来；可是，如果他别的什

么都不做，不接受音乐的熏陶，那么就算他具有学习方面的某些有利的先天倾向，如果他的这些倾向不通过获取知识、进行探究和话语系统的训练，总之，得不到音乐的启迪，没有接受智育训练，那么他的自然倾向也会逐步变弱、变聋和变瞎。这个人也会像野兽一样生活在无知和粗鲁的状态中，不懂得优雅和礼节。”然而，柏拉图并没有轻视健康和强壮的体魄。相反，他甚至为此遭到攻击和批判，因为在他的理想国中，公民必须身体健壮，他提出把所有残疾人和身体虚弱的人都驱逐出去，并指责他们是“苟且偷生”。在柏拉图所构想的城邦中，如同在大多数古代社会中一样，生存的权利只属于那些身体健壮的人。对待那些老弱病残等有身体缺陷的人，柏拉图并没有极端到下杀戮令的程度，但他的做法是“下驱逐令”，让他们自生自灭，其实这与下杀戮令也没有什么实质的区别。国家要求所有因为身体原因而不能行使公民职责的人都做出牺牲。被蒙田称为“圣人”的柏拉图竟然会提出如此残酷无情的见解，这让我们大感吃惊。但是，让我们感到更为震惊的是，在现代哲学家中也有类似的观点，基督教的仁慈或人文主义的同情都不能消除这种赤裸裸的冷漠无情。赫伯特·斯宾塞不就是因为我们的社会照顾老弱病残而对现代社会发起攻击的吗?

30 30. 教育中的宗教和艺术

柏拉图对艺术在教育中的功能给予很高的期待，但这并不能妨碍他对某些艺术形式，尤其是对喜剧和悲剧以及一般的诗歌形式持强烈反对的态度。他要把诗人从城邦驱赶到边疆，即使诗人的头上依然戴着荣誉的标签和光荣的花环。他仅能容许那些有利于培养美德的人的诗歌存在，特别是有利于培养他们的言谈举止、赞扬神的英勇事迹、歌颂神的光辉的文学的存在。作为一个严厉的道德家和神圣善行的崇拜者，柏拉图谴责他同时代的诗人们，因为他们为神性添加了人性的罪恶和欲望，他们的想象力掺杂着内心对神的敬畏和恐惧，他们塑造的是恐怖的地狱情形和对人类充满迫害欲望的残酷而疯狂的众神形象。此外，在《法律篇》(*Laws*)中，柏拉图解释了他对宗教的观点。他说，发放到孩子手里的宗教书籍，应该像喂养孩子的牛奶一样精挑细选。上帝是俯瞰众生的大善，应该得到尊敬，人们不仅要通过祭祀和宗教礼仪，更应该用充满正义和美德的人生去表达对上帝的尊敬。

在培养公民道德方面，柏拉图更注重发挥艺术而不是宗教情感的作用。热爱文学、与缪斯女神畅谈、能歌善舞，这些艺术对古代雅典贵族来说都是通往道德完美的必经之路。他们认为，道德教育的最高形式就是艺术教育。心灵对美的追求上升为对善的追求。“美和善”（beautiful and good）是古希腊人经常提及的两个字，即便在今天，我们依然可以从他们的反思中受益无穷。柏拉图曾说：“我们应该发掘这样的艺术家，他们凭借自己的天赋刻画善良和优雅之人的性格品 31
德，这样，我们的青年生活在健康的氛围中，吸取百书之精华，阅读或听到的每一部伟大著作都会让他们如沐春风，幼年时代的潜移默化让他们在不知不觉中懂得真正的理性之美、和谐和爱。”

“正是由于这些原因，柏拉图才如此重视音乐教育的重要作用，因为韵律和谐是最能触及心灵深处的东西，音乐熏陶使人变得优雅。如果缺乏音乐的训练，只能走向反面。受过良好音乐教育的人具有发现问题的敏锐观察力，不论是由于缺乏艺术教育所导致的缺陷还是自然性格的扭曲发展；而且，由于内心的厌恶之情，他们自然而然地摆脱这些不足，赞扬并从心灵深处欣然接受美好的事物，美成为他们的精神食粮，从而成长为高贵的和有美德的人。甚至在儿时，他虽然没有理性，但也能正确辨别是非，蔑视和憎恨那些令人厌恶的东西。当理性来临的时候，他诚挚地欢迎，因为经过教育的培养他已经具备了必要的直觉。”①

31. 高等智育

在柏拉图的《理想国》中，武士阶级的智育教育仅仅局限于文学

① 引自沃恩（Vaughan）和戴维斯（Davies）的《理想国》（*Republic*）版本，第 401—402 页。——佩恩注

和审美方面，而统治阶级的智育教育除了文学和审美之外，还包括科
学和哲学。培养未来的统治者，让他们自小接受普通教育，到 20 岁
32 时开始学习抽象的科学、数学、几何学和星象学。继 5 年的科学教育
之后，是 5 年的雄辩术①或哲学教育，哲学能够开发人的最高级的能
力——理性思维，能够让人们学会从感官世界的表面现象中去发现事
物的真理和本质。然而，对于柏拉图来说，统治者的教育绝非到此为
止。他们接受了理性和智育教育之后，大约已经 35 岁，还要被送回
"洞穴"② 中，回到社会让他们担任各种公民和军事职责，直到 50 岁
左右，具有足够的经验和丰富的知识后才可以担任处理国家事务的重
任。在柏拉图的《理想国》中，政治家的培养不是一蹴而就的，但
是，他精心设计的教育系统也忽视了两个重要的方面：一是他完全忽
视了物理学和自然科学，因为在他神秘的唯心主义思想中，感觉到的
事物都是带有欺骗性的、不真实的，所以，不值得引起心灵的注意；
二是尽管当时古希腊的历史学家希罗多德（Herodotus）和修昔底德
33 (Thucydides)③ 已经产生影响，但柏拉图丝毫没有提及历史教育，这
显然是对传统和历史的轻视。

32.《法律篇》

在其晚年著作《法律篇》中，柏拉图对《理想国》中一部分虚幻的想法做了更改，承认他早期著作中的激进主义倾向。这位伟大的哲学家这时回归到人间，屈尊地关注着人类的真实生存状况。他不再坚

---

① 在柏拉图的《理想国》中，雄辩术（dialectic）既不是哲学也不是逻辑学。我怀疑雄辩术能否成为一门正式的教育学科。雄辩术更像是一种方法或实践，辩论的目的是对接受的观点、形成的知识和头脑中的观念进行分析，通过辩论以区分真假、明辨是非。苏格拉底对话法就是雄辩术的最佳展示。雄辩术或许可以被定义为"合理的思维方式"或"实践的理性思维"。——佩恩注

② 参见柏拉图《理想国》中的洞喻说（《理想国》，第 7 卷）。柏拉图的教育思想坚持知行合一，从知到行。与前期的苏格拉底和古希腊学者贝阿斯（Bias）及后来培根（Bacon）的思想一致。——佩恩注

③ 修昔底德（公元前 460 以前—前 404 以后），古希腊最伟大的历史学家——译者注

持社会等级制度，并且认真务实地承认各个阶级的儿童都应该接受教育。[①]

首先值得注意的是，柏拉图对教育目的的著名界定：“良好的教育是让身体和心灵尽可能感知美、使它们的各种潜能达到完善。”至于教育方法，柏拉图好像在勤奋用功和兴趣激励之间摇摆不定。一方面，他认为教育是一门讲究技巧的训练，主张用寓教于乐[②]的方式引导儿童的思维而达到学习的目的；另一方面，他又反对父母试图完全消除孩子学习过程中遇到的任何困难和痛苦。他说：“我觉得，一味地迎合孩子的兴趣爱好是溺爱孩子，这是毋庸置疑的。我们不应该一味盲目地追求有趣的事物，因为我们在实际生活中不可能完全消除万事万物带给我们的痛苦。”

柏拉图还这样定义了“良好的教育”：“我将教育称为美德，这种美德表现为孩子们内心升起的悲、喜、爱、恨等各种情感能安然地服从于秩序。”

以上述原则为基础，柏拉图进一步做了深入的阐释。他建议，年 34
龄 6 周岁以下的孩子穿婴儿服，可以玩扔石子等孩子们自己发现的游戏，男女分开活动。男孩应该练习游泳、弓箭和标枪等。此外，练习摔跤能增强体质，练习舞蹈能增强运动协调性。阅读和写作从 10 岁才开始训练，为期 3 年。

认识柏拉图的思想需要大量的时间。他提出的教育学说跟当时古代雅典人的教育方法颇为接近。《理想国》是一部充分发挥想象力的著作，而《法律篇》则是对当时教育实践真实状况的评论。但这里，我们仍然能发现与柏拉图思想最为接近的东西：对最高德性的永恒追求。

33. 色诺芬

作为一位教育家，色诺芬（Xenophon）受到两种不同势力的影

---

① 尤其参见《法律篇》(Laws)，第 7 卷。

② 对比一下这句引文：“一个自由的灵魂受到奴役的话，什么都学不到。这句话的意思是，强迫灌输到头脑中的知识是保留不住的。因此，不要对学生采取暴力，相反应该在游玩的过程中学习知识。”

响。他的尊师苏格拉底是他的真知的主要源泉。《经济学》(*Economics*)这本隽永的著作正是他在伟大的雅典圣人苏格拉底的循循善诱和启发下写成的。但是，色诺芬还表现出不完美的一面：对斯巴达及其机构和律法抱有过度的热情。《居鲁士王传》的第一册探讨的是古代波斯的教育法规，但不幸沦为对莱克格斯律法(Laws of Lycurgus)的简单模仿。

34.《经济学》和女子教育

《经济学》一书生动地描绘了女子教育，值得每个人细细研读。雷南(Renan)对古希腊历史学家普鲁塔克(Plutarch)著作的评价，也同样可以用来评论这本书："我们从哪里还能找到对完美的家庭生活更迷人的描述？多么善良的天性！多么优雅的礼节！多么纯洁、质朴、可爱的简洁!"雅典的姑娘在结婚之前仅仅学习如何纺织羊毛、
35 如何小心谨慎、不向别人提任何问题——一种完全消极的品德。色诺芬要求丈夫担负起对妻子进行心灵教育的责任，丈夫教导妻子积极承担家庭生活中的责任，例如，家庭秩序、家庭经济、友好对待奴隶、呵护子女，等等。事实上，雅典的女子仍然处于较低的社会地位。在她们的闺房中，学习阅读和书写是很少见的，学习艺术和科学的女子则更为罕见。人的尊严和价值等理念尚未出现，男子的价值只有通过履行对城邦的职责中体现出来，而女子在城邦中不行使任何职务。色诺芬克服了那个时代对女子的普遍偏见，号召女子更紧密地参与家庭事务，参与丈夫的职业，向现代家庭理念迈进了一大步。在这一点上，色诺芬做出了贡献。①

35.《居鲁士王传》

《居鲁士王传》显然没有达到上述的成就。在描述了波斯国家组织之后，色诺芬顺承语境，用自己的风格描述了一个完全统一的军事化教育计划。没有家庭教育，没有个人自由，没有对文字和艺术的热

---

① 特别参见色诺芬：《经济学》第7章和第8章。

爱。波斯的孩子们幼年期结束后，开始履行军事职责，即使在夜间也不能离开营地半步。国家就是一个营地，而人生就是一场永不停休的军事演习。色诺芬说："波斯人教孩子美德，就像别的国家教孩子识字一样。"这得到了蒙田的赞扬。但是，对这些倡导公正和节制的学校教育方法进行评价是有一定难度的，我们完全可以质疑色诺芬提出的教育方法的有效性。例如，这种体系通常会使学者们之间小小的争 36
论演化成法庭裁判，由法庭决定有罪或无罪释放。色诺芬回忆自己的学习经历，并建议想得到公正品质的人们学习历史，这一点相对来说更站得住脚。他通过实践而非理论来教导节制的品性，他的学生每顿饭以面包为主食、以芹菜为调料、以水为饮料进食。

不论《居鲁士王传》有多少不足之处和不切实际之处，但我们必须记住，作者色诺芬描述这样一幅简约节制、充满勇气的生活状态，其目的是对抗当时雅典上层社会礼仪式的生活方式。对此，18 世纪中期卢梭对这种盛行的矫饰风气进行抨击，认为人们应该发挥想象力，回归自然。而与雄辩家同时代的色诺芬则倡导发扬波斯人的坚定品德，反对古希腊人世风日下和过度精致的生活。

36. 亚里士多德：他的教育计划的一般特征

亚里士多德所取得的巨大成就、百科全书式的知识体系、实验性的调查研究以及天性中积极务实的性格倾向，这些因素使得他超越了柏拉图，在探讨教育学时表现出更加深邃清晰的洞察力。与柏拉图相比，亚里士多德还有一个优势：他深深了解并享受着家庭生活的乐趣，他深爱并亲自教育自己的子女。他说："父母爱孩子，就像爱自己身体的一部分。"另外，我们还知道，亚里士多德是一个亲身进行实践探索的教师，从公元前 343 年到前 340 年，他担任亚历山大大帝 37
(Alexander) 的老师，给有史以来最强大的帝王做老师的机会成就了一位能力非凡、独具眼光的教育家。据说，亚里士多德的《论教育》(*On Education*) 是根据第欧根尼·拉尔修 (Diogenes Laertius)① 而

① 第欧根尼·拉尔修（约 200—约 250），古希腊哲学家。——译者注

写成的，不幸的是该著作已经遗失。因此，我们只能从他有关伦理学和政治学的著作中一些零零碎碎的教育论述对他的教育思想窥知一二。①

无论谁只要致力于家庭稳定和国家紧密团结，那必然也在推动着教育的发展。即使如此，亚里士多德依然认为，教育应该是一项重要的义务。柏拉图式的国家共有制受到亚里士多德的大力批评。我们现在所说的那种慈善或友爱互助的社会情感，在亚里士多德看来，那是社会生活的保障和根基。国家共有制稀释和削弱了这种感情，就像一滴蜂蜜溶入一大杯水中，所有的甜味都将淡去一样。“有两种东西在物质层面上增强了人们内心对利益和情感的依赖——财产和爱。”亚里士多德以这样一种常识性的思维方式对抗柏拉图式的狂想，为家庭和个人利益做了有力的辩护。

37. 公共教育

但是，亚里士多德并没有完全受到当时社会情境的左右，把教育子女的责任留给父母。受到当时古代某些教育趋势的启发，亚里士多德称自己是公共教育的强有力的支持者。他称赞斯巴达颁布了“人人
38 都应该接受相同的教育”的法令，指出：“既然每个城邦都有一个共同目的，那么，显而易见，教育应该对所有人都是一样的，教育应该是所有的人共同关心的事业而不是个人的事务。……立法者有责任通过法规保障每个公民都享有受教育的权益。”因此，亚里士多德认为，从孩子们 7 岁开始，国家政府就要负责教育他们养成良好的品德和习惯，而不是柏拉图所说的从孩子一出生起国家就要负责孩子的抚养和教育。

那么，儿童教育的内涵又是什么呢？亚里士多德究竟希望儿童学习哪些科目呢？

38. 人的自然本性的发展

亚里士多德教育思想的出发点，基于他对人的发展的重要而明确

---

① 特别参见亚里士多德：《政治学》（*Politics*）第 4 卷和第 5 卷。

的划分。他把人的发展划分为三个时期或阶段：第一，身体的自然生命阶段；第二，直觉或感觉阶段，即心灵的非理性阶段；第三，理智或理性阶段。亚里士多德由此得出结论，认为训练和学习过程应该遵循人类发展的三个阶段而循序渐进。“教育首先必须从身体发展开始而非心灵，之后才是与各种欲望相关的心灵教育。”但是，亚里士多德并没有忽视这一重要部分，即“在关注感官的时候，不能忽视智力或理性教育；在锻炼身体的时候，也不能忘记心灵的发展”。这一点正与卢梭的观点相对立。

39. 体育

亚里士多德是马其顿宫廷御医之子，他精通自然科学，喜欢谈论
体育。体育从孩子出生前甚至母亲怀孕前就要开始，因此，他颁布法
律条文，禁止男女年龄太小或太大时结婚，还告知人们最佳的结婚季 39
节，向母亲们提供明智的卫生咨询意见，建议她们自己哺育自己的孩
子，严禁冷水澡。这样的体质发展大纲，即使在今天的卫生学家看来
也是有合理性的。

40. 智育和德育

亚里士多德认为，正规的智育不得早于5岁。但是，与上述教育理念相一致，这一阶段等待时间并不意味着儿童智育的缺失，即使游戏也被认为是为儿童后期的教育做准备和打基础。另外，亚里士多德坚决主张，保护儿童免受外界的不良影响，孩子与奴隶打交道或者观看不良道德的戏剧都有可能造成负面的影响。

与同时代的教育思想家一样，亚里士多德认为，教育应该包括文法、体操、音乐。除了这三门课程之外，他还增加了绘画。但是，他主要关注的是音乐，认为音乐可以培养学生的道德情操。他和当时的古希腊人一样，对音乐怀有一种偏爱，若使一个人精神感到放松、行

为举止得以改善，给六弦琴多加一根弦或减少一根弦就足够了。[①]

亚里士多德十分注重道德教育。与柏拉图一样，他非常关注儿童幼年时期道德习惯的养成。在关于伦理学的几篇著作中，他以一种充满智慧、务实和自由的文风讨论人的美德。他对正义之情的崇高歌颂
40 无人能够超越，他在称赞“正义”时这样说：“无论晨星还是暮星，都不能像正义一样激发人们的敬仰之情。”

仅仅从他的《政治学》零碎简略的理论陈述中去寻找和探索亚里士多德完整的教育思想，这显然是不公平的。除此之外，我们还应该回溯他在吕克昂学园的著名教学活动和指导，在这一庞大的教育计划中几乎包括了所有科学，他仅仅把带有机械性和功利性的科学和艺术排除在外。在这一点上，他有着古典式偏执。他认为，对于任何一个自由人来说，直接从事现实生活实践活动或物质生产活动都是奴隶性的，是不值得的。他只推荐他的弟子们从事心智发展的学习和研究，其唯一目的就是升华心灵世界，培养崇高的思想。[②]

41. 亚里士多德的教育学以及整个古希腊教育学的不足

无论我们对亚里士多德的教育学感到多么由衷钦佩，但是从总体上看，我们不得不说，亚里士多德的教育学思想与所有古希腊作者的教育学一样，都存在着明显的错误，因为他们都提倡贵族式的教育体系。柏拉图和亚里士多德所梦想的教育只是属于少数人的特权，甚至可以说，这样的教育得以实现的可能性正是由于社会上大多数群体都被排除在这个教育体系之外。奴隶阶级背负着侍奉主人的义务，亚里士多德称他们为制造玩乐的取悦者，根本不在教育体系范围之内。不
41 要忘记，在伯里克利时代——雅典共和国最为辉煌的时期，雅典城邦

① 我们似乎很难理解古希腊人为何赋予音乐如此强大的力量，或许我们可以设想，古希腊人对音乐有一种天生而独特的感悟力和敏感性。或许奥菲斯（Orpheus）和他的六弦琴的故事中蕴含着一种特殊的重要意义。——佩恩注

② 我怀疑柏拉图和亚里士多德对于实践学习的厌恶，不仅仅是一种狭隘的偏见。他们致力于研究不同学科的社会意义，因此，有可能认为文化的意义和功利的意义之间存在着某种对立性。——佩恩注

中有大约 40 万奴隶听命于 2 万自由民。要欣赏古希腊教育学思想，我们必须认识它的历史和社会背景，把它看做独立存在的实体；认识古希腊狭隘的国家机制，一个为了保障少数人的受教育机会而压迫大多数人的社会等级制度。

42. 分析性总结

(1) 古希腊教育的核心观念是均衡与和谐。柏拉图所说的“完美的人”必须是一个“和谐体”，即所有对立矛盾的倾向必须经过调和而达到和谐。完整的教育系统包括体育、智育和德育三个方面，三者必须协调发展，任何一个方面都不能片面发展。

(2) 古希腊教师的中心任务是学生的训练和培养，而不是传授有用的知识。教育的最终目的与其说是使人生富有行动，还不如说是使人生充满思想和见解。教育是道德性的，而不仅仅是实践性的；要培养人形成良好的道德行为，而不是教人获得大量物质财富。

(3) 体育受到高度重视。但体育本身不是目的，而是实现精神和 42
心理健康的途径。知识的价值也在于它是通往崇高道德的一种途径。

(4) 教育传授的是智慧，即道德和明辨是非的知识，也是做出正确行为的基础。教育，特别是苏格拉底式的教育，在于激发学生对他们自己心灵中知识对外部物质世界的反映，它们来自学生的心灵。路易斯 (Lewes)① 指出：“苏格拉底相信每个人身上都存在智慧的种子。科学知识不是灌输给学生的，而是从学生心灵中引发出来的。”

(5) 最好的教学方式是辩证术，例如，讨论、分析、解析等。辩证术的应用，意味着教学内容本身在学生心灵中已经存在的积极能量，而教师的首要任务就是激发学生的思维，解放学生的思想。这便是苏格拉底的“产婆术”。

(6) 思维活动的最重要形式是理性思维，其次是想象力和情感，再次是记忆。

(7) 柏拉图和亚里士多德指出了音乐的重要性，这表明情感教育

① 路易斯 (1817—1878)，英国哲学家、著作家。——译者注

是古希腊教育中的重要因素。情感教育自身并不是最终目的，而是道德和宗教教育的基础。

(8) 在苏格拉底、柏拉图和亚里士多德的著作中，我们看到构建教育理论体系的最早尝试；我们有了一种基于心理学、伦理学和政治学的教育科学萌芽。

(9) 在《理想国》中，我们看到关于义务教育理论的两个方面：首先，国家必须为公民提供合适的教育；其次，青年人必须接受教育，因为这是国家的命令。这是世界思想史上第一次明确提出国家必须履行教育者的角色和义务。

(10) 尽管在理想国的构建中，柏拉图设计了适宜于有才智者、行业劳动者和有产者等各种人的合理教育，但是，实际上教育依然是按照社会阶级实施的。

第三章　古罗马教育

43. 古罗马教育的两大时期 43

在前文中，我们看到古希腊有两种本质上完全不同的教育体系：斯巴达的教育是片面的、军事化的教育，忽视智育；而雅典的教育则是全面发展，体育和智育发展相结合，和谐而快乐地进行，这样的教育方法使“人人都有哲学家的气质，但没有染上娇气”。

在古罗马的历史长河中，这两种教育体系曾依次出现。在古罗马共和时期，直到征服古希腊，古罗马偏爱斯巴达式教育；而古罗马帝国时期，雅典式教育则占据主导地位，有一种很明显的重视语言经典和雄辩术的倾向。

44. 古罗马早期的教育 44

直到公元前 3 世纪末，古罗马才建立起第一所学校。在此之前，罗马人除了父母和自然界之外没有专门的老师。教育几乎完全是体育和道德教育，或者军事和宗教教育。在马提思（Martius）的校园中，一方面是体操训练，另一方面是背诵赞美诗，即一种包含众神名字的教义问答集。此外，还要学习《罗马法》，即《十二铜表法》（Twelve Tables）。这种自然教育所取得的成就，就是培养了世界上最强壮、最勇猛、最有纪律性和爱国情操的人。罗马是培养公民美德和军人美德的伟大学校。罗马人没有模仿雅典以一种超然脱俗的境界追求身心的完美发展。罗马人以实践性为最高目的，以实用性为唯一指导，不崇尚理想主义。他们的教育目的很明确，就是培养服从命令和具有奉献精神的战士和公民。罗马人不是用抽象概念来认识人的，他们只有罗马公民意识。

未开化的粗鲁、缺乏明智、蔑视理智和心灵的优雅，这些因素玷污了早期罗马教育的高贵品质。除了时代环境和种族因素外，罗马人务实的品行或许可以归结于三个或四个方面的基本因素。首先是一种坚定的家庭纪律性：父亲的权威是绝对不容动摇的，面对强大的父权，唯一的做法就是盲目服从。其次是母亲在家庭中的地位：罗马妇女的地位比雅典妇女要高一些，妇女与男性几乎平等。母亲是家庭的守护者，是孩子的教师。“主妇”（matron）是个让人敬畏的称呼。即
45 使是组织武装反抗自己国家的科里奥拉努斯（Coriolanus）①，也无法承受他母亲维图里亚（Veturia）的眼泪。高贵的考尼利亚（Cornelia）是她的儿子们的教师，她喜欢把他们称为“最可爱的珍珠”。还有，宗教的影响成为家庭的积极力量和补充因素。罗马人生活在众神包围的世界里，比如一个小孩要断奶，依据罗马传统这是一位女神教会他吃饭，而另一位女神教会他喝水，接着四位女神教他学会走路和两手相握。这些迷信观念给日常生活中很多寻常的事情赋予了规律性和准确性。人们就像生活在一个神圣的世界里。最后，罗马年轻人开始学习阅读罗马法律——《十二铜表法》，即国家公民的行为守则。因此，从幼儿时期开始，罗马人就习惯把法律看做一种自然而然的、不可违背而又万般神圣的事物。

45. 古希腊教育对古罗马学校的影响

古罗马的原始状态的教育方式并没有持续下去。在古希腊的影响下，罗马的质朴发生了变化，就像贺拉斯（Horace）② 所说的那样，未开化的罗马征服了希腊，反过头来却又被希腊所征服。公元前 3 世纪末，罗马开始对文字和艺术产生兴趣，并开始改革质朴粗鲁的原始教育。罗马人随之对精妙的习惯用语和辩证术产生兴趣，他们开设学校，雄辩家和哲学家担任教师。父母不再负责子女的教育，而是沿袭雅典人的习俗，把孩子交给奴隶照管，不再过问这种大众教育的不足

---

① 科里奥拉努斯，带有神话色彩的罗马英雄人物。——译者注

② 贺拉斯（公元前 65—前 8），罗马杰出诗人。——译者注

甚至邪恶之处。

古希腊历史学家普鲁塔克（Plutarch）说："如果有些奴仆比较能干，罗马人就会安排他们做各种工作，如耕种、航海、商业、管家等
等。如果他们发现有的奴隶是酒鬼或暴饮暴食的人，又不适合做任何 46
事情，他们就分配给这种奴隶看管小孩的任务。然而，一个好的老师应该具有阿基里斯（Achilles）的老师菲尼克斯（Phocnix） 样的秉性和素质。"①

46. 罗马为什么没有产生伟大的教育家

让我们感到意外的是，奥古斯丁（Augustus）时代——是拉丁文学的鼎盛时期，并没有像伯里克利时代一样诞生像柏拉图和亚里士多德这样伟大的思想家，没有人在教育方面做出大量建树，也没有人因为教育学方面的探索而一举成名。这是因为罗马人对无私的科学工作和研究从来都不感兴趣。他们仅仅在实践性学科方面有所成就，比如法律学，他们擅长制定法律。而教育学虽然在某种意义上具有实践性，它更多的是与哲学理论、人性和人类命运的理论性概念密切相关的。这些抽象的问题不能激发罗马人的研究兴趣，即使西塞罗在翻译柏拉图的著作时也是延续他一贯的文学风格，对教育问题一闪而过。

还有一点是值得注意的，罗马人似乎从来不把教育看做国家或政府事务和任务的一部分。《十二铜表法》没有任何关于教育的规定。直到昆体良时代，罗马才建立了公共学校，才有了职业教师。在奥古斯丁时代，每个老师都有自己的教学方法。西塞罗说："我们的先辈不希望儿童教育依照固定的法律法规，按照公共的、统一的形式进行。"② 但是，就政府对教育问题不闻不问之事，人们似乎并没有提出
批评，虽然他知道波里比阿（Polybius）③ 已经看到罗马体制的重大 47
缺陷。

---

① 普鲁塔克（Plutarch）：《道德论集》（*Morals*），第 1 卷，第 9 页。

② 西塞罗（Cicero）：《论共和国》（*De Republica*），第 4 卷，第 115 页。

③ 波里比阿（约公元前 204—约前 122），古希腊历史学家。——译者注

47. 西塞罗

在西塞罗（Cicero）所有的著作中，我们很少发现与教育相关的文字。但是，这位伟大的演说家却宣称：“今天我们能够为共和国所做的最好的和最伟大的贡献莫过于从事教育事业。”[①] 他仅仅满足于为国家而发表一些机智的哲学话语，它们听起来雄辩有力，却缺乏新颖性。

48. 瓦罗

瓦罗（Varro）[②] 是一个不很知名的作家，但他似乎颇有教育学家的天赋。他著有关于文法、修辞、历史和几何等真正的教育学著作。这些著作大都遗失了，如果我们可以相信他的同时代的那些证据的话，那么，他的学说对好几代人的教育都起到了指导作用。

49. 昆体良

继奥古斯丁时代之后，教育越来越成为与雄辩术相关的事情。教育的主要任务是为各种论辩场所培养雄辩家和演讲家。但是，我们必须把雄辩家与庸俗的诡辩家区分开来。庸俗的诡辩家只注重外在修饰技巧，被圣奥古斯丁称为“词语贩卖者”，而对于高级雄辩家来说，辩论与一般的智育密切地结合在一起。昆体良正是这样一位高级雄辩家，他著有《雄辩术原理》（*Institutes of Oratory*）。

26 岁的昆体良（Quintilian）[③] 被指派为辩论会的主持者，这也是古罗马国家成立的第一个辩论学会。之后，古罗马帝王图密善（Domitian）又让他负责指导帝王的侄孙的教育。因此，昆体良同时具有公共教育和私人教育的实践经验。

---

① 西塞罗：《论神性》（*De Divinatione*），第 2 卷，第 2 页。

② 瓦罗（公元前 116—前 27），古罗马学者。——译者注

③ 昆体良（约 35—95 年），古罗马雄辩家、教育家。——译者注

50.《雄辩术原理》 48

《雄辩术原理》这本著作以修辞学作为论题，其实很多部分是在探讨教育问题。实际上，作者认为雄辩家的培养应该从摇篮时期开始。他给幼儿教育者提出的建议是“不要忽视那些细节”，他一步步地跟随儿童教育的过程。要知道，在他所设想的完美理念中，口才从来都不可能离开智慧的培养。昆体良正是对这个主题的关注，引导着他对道德教育的主张。

51. 昆体良对教育的总体设想

昆体良的第一本著作就是完全论述教育问题的，他的教育方法或许可以适用于各种不同类型的孩子，不管他们是否有从事辩论的天赋。

昆体良在书的开头这样写道：“你有孩子吗？从一开始，就要对孩子怀有最高的期望。”他认为，我们对人性的评价和目标再高也不为过。如果学生内心对各种教育感到逆反，那是不正常的。很多时候往往是由于教育方式的问题，而不是学生天性的问题。

52. 儿童的早期教育

儿童的保育者应该具有美德，做事审慎。昆体良没有像斯多葛学派学者克吕西波（Chrysippus）一样要求保育者一定要受过教育，但是，他要求保育者的语言一定要无可挑剔。留给儿童的第一印象往往深刻而持久：“装过酒的酒瓶难以去掉它最初所装的酒味；染过颜色的羊毛再也难以恢复最原始的纯白。”

昆体良要求孩子们先学习希腊语再学本国语言，就像16世纪和17世纪的法国文人要求法国男孩先学习拉丁语再学习法语一样。

此外，昆体良认为，儿童的教育应该及时开始：“重视儿童的早 49
期教育，特别是只需要通过记忆而掌握的知识，因为儿童的记忆是很牢固的。”

聆听昆体良的演说就像聆听现代老师的演说一样，他认为我们应该尽量避免挫伤孩子。“让孩子感到学习就如同是游艺；给他提出各种问题；在他做得突出时就给予鼓励；时常让他享受到获得知识和智慧的快乐。”

53. 阅读与写作

关于阅读的段落，值得我们在这里全段引述。昆体良指出：在孩子们对字母形状还没有产生认识之前，就告诉他们字母的名称和字母表顺序，这是错误的。他建议用象牙雕刻字母，这样孩子们可以拿着字母一边动手工作、一边看、一边命名。

至于写作，昆体良建议，为了增强孩子手腕的力量，避免错误的书写动作，孩子们应该先学着在雕琢文字的木板上面进行临摹，[①] 然后是抄写，“不是空洞的格言，而应该是道德真理”。这位古罗马的著名教师反对任何形式的急于求成。他说：“我们相信欲速则不达。”

54. 公共教育

50 昆体良对公共教育及其好处进行了最强有力的辩护，罗林几乎完全再现了他的观点。[②] 在此我们引用下面的段落，来说明与昆体良同时代的人们已经摆脱了早期的人为习惯，这段话中蕴含的道理将永远适用于那些有过度溺爱倾向的父母：“我们能否不腐化自己孩子的道德品行！我们的奢侈使他们从婴儿时期就开始萎靡不振。这种溺爱的教育不仅使儿童身体虚弱，而且也有损他们心灵的发展……孩子的舌头还没有学会说话，就学会品尝美味。他们在轿子里成长，一旦触地，身边的人赶紧伸手扶着。若是他们出言不逊，我们也一笑而过。他们嘴里说出了一个小孩不应该说的话，但我们依然容忍，并笑着亲

---

① 从理论上说，这种方法跟洛克推荐的书写方法相似：“用最优美的字体在板子上刻出字……在精致的纸上打印出优美的红色字迹，这时，小孩拿着黑色钢笔，只要告诉他怎么起笔、怎么书写，他很快就能学会临摹这些字迹。”《论教育》（*On Education*），第 160 节。——佩恩注

② “昆体良深刻而思辨地探讨了这个问题。”引自昆体良：《论学习》（*Traite der Etudes*），第 4 卷，第 2 篇。

吻他们。我们是不是该为此感到震惊呢？我们就是这样教育孩子的。”[①]

55. 教师的职责

公元1世纪，罗马的教师拥有高度的责任意识：“教师的首要职责是透彻地洞察孩子的心灵和性格。”记忆的正确性、模仿的天赋以及心理早熟的危害，这三方面都是昆体良所述良好心理洞察力的有力证据。他对道德训练的描述也是准确而深刻的。他说：“恐惧使人压抑，亦使人怯懦。……就我而言，我喜欢学生有敏感的荣辱观，因荣耀而自豪，也因挫败而流泪。”

昆体良坚决反对体罚学生，“尽管权威认可体罚，克吕西波也不 51
反对体罚”。

56. 文法与修辞

与他同时代的学者一样，昆体良将学习分为两个层级——文法和修辞。“孩子一开始学会阅读和写作，就要被送到文法老师那里接受管教。”文法分为两种——一种是正确说话的艺术，另一种是诗人说话的艺术。练习写作与学习文法规则相结合。[②] 值得注意的是，昆体良十分重视词源学学习和大声朗读。“在大声朗读的同时，要让孩子明白他读的是什么。朗诵诗歌的时候，要让孩子避免过度矫饰的语气语调。正是针对这种朗读方式，少年时的凯撒大帝（Caesar）睿智地观察到：‘如果你在歌唱，那只能算是蹩脚的歌唱；如果你在朗读，那为什么带有唱腔？’”

57. 同步进行的学科学习

昆体良绝非要把学生局限在文法学习这个狭小的知识领域内。他

---

① 昆体良(Quintilian)：《雄辩术原理》(*Institutes of Oratory*)，沃森（Watson）译，第1卷，第2章，第6—7页。

② 昆体良：《雄辩术原理》，第1卷，第9章。

相信孩子有能力同时学习几种不同的知识，因此，他为孩子同时开设几何、音乐和哲学等课程。

“难道要让孩子先学完文法再学习几何，而学习几何的时候又把
学过的文法全部忘掉吗？这样的话就像建议一个农民在种田、养葡萄
52 以及照料橄榄树和兰花的时候，不可以同时照料他的草地、牛群、花
园和蜜蜂一样。”①

当然，对于昆体良来说，孩子们学习这些不同的学科，只是作为雄辩术教育的基本工具。哲学包括辩证法、逻辑学、物理学、自然和伦理道德，它们为论辩提供了丰富的观点，并且让学生通过有条不紊的论证，清晰表达自己的观点。同样，几何与辩证法也密切相关，训练学生思维，教孩子们辨明真理与虚假。最后，音乐教育也是为培养良好的口才做准备的，音乐可以培养学生对和谐和对音韵高低度的感受能力。

58. 哲学学校

除了培养演说技艺的修辞学校之外，哲学学校在罗马帝国也很盛行。哲学学校的教学目的是培养道德情操。罗马人的道德衰退绝对不是由于道德布道匮乏。实际上，古希腊所有的学派，特别是斯多葛学派和伊壁鸠鲁学派，还有毕达哥拉斯学派、苏格拉底学派、柏拉图学派、亚里士多德学派等，都在古代罗马有不同程度的存在，只是它们晦涩的名字几乎被历史淡忘了。

59. 塞内卡

公元1世纪的罗马，在当时的哲学家和道德学家之中，塞内卡(Seneca)② 独树一帜并享有很高的声誉。实际上，他并没有创办自己的学校，但是凭借其大量的著作，与他的同时代人相比，他至少成功

---

① 昆体良：《雄辩术原理》，第1卷，第7章。

② 塞内卡（约公元前4—公元65），古罗马哲学家、戏剧家。——译者注

地保留下来一些古典美德的史料。塞内卡的《致鲁斯里斯的信件》(*Letters to Lucilius*)字里行间蕴含着他对智慧和道德的真知灼见，其中也不乏关于教育的一些独到见解。塞内卡试图以学以致用的目的来 53
指导学校教育，他信奉的教育思想就像这句名言所表达的：“我们不是为了学校而学习，而应该是为了生活而学习。”此外，他对那些令人困惑的、目的不明确的阅读提出了批评，因为它们不能增强学生的理解力，所以他建议少而精的阅读。在另一封信中，他指出让一个人观念清晰的最好方法就是与别人交流思想；最好的学习方法就是亲自教书。还有一句经常被后人引用的名言是这样说的：“示范比训导更容易到达目的地。”

60. 普鲁塔克

罗马社会末期，有两个名字值得教育家注意：普鲁塔克(Plitarch)[①] 和奥里略（Marcus Aurelius)。尽管普鲁塔克出生于波沙、在希腊写作，但是，他应该属于罗马世界。他在罗马度过了人生的不同时期，他在德米田地区创办学校，开设了哲学、文学和历史课程。我们可以从他的大量著作中看到他的办学和教育取得的实质成就。

61. 伟人的生命

普鲁塔克的《比较列传》(*Parrallel Lives*)一书于15世纪被阿米欧（Amyot）翻译到法国，这本书基于历史事实，可以说是先辈们真正的道德准则。许多伟大人物和精英都从这本书中汲取精神养料、熏陶美德，这本书是丰富他们人生的重要源泉。亨利四世（Henry IV）对此书的评价是：“这本书使我真正地觉醒，它在我的耳边低语，

---

① 普鲁塔克（约46—118），罗马帝国时期的历史学家、伦理学家和教育家。——译者注

54 隽永精辟的良言警句提醒我遵从美德、规范行为和正确处理事务。”[1]

62. 关于儿童教育

著名的《论儿童教育》(*On the Training of Children*)[2] 是古罗马留给我们关于教育的一篇历史性著作。此著作的独创性曾受到德国批评家的质疑，但质疑是短暂的。这些批评家认识到，不管此文的作者是谁，他都与普鲁塔克紧密地联系在一起，此文对普鲁塔克各部著作所表达的思想进行了全面的概括。[3]

《论儿童教育》对初等教育做了丰富有益的思考，在此我们不再多做解释。我们将集中介绍该书的基本思想，其最突出、最新颖的特点是洋溢着对家庭生活的赞美。普鲁塔克认为，在社会中政府不再履行绝对的统治权。在古典共和国的废墟之上，普鲁塔克建立起新的家庭观。他认为，家庭应该为子女的教育提供保障。[4] 在这一点上，他

---

① 普鲁塔克对英国人的思想和生活也有重大影响，托马斯·诺思(Thomas North)先生翻译的阿米欧(Amyot)译本出版于1579年，为莎士比亚(Shakespeare)的戏剧创作提供了丰富的精神和道德养料，尤其是他的以下作品：《科里奥兰纳斯》(Coriolanus)、《凯撒大帝》(*Julius Caesar*)、《安东尼与克里奥佩特拉》(*Antony and Cleopatra*)。英国诗人弥尔顿(Milton)、华兹华斯(Wordsworth)和布朗宁(Browning)都是《双重生命》(Parallel Lives)的崇拜者。——佩恩注

② 在阿米欧译本中的标题为“*Comment il faut nourrir les enfants*”。古德温(Goodwin)译本《道德论集》(Morals)第1卷中的标题为《论儿童教育》(*Of the Training of Children*)。

③ 下面的引文出自普鲁塔克的《道德论集》。本书的第一本英文译本是费勒门·霍兰(Philemon Holland)先生于1603年翻译出版的。美国的五卷本(波士顿，1871年)也非常值得推荐。本书的引文都是出自后者的。——佩恩注

④ 当然，普鲁塔克与其他所有古代教育家一样，关注的只是家境良好的学生教育。他承认，“他放弃了贫穷下等阶层人们的教育”。看来，普鲁塔克追求的是他认为能够付诸实践的事情。我认为，他具有明显的自由主义倾向，从下句引文可以看出：“我希望所有儿童无论如何都能够接受教育的恩惠，但是，如果有的人地位太低或家境贫寒而没有条件上学的话，那么不要怪罪于我，那是命运剥夺了原本属于他们的权利。虽然穷人们必须尽最大努力为自己的孩子提供好的教育，但是，如果他们实在无能为力，那他们只要努力做能力范围之内的事就可以了。”(《道德论集》，第1卷，第19—20页)——佩恩注

与昆体良的观点是相对立的。他提倡家庭和个人教育，对于建立公共
学校进行高等教育的必要性表示怀疑。他认为，年轻人在父母的监督 55
下、老师的教育下得到成长，到一定年龄后，他们可以出国旅行，聆
听道德家和哲学家的演说，或者阅读诗人的诗歌著作。

63. 女子教育

普鲁塔克重视家庭教育，因而提高了女子的物质条件和道德水
平。他写的《婚姻戒律》（*Conjugal Precepts*）一书回溯了色诺芬的
《经济学》，并赋予女子在家庭生活中的重要位置。他认为，女子和男
性应该共同为家庭提供物质支持、承担子女教育的责任。母亲要养育
她的孩子。他天真地说：“上帝让女子有两个乳房，这是一个睿智的
决定，因为如果有的女子生了双胞胎，这样两个婴儿也可以吸吮各自
的营养源泉。”[①] 母亲要承担子女的教育，所以，她自己必须有文化。
普鲁塔克建议女子接受高层次的教育，例如，数学和哲学。但是，他 56
更注重女子的自然特征，而不是她们所获得的知识。他说：“女子的
温柔依赖于她悦人的容貌、甜美的声音、温情优雅和敏锐的心灵。”

64. 诗歌的教育作用

在《青少年应该如何欣赏诗歌》（*How a Young Man Ought to Hear Poems*）一书中，普鲁塔克已经表明他对诗歌的看法，认为教育应该充分运用诗歌。他比柏拉图甚至更公正，没有贬低诗人的作用。他只是要求，诗歌阅读应该在正确的判断力引导下进行，要选择那些既有道德启迪作用又有艺术魅力的诗歌著作学习。他说：“莱克格斯(Lycurgus)[②] 为了改造酗酒成性的民众，把国内各地的葡萄树都捣毁了，他这样做实在称不上理智。其实，他应该在每一个葡萄园附近挖一口水井，正如柏拉图所说的，这样那些醉鬼有可能用清水作为冷静

---

① 普鲁塔克：《论儿童教育》，第 6 节。

② 莱克格斯，古希腊法学家。相传为公元前 9 世纪时人，曾任斯巴达执政，制定斯巴达宪法。——译者注

剂，从而达到自我节制。”①

65. 道德教育

普鲁塔克首先是一位道德家。虽然他没有对古希腊哲学家的崇高理论增砖添瓦，但他在这些道德理论的启发下，至少用更深刻的实践探究方法确保了那些高度抽象的理论和规范在现实中的效力。他说：“与实践脱节的思想是没有意义的。”他希望受过道德教育的年轻人，
57 不仅要获得更多的知识，而且更重要的是提高道德水平。优美的良言警句如果不在具体行动中体现出来，又有什么意义呢？年轻人应该从小形成自律的习惯，反思自己的行为，理性地思考问题。此外，普鲁塔克认为，年轻人应该接受道德老师的指导，该老师可以是一位哲学家，年轻人有道德疑惑时可以向他寻求帮助，年轻人对他完全信赖，让他帮助守护自己的灵魂。但是，在普鲁塔克看来，最重要的还是个人努力，我们应该时刻了解那种内在力量，正是这种力量促使我们的灵魂接受道德教育，并使这种德性成为建构我们个性特征的材料。

“当一个人去邻居家借火时，发现邻居家的火又大又旺，便坐下暖和身子，结果忘记了回家。同样，一个人可能拜别人为师，但又不觉得自己必须点燃自己内在的火焰以提升自己心灵内在的潜能，而是一直坐在老师身边，为听课而着迷、开心。”②

所以，这就是那些不想通过自我努力实现个人道德的人，他们缺乏自我指导的能力，永远依赖别人的教育和指导。

普鲁塔克最主要的关注点是唤醒和激发道德心的内在力量，激发心智使其处于积极的活动状态。正是这一点，使得普鲁塔克成为世界
58 上最著名的教育家之一。“灵魂不是一个等待灌输的空瓶，而是一个

① 普鲁塔克：《道德论集》，第2卷，第44页。

② 普鲁塔克：《道德论集》，第1卷，第463页。这一句话直接引自在这一段结束时的注释（1）。——佩恩注

有待点燃的火炉。”[①]他在讲这句名言的时候，并非只考虑到道德教育的重要性，更考虑到错误的智育所带来的危害性，错误的智育不是心灵训练，而是满足于给大脑灌输大量不能消化且需要记忆的知识。[②]

66. 奥里略

奥里略（Marcus Aurelius）是罗马帝王中最具有智慧的一位，著有《致自我》（*To Myself*）一书，又名《沉思录》（*Meditations*），他在教育学史上的贡献值得一提。他或许是斯多葛派道德学说最典型的代表，而斯多葛派道德学说本身就是古代道德的最高体现。他代表着在家庭教育和道德心自我努力双重思想的融合和影响下，灵魂生长的有效形态。奥里略的修辞学教师是著名的弗罗托（Fronto），其性格可以从下面的语句中窥知一二。他写信给他的学生：“我昨天辛苦了一天，写出了几段修辞例句，我自己很满意。”另一方面，奥里略在他自己的家庭成员中也找到可以效仿的模范。他说：“我从我叔叔身上学到了耐性；从我父亲身上学到了谦逊；从我母亲身上学到了虔诚。”谦逊使他把自己身上所有美德都归因于别人，其实他能够成为继苏格拉底之后古代道德家中精神境界最高、最具智慧、最纯洁的大师，这样的道德成就更应该归因于他自己，归因于自我意志坚持不懈地努力，归因于自我道德心的不断考问。他的《沉思录》以实际行动
为我们展现了自我教育的价值，而在我们这个时代自我教育为我们提 59
供了良好的反思方法。

67. 结论

最后，我们必须承认，在古罗马留下的文献中，与教育学相关的

---

① 原文是这样的：“心灵不是陶制的容器，等待去灌满；适当的燃料和食物，会点燃心灵对知识和真理的渴望与热爱。”（《道德论集》，第1卷，第463页）这句话更清楚地表达了作者的观点。——佩恩注

② 这并不是说，普鲁塔克不重视记忆。因为他说过：“无论如何，我们一定要训练孩子的记忆力，因为记忆是知识的宝库。”

资料极少。在一些经典作家的著作中，可以找到一些零散的段落。这同样可以证明他们对教育学问题并非完全是陌生人。

因此，贺拉斯承认心灵的独立性，他拒绝依仗“任何权威的话语”[1]。与此同时，朱维纳（Juvenal）[2] 界定了人生与教育的理想目标，他认为世界上最值得拥有的就是“健康的灵魂寓于健康的身体”[3]。小普林尼（Pliny）[4] 用“少而精”三个字概括了教育方法的一个基本点，建议对某一主题进行深入透彻的研究，而不是对大量主题进行泛泛而肤浅的学习。

通过经典著作探讨教育问题的大师们，也就是古罗马的拉丁文作家，他们高雅的品位、精确的思想和完美的文风足以与古希腊作家相媲美。同时，他们在道德教育方面的声望值得称赞。在古罗马就像在雅典一样，对美德的追求构成了教育的基石。西塞罗和柏拉图、塞内卡和亚里士多德，他们所关心的与其说是知识拓展和教育发展，还不如说是人类行为的进步和道德完善。

68. 分析性总结

60 （1）与古希腊教育突出智育或文化训练相对比，古罗马教育可以说是十分务实的。因此，古希腊和古罗马为世界提供了两种不同的教育模式，在当今教育领域中分别代表着古典课程和科学课程。

（2）罗马人缺乏演绎推理的研究思维和倾向，这阻碍了他们在教育理论方面有重大作为。

（3）昆体良的《雄辩术原理》可以说是古罗马探究教学艺术的第一次尝试。普鲁塔克的《道德论集》是第一篇比较正式的关于儿童教育的著作。

---

① 法语原文为：“Nullius addictus jurare in verbu magistri”。

② 朱维纳（约 60—约 140），古罗马诗人。——译者注

③ 法语原文为：“Orandum est ut sit mens sana in corpore sano”，Sat. x，第 356 页。

④ 小普林尼（61 或 62—约 113），古罗马散文作家。——译者注

(4) 在罗马教育发展的末期，我们看到女子受到越来越高的肯定，并且家庭生活观念也越来越重要。

(5) 与目前为止所探讨的教育体系一样，罗马教育基本上以人文、伦理、明智为基本特色，这与科学教育是有区别的。知识的金钱价值观念还没有出现。

第四章 早期基督教徒和中世纪教育

61 ## 69. 基督教新精神

基督教信条、基督教人人平等的观念和基督教的慈善精神，为人类的道德心注入了新的元素，似乎也成为人类道德教育的一股强劲的推动力。基督教教义起初主要是自由意志和个体尊严对国家暴君独裁统治的一种反抗。“从此，人的一部分（精神）摆脱了国家的统治。基督教让人们相信，人只是部分地属于社会，即人的躯体和物质利益
62 服从于社会。作为暴君的子民，他必须屈服；作为共和国的公民，他要为之献出生命。但是，人的灵魂是自由的，只忠诚于上帝。”[1] 由此，公民教育再也不只是简单地为国家服务的问题，教育首次成为无功利的、致力于人的发展的问题。另一方面，基督教宣称人生的目的是共同的，上帝面前人人平等。与此同时，基督教提升了贫穷阶层的地位，声称他们苦难的生活状态并不具有世袭性，允诺他们平等的受教育权。在自由的思想之上又增添了平等的思想；人人享有公平正义，人人享有同等的权利，基督教教义蕴涵着这些思想的种子。

70. 公元一世纪的教育困境

然而，这个新兴宗教教义的种子并没有迅速结出果实。在基督教诞生后的一个世纪中，造成教育思想枯竭的原因分析起来其实并不复杂。

首先，基督教教育指向的是那些未开化民族，他们不可能一下就

---

① 菲斯泰尔·德库朗热（Fustel de Coulanges）：《古代的城邦》（*La Cite antique*），第 476 页。

提升到较高的智力和道德教化水平。茹弗鲁瓦（Jouffroy）有一个著名的比喻，他说野蛮民族向中部古代民族的入侵，就像把一大捆绿树枝扔到烈火中一样，开始不会燃起火焰，而只会浓烟滚滚。

其次，我们必须考虑到这个事实：早期的基督教徒为了建立他们的信仰，必须与各种困难做斗争。最初的几个世纪是反抗征服的斗争、与动荡做斗争的时期，没有太多的机会让人们专心致志地研究教育问题。在与古代社会的斗争与竞争中，早期的基督教徒对古典著作和异教形成相互仇视的心理。他们厌恶那个旧时代的道德伦理，他们想要摧毁旧社会的信仰。既然这样，他们还能用一颗同情之心去接纳那个旧时代的人文经典和科学传统吗？

再次，早期对于刚刚接受基督教信仰的教徒们来说，他们的社会 63
生活条件迫使他们放弃了对真正的现世生活做准备的研究。他们必须隐匿自己，奔赴荒野生活，他们是那个异教世界中的真正贱民，他们过的是沉思的生活。自然而然地，他们开始认为教育的理想状态就是禁欲的修行生活。

还有，基督教自身的神秘倾向，从一开始就不适合务实、人性化的教育体系的发展。基督教徒脱离了人类生活共同体，转而进入上帝的世界。基督教徒必须与腐败恶化的社会决裂。通过禁欲和自我克制等方式，基督教徒进行反抗古希腊—古罗马社会中不道德的东西。人向往并模仿上帝，上帝是绝对神圣的，是与尘世间一切生活状态截然相反的，是至高的完善形式。理想化的上帝形象和现实生活中的人性弱点之间存在着强烈的反差，这迫使早期基督教徒透过一种神秘的色彩看待人生，他们寄希望于来生，认为人生只是为死亡做准备。这种信条所导致的结果，就是教堂成为负责教育的唯一机构。那么，个人创新一方面受到基督教基本教义本身的压制，另一方面受到教堂统治的压制。

71. 教堂中的神父们

那些著名的学者依照自己的旨趣，或者更确切地说依照自己的博学多识和能言善辩，把基督教的起源描绘得光芒四射。他们中间有一部分人是心怀嫉妒的神秘主义者和基督门徒，在他们眼中，对哲学的好奇是一种罪恶，对文学的热爱是一种异教行为。而另有一些基督教徒则持比较宽容的态度，他们在一定程度上调和了他们的宗教信仰和古典文化教育。

64 特尔图良（Tertullian）拒绝一切非基督教教育。他认为，古典文化只不过是对上帝的掠夺，是一条通往古代哲学家的、狂妄自负的伪智慧之路。即使圣奥古斯丁（Saint Augustine）——在年轻的时候，他读《埃尼德》（*Aeneid*）第四卷往往泪流不止，他钟情于古典诗歌和修辞——但在信仰基督教以后，也放弃了自己的文学爱好和早年的满腔热情。正是在他的影响下，卡撒哥国会禁止主教阅读任何异教文学。

圣贝西（Saint Basil）恰恰持相反的观点。他认为，年轻的基督教徒应该熟识古代的雄辩家、诗人和历史学家。荷马史诗能够激发人们对美德的热爱。他希望古代的智慧财富能够在年轻人的教育上得到充分利用。① 圣哲罗姆（Saint Jerome）② 也同样持相反的观点。他说他在成为基督教徒的同时绝不会丢掉对西塞罗古典著作的热爱。

72. 圣哲罗姆和女童教育

圣哲罗姆谈论女童教育的一些信件，成为基督最初几个世纪教育文献中最珍贵的。③ 这些信件激发了人们高度的赞赏。伊拉斯谟（Erasmus）将它们铭记在心，而圣特丽萨（Saint Theresa）每天都会阅读几段。今天，在赞赏某些段落的同时，我们不得不谴责充斥于这

---

① 参见圣贝西：《青年人从禁书中能学到什么》（*On the Utility which the young can derive from reading of profane authors*）。

② 圣哲罗姆（347—419 或 420），早期西方教会中学识最渊博的教父。——译者注

③《给莱达的信：关于女儿宝拉的教育》（*Letters to Laeta on the education of her daughter Paula*），第 403 页。《写给古丹特斯的信：关于小帕卡图拉的教育》（*Letters to Gaudentius on the education of the little Pacatula*）。前者比后者要好很多，因为作者在后面这本书中随心所欲地写了很多离题的话。

些文字中的基本精神——一种十分狭隘的精神、一种对现世的不屑和蔑视，进而把宗教情感推向神秘主义，从人间万物的冷淡情绪开始走向禁欲主义。

73. 肉体的禁欲主义 65

在基督教徒眼中，人的躯体已经不再是古希腊人主张的赐予身体力量、通过强健的身体丰富心灵世界。身体受到敌视，必须通过斋戒、戒酒、戒肉等方式来压抑躯体。

“不要让保拉（Paula）在公共场合吃饭，不要让她参加家庭聚会，害怕聚会上的美味佳肴会勾起她的食欲。不要让她学喝酒，因为酒是万恶之源。给她吃的饭菜只能是蔬菜或者少量的鱼肉，要让她常常感到饥饿。”

对身体的蔑视达到如此的地步，以至于沐浴清洁都受到禁止。

“对我自己来说，我完全支持禁止女孩沐浴。”

事实上，圣哲罗姆本人非常担心如此禁欲可能导致严重后果，他破例允许儿童可以洗澡、喝酒、吃肉，但条件仅仅是在“必要的时候，比如在孩子体弱而身体难以支撑的时候”。

74. 心智和道德禁欲主义

圣哲罗姆对待心灵和躯体的态度，我们可以用尼克尔（Nicole）当时写给一位修女的话来概括：“让你的弟子吃面包、喝清水。”《圣经》是唯一推荐阅读的书籍，书虽然不多，但是其本身却内容丰富而足够。《雅歌》（*The Song of Songs*）充满了丰富的感官意象，对于小女孩来说，阅读起来可能会感到奇怪。艺术（如文学）与圣哲罗姆的神秘主义也不吻合。

“永远都不要让保拉欣赏乐器演奏，没有必要让她知道笛子和竖
琴都是做什么用的。”至于笛子，古希腊哲学家也不太喜欢，所以我 66
们无话可说。但是，我们要看看他对竖琴的批判，要知道竖琴可是大卫神（David）和天使们的乐器，是宗教音乐本身的乐器啊！与圣哲罗姆一样，我们距离完善的人生还很远，距离人的全面和谐发展还很

远，离现代教育家赫伯特·斯宾塞所提出的理想教育还很远！圣哲罗姆却走向极端，甚至禁止行走——

“不要让保拉在大路上行走，不要让她和一些女孩们聚会或结伴外出，她只能隐居在家。”

圣哲罗姆的理想人生是一种禁欲似的隐居生活，即使隐居的地方永远逃不出尘世。但是，圣哲罗姆在严禁文学、艺术和其他必要合法的人生乐趣之后，他所提倡的更为严重、最为致命的神秘主义法律，就是甚至谴责人类的各种高尚情感。他认为，心灵也是人的一部分，而人身的所有部分都是邪恶的和危险的：

“不要让保拉对某个朋友怀有特殊的感情或感到特别亲切；不要让她与这样的朋友窃窃私语。”他甚至对家庭亲情都表示质疑，这位教会博士是这样总结的——

“让她在修道院里接受教育。在修道院里，她就可以远离尘世，像天使一样生活，尽管有血肉之躯但不知何为欲望，总之，在修道院里你不用费心监视她的生活。如果你把她交给我们修道院，我会亲自做她的老师和监护，我会给她最温暖的呵护。虽然我已年迈，但这并不会妨碍我教她说话。我会比哲学家亚里士多德更闻名，因为我教育的不是一个凡间俗世终有一死的帝王，而是将会获得永生的上帝之女。”

67 ### 75. 永恒的真理

圣哲罗姆虔诚而夸张的上述举措，反而让我们更轻松地接受他提出的一些恰当的、务实的、良好的建议，例如，关于阅读教学以及必要竞争性等方面的建议：

“给保拉一些用木头或象牙雕刻的字母，教她字母的读音。这样，她可以一边玩一边学。但是，单纯地让她记住这些字母的读音并按照字母表的顺序念下来是远远不够的，你还应该经常打乱字母的顺序，比如要把第一个字母放在中间、把最后一个放在最前面。”

“用奖励的办法引导她写字，例如，可以奖励她一些这个年龄段小孩想要的东西。给她找几个小伙伴，这样她可能得到奖励而激发她的竞争情绪。不要因为她在学习过程中遇到困难就批评她。相反，我们应该用表扬的方式鼓励她，这样，她慢慢地会对成功的喜悦和失败的痛苦感到同样的敏锐。要特别注意，不要让她产生厌学情绪，因为这种情绪很有可能随年龄的增长越来越严重。"①

76. 中世纪智育的衰落

如果说早期的基督教学者偶尔对遭受亵渎的文学表现出几丝同情的话，那是因为在他们年轻的时候，在接受洗礼之前，他们自己也曾在异教学校里上过学。但是，这些异教学校被禁封之后，基督教并没有开办新的学校，公元4世纪之后，人性完全处于一种深深的黑暗笼罩之中。古希腊和古罗马文明似乎从来就没有发生过一样，历史不再 68
存在，人性有了新的定义。公元5世纪，西多尼乌斯（Apollinaris Sidonius）宣称："孩子们不再学习，老师们也不再有学生，教育正在枯萎、走向死亡。"之后，卢普斯（Lupus）写道：文字教育已经完全停止。11世纪前半期，拉昂教堂的主教阿代尔巴瑞克（Adalberic）宣称："现在有很多主教都不认识字母，不会算数。"1291年，在圣高尔教会里的所有僧侣中，没有一个人能读书写字。法案都是口头颁布的，因为很难找到会写字的公证人。男爵都以没有文化而自豪。即使经过了公元12世纪的努力，教育对于平民来说依然是一种奢侈品，因为教育只是神职人员的特权，即使神职人员的教育也非常浅显。本笃会的修士宣称，学习数学运算不过是为了计算复活节的日期。

77. 中世纪愚昧的根源

到底是什么恒定性原因导致这种教育状况持续长达10个世纪之久呢？有人认为，天主教会在很大程度上要对此负责。毫无疑问，基督教学者并不总是以热情的宽容之心对待智育。圣奥古斯丁曾经说过："只有无知的人才能够升入天堂。"公元6世纪的圣格鲁格瑞

---

① 关于书写，圣哲罗姆（Saint Jerome）与昆体良一样，建议儿童先在刻好字体的木板上练习书写。

(Saint Gregory) 大教皇宣称："让神圣的语言去遵从文法规则是一种耻辱。"总之，有很多基督教徒把无知等同于神圣。毋庸置疑，一直到公元 7 世纪，黑暗依然深深笼罩着基督教教会。之后，野蛮人入侵主教区，并且带来了他们未开化的粗鲁行径。因此，在封建社会时
69 期，牧师往往会成为战士，并且会一如既往的无知。然而，谴责中世纪教会制度，并认为教会体系与教育体系势不两立，这是不公正的。恰恰相反，在那个未开化的时代，正是牧师保留了些许古代文化的痕迹。那个时期的学校只有主教学校和修道院学校，前者依附于主教教堂，后者依附于修道院。宗教信条自然地把体力劳动和脑力劳动相结合。早在公元 530 年，圣本尼狄克（Saint Benedict）[①] 建立了蒙特卡西奴修道院，在院规中，他把读书和脑力活动列入僧侣的日常生活。

1179 年，拉特兰第三议会（the third Lateran Council）颁布了以下法令：

"上帝的教会应该像一位善良温柔的母亲，乐于为穷人提供物质的和精神的帮助，乐于为穷人的孩子提供读书的机会。为了促进学习，每个天主教堂都应该安排一位老师，专门负责免费为教堂里面的牧师提供教学。勤奋的学者可以获得一定的福利，满足他日常生活需要，这样他就可以设立学校，教育那些勤奋好学的年轻人。其他已经设有教育经费的各教堂和修道院也应该安排一名导师。"[②]

70 因此，我们不能把中世纪的黑暗愚昧完全归因于教会，其他原因或许能够解释中世纪这种普遍的思想沉寂现象。首先是人类的社会条件。社会安定、生活闲暇是教育得以进行的两个必要条件。可是，这些正是那个时代人们所缺少的，连年的战乱，野蛮民族、诺曼民族和英格兰民族的入侵以及绵延不休的封建王朝战乱，深深地困扰着中世纪的人们。中世纪的男子只向往骑马狩猎，向往在角斗场上以力量比

① 圣本尼狄克（约 480—约 547），西方基督教修道院制度的创始人。——译者注

② "Ecolaitre"，法文单词，意思是"教育的"。在 16 世纪所有天主教堂中，教一般学科和教神学的老师分别拿不同的工资，前者叫"escolastre"（教育的），后者叫"theologal"（神学的）。帕基耶（Pasquier）——佩恩注

拼而出名。对于这些以参战为职业的人来说，战争既是一种习惯，又是一种需要，而体育比其他任何教育都更适合他们。另一方面，受奴役的人们不了解教育的有用性。教育是一个解放人的伟大事业，一个人想要获得解放，他必须先品尝这自由的美好。在一个还没有体会到教育必要性的社会中，谁有可能会开创教育民众的先河呢？

另外，中世纪时期还有不利于教育发展的其他条件，特别是民族语言尚未形成，而这正是教育不可或缺的工具。本土语言是智力解放的重要工具。在一个行将死亡的语言占据主导地位的民族中，那些知识阶级的语言仅仅被上层阶级少数人所掌握，而下层阶级则不得不深陷于愚昧。此外，拉丁文书籍本来就很稀少，为了一本西塞罗的书卢普斯要亲自给罗马教皇写信借取。没有书籍，没有学校，缺乏智力教育必需的工具，他们还能为精神生活做些什么呢？于是，修道院就成为精神生活的避难所；知识仅仅在一个小圈子里传播，它是少数人的特权，而整个民族中的其余人都笼罩在黑暗之中。

78. 三次文艺复兴运动 71

文艺复兴运动实际上有三次：第一次是由查理曼大帝(Charlemagne)[①] 发起的，但这次汹涌的复兴运动并没有得以持续；第二次文艺复兴运动发生于 12 世纪，其结果是经院主义(Scholasticism) 的诞生；第三次文艺复兴运动是发生于 16 世纪最大的文艺复兴浪潮，一直持续到法国大革命爆发。

79. 查理曼大帝

毫无疑问，查理曼大帝实现了他的自我教育目标。他对学习充满热情，一心钻研写作，学习拉丁文、希腊语、修辞和天文学。他希望他身边所有人都像他一样热爱学习。“啊！多么希望我有 12 个像杰如米和奥古斯丁一样博学的牧师啊！”他很自然地把希望寄托在牧师的身上，想让牧师成为实现他计划的力量。但是，正如他在公元 788 年

① 查理曼大帝（742—814），法兰克国王，800 年称帝。——译者注

颁布的一项教会法规中所说的，牧师阶层本身也有待教育。“在主教的住所和修道院里，我们不仅要留心遵从神圣的宗教规则，我们还应该在上帝帮助下向有学习能力的人传授文化知识。虽然执法比懂法更有效力，但在执法之前必须先要懂法。有几个修道院已经上交了手抄稿，我们发现其中大部分表达的情感是好的，但是，语言却很糟糕。因此，我要告诫你们，不要忽视语言学习，你们要全心全力投入到学习之中。”

另一方面，贵族阶级不屑于用高的知识水平来证明他们的社会地
位。有一天，查理曼大帝去查访一所学校，并对学校里傲慢无知的年
72 轻男爵们大发雷霆，对他们进行了严厉的训斥：“你们以为可以依仗
你们的出身吗？你们为自己的出身感到很骄傲吗？告诉你们，如果你
们学得不比别人好，那就别妄想得到政府职位或主教职位！”

80. 阿尔琴

与英国的阿尔琴（Alcuin，735—804）① 相比，查理曼大帝对教育所做的努力就要屈居第二了。可以说，阿尔琴是在法国推行公共教育的第一人。正是他建立了宫廷学校，即一种跟随宫廷外出游行的帝王学校。这是一所模范学校，阿尔琴接受了六个学生，他们是查理曼大帝的四个儿子和两个女儿，而查理曼大帝本人也经常想去学习。

阿尔琴的教学方法具有创新性，但是，说它与苏格拉底教学法相似是十分错误的。阿尔琴无疑通过问答法进行教育。但在这里，提问者是学生而不是老师，老师的任务是回答问题。

“查理曼大帝的大儿子佩潘（Pepin）问道：‘什么是演说？’阿尔琴回答道：‘演说就是用语言表达灵魂。’‘什么是人生？’‘对于某些人来说，人生是一种享受，但对于那些悲惨的穷人来说，人生就是苦难，是等待死亡。’‘什么是睡觉？’‘睡觉是死亡的影子。’‘什么是写作？’‘写作是历史的守护神。’‘什么是身体？’‘身体是灵魂的居所。’

---

① 阿尔琴（约 732—804），——英国神学家、教育家。——译者注

‘什么是白天?’‘白天是劳作的集结号。’”①

阿尔琴的所有回答介于常识和艺术之间。他的简要回答可以作为格言警句，适合于记忆。但是，在这个过程中，阿尔琴受到当时过度矫饰的文风的影响，提问和回答对激发学生的智力活动并没有起到太大作用。

然而，阿尔琴的名字是教育史上一个时代的标志。他是第一个致 73
力于把基督教启示和古典文学相融合的人。用阿尔琴自己的话说，教育就是要培养“基督徒式的雅典人”。

81. 查理曼大帝的继承者

查理曼大帝的宏伟抱负是实现文明社会统治，而不是野蛮民族统治。他相信，政治统一的唯一根基就是思想和道德的统一。他希望从宗教中找到道德统一的基础，并建议宗教应该建立在更广泛的教育体系之上。但是，他的思想对于那个时代来说过于超前，在当时的社会状况下，这些思想实行起来困难重重。因此，在查理曼大帝统治时代结束之后，法国又一次陷入颓废。牧师阶层辜负了查理曼大帝对他们的期望。早在公元 817 年，法国议会就决定此后教会学校不再接受走读学生，理由是学生数量太多，不利于维持修道院的纪律。查理曼大帝的继承者中似乎没有人传承查理曼大帝的思想，无人专注教育问题。这些愚昧的统治者们把权力寄托于独裁统治，而不是开化子民。在虔诚者路易斯（Louis the Pious）和秃头查理（Charles the Bald）统治时期，法国建立的城堡的数量大大超过学校的数量。

与盎格鲁—撒克逊国王艾尔弗雷德（Alfred the Great，849—901）相比，法国的历代国王们相差甚远。从艾尔弗雷德国王那里流传下来两句谚语：一是“英国人应该永远自由，就像英国人的思想一样自由”；二是“出生自由的人应该学会阅读和书写”。

---

① 更多的例子，可以参见劳伦兹（Lorenz）：《阿尔琴的一生》（*Life of Alcuin*）。关于中世纪的教育，可以参见奥古斯塔（Augusta Theodosia Drane）：《基督教学校和教育家》（*Christian Schools and Sholars*）。——佩恩注

74 82. 经院哲学

直到12世纪，人类的思想才开始觉醒。12世纪是经院哲学的时代，而经院哲学最突出的特点就是研究理性、辩证法以及三段论推理。三段论是根据给定的前提条件得出一个必然结论的推理过程。三段论是那个怀有信仰的时代很自然的推理工具，那个时代的人们需要的只是简单地论证一成不变的教条，已经树立起来的信仰不需要有任何形式的创新。对于处在尚未开化或开化初始阶段的民族来说，推理的艺术就是科学。微妙的辩证法恰好适用于尚未开化的人类行为和有限的知识境况。辩证法只是一种智力工具，那时还没有出现创新性思维。人们所要做的仅仅是对脑海中已有的概念进行推理，而这些概念都来源于神圣的宗教学说。因此，独立的科学不可能诞生。哲学，用那个时代的话说，只不过是侍奉神学的卑微奴仆。中世纪学者的辩证法只不过是对亚里士多德思想理论的运用。[①] 洛克曾说过，中世纪的愚钝仿佛是因为上帝乐意把人造成两足动物，把赋予人类思想的任务留给亚里士多德而造成的。大主教弗勒里（Abbe Fleury）是17世纪一位颇有影响力的教育家，他对经院派方法进行了严厉的批评：

75 “以哲学的方式对待语言和思想，而不注重事物本身，这样做确实很简单，但却得不到有关事物的真知，知识只能通过阅读得到。”（弗勒里其实还应该补充一下：知识也能通过观察得到）“用特殊的术语和虚饰的华丽来博取无知者的信任，这确实很简单。”

但是，经院哲学也有它的鼎盛时期。经院学派有很多学识渊博的学者和能言善辩的教授。其中，最重要的一位就是阿伯拉尔。

---

① 下面的例子很好地证明了当时人们对亚里士多德权威的严重依赖：“当时，关于发现太阳上有黑点的谣言开始传播。一位学生把这件事告诉老教授，教授听后回答说：‘太阳上不可能有黑点，因为我从头到尾读了两遍亚里士多德的书，他说太阳是坚固不可摧的。你去把望远镜擦干净，如果不是望远镜的问题，那肯定是你的眼睛出了问题！’”纳维尔（Naville）：《假设的逻辑》（*La Logigue de l'Hypothese*）。——佩恩注

83. 阿伯拉尔

阿伯拉尔（Abelard，1079—1142）是一位出色的高等教育教授。他凭借卓越的口才在巴黎吸引了数千名学生。老师的口头讲解和传授在那个时代具有权威性和重要性，这在书籍大量发行之后遭到一定程度的削弱，书籍开始取代口头教育。在印刷术还没有诞生的时代，手抄本书籍非常稀少。在这种背景下，一个能把渊博的知识和演说的天赋完美结合的老师所产生的影响是不可估量的。为了聆听阿伯拉尔的讲座，青年学生们从欧洲各地蜂拥而至，汇集巴黎。阿伯拉尔是经院派教学法最典型的代表。他个人非常喜欢从创新性角度解放学生思想。他说：“教给别人一些我们不能理解的东西，即别人更不能理解的东西，这种做法是极其荒谬的。”他比圣安塞姆（Saint Anselm）①更大胆，把辩证术应用在神学中，尝试用理性推理证实自己的宗教信仰。

84.“七艺”

在修道院、教堂学校以及后来的大学中开设的“七艺”（seven liberal arts）构成了中世纪的中等教育。课程可以分为两类，即“三艺”（tricium）和“四艺”（quadrivium）。其中，“三艺”包括文法
（当然是拉丁文法）、逻辑和修辞；“四艺”包括音乐、算术、几何和 76
天文学。其中重要的一点是：“七艺”课程学习的都是抽象知识，不包括任何具体的、现实的知识。除了几所本笃会学校，其他所有学校对认识人类和世界的一些学科，例如，历史、伦理学、物理学和其他自然科学等，基本上都不了解、不重视。中世纪的教育不会关注任何可能会真正地教育人、促进个体全面发展的事物。如此局限的课程可能会造就一批擅长推理和辩论的人，但却无法培养出全面发展的人。②

---

① 圣安塞姆（1033或1034—1109），经院哲学学派创立者。——译者注

② 毫无例外，任何一个时期的教育都是为了该时期的现实需求或期望。

85. 方法和纪律

中世纪的教会学校所运用的教学方法，与当时的时代精神相符合。那个时代的人们不关心自由，更别说精神自由，他们的教育考虑更多的是传授宗教条文，而不是发展心智。老师背诵或朗读讲义，而学生也要死记硬背讲义。纪律相当严厉，因为他们认为罪恶的人性是不值得信赖的。1363 年，有一条禁律规定学生们不得使用凳子或椅子，理由是学生坐在高高的位置上会变得骄傲。为了保证学生听话顺从，学校滥用体罚惩治学生。在公元 14 世纪和 15 世纪，教鞭非常盛行。

历史学家蒙泰伊（Monteil）曾经说过："教鞭没有什么不同，只是 15 世纪的教鞭比 14 世纪的教鞭长了足足一倍。"① 然而，我们注意到圣安塞姆对此提出抗议。他的抗议指出了罪恶，但没有治愈罪恶。
77 一位修道士对安塞姆说："我们不分昼夜地鞭打我们管理的学生，他们的身体越来越差。"安塞姆说："确实是啊！你们当老师的，无休止地体罚学生！当学生长大成人的时候会变成什么样子呢？变成白痴和笨蛋！这样的教育是要把好好的人变成野兽啊！…… 如果你要在花园里栽种一棵树，而且把它的四周围得严严实实的，不让它的枝叶往外生长，几年之后，在你给它解开绷带的时候，你会看到什么呢？你会看到一棵躯干扭曲不成样子的树；你一定要把它捆绑得这么结实，这难道不是你自己的过错吗？"

86. 大学

除了修道院、天主教学校和教区学校外，我们所说的"大学"（University）就是乡村学校（village schools）的最早雏形，也是中世纪时期乡村唯一的教育机构。我们发现，在临近公元 13、14 世纪的时候，在欧洲的许多大城市中纷纷出现了一些教育中心，这些学生的

① 蒙泰伊（Monteil）：《多种社会等级的法国历史》（*Histoire des Francais des divers etats*）。

聚集地让我们回想起早在柏拉图和亚里士多德时期的学校。这些教育中心包括巴黎大学，主要传授神学和哲学（1200 年）、那不勒斯大学（1224 年）、布拉格大学（1345 年）、维也纳大学（1365 年）、海德尔堡大学（1386 年）等。[①] 这些学校虽然还没有完全脱离宗教的控制，但是已经开始初步拓展自由学科。其实，早在公元 9 世纪，阿拉伯人就为欧洲人树立了榜样，他们在萨拉曼卡、科多瓦和西班牙及其他几个城市建立了涵盖各种科学教育的学校。

87. 热尔松

热尔松（Gerson，1363—1429）[②] 被认为是《模仿》（*Imitation*）一书的作者。在他身上，抽象的辩证法似乎正慢慢消失，取而代之的是内心的情感。与同时代的人相比，作为巴黎大学校长的他因对民众 78
怀有一颗博爱之心而显得特别出众。他用平实的语言写一些对普通民众有用的、能被普通民众所理解的基础文章。他用拉丁文写的《在我们的引导下皈依基督的儿童们》（*Little children whom we must lead to Christ*）一书体现着真善美的宏大精神，字里行间充满微妙细致的观察。例如，热尔松要求教师要耐心温柔，他说："对待小孩子，关爱比恐吓更管用。"他最担心的是，小孩子受不良影响而染上恶习。"没有什么东西比小孩更容易受到不良行为的影响了。"在他眼里，小孩就像一株柔弱的植物，需要精心地保护，使他不受到任何邪恶因素的影响，特别是不要让他受到恶劣的文学的影响，如《玫瑰传奇》（*Roman de la Rose*）。热尔松反对体罚学生，并要求老师要像父亲一样爱护自己的学生：

"最重要的是，让老师努力像学生的父亲一样。老师永远都不要对学生发怒。老师上课要浅显易懂，教育内容要健康适宜。"心地柔

---

① 剑桥大学（1109 年），牛津大学（1140 年）。

② 热尔松，法兰西基督教神学家、神秘主义者。1307 年当选为巴黎大学校长。——译者注

善、精神高尚的热尔松不愧为芬乃龙（Fenelon）的先驱。[①]

88. 维多里诺

介绍热尔松之后，接下来我们很高兴地介绍一位跟热尔松同时代的意大利学者——著名的帕多瓦大学教授——维多里诺（Vittorino
79 Da Feltre，1379—1446）。他曾担任贡札加（Gonzagas）侯爵的儿子们的老师，并且在孟都亚创立了教育机构，通过这些教育实践，他表达自己对教育的观点。他对教育的理解与古希腊的教育理念很相似——教育促进儿童身心的协调全面发展。体育活动，例如，游泳、骑马、跨栏等，都备受推崇；外在的行为举止受到重视；教学方法讲究趣味性和适宜性；强调要不断努力挖掘学生性格和才能；强调认真备课；认真检查学生功课，等等。上述这些都是维多里诺教育学的基本理论特征。这种教学体系在当时具有先进性，值得我们深入研究。

89. 中世纪末期的其他教师

如果本书是介绍知识渊博的著名学者的话，那么，中世纪末期还有其他几位思想家也值得一提。中世纪末期其实是一段充满不确定性的过渡时期，是黑暗的中世纪和光明的文艺复兴时期中间的黎明阶段。在这一阶段，有两位教师值得我们注意，他们是德拉图尔-朗德里（de la Tour-Landry）骑士和皮克劳密尼（Aeneas Sylvius Piccolomini）。

德拉图尔-朗德里为了教育他的女儿曾经写过一本书，书中的思想基本上没有超越那个时代的精神。他认为，女子的天职就是做祈祷、去教堂。他给他的女儿们推荐的榜样是一个每天想听三次弥撒的女伯爵。他还建议，每周节食3次，以此“更好地消除食肉的欲望”，避免身体“有过多的自我放纵和享乐”。妻子既没有合理的责任，也

---

① 1400年，在《教区视察论文集》（*Traite de la visite des dioceses*）中，他要求主教调查每个教区是否都有一所学校，万一哪个教区没有学校的话，那就应该修建一所学校。

没有一定的尊严，她只要完全服从丈夫，丈夫是妻子的主人，她“应
该按照丈夫的意愿办事，不管这种意愿是对是错；如果是错的，她可 80
以免于责罚，因为责罚实际落在她丈夫的身上”。

皮克劳密尼就是后来的教宗庇护二世（Pope Pius II），他著有《儿童教育》（*The Education of Children*，1451）。书中的思想显示他已经具有文艺复兴精神。他热情高涨地推荐学生欣赏和学习大多数古典作家的著作。然而，他设立的教育课程相对来说偏向人文教育。在人文学科方面，他开设几何和算术。他认为：“几何和算术对于训练学生思维、促进学生思维敏捷很有必要。”此外，还有历史和地理。他自己也写过一些附有地图的历史记叙文。他曾说：“世界上没有比启蒙智慧更珍贵、更美好的事物了。”我们可以看出他全身心投入教育的热情和信念。

90. 历史的复演

随着中世纪逐渐走向尾声，历史不断见证进步，我们渐渐走近文
艺复兴和宗教改革时期——这一时期酝酿了一场意义重大、永存不朽
的思想解放运动。但是，不管今天的人们如何努力尝试重构中世纪，
试图从中发现现代社会缅怀的黄金时代，中世纪时期依然是一个不幸
的时代。这个时代产生的美德大多是消极的美德，例如，奴颜婢膝的
顺从、心存神灵的虔诚等。可是，这些美德相对于长达几个世纪的野
蛮和暴行来说又算得上什么呢？高等教育是神职人员和贵族阶级的特
权；以口头论辩为主的教育，仅仅促进了人类机械式的推理能力，而
心灵思维则成为形式主义三段论的囚徒；教育迎合原始时期的野蛮主
义而迂腐不堪，迷失在肤浅的讨论和矫饰的语言中；大众教育基本上 81
没有任何成效，仅仅局限于传授拉丁文的教义问答；最后，教堂占据
绝对的统治权，掌控所有大师与平民的思想、信仰和行动。这就是我
们总结的中世纪时期教育状况。因此，迎接文艺复兴的时候到来了！
文艺复兴运动要解放人们的思想，唤起人们在深层意识中对教育的渴
望，并融合基督教精神和世俗文学，为现代教育的到来做好准备。

91. 分析性总结

(1) 中世纪时期教育最基本的特点是宗教思想的统治。教育的目的是为了来世，而不是为了今世。教育几乎完全是宗教的、道德的。它建立在宗教权威之上，整个人类社会都受其约束。

(2) 教会和学校的结盟决定了教育目的唯一性，也强加给教育一种严肃认真的精神。这一历史性结盟在今天的幸存者，就是教会学校和教区学校。当今，教会常常与政府争夺教育权的传统或许也与之相关。

(3) 对《圣经》的高度重视使得教育偏向人文；教育具有教条性和专制性；强调语言而忽视事物本身；灌输给学生一种抽象的、形式化的思维习惯；学习成为一个反复记忆的过程；扼杀了学生自由探究的精神。

(4) 整个世界都处在基督教联盟的统治下，这促进了女子的智力解放，推动初等教育的兴起。

(5) 教育的基本倾向是纪律严厉、行为粗陋以及无视优雅。

82 (6) 经院哲学因为过分浮夸而造成很多问题；但是，它的基本作用是促进演绎推理能力的发展，把语言应用当作一种思维工具，强调词语区分与使用的必要性。

(7) 在智育方面的最大教训是，要达到宽容、和谐与谦逊的教育境界是非常困难的。

第五章　文艺复兴与16世纪教育理论

92. 16世纪教育的基本特征 83

现代教育肇始于文艺复兴运动。尽管文艺复兴时期逐渐成形的一
些教育方法经过长期发展才得到完善，新的教育学说要随着时代进步
逐渐运用于教学实践，但是，从16世纪开始，教育一直体现着一些
基本原则。中世纪教育过于教条僵化和压抑人性，把学生的身体和心
灵紧紧地束缚在严厉的制度和狭隘的纪律下。这种教育至少在理论上 84
必将被一种更宽容、更自由的教育所取代。新的教育理念更注重卫生
健康和身体锻炼；解放人们的思想、抛弃三段论式机械思维；发挥道
德的力量，而不是压抑它；用实质性的学习取代辩证法的语言训练；
更注重事物本身，而不是语言形式；致力于个体的身心全面发展，兴
趣和知识、心灵和意志的全面发展，而不是追求单一的官能或理性发
展，把人降低为一种论辩机器。

93. 教育复兴的起因

16世纪，人们重新与长期隔绝的古代经典建立了对话。自然地，他们推荐青年人学习古希腊和古罗马文化。所谓的中等教育就是从16世纪开始的。精致的古代雅典和古罗马经典，取代了粗糙的中世纪著作，并通过绘画和印刷等形式被广大民众所了解。此外，人文经典的阅读和模仿，人们端正的思想品质、语言品位和优雅的形式等方面都取得了显著成就。在法国和意大利，民族语言逐渐形成，通过天才作家们神圣般地运用，成为一种推广心智教育的重要工具。在这个艺术著作和艺术家辈出的时代，艺术深入到生活层次和提升了生活品位，并诞生了一股注重情感世界的思潮。最后，新教改革促进了个体思想

和自由钻研的精神。同时，新教改革的成功对天主教会也产生了重大影响。

85 这并不是说，16 世纪的教育所做的一切努力都完美无瑕。首先，就像所有创新者一样，这个时期教师的思想富有激情，但缺乏准确性。他们更热衷于指明教育要实现的最终目的，而不去探究实现目标的具体手段。此外，一些老师满足于解放学生的思想，但却忘记给予恰当的方向引导。最后，一些老师不能恰当地运用古代经典，过于关注语言形式和纯洁性，陷入对西塞罗的狂热崇拜。如果说新的修辞迷信并没有取代旧的三段论迷信，那也不能完全责怪他们。

94. 16 世纪的教育理论和实践

回顾 16 世纪的教育历史，我们必须严格区分教育理论与教育实践。教育理论取得重大发展，具有时代进步性；而教育实践虽然取得了某些成功的尝试和发展，但依然步履艰难地行走在困难重重的道路上。

我们必须挖掘伊拉斯谟、拉伯雷（Rabelais）和蒙田（Montaigne）等人教育学说所蕴藏的价值，即使在今天，我们也将无法假装已经超越了他们的教育理念。其实，我们首先要做的就是追赶他们，努力在教育理念方面与他们并驾齐驱。

在实践方面，首先是对人文精神的探索取得显著进步，尤其是在一些早期的耶稣会学校和更早的清教徒学校，由著名的斯图谟（Sturm，1507—1589）[①] 创办的斯特拉斯堡学院（College at Strashurg）可以说是一颗耀眼明珠。其次是高等教育的复兴，其主要标志就是
86 1530 年法兰西学院（College of France）的建立和拉姆斯（Ramus）[②] 的讲座。最后，突出的成就便是初等教育的诞生和进步，这是在新教改革者们特别是马丁·路德（Martin Luther）的推动下所取得的成就。

---

① 斯图谟，德国新教派教育家。——译者注

② 拉姆斯（1515—1572），法国哲学家、逻辑学家和修辞学家。——译者注

然而，16世纪的教育思想远远走在教育实践之前；教育理论已经明确地预示着它们终将走向教育实践领域，而值得我们特别关注的或许只有这些教育理论方面的成就。

95. 伊拉斯谟

伊拉斯谟（Erasmus，1467—1536）以大量的著作、翻译著作、文法著作、词典以及原创著作表达了他对古典文学的喜爱和热忱，他的成就也影响着他同时代的人们。专门的教育对他几乎没有产生直接的影响，因为他几乎是自学成才的，他自己以身示范，积极宣传鼓励人们学习古典著作。他曾说："如果我有钱的话，我会首先用于购买古希腊的书籍，然后再去买衣服。"他确实应该被列入中等教育创始者的首列。

96. 伊拉斯谟受教育的经历：共同生活兄弟会

伊拉斯谟是在僧侣们的教育下成长的，就像伏尔泰（Voltaire）①是在耶稣会信徒的教育下成长的一样。但是，这种教育状况并没有扼杀掉这些自由思想家的独立个性和反讽精神。12岁时，伊拉斯谟进入荷兰的代芬特尔学院学习，该学院是由共同生活兄弟会（Brethren of the Common Life）创办的。1340年，杰勒德·格罗特（Gerard Groot）创立的共同生活兄弟会把儿童教育列为其工作任务之一。最初，他的教育带有浓重的神学影子和禁欲主义色彩，他的弟子们只局限于学习《圣经》、阅读和写作。教育不包括文学和科学，因为这两者对于虔信
是无益的。但是，15世纪时，受约翰·威塞尔（John of Wessel）和 87
鲁道夫·阿格里科拉（Rudolph Agricola）②的影响，共同生活兄弟会进行改革，他们成为文艺复兴的先驱，成为在异教文学和基督教之间建立联系的开拓者。约翰·威塞尔说："我们可能会读一遍《奥维德》（*Ovid*），但其实我们应该用更多的精力来阅读维吉尔（Virgil）、贺拉

---

① 伏尔泰（1694—1778），法国启蒙思想家、作家和哲学家。——译者注

② 阿格里科拉（1494—1566），德国宗教改革家。——译者注

斯和特伦斯（Terence）的著作。”贺拉斯和特伦斯正是伊拉斯谟最钟情的古典作家，他在代芬特尔学院学习的时候，潜心攻读这两位作家的著作。阿格里科拉是另外一位大力推崇古典教育的思想家，伊拉斯谟提及他的时候满怀热情。阿格里科拉同时还对当时就像监狱一样的学校和教育实践提出了尖锐批评。

他说：“如果说还存在什么名不副实的东西，那就是学校。‘学校’（school）在希腊语言里为（oxoλj），意思是‘休闲’、‘娱乐’；在拉丁语里为（ludus），意思是‘玩耍’。但是，现在的学校已经没有任何玩乐嬉戏的成分了。古希腊喜剧家阿里斯托芬将它称作（φpovτιστjpov），这是说，学校是一个关爱人的地方，也是一个使人受痛苦的地方，这个名字对学校来说最合适不过了。”

伊拉斯谟的早期老师是一些有启蒙思想的人，尽管他们过着修道士的生活，但他们都熟知并热爱古代经典著作。而伊拉斯谟可以说就是自己的老师。他自己努力研究古典作家，毕生都致力于古典学习。他是巴黎蒙太古学院的创始学者，之后又成为上流社会绅士们的导师。他一生都在追求知识，游历整个欧洲大陆，希望能从每个城市文明中寻找自我教育的新机会。

97. 伊拉斯谟的教育学著作

伊拉斯谟的大部分著作都与教育相关。有的著作完全可以被列为教科书使用，特别是关于教育实践的基本观点，例如《论写作方法》
88 (*On the Manner of Writing Letters*)、《论青少年礼节规范》(*Upon Rules of Etiquette for the Young*) 等。此外，他的《格言集》(*Adages*) 收集了大量古典谚语和格言，他的《对话集》(*Colloquies*) 汇集了大量对儿童有益的对话，虽然书中也涉及一些或许是儿童们不应该了解的内容。他的另一类著作则更体现理论特色，它们比较集中地表达了伊拉斯谟的教育思想。其中，《论教学秩序》(*On the Order of Study*) 一书对文学教学、文法学习、培养记忆力以及讲解希腊语和拉丁语著作等进行了细致规定。另外一篇名为《论儿童的博雅教育》(*Of the First Liberal Education of Children*) 则更为重要，涉及教育领域广泛的问题。伊拉斯谟在这篇文章中探讨儿童的性格特征、儿童早期教育的有效性以及早期教育的方法。他还推荐一些教学法，受到广泛的欢迎，他对当时学校盛行的野蛮残酷的纪律进行了深刻的批判。

98. 青少年的礼节

伊拉斯谟是最先认识到礼节的重要性的教育家之一。在那尚未开化的时代，即使是受过教育的阶级，也有一些令当今时代最粗俗无知的人也无法容忍的行为。因此，很有必要唤起人们对外在仪表和礼节的重视。伊拉斯谟深知礼节问题有它关乎道德的一面，它不仅是单纯的传统问题，更是关乎美好心灵的内在性情。因此，他在教育中特别重视礼貌的培养。

他说：“教育青年人的任务包括几个基本方面，首先也是最重要 89
的是要保证儿童们柔弱的心灵学会虔诚；第二，要让儿童们学习并热爱人文课程；第三，教导儿童正确的社会生活行为规范；第四，要从小培养儿童在道德原则基础之上养成良好的行为习惯。”

然而，伊拉斯谟所确定的礼节规范并非完美。对此，我们无需惊讶。他对文明礼貌的规范有时过于自由，有时又过于严格，显得有些天真。例如，他说：“向打喷嚏的人祝福是一种宗教义务。”“从道德方面看，为了一滴不剩地喝光杯子里的水，喝起来像鹳一样把头往后仰，这样的行为是不礼貌的。”“如果把面包不小心掉在了地上，捡起来的时候应该先亲吻它。”另外，伊拉斯谟似乎不反对用手擦鼻子，但是他反对用帽子或衣袖擦鼻子。他还要求每天早上用清水洗脸，但是又补充道：“之后，再次洗脸是多此一举的。”

99. 早期教育

伊拉斯谟常常受到昆体良教育思想的启发。与昆体良一样，他重视小学教育，认为小学教育是智育的初级训练阶段。伊拉斯谟——这位 16 世纪的教育学者——他的思想在很多方面回应了《雄辩术原理》以及普鲁塔克的教育思想。伊拉斯谟的一些格言在此值得一提：“爱老师就会爱学习。”“吓唬孩子的父母是不能很好教育孩子的。”“鞭打孩子只能伤害他们而不能使他们从善，而温柔和善的教导更容易塑造孩子。”“通过运用和实践，孩子们轻而易举就能学会说母语。”“训练
90 阅读和书写多少会有点乏味，聪明的老师应该运用有趣的方法和技巧消除沉闷。”“古人把美味可口的菜肴做成字母的形状，这样儿童吃饭时就在咀嚼字母表。”“讲解文法规则，应该从最简单的开始。”“喂小孩，应该坚持每隔一段时间喂少量的食物。同样的道理，教育儿童也应该考虑到他们心灵的接受能力，应该一点一点地传授知识。”

从上面的引文中，我们看到一种和善温情、充满对青少年关爱的教育方式。伊拉斯谟主张，儿童教育应该体现慈母般的滋养呵护和关心爱抚，父亲般的平易近人与和善可亲。学校干净整洁、环境优雅以及教师温和善良、宽容大度也很重要。

100. 女子教育

文艺复兴时期，古典人文思想再一次掀起热潮。这时，学者们并没有把女子排斥在古典人文宝库之外，伊拉斯谟主张女子有学习古代人文经典的平等权利。

在《牧师与知识女子的对话》（*Colloquy of the Abbe and the Educated Woman*）中，少女麦格达拉（Magdala）为自己争取学习拉丁文的权利，“这样她就可以每天与那些拥有口才、智慧和启发性的作家、心灵导师们进行对话了”。在《基督教婚礼》（*Christian Marriage*）一书中，伊拉斯谟取笑那些只知道如何鞠躬、双手紧握、笑不露齿、饭前偷偷吃饱、饭桌上尽量少吃的青年女子。伊拉斯谟对妻子这一职位给予厚望，建议妻子应该追求学业以便相夫教子。

91 伊拉斯谟的同时代教育家维韦斯（Vives，1492—1540）是一位西班牙教师，他在书中也表达了对女子教育的相似观点。他建议，女子应该阅读柏拉图和塞内卡的经典著作。

总之，伊拉斯谟的教育学思想具有重要价值。但是，他又冒险把教育局限在希腊文和拉丁文的狭小领域。他是一个典型的人文主义者，他的教育思想体系留给科学极小的空间，而历史学科在他看来也只要略读一二就足够了。此外，他建议学习自然科学的理由，尤其体

现着他内心的想法：学习自然科学是为了帮助作家从自然知识中寻找到更丰富的创作源泉——比喻、意象和对比等。

101. 拉伯雷

拉伯雷（Rabelais，1483—1553）的教育理念则完全不同。他用充满想象力的新颖手法描绘出一幅完整的教育景象。他的著作在史诗般的流浪生涯和滑稽题材中，也不缺乏严肃凝重的元素。这些因素奠定了拉伯雷作为教育艺术改革和人类精神进步方面领军人物的重要地位。①

拉伯雷教育学思想或许可以说是现实主义教育的雏形，与经院学派的形式主义教育相对立。作为《巨人传》（*Gargantua*）的作者，拉伯雷使年轻学生的思想转向真正值得关注的事物上来。他已经发现未来的教育趋势，即科学教育和自然教育。他反对过多关注经院学派倡导的烦琐细节和复杂技巧。与之相反，他鼓励更多地关注人的天性的自然展开。

102. 对传统教育的批判：卡冈都亚和尤德蒙 92

16 世纪的社会风气为拉伯雷自娱自乐的尖锐反讽风格提供了许多表现机会。他的《巨人传》是几本小册子的合集，书中最为尖锐的讽刺矛头指向当时的教育状况。

起初，卡冈都亚（Gargantua）（巨人）是按照经院派的教育方法接受教育的。他埋头苦读 20 年，凡是学过的书都能熟记于心、倒背如流。“但是，他的父亲却发现，这种教育对他没有产生任何好处。更为糟糕的是，他变得鲁莽冲动、思维迟钝、沉迷空想。”

拉伯雷反对这种使记忆力超负荷运转的矫揉造作的愚钝教育。这种教育只会把学生常年禁锢在无趣的书本中，剥夺了学生独立思维活动，使学生的思维变得迟钝而不是更敏捷。为此，拉伯雷主张一种更

① 尤其参见《拉伯雷文集》第 1 卷，第 14、15、16、22、24 章；第 2 卷，第 5、6、7、8 章。

为自然的教育方式，注重经验和事实。教育的目标不仅仅是培养能在学校里进行讨论的学生，更主要的是培养能够适应现实生活、与现实社会沟通的个人。教育旨在丰富心智、活跃记忆力，而不是扼杀学生优雅的自然天性和心灵的自由活动。

尤德蒙（Eudemon）[①] 在拉伯雷的小说中代表着新教育方法培养出来的学生。他知道如何准确地思考、得体地说话；他的行为举止充满自信，却没有一丝鲁莽不当之处。在他经介绍与卡冈都亚认识的时候，他走向卡冈都亚，“手持礼帽，面带微笑，嘴唇红润，眼神淡定，成为一位谦逊有礼的青年”，并向卡冈都亚优雅地问好。然而，听到尤德蒙令人愉悦的问好后，卡冈都亚却不知怎么回答是好，“他面色不佳，看起来好像刚刚大哭了一场；他用帽子掩着脸，嘴里却一个字
93 都蹦不出来。”

这两个行为举止完全不同的学生，是拉伯雷对两种对立的教育方法的拟人化表现：机械式的记忆力训练会使智力变得衰弱迟钝；只有自由的教育方式才能发展学生智力，塑造学生坦诚开放的个性。

103. 新的教育

下面，我们要详细探讨拉伯雷的新教育思想。[②] 认识到卡冈都亚在第一任老师们的教育下养成的坏习惯之后，拉伯雷把他交给一个叫博纳卡特斯（Ponocrates）的老师，由他负责纠正他的错误，使其养成新的行为方式。这位老师要依据自己的教育理论管理他的学生。

博纳卡特斯起初进展很缓慢，因为他认为“自然天性不可能毫发无损地经受得住猛烈巨变”。他首先研究观察他的学生，希望能够判

① 尤德蒙（Eudemon）是拉伯雷《巨人传》中的虚构人物。词义为“善良的天使”、“守护神”，拉伯雷所取的这个名字显然有象征意义。——译者注

② 宗教改革时期，一般教育体系发展到了鼎盛时期，并具有鲜明的历史特征，因此，人们把这一时期以前的教育称为旧教育，而把这个时期的教育称为新教育。反思人类的思维倾向，总是从一个极端走向另外一个极端。我们可以从中预测，未来的教育实践可能会在两个对立的极端中寻到一条中庸的黄金之道。我们没有理由相信旧教育就是完全错误的，或新教育就是完全正确的。——佩恩注

断出学生的自然性情，然后才开始着手工作，对卡冈都亚的性格和精神进行全面重塑，同时也对卡冈都亚的体育、智育和德育展开全面指导。

104. 体育

卫生和体操——清洁使身体健康，运动使身体强壮——这是拉伯
雷所重视体育的两个基本方面，同样受到重视。伊拉斯谟认为，一天
洗漱一次就足够了，洗多了则是浪费。而卡冈都亚则相反，他坚持饭 94
后用清水洗手洗眼睛。拉伯雷没有忘记自己曾经是一名医生，有关身
体保养的细节他一点都不疏忽，即使是最让人厌烦的一些细节。在这
一点上，拉伯雷有一种中世纪时期的神秘主义观念，他绝不相信肮脏
的躯体可以学习美好的知识，也绝不相信肮脏恶臭的躯体会促生美好
的心灵。卡冈都亚的第一任老师告诉他："用五个手指头梳梳头就可
以了，那些不这样梳头、洗刷、清洁的人，就是在这个世界上浪费生
命。"在博纳卡特斯的教导下，卡冈都亚改变恶习，并开始学习尤德
蒙。"尤德蒙把头发打理得十分整洁，衣服穿得得体，看起来相貌堂
堂，举手投足之间没有半点傲慢之处，他简直就是一个小天使。"

拉伯雷同样重视体操、步行以及其他积极的户外活动。他不能容
忍让卡冈都亚熬夜看书，累得脸色苍白。晨读过后，他要带卡冈都亚
到外面玩耍。读完书就应该打打球。"读书是强烈的思维训练，而运
动就是同样强烈的体格锻炼。"就这样，从下午的课程结束到吃晚饭
的这段时间，卡冈都亚每天都会用来做运动锻炼。卡冈都亚积极参加
骑马、摔跤、游泳等各种各样的体育活动和体操运动，以提高四肢灵
活性、增强肌肉力量。在这里，拉伯雷像往常一样故意运用夸张手
法，为的是让人们更清楚理解他的思想。一个普通人要完成拉伯雷让 95
卡冈都亚所做的全部运动，需要花费好几个日日夜夜。与中世纪长期
的禁欲主义相反，拉伯雷建议他的主人公把体育运动当做庞大躯体的
狂欢。拉伯雷写的是卡冈都亚，自然而然他会从中寻求一种夸大的效
果。为了更好地理解作者的思想，我们有必要把他近似狂想的夸张回
归到适合人类的尺度。

105. 智育

对于心智如同对于身体一样，拉伯雷要求学生做大量活动。卡冈都亚每天早上 4 点起床，长长的一天，大部分时间要用来读书学习。拉伯雷用一种坚持不懈的努力和强烈的心智活动取代中世纪时期人们的懒惰。卡冈都亚首先要学习古代语言，其中希腊语是放在首位的。在这里，希腊语得到重视，拉伯雷把希腊语从中世纪长期的卑微地位中挽救出来。

“现在，所有的学科都重新恢复，语言学科也重新设立，其中包括希腊语（不懂希腊语而自称博学的人是可耻的）、希伯来语、迦勒底语、拉丁语。语言的应用讲究优雅和准确。那个时代的人们在神力启发下创造了精准的语言。另一方面，在那个残忍的时代也发明了大炮。当今，整个世界到处都是有智慧的人、博学的老师和大型图书馆。我认为，不论柏拉图时代、西塞罗时代，还是帕皮尼安时代，都没有像当今时代这样提供了更好的学习机会。”

96 与同时代的人一样，拉伯雷是研究古典主义的狂热分子。但是，他又有不同之处，因为他对科学也有浓厚的兴趣，特别是自然科学。

106. 自然科学

中世纪完全忽视了自然科学。观察的艺术被那些诡异的诡辩家所忽视。人们除了从亚里士多德的理论和圣经神学书籍的教条中了解自然外，对宇宙自然几乎一无所知。中世纪的教育家们认为，研究物质世界没有任何价值，物质世界只不过是不朽的灵魂得以寄居的、转瞬即逝的场所。他们甚至虚伪地认为，三段论推理能够帮助人们最终获得关于自然界的所有必要知识。从历史时代来说，拉伯雷无疑是第一个把科学列入值得人类思考的首列学科的人。

中世纪的学者对世界一无所知，而卡冈都亚要求他的儿子从各个方面了解世界。他写信给庞大固埃（Pantagruel）说：“我希望你能认真学习自然知识，这样，海洋、湖泊、河流里的各种鱼类，你就都能叫得出名字。天上飞的各种鸟类，地上生长的各种树木、灌木和野草，森林里的各种果实，地下深埋的各种金属，东部和南部的所有奇珍异石，所有这些你都要了如指掌。通过不断地观察解析，你要获得另外一个世界——人类世界的知识。总之，我指的是一个新的知识世界。”

可以看到，拉伯雷并没有忽视构成自然科学和人类社会的各方面。

此外，我们进一步看到，拉伯雷希望他的学生不仅知道并了解自然，而且更要热爱和体验自然。他建议，他的学生去草地上、树林里阅读维吉尔的田园诗。在这一点上，他是卢梭等人的先驱，他认为， 97
通过焕发想象力、消除精神疲劳、陶醉于美丽大自然，这更有利于精神健康。

为了转移卡冈都亚过于强烈的学习兴趣，博纳卡特斯建议每个月找几个大好晴天带卡冈都亚去郊外游玩，他们清晨就出发，可以去尚蒂利、布洛涅、蒙鲁日、蓬夏朗顿、瓦讷、圣克卢等各个地方。他们一整天都在嬉笑玩耍、唱歌跳舞、打麻雀、捡鹅卵石、钓青蛙、捉螃蟹中快乐地度过。①

107. 实物教学课

在拉伯雷的教学计划中，学生的思维每时每刻都处于活跃状态，即使在饭桌上也是如此。例如，在饭桌上教育可以通过对话进行。对话可以围绕食物或任何吸引卡冈都亚注意力的事物展开：水、酒、面包和盐及其物质属性等。所有的感官事物都可以成为提问和回答的教学资料。卡冈都亚还经常在田间步行，他就是在外面的田地里学习植物学的，“穿越草地和田野，看到各种花草树木，想起古典书籍里对这些植物的描述……然后采一捆回家”。说教式的课堂教学很少；直观教学，即把实物摆在学生面前进行的教学，就是拉伯雷的教学方法。正是源自这样的教育精神，拉伯雷鼓励他的学生参观各种店铺，如银匠铺、铁匠铺、炼金术士的实验室等，这相当于当今时代流行的 98

① 《拉伯雷文集》，第 1 卷，第 24 章。

科技游览活动。拉伯雷想要培养的是全才，他要学生精通文艺和工艺，还要像卢梭著作中的爱弥儿一样能够从事体力劳动。下雨天时，路不好走，卡冈都亚就在家里砍木头、碾谷粒。

108. 兴趣教学法

为了反对中世纪时期的陈规陋习，拉伯雷要求寓教于乐，学生可以边玩边学，甚至数学课也可以“通过游戏和娱乐进行”。卡冈都亚就是通过玩纸牌学到“许多数学知识和规则的”。同样的方法也用于几何和天文学。才艺方面也没有被忽视，尤其是击剑术。卡冈都亚身躯庞大，各方面都要得到全面的发展。艺术、音乐、绘画、雕塑对他来说都不陌生。拉伯雷的主人公所代表的不仅仅是一个个体人，而是一个集合的人。他是整个社会的缩影，有千奇百怪的新追求，也有极度强烈的新渴望。在中世纪，在狭隘的精神桎梏下，人类许多自然天性处于消极呆板的状态。但是，拉伯雷对待一切自然天性毫无选择、毫无偏见地接受。他凭借腾飞的想象力和炽热的情感令人的天性重现生机。

109. 宗教教育

宗教教育与其他方面一样，拉伯雷坚决反对完全形式化的外在教育。他嘲笑卡冈都亚在没有改变之前，在“第一任老师——那些诡辩家”的学校里上学时，吃完晚饭就去教堂听弥撒。他想用一种真正虔
99 诚的内心情感来取代这种外在的热爱形式，用直接诵读神圣的经文取代浮夸的礼仪形式，“在卡冈都亚起床穿衣的时候给他诵读一页圣经”[1]。此外，阅读《圣经》也是为了唤起人们对“神圣歌颂的宇宙自然”的亲密和热爱之情。卡冈都亚和他的第二任老师博纳卡特斯在看到画着天国景象的拱顶时，都没有过分地情绪高涨。他们傍晚的时候

---

① 拉伯雷推荐学习希伯来语，这样学生就能读《圣经》的原著。在有的地方，他说：“我喜欢听《福音书》胜过听圣玛格丽特（Sanit Margaret）或其他行家的生平。”

都会沉思。饭后以及睡觉前，卡冈都亚向上帝祷告，表达自己对上帝的热爱，坚定自己对上帝的信仰、赞颂上帝无尽的仁慈、感谢上帝创造的历史，并把自己推荐给上帝将要创造的未来。拉伯雷可以说是一个新教信徒，激发新教改革运动的那股宗教热情同样影响到了他。与此同时，一股更现代的势力——卢梭的自然神论——也影响到了他。在两股势力的综合影响下，拉伯雷的宗教情感得到升华。

110. 道德教育

人们或许是通过拉伯雷的名望和风趣的名言而了解他的。其实，这个幽默的经典作家同时还是一个道德导师。这个事实往往令人惊讶。然而，这就需要我们了解下面这段话中所蕴含的真诚崇高的启迪：

“按照智者所罗门（Solomon）的说法，智慧不会进入一个邪恶的灵魂，有知识但没有道德心的人，其灵魂只会变得更邪恶；你应该侍奉上帝、爱上帝、敬畏上帝、把上帝放在心中、把希望寄托在上帝身 100
上……要提防世间的邪恶。你的内心不要让虚荣腐蚀，因为生命不过是转瞬即逝；但是，上帝的话却永生不朽。帮助你的邻居，爱人如己。尊敬老师，独善其身。上帝赐予你的仁爱要永记在心。当你认为你已经通过这些得到了你能够得到的所有知识时，你再回到我这里来；只要在我的有生之年，我就会接见你，并将我的祝福送给你。”①

111. 蒙田与拉伯雷

蒙田（1533—1592）介于伊拉斯谟和拉伯雷之间。伊拉斯谟这位博学的人文主义者完全致力于人文学科的教育和探索，而拉伯雷这位无畏的创新者则尽可能地拓展智育的范围。整部人类知识大百科全书的全部内容，都是学生要学习的内容，如此多的知识使学生的大脑面临膨胀爆裂的危险。蒙田谨慎保守的性格倾向和朴素温和的教育理念，使他反对一切形式的极端主义。拉伯雷主张的好像是人类各种能

---

①《拉伯雷文集》，第2卷，第8章。

力的平衡发展，他把所有的学科、文学和科学放在同等重要的地位；但是，蒙田则主张有所选择。在人类各种能力的培养中，他特别强调判断力的培养。在所有的知识中，他特别偏爱那些有利于促进心灵健康发展的理性知识。拉伯雷过度发展身心，他想寻求一种能够完全涵
101 盖各种学科的课程进行教育；[①] 而蒙田则简单地要求“对各种学科浅尝辄止”，“遵循法国的教育方式”简单了解即可，不必深入研究。在蒙田看来，天生头脑聪慧比后天博学多识更为重要。对于正常的心智来说，积累堆砌知识远远不及消化吸收知识。总之，当拉伯雷像庞大固埃一样贪婪地坐在知识大餐的丰盛宴席上时，蒙田扮演的角色是优雅的美食鉴赏家，小心谨慎地满足自己那有所节制的胃口。

112. 蒙田的教育经历

回忆自己的教育经历往往可以使人成长为师者，这句话用来形容蒙田最为合适。他的教学思想既模仿了忧心忡忡的父亲对他的教育方法，又抨击了他 6 岁时进入的吉埃纳学院的教育缺陷和恶习。蒙田接受的家庭教育呈现的是儿童自由发展的快乐场景。他自己说：“我的心灵在温和自由的教育下无拘无束地成长。”他的父亲可谓是温和教育的专家，他每天早上用温柔的音乐声而不是用预示一整天艰苦学习的刺耳铃声叫醒蒙田。总之，蒙田的父亲用一种既宽容又坚定、不自满又不严厉的方法教育蒙田，蒙田把这种方法称为“严肃的温和”。蒙田的教育的另一个特征，是用学习母语的方法学习拉丁文。蒙田的父亲在蒙田的周围安置了能和他用拉丁文对话的家仆和家庭教师。结
102 果，蒙田在 16 岁的时候就对西塞罗的语言非常精通，以至于当时最好的拉丁语学家都害怕跟他对话。另一方面，在 6 岁之前，蒙田不懂得法语和阿拉伯语。很明显，蒙田的父亲走的教育道路并不完全正

---

① 在之后的时代里，英国哲学家边沁（Bentham）和他的著作《边沁文选》（*Chrestomathia*）、英国教育家斯宾塞及他的作品《教育论》又复活了拉伯雷的泛智主义教育。他们好像忘记了，劳动分工影响了人类活动的各个方面，同样也影响了教育：我们不再需要掌握所有的知识作为指导，我们需要的是沟通和交流的渠道。——佩恩注

确，但是，至少这种教育经历让蒙田认识到当时希腊语和拉丁语教育方法的机械和呆滞，语言教学规则泛滥而又不重视实践："希腊语和拉丁语无疑都是非常有用、非常给人增光的语言，但是，我们为之付出的代价太昂贵了。"①

蒙田在吉埃纳学院度过了7年的学习生涯，这里的学习让他开始憎恨体罚和当时学校里盛行的其他严厉的纪律规范："……学校里的书呆子老师不通过温和有趣的方法引导学生学习，他们只会用教鞭和戒尺、恐怖和残酷的体罚摧残学生。打倒暴力！打倒强制！我深信没有什么比暴力和强制更能摧残破坏学生的健康心智了……我对一些学院的严厉管理制度感到十分不满。学校成了囚禁学生的劳教所。来看看上课时的情景吧！除了受到体罚的孩子们的号啕大哭和教师的大发雷霆，你什么也听不到。这可真是一个好方法！用愤怒的表情和手里
的教鞭来吸引这些柔弱胆小的心灵热爱书本。这该死的邪恶的教育方 103
式…… 难道把班级布置成撒满绿叶和鲜花的世界，不会比用柳条和桦木板抽打的满目疮痍和伤痕累累的世界更美好吗？如果按照我的方法，我会把学校四周的墙壁都涂成花花草草、欢乐祥和的世界……这对老师的好处或许就是他们也可以享受快乐了。"②

113. 全面教育比专门教育更为重要

如果说蒙田的《随笔集》(*Essays*) 的不同章节③都体现了他对教育问题的关注，那么，这种关注不仅仅来自他对自己早年教育的回忆和思考，而且更来自他对教育的哲学思考和判断。"人类智慧最伟大、

---

① "我在6岁之前不懂任何法语、佩里戈尔语或阿拉伯语。没有艺术、书本、语法规则、鞭打、眼泪的经历，我已经能跟我的老师一样讲一口纯正的拉丁语。"选自蒙田：《随笔集》，第1卷，第25章。本章中对《随笔集》的引文全部摘自科顿(Cotton) 的译本。——佩恩注

② 蒙田：《随笔集》，第1卷，第25章。

③ 尤其参见蒙田：《随笔集》，第1卷，第24章《论教育》(*On Education*)，第25章《论儿童教育》(*On the Education of Children*)；第2卷，第8章《论父亲对他们孩子的影响》(*On the Affection of Fathers to their Childen*)。

最艰巨的任务，就是儿童培养和教育问题。”

对于蒙田来说，教育是塑造全人而不是培养专才的艺术。他用自己独特的风格，通过一件轶事对这一点做了解释：

“有一天，在去奥尔良的路上，我看到两个正在前往波尔多的学者，他们一前一后，相距大约50步的样子。我还看到走在他们后面的是一群马，走在马群前面的是罗彻福高特伯爵（Duke Rochefoucault）。我的一个同伴问走在最前面的学者那个走在后面的绅士是谁。走在前面的学者没有看到罗彻福高特伯爵，他以为人家问的是跟在他后面的同伴，便高兴地回答道：‘他不是什么绅士，他只是一个文法家而已，而我是一个逻辑学家。’现在，我们的教育应该关注的不是培养文法家，
104 家，也不是培养逻辑学家，而是要培养全面发展的绅士。我们可以放任他人悠然自得，但是，有完全不同的事情在等我们去做。”①

我们不能否认蒙田说的是绅士，而不是简简单单的人；但是，在现实中，蒙田的思想其实和卢梭是一致的，他们都认为人类心灵应该接受全面的训练。

114. 教育目的

从上面的段落我们可以知道，对于蒙田来说，语言和其他学科都只不过是教育的基本工具，而不是教育的最终目的和结果。虽然16世纪的学者们大都被文学激情所征服，《随笔集》的作者并没有屈从于自己的文学激情，从而使得完美的教育课程必然包含古典语言。在蒙田看来，一个儿童会不会写拉丁文并没有多大的影响。他所要求的是儿童通过教育能够变得更善良谨慎，获得更敏锐正确的判断力。“如果教育不能使儿童的心灵更和谐、判断力更敏锐，那么，我宁愿儿童们把学习时间花在打网球上。”②

115. 判断力的培养

蒙田用一百多种不同的方法表达自己主要的教育思想。他十分关

① 蒙田：《随笔集》，第1卷，第25章。

② 蒙田：《随笔集》，第1卷，第24章。

注学生判断力的培养，关于这一点下文可以说明：

“……按照我们所接受的教育，教师和学者积累了更多的知识，但是没有培养更强的能力，这样的现象并不少见。父母其实把关爱和金钱消耗在为孩子的头脑填充知识上，而在培养孩子判断力和德行方面却没有做努力。如果一个路人向人们说：‘啊！那个人知识多么渊博啊！’而另外一个路人说：‘啊！那个人多么善良啊！’人们的注意力大多会转向第一个路人。而这时如果有第三个人喊道：‘那个人真是个笨蛋！’人们就会立刻问道：‘那个人会希腊语和拉丁语吗？他会 105
吟诗作赋吗？’但是，此人是不是善良谦逊这个最主要的问题却没有得到人们的关注。其实，我们应该问谁学得更好，而不是谁学得更多。”

“我们仅仅在死记硬背上下足了苦功夫，却忽视了领悟和道德心的重要性。有时，鸟儿寻找谷粒但不会自己吃掉，而是把谷粒含在嘴里，等飞回巢穴后喂给自己的幼鸟；我们的学者也是一样，他们沉浸在书籍中寻找知识，为的只是把知识放在舌头边上，然后一起灌输给他们的学生。”①

116. 推荐的学科

务实和实干的精神主导了蒙田的学科计划。在他看来，学习不是深入研究一门学科的问题；无目的学习不是他的关注点。如果说拉伯雷主张发展学生的探究能力，那蒙田则相反，他关注的是学生的实践能力，并且把道德置于一切学习之上。例如，他认为学习历史不是为了知道过去发生的事情，而是为了对它们进行判断。没有必要让儿童死记硬背“迦太基（Carthage）② 倒塌的日期、汉尼拔（Hannibal）③ 和西庇阿（Scipio）④ 的性格、马塞卢斯（Marcellus）⑤ 的死亡地点，

---

① 蒙田：《随笔集》，第1卷，第24章。

② 迦太基，古代最著名的城市之一。——译者注

③ 汉尼拔（公元前247—前183或前184），迦太基统帅。——译者注

④ 西庇阿（公元前236—前184），古罗马统帅。——译者注

⑤ 马塞卢斯（约公元前268—前208），罗马名将。——译者注

更重要的是让儿童知道为什么他死在那里是有失职守的。”①

对于哲学也是一样的，蒙田认为，关于人和自然的一般知识的学习并不重要，重要的是哲学对于道德和积极的人生态度的促进作用。

106 “遗憾的是，当今的人们对于某些问题竟然持有如此态度，甚至一些有领悟能力的人竟然也认为哲学是浮夸虚无的事物，对指导人的观点和行动没有任何用途和价值。我认为，这种现象是由于人们对诡辩的过分狂热造成的。……哲学是教人如何生活的。”②

117. 教育方法

完全书呆子似的教育是不合蒙田口味的。与书本相比，他更注重经验和社交、对事物的观察以及心灵的自然表露：

“在培养良好的判断力和口才方面，我们眼前的任何事物都可以成为书本。侍者的狡猾、仆人的错误、饭桌上的调侃，所有这些都是值得思考的新鲜事物。而与人交谈，对于培养良好的判断力和口才是大有帮助的。……异国旅行也会帮助人们了解异国的风情习俗和行为习惯，使人们的思维变得更加通达敏锐。”

“……有时候我们从对话交谈中学到知识，有时候我们从书本中学到知识。……让儿童仔细观察每个人的才能，包括农民、泥瓦匠和路人。让他对所有的事物都充满真诚的好奇，让他观察周围感到所有好奇的事物——漂亮的房屋、美丽的喷泉、杰出的才俊、古代战役的旧址、凯撒大帝和查理曼大帝的人生……”

事物应该先于语言。在这一点上，蒙田是夸美纽斯、卢梭和其他现代教育家的先驱。

107 “让我们的儿童先观察事物，他们自然会迅速地掌握语言。”③

---

① 蒙田：《随笔集》，第 1 卷，第 25 章。

② 蒙田：《随笔集》，第 1 卷，第 25 章。

③ 这种对直观事物的偏爱，与之前对语言文字的偏爱相比，难道不是教育理论中的新迷信吗？想一想经院派学者对语言文字的重视，与之相反，蒙田这时要把教育的注意力转移到直观感知事物上来。但是，我们不能完全认为“先概念，后语言”这一理念就是现代教育的绝对真理。在现实实践中，没有绝对的先后顺序，最重要的是赋予语言意义。——佩恩注

“整个世界是一个牙牙学语的世界。所有人都喃喃自语、学习说话。我们的大半人生都是那样度过的。我们要花四五年的时间学习各种语言……”①

“这并不是说口才好不是一件好事，而是说它并不像人们认为的那么好。我很气愤，我们的人生为了学习语言浪费了太多的时间。”

118. 我们应该如何阅读

蒙田尖锐地批评了过分沉溺书籍的现象：“我不想让我们的儿童被书籍囚禁，成为书籍的奴隶……我不想让儿童沉溺书籍，为了读书受尽折磨，一天学习 14 到 15 个小时，在让他成为一匹驮马的同时，还让他的精神也受到驯服和压制。儿童面色忧郁苍白、终日在读书中度过并不是一件好事，这不利于培养孩子的性情，也不利于培养儿童良好的交谈能力和从事其他社会职业的能力。”②

但是，蒙田在反对过度读书的同时，还明确地指明我们应该如何读书。他说，最重要的是，我们应该吸收消化我们阅读的东西。他把读者阅读比作蜜蜂采蜜，蜜蜂在花丛中四处采花粉，并把花粉变成蜂
蜜，而蜂蜜既不是百草香也不是墨角兰。换句话说，我们阅读的同时 108
还应该用一种批判的精神进行反思，通过自己的思考和判断掌握作者的思想，而不是成为作者和书籍的奴隶。

119. 蒙田的错误

我们不得不承认，蒙田最大的错误就是他有点冷酷无情。自我主义和伊壁鸠鲁式的性情，让他仅仅赞扬那些可以穿越“遍地鲜花、满野绿草的林荫大道”就能轻松获得美德的学生。他自己是否尝试过承担克服个人痛苦的义务和责任呢？他要等到孩子长大变得可爱以后，才会对孩子产生关爱之情。当孩子还是婴幼儿时只会得到他的蔑视，他坚持与婴儿保持距离：

“我无法容忍对婴儿娇养爱抚的那种热情，刚刚出生的婴儿心灵

① 蒙田：《随笔集》，第 1 卷，第 25 章。

② 蒙田：《随笔集》，第 1 卷，第 25 章。

还没有感情，身体也没有形状，他们一点都不可爱。我也无法容忍在我眼前照料婴儿……”① “也不要让你家的女主人承担喂养孩子的责任!”

蒙田还为他的这种思想举例。他有些无情地说道：“我的孩子们
109 都是在哺育期死去的。”② 他的态度极端到如此地步，甚至宣称文人雅士应该热爱文学创作胜于热爱自己的子女，“智慧的产物才是我们自己真正的孩子”③。

120. 蒙田女子教育观的不足

蒙田另外一个致命的缺陷就是性情温和保守、思想有些狭隘。不要期望他对人类命运有任何崇高的定义。他对人类命运的解释十分平凡，甚至卑微。他的智慧缺乏一种大度，这在他的女子教育观中体现得最为明显。与许多人一样，蒙田凭借一种虚假的勇气认为女子不应该接受任何教育，因为教育会有损女子的自然魅力。在女子教育方面，他甚至不允许女子学习修辞学，因为他说这会“让外来的魅力掩盖她的自然魅力”。女子应该满足于上帝赋予她们的性别优势。她们天生的知识可以帮助她们“掌控摄政院和学校”。然而，蒙田后来又做了进一步思考，可是他的许可比他的禁令更傲气十足：“如果女子不乐意我们的禁令，好奇心驱使她们下定决心学习一门学问的话，那么，消遣的诗歌应该能够满足她们的需求。因为诗歌跟女人一样，是一门虚伪、狡猾和放荡的艺术，为了玩乐和炫耀，仅此而已。”④

---

① 蒙田：《随笔集》，第2卷，第8章。

② 我并不确定这句话对蒙田来说是否公正，特别是当我们读到原文时：“在我看来，靠理智、谨慎和灵巧做不到的事情，靠暴力就更不可能做到。就拿我自己的成长来说，他们告诉我，在我的全部童年时期，我仅仅挨过两次鞭打。我在实践中也用同样的方法对待我的孩子，他们全都在幼儿阶段夭折了；但是，我的唯一的女儿莉奥诺拉（Leonora）刚满6岁，我们教育她，有时候惩戒一下她那种小孩都容易犯的错误，只是口头说一说，而且说得非常委婉。”（蒙田：《随笔集》，第2卷，第8章。）——佩恩注

③ 蒙田：《随笔集》，第2卷，第8章。

④ 蒙田：《随笔集》，第3卷，第3章。

我们还可以引用下面这段话：

“当我看到女人在玷污修辞、法律、逻辑以及其他她们不应当、也没必要接触的学科时，我开始怀疑男人鼓励女子学习这些学科居心叵测，男人这样做或许是为了更好地控制女人。”[①]

蒙田对女子的歧视达到极致，他甚至否认女子心灵和情感的积极 110
品质。在谈及他的养女古内（Gournay）小姐的时候，他竟然说道：“最神圣、最完美的感情是不表露任何性别痕迹的。”

结语：尽管蒙田的教育思想存在一些严重的缺陷和不足，但总体说来，还是值得我们赞扬的。詹森教派信徒、洛克、卢梭在不同程度上都受到蒙田的启发。在蒙田的时代，他的教育思想没有得到人们的认同，只有他的学生沙朗（Chrron）在《智慧》（*Wisdom*）[②] 一书中对蒙田在《随笔集》中零星散落的教育思想进行了梳理。如果说蒙田的教育思想没有对他自己生活的时代产生影响的话，那至少在三个世纪之后蒙田成了智育问题的权威导师。

121. 分析性总结

（1）文艺复兴时期教育的首要特征是，人们对中世纪时期教育的缺点和错误进行了全面改革。

（2）文艺复兴时期教育的第二个特征是，各种偏颇、极端的教育理念和教学方法走向让步与调和。

（3）反对完全基于权威的教育模式，而注重自由探究式教育。

（4）反对片面的专业技术教育，而主张全面的自由教育。

（5）教育不再完全局限于道德教育和宗教教育，开始向世俗化 111
发展。

（6）以书本为主和灌输间接知识的说教式、形式化教育逐渐被以自然事物为主和传授直接知识的通俗的直觉教育所取代。

（7）教育的概念发生变化，教育不再是一个生产过程，而是一个

---

① 蒙田：《随笔集》，第 3 卷，第 3 章。

② 尤其参见蒙田：《随笔集》，第 3 卷，第 14 章。

成长过程。

（8）教育目的不再是灌输知识，而是培养和训练人才。

（9）严厉残酷的纪律被一种相对来说较为温和的、人性化的纪律所取代；粗鲁野蛮的惩罚行为也被更加文明的行为规范所取代。

第六章　新教主义与初等教育——马丁·路德和夸美纽斯

122. 初等教育的起源 112

随着拉萨尔（La Salle）和基督教学校兄弟会（the Brethren of Christian Schools）的教育机构的建立，教育史学家逐渐看到天主教初等教育的起源。法国大革命时期的法律法令孕育了初等教育基本理念的起源，但是，第一所大众学校的建立要归功于新教改革家——16世纪的马丁·路德（Martin Luther）和17世纪的夸美纽斯(Comenius)。新教改革是初等学校之母，而法国大革命则是初等学校的摇篮。 113

123. 新教改革精神

初等教育的发展是新教改革的必然结果。就像格雷亚尔(Michelle Breal)[1] 所说的："为了让人们能够对自己的信仰负责，并且把信仰的根源归结于《圣经》，宗教改革就有义务让每个人都能通过阅读和理解《圣经》实现自我救赎。……对于老师来说，解释教义问答书并进行评论，意味着他有义务学会如何解释一种思想，并把它分解为几个因素。学习母语和唱歌与阅读《圣经》（马丁·路德将《圣经》翻译为德语）和举行宗教仪式密切相关。"因此，宗教改革从根本上孕育着教育全面改革的基因。宗教利益与教育密切相关，知识与信仰融为一体，教育为宗教服务并做出贡献。这就是为何新教国家在长达三个世纪中持续关注初等教育中的人文因素的原因。

---

[1] 格雷亚尔（1832—1915），法国语言学家、教育家。——译者注

124. 加尔文、梅兰希顿、慈温利

然而，并不是所有的新教改革家都对初等教育满腔热情。加尔文（Calvin，1509—1564）专注于宗教斗争和辩论术，直到晚年才开始关注学校的组织形式。1559 年，他在日内瓦建立的学院也只不过是学习拉丁文的学校。梅兰希顿（Melanchton，1497—1560）被称为“德国的老师”，他更致力于高等教育而不是普通民众的教育。他首先是一位人文学科老师。他很苦恼地发现，他在威登堡大学开设的课程在讲授古希腊雄辩家狄摩西尼（Demosthenes）① 的《奥林斯阿克斯》
114 （*Olynthiacs*）的时候遭到学生的厌弃。先于加尔文和梅兰希顿的瑞士改革家慈温利（Zwingli，1484—1532）在初等教育方面表现出极大的热情，他著有《论用基督教方式培养和教育男孩的策略》（*Upon the manner of instructing and bringing up boys in a Christian way*，1521）一书。他建议孩子们学习自然历史和算术，此外还要练习击剑术，目的是为国家及时培养守护者。

125. 马丁·路德

在所有的宗教改革家中，德国改革家马丁·路德（1483—1546）对初等教育事业表现出极大的激情，做出最为重大的贡献。他不仅强烈呼吁统治阶级为劳动大众建立学校，还推动教学方法的进步。教育的基本精神依据新教主义理论进行了革新。“自发的情感、自由的思考和探索是新教改革的基本思想。在新教思想主导的地方，重复记忆、死记硬背、不加反思、服从权威的机械主义教学方法和压迫心智、导致心智麻木的说教式教育逐渐消退，科学被置于宗教信条的保护伞之下。”②

126.《致德国市长和市政官员书》

1524 年，马丁·路德针对德国公共当局起草了一份特殊文件：

---

① 狄摩西尼（？—前 413），古代雅典将军。——译者注

② 迪特斯：《教育和教学的历史》，第 127 页。

《致德国市长和市政官员书》（*Appeal Addressed to the Magistrates and Legislators of Germany*），并对当时教育日渐衰退的状况表达了自己的强烈不满。这份上诉表现出这样的特征：这位伟大的宗教改革家认同教堂是学校之母，但他似乎又特别注重世俗的力量，强调利用人们的力量实现人人受教育的最终目标。他说："每个城市每年都会支出大量经费修建道路、加固城墙、购买武器、装备战士。为什么我 115
们不能支出同等经费去维持一两所学校呢？一个城市的繁荣，不仅仅取决于它的自然财富、城墙的坚固、建筑物的优美以及军队武器的充足。城市的安定和强大更重要的是取决于良好的教育。只有良好的教育，才能为城市培养有知识、有理性、有荣誉感和有良好素养的公民。"①

127. 教育的双重作用

马丁·路德的杰出贡献在于，他作为教育的倡导者并没有仅仅站在宗教立场上看待教育作用。起初，他建议把学校作为教会的附属机构；之后，他又从人自身需要的角度为教育做了坚决的辩护。他说："即使世界上不存在灵魂、天堂和地狱，正如古希腊和古罗马的历史所告诉我们的，我们依然有必要开设学校，因为这个世界需要受过教育的男人和女人，男人要适当地管理国家，女人要适当地培育子女、管理家庭和指导各种家庭事务。"

128. 公共教育的必要性

有一种观点认为："对于儿童来说，家庭教育已经足够，因此没有必要开设学校。"对此，马丁·路德表示反对："对这种观点，我的回应是，我们很清楚地看到待在家里的男女孩子是怎样接受教育的。" 116

---

① 马丁·路德对义务教育的观点不容忽视："我认为，国家必须强迫民众送孩子去上学。……如果国家能够强迫体格健全的民众持枪拿刀、从军服役、保卫边疆，那么，国家或许有更好的理由，应该强迫它的民众送孩子上学受教育，因为教育是一场与魔鬼作战的更加险恶的斗争。"——佩恩注

然后，他指出，这些孩子既无知又“愚蠢”，没有与人交谈的能力，不能给人提出良好的建议，又缺乏生活经验。然而，如果他们在学校接受教育的话，老师就可以教他们学习语言、艺术和历史。他们可以像一面镜子一样，很快吸收世界自产生以来的所有经验；对世界历史经验的认识，可以使他们具有智慧，并帮助他们实现自我指导和指导他人。

129. 对当时公共学校的批评

但是，既然已经存在公共学校，难道这些学校的状况还不如人愿吗？马丁·路德的回答是：是的。因为很多父母根本不重视送自己的孩子到公共学校学习，即使在公共学校上学的孩子也没有得到有用的教育。他说：“我们发现，有些人用奇怪的方式侍奉上帝。他们节食、穿粗糙的衣服，但却对家庭中真正神圣的侍奉漠然无视——他们不知道怎么培养自己的孩子。……相信我，关爱子女并为他们提供适当的教育远远比节食禁欲、膜拜外国教堂、肃然起誓等更有必要。……所有的民族——尤其是犹太族——都比基督教信徒更乐意让子女上学受教育……每天都有孩子出生和成长，但不幸的是没有人关心这些可怜的孩子，没有人想过要教育他们；孩子们被放任自流。一个年轻人学
117 习 20 多年，仅仅学会够用的蹩脚拉丁文让他当上牧师、去做弥撒，这种事情难道不可悲吗？而且，能够当上牧师的人也算是相当幸运了！能生出这样孩子的母亲也相当幸福了！而这个可怜的孩子一生都只能是个没有文化教养的人。我们到处能看到这种老师，他们自己一无所知，也教不了学生有用的知识；他们甚至都不知道应该怎么学习和怎么教书。现在，高级学校和教会学校除了教孩子们变成傻瓜和笨蛋外，还能教给他们点什么呢？……”

130. 组建新型学校

马丁·路德下定决心组建新型学校。他把维持学校运行的经费交给公共财政部门负责，并且劝导父母们应该承担让孩子接受教育的义务，这不仅是父母的道德责任，而且也是公民的义务。最后，他对教

师的选择方式表达自己的想法。“既然各个地方都存在师资匮乏的弊端，我们绝对不能守株待兔，等老师自己前来。我们必须承担起教育和培养师资的任务。”为了实现这一目的，马丁·路德把资质最好的男生和女生留在学校里接受更长时间的教育，对他们进行特殊的培训，为他们开放图书馆。他的教育思想从来没有对男老师和女老师区别对待。他既要求男性也要求女子接受教育。只是为了不增加父母的负担，孩子要照常做日常家务。因此，他要求学校尽量布置少量家庭作业。“你问我：孩子不在我们身边而是在学校里成长为绅士，这可能吗？难道孩子没有必要在家里干活吗？我的回答是：把孩子放在学
校里一待就是 20 年、30 年，让他们在学校里除了学习多纳图斯 118
(Donatus) 和亚历山大[1]外什么都不学，这种做法我无论如何都不能赞同。一个新世界迎来黎明，在这新世界里一切都会不同。我们的观点是，必须让男孩每天去学校上学 1～2 个小时，然后剩下的时间让他们回家学习手艺。我们希望这两个任务可以同步进行、互不排斥。现在的小孩平日在街道上乱跑、逃课旷课、打球的时间肯定不止一两个小时。女孩同样也可以在不妨碍做家务的情况下每天去学校一两个小时，她们平时睡懒觉、跳舞所浪费的时间肯定也超过上学时间。”

131. 课程计划

马丁·路德把宗教教育放在首位，“让每个基督教徒都能在 9 到 10 岁之间学习《福音书》(*Gospel*)，这难道有什么不合理吗？”

其次是语言，不过不是人们所希望的母语，而是拉丁语、希腊语和希伯来语这些古老的语言。马丁·路德还没有完全摆脱旧思想的束缚，没有认识到民众使用的语言才是普及教育的基础。初等学校最终从拉丁语学校中分离出来，但这一光荣任务是由夸美纽斯完成的。然

---

① 关于文法和哲学论文的各自名称。多纳图斯和亚历山大分别是文法著作和哲学著作的作者。多纳图斯是一位有名的文法学家和雄辩家，公元 4 世纪中期在罗马当老师。亚历山大是古希腊著名的评论家，他专门评论亚里士多德的文章，公元 2 世纪末 3 世纪初在雅典当哲学老师。——佩恩注

而，马丁·路德为语言教学提出了良好的建议。他指出，语言教学必须在具体的现实世界中而不是在抽象的文法规则中进行。

马丁·路德还建议学习数学和自然，但是，他更偏爱历史和历史
119 学家，他称历史学家为“最好的人和最好的老师”，但前提是他们不
篡改历史事实，“不让上帝创造的世界晦涩难懂”。

对中世纪的人文经典教育，马丁·路德没有做过多的评论。他公正地评价了雄辩术，认为雄辩不等同于真知，只不过是“让我们认识到自己掌握了表达知识的一种工具”而已。

马丁·路德的课程计划没有忽视体育运动，然而，音乐和唱歌却受到特别重视。“如果一位老师不会唱歌，那么，我不认为他是一位有用的老师。”他又说：“音乐在一定程度上也是一种训练，可以使学生变得更宽容、更和善。”

132. 教学方法的进步

在扩展学校课程的同时，马丁·路德还引进新的教学法理念。他希望学校里有更多的自由和欢乐。

他说：“所罗门是真正一流的教师。他不像那些修道士们禁止青年人在世间享乐。安塞姆也指出：‘不在社会中成长的年轻人，就像是在花盆里成长的树苗。’修道士把青年人像小鸟一样囚禁在笼子里。这样，让年轻人与世隔绝是危险的。相反，我们必须让年轻人听到、看到、学到各种事物，与此同时也让他们有机会观察到各种道德规范和约束。愉快和娱乐对于孩子们来说就像食物和水一样重要。然而，学校到现在为止还是可怕的监牢和地狱，而老师就是残酷的暴君。……一个被虐待和恐吓的孩子往往做什么事都没有决心和胆量。在父母面前就打哆嗦的孩子，即使听到风吹落叶的声音也会吓得打哆嗦，一辈子都这么胆小如鼠。”

120 上面的引文，足以让我们领略到马丁·路德自由豁达的精神风度以及他作为一位教育家的思想广度。他高度赞美教师职业，并说教师是世界上最高尚、最具价值、最好的职业；但是，把教师与牧师相比，他又说：“我不知道这两个职业哪个更好。”

然而，我们不可以断然推测马丁·路德对他那个时代的教育状况产生了决定性影响。那时他建立过几所书写学校，但 1618 年爆发的“三十年战争”和其他事件阻碍了他领导的教育革新运动。

133. 奥尔良议会

当德国在马丁·路德的领导下开始兴建初等学校的时候，法国还处于落后状态。然而，我们注意到 1560 年奥尔良议会所表达的教育愿望：

“恳请国王恩准将捐助教堂的一部分资金用以扶持各个城市和村庄中的老师和有学问的人，解决国家刻不容缓的青少年教育问题。父母必须让孩子上学，违令者要缴纳一定数额的罚金，地方行政官员和乡绅要发挥监督作用，保障法律得以贯彻执行。”

此外，议会还要求公共讲座要使用母语。新教上层人士提出的这些要求，虽然充满热忱的民主精神，但是，在 16 世纪的法国却难以贯彻实施。随着新教的衰败，初等教育事业在法国也长期处于低落状态。17 世纪和 18 世纪的法国上层社会不再关心有关民众教育的请愿， 121
狄德罗对此做了中肯评价：“上层社会抱怨那些会读书识字的农夫，或许他们真正抱怨和担忧的是，读书识字的农夫比目不识丁的农夫更难统治。”

134. 拉特克

17 世纪前半期，德国人拉特克（Ratich，1571—1635）和“奴隶”出身的夸美纽斯在教育领域做出了不同的贡献，他们都是马丁·路德教育思想的继承者。

通过类似吹嘘和鼓动等举措，拉特克毕生致力于宣传新的教育艺术，他称之为“教学论”（didactics），并且他的教学论还大放异彩。他宣称，使用他的语言教学方法来教希伯来语、希腊语和拉丁语，6 个月就足以学成。然而，我们还是能从他的怪诞行为和崇高诺言中得出一些具有实践价值的思想。拉特克的第一个贡献，就是把母语教育即德语放在其他古典语言教育之前。奎克（R. H. Quick）[1] 在他的《教育改革家文集》（*Essays on Educational Reformers*，1874）中对拉特克教育思想的基本理论进行了概括总结：

（1）教育应该按照时间和顺序，遵循自然方法，从易到难进行。

（2）一次只能学习一种知识。“不可以用一个锅同时熬粥、炖肉、烧鱼、热牛奶、炒青菜。”

（3）一个知识点应该不厌其烦地多次重复讲解。

（4）通过不厌其烦的重复讲解，学生就不用死记硬背了。

（5）全部教科书应该遵循统一的教学计划。

（6）教育应该坚持从整体到部分、从一般到特殊。

122 （7）普遍采用归纳法和实验法开展教学。拉特克在这一条中特别强调的是，我们必须杜绝唯一的权威现象和从古典中寻找证据的做法，必须发挥学生个人的推理能力。

（8）最后，教学过程不应该有任何威胁和强迫。用教鞭强制学生学习是违反自然天性的，只会让学生更加厌恶学习。人类有智慧在自娱自乐中学会应该学习的知识。

拉特克的这些理论并不完全正确，还有待完善；而且，他似乎并不知道如何把这些理论转化成教育成果。把新的教育精神运用于教育实践的光荣任务被留给了夸美纽斯。

135. 夸美纽斯

夸美纽斯（Comunius，1592—1671）的成就，最初在很长时期里并没有被人们所发现和认识，但最终还是赢得人们的尊敬。米歇莱特（Michelet）[2] 曾满怀热情地称夸美纽斯为“世上罕见的天才，和善、博学和著作丰富的学者”[3]。米歇莱特还称他为现代教育的第一个福音

---

① 奎克，英国教育史学家。——译者注

② 米歇莱特（1798—1874），法国最早的、最伟大的民族主义和浪漫主义历史学家之一。——译者拄

③ 米歇莱特（Michelet）：《我们的后代》（*Nos Fils*），第 175 页。

传播者，裴斯泰洛齐则位居第二。这样的赞美是值得认可的。夸美纽斯的性情可以与他的才智相媲美。他历经艰辛，毕生致力于大众教育事业。他以慷慨激昂的热情投身于儿童教育。他著有20本著作，并曾任教于20个城市。此外，他是第一个对初等教育做了明确定义的人。大约在300年前，他就坚定地提出分年级教学的理念。他还为教育学明确界定了几条基本规则。他凭借惊人的远见把现代逻辑学应用于教育。最后，我们可以说，就像米歇莱特所说的一样，夸美纽斯是现代教育领域的伽利略（Galileo）或培根（Bacon）。

136. 来自培根的启发 123

从本质上来说，教育的特殊目的与科学的一般目的是相互联系的。科学所取得的所有进步，在教育方面都会产生相应的作用。当一个创新者发现的真理改变世界规则时，而另一个创新者也会相应变革教育规律。一种新的逻辑必然会对应一种新的教育理念。

17世纪初期，培根为科学研究开辟了新路径。在他的《新工具》（*Novum Organum*）一书中，他用具体的现实研究和对生动活泼的大自然观察取代三段论的抽象思维、假定前提和空洞话语。机械式的演绎推理被耐心缓慢的事实解释所取代。用一种顺从的思维来分析假定理论或真理的正确与否已经不重要，是否精通三段论推理也不再重要，因为无米碾磨再努力也磨不出面粉。现在更为重要的是，睁大眼睛思索宇宙，用感官知觉、观察试验和归纳推理来洞察宇宙的奥秘，确定宇宙的规律。我们必须从最简单的知识一步一步地向最普遍的真理高峰攀登。最后，要充分发挥沉思的作用，去发现人类智慧不能解释的自然奥秘。

更仔细地看待这个问题，科学领域的改革对于研究的调查观具有重要意义，必定会改变科学的面貌。然而，科学领域的改革也促成了教育革命。培根提出的探索真理的规则，包括心智发展和知识交流等，都促进了教育的改革。科学归纳法成为心灵教育的首要法则。权威提出的抽象原理被抛弃；事实真理通过观察和实验被逐渐感知；自 124

然顺序被虔诚地遵守；从简单到复杂循序渐进的教学思想得到谨慎遵守；真正的知识取代空洞的词语——这些都成为新教育体制的基本特征。换句话说，培根为学者们推荐的探索真理的方法也可以用在学生身上。真理是构成教育的根基。培根的探索真理的方法让学生逐步认识真理、理解真理。①

培根的逻辑理论转变成了教育学原则，正是这一转变或者我们可以称之为的“转化”，成就了夸美纽斯，这也是为何人们称他为“直观方法之父”（the father of the intutive method）的缘故。夸美纽斯从阅读培根的著作中获得精神食粮，因此，他不仅在思想上与培根相似，连修辞和比喻等手法也与培根颇为相似。甚至有一本书的书名为《大教学论》（*Didactica Magna*），很容易让人联想到培根的《伟大的复兴》（*Instauratio Magna*）

125 137. 夸美纽斯的生平活动

要了解夸美纽斯这位伟大的教育家及其在 17 世纪所产生的影响，我们必须先从他的生平经历开始，了解他的不幸以及在欧洲的旅行。他去英国旅行，在那里他帮助英国议会领导学术机构和建立相关教育机构；他去瑞典旅行，在那里奥克森斯蒂恩（Oxenstiern）大臣委任他编写教材；他具有持之以恒的勤奋和游走各国的勇气。作为摩拉维亚兄弟会（Moravian Brethren）少数派异教徒的一个成员，他长期遭受很多迫害；他相继在波希米亚的福尔内克、波兰的黎撒和帕塔克等地建立学校。这里没有足够的篇幅介绍他一生中的辉煌和不幸，他的

---

① 这或许是教育史上首次出现“学习应该是发现或再发现的过程”这一理念。孔狄亚克（1715—1780）在他的《文法》（*Grammaire*）一书中介绍了有关观念。而斯宾塞在他的《教育论》一书中也把这一理念列入教学法基本原理。如果这一理念能够被完全实践的话——幸运的是不可能完全实践——人类知识恐怕就不会取得进步了。贝恩（Bain）对这一理论做了这样的评价：“这一大胆的设想有时被认为是常规教学法，但是，我更倾向于认为这一理论是偏激的做法，只能在特殊情况下使用。”——佩恩注

人生或许还会让我们想起另外一位著名人物——裴斯泰洛齐的一生。[①]

138. 夸美纽斯的主要著作

夸美纽斯有大量著作是用拉丁文、德文和捷克文写成的，但其中只有少数得到了教育家的重视。在一些著作中，他充分地进行哲学和神学的探索与思考，并热情地发现了他所说的泛智主义(Pansophia)，即智慧或普遍知识。在夸美纽斯出版的庞杂的著作中， 126
我们注意到至少有三本著作代表着他的教育学基本理论以及相应的教育教学方法：

(1)《大教学论》(捷克文著作，写于1630年，1640年用拉丁文重写)。

在这本书中，夸美纽斯提出他对教育理论和一般原理以及对现实学校组织的独特观点。遗憾的是，该书还没有法文译本，它完全可以与洛克的《教育漫话》和卢梭的《爱弥儿》相媲美。[②]

(2)《语言入门》(*The Janua Linguarum Reserata*, *The Gate of Tongues unlocked*, 1631)。

夸美纽斯提出学习语言的新方法。在这一点上，他受宗教偏见的误导，想把拉丁语作家从学校教育中驱除出去。夸美纽斯说："这是为了以真正的基督教精神对学校教育进行改革。"他不喜欢拉丁语作家的另一个原因，那就是拉丁文太难懂，让学生学习拉丁文著作就像

---

① 也许很多人并不知道，夸美纽斯曾经被推选为哈佛学院(Harvard College)的院长。下面这句话引自科顿·马瑟(Cotton Mather)的《*Magnalia*》(第2卷，第14页)："那个勇敢的老人——夸美纽斯美名远扬，用三种语言都不能歌颂完他的功德(每种语言都承恩于他的《语言入门》一书)。他在周游低地国家时欣然接受了我们温斯洛普(Winthrop)先生的邀请，来到新英格兰地区，以校长的身份启发了这个学院和这个国家(这个校长职位现在还是空缺的)。但是，瑞典大使的请求使夸美纽斯转向另一条路，即这个举世无双的摩拉维亚人，而没有成为美国人。"这是在邓斯特(Duster)校长1654年辞职仪式上说的。——佩恩注

② 对夸美纽斯及其著作最为完整的记述是劳里(S. S. Laurie)撰著的《约翰·阿莫斯·夸美纽斯》(*John Amos Comenius*)一书(波士顿，1885年)。这本书对哲学和教育史学做出了不可估量的贡献。——佩恩注

把一艘只能在湖面上漂流的小船放到浩瀚的大海中一样。他收集一些名言警句，编排成数百章。这些名言警句大约有一千句，开始部分非常简单，后面越来越长，难度逐步增加；每段句子大约有 2 000 个词，大部分是从最普遍、最有用的著作中节选的。此外，《语言入门》一书有 100 章，按照顺序依次教孩子宇宙的各种知识——各种物质、金属、动物、身体器官、艺术、技术等等。换句话说，这本书是教育孩
127 子知道关于自然宇宙的一切必要知识的术语表。除去书中的拉丁文段落，这本书就是第一本阅读手册。它有缺陷是必然的，但它在启发儿童智力、传授知识方面所作的努力和取得的成就值得认可。

(3)《世界图解》(*The Illustrated World of Sensible Objects*，1658)。

这是夸美纽斯著作中最广为人知的一本书。书中有实物的插画，可以向学生展示他们听到和学会的名词所指代的实物。这本书是对直观教学法的首次实践，取得卓越成就，并成为其后三个世纪中学校所采用的众多插图书籍的范本。

139. 教育的四个阶段

受历史时代的局限，我们肯定不能要求一个 17 世纪的人完全抛弃拉丁文教育。夸美纽斯同样高度赞扬拉丁文经典，但是，他至少把拉丁文教育放在一个较为明智正当的位置，没有像马丁·路德那样把它与初等教育混淆起来。

没有什么比夸美纽斯所提出的学校系统的组织方式更明确和精准了。我们可以从中发现在过去三个世纪中教育实践所积累的经验，即把学校分为以下四个阶段——母育学校、小学、中学、学院。

教育体系的第一个阶段是母育学校（maternal school)，夸美纽斯将其比喻为“母亲的膝盖”。母亲是孩子的第一位老师。孩子 6 岁之前都是在母亲的教育下成长的，孩子在母亲的启发教育下逐渐接触一些知识，为小学教育做好准备。

128 第二个阶段是公立小学（elementary public school)。所有的男孩和女孩在 6 岁时升入小学，12 岁时结束小学教育。小学教育的特点是老师用母语讲课，这就是为什么夸美纽斯称之为“普通”（common)

学校，“本族语”（vernacula）学校是罗马人给当地人的语言起的一个名称。

第三个阶段是拉丁语学校（latin school）或体操学校（gymnasium）。12 岁到 18 岁的学生进入这类学校接受更完整的教育，这也就是现在我们所说的中等教育。

最后，第四个阶段是学院（academies），为 18 岁到 24 岁年龄段的青年学生开设。

学生或许可以凭借自己的能力一步一步完成四个阶段的教育；但是，在夸美纽斯看来，小学教育应该能够为学生提供一种完整的一般教育，学生小学毕业后并不一定要进入拉丁语学校继续更高等级的学习。

夸美纽斯说：“我们所追求的小学教育是普通教育，即把人类的一切知识教给一切人。……民众学校的教育目标就是让所有的男女孩子在 10 岁到 12 或 13 岁之间学会对他们一生都有用的知识。”

如此定义小学的目标值得我们赞赏。还有一件值得我们赞赏的事情，那就是夸美纽斯在每一个村庄中都建立一所小学：

“每一个家庭都应该有一个母育学校，每一个地区都应该有一所小学，每一个城市都应该有一所体操学校，每一个国家甚至每一个省份都应该有一所学院。”

140. 所有学科的基础导入 129

夸美纽斯这位伟大的斯拉夫教育家的最为新颖独特的观念就是，儿童从小在生活中就应该开始慢慢接触他今后将要学习的学科的一些基本概念。从摇篮时期开始，母亲就要引导孩子的目光去观察四周的各种事物。这样，通过训练孩子的感官知觉，孩子的反应和思考能力就能逐渐得到发展。“因此，从一开始学会说话，孩子就逐渐认识到自己，并且通过日常经验慢慢学会一些一般的和抽象的表达方式。他逐步开始理解‘有时’、‘没有’、‘因此’、‘否则’、‘哪里’、‘相似’、‘不同’等词语的意思；这些词语所表达的一般概念和分类不就是形而上学的基础吗？在物理学方面，孩子们可以先认识水、大地、空气、火、雨、雪等，以及身体各部分器官，至少外在器官的名称和功能。他学习光学的第一课就是学会区分光明和黑暗，识别各种颜色。在星象学方面，让孩子观察太阳、月亮、星辰这些天体每天的升起和降落。在地理学方面，根据他所居住的环境，让他认识山脉、山谷、平原、河流、村落、房屋、城市等。在编年学方面，让他掌握小时、天、星期、年、春夏秋冬四季、前天、昨天、明天、后天等概念。在历史学方面，随着他年龄的增长，让他回想以前发生的事情，描述过去的事件，并让他注意描述某人在事件中发挥的作用。数学、几何、统计、机械等学科对孩子来说也不能完全陌生，他可以通过很多方式
130 获得这些学科的基本概念，例如，学会区分大小多少，学会数数，并知道 3 大于 2、3 加 1 等于 4；掌握‘大小’、‘长短’、‘宽窄’、‘轻重’等词语的概念；学会画线段、曲线和圆圈等；观察尺子度量货物，或者磅秤称货物；让他搭建一个东西，或拆分一个东西，这都是孩子们喜欢做的。”

“建造和拆毁的冲动是启蒙儿童智力的主要动力，儿童从中学会为自己做成一件物品；因此，我们不能反对儿童们玩这个，相反，应该鼓励并引导儿童们多玩。”

“文法学习的第一阶段就是学会清晰正确地用母语讲话。通过观察市政大厅里聚集的人群、大臣以及这些人中间的市长，儿童们也可能对政治有些基本认识。”①

141. 民众学校

民众学校（The People's School）分为 6 个班级，为学生做好积极参与社会或深造学习的准备。夸美纽斯不仅要求农民和工人的孩子进民众学校学习，他还要求中产阶级和贵族阶级的孩子也进民众学校学习，之后再进拉丁语学校。换句话说，拉丁语的学习要推迟到孩子

① 参见比松的《教育学词典》中的“夸美纽斯”条。

12 岁的时候才开始。[1] 12 岁之前，所有孩子都要接受完整的小学教 131
育，其中包括母语学习、算术、几何、音乐、基本历史知识、自然科学基础知识以及宗教等。近来，中等教育做出了新的改革，要求把拉丁语教育推迟到 6 年级，学校要着力加强 6 年级以下的学生学好其他基础学科——这其实不就是对夸美纽斯教育思想的遥远回应吗？我们还要注意，夸美纽斯的教育计划为小学教育提供了一种完整的百科全书课程，对于小学教育来说已经足够，但总体上要保持在基础性阶段。[2]

当然，夸美纽斯设计的教育计划不存在内容欠缺问题。相反，我们可以说，他的教育计划太宽泛、内容太繁多，这种教育理念更多地体现了一个创新者的初步梦想，缺乏严谨性、可行性和实践性。因此，我们不必惊讶，夸美纽斯为了减轻教师的沉重负担，把学校划分为不同的部门，从学生中挑选最好的学生当助手，在老师的指导下开展教学。

142. 学校的地理位置

一个真正的教育家不仅要关心学校的外在条件和物质设施，而且
还要关心学校管理中的道德伦理。在这方面，夸美纽斯依然值得我们 132
赞扬。他要求学校建立一个娱乐场地，并且校舍要呈现欢乐祥和的气氛。在他之前，维韦斯也谈论过这一问题。

这位西班牙教育家曾这样说："学校应该建立在一个健康的场所，这样学生就不会因为害怕流行性疾病而逃离学校。对于全身心致力于学习文化知识的学生来说，健康是必不可少的条件。学校应该选在远

---

① 在法国中学（Lycées and Colleges）里，年级从高到低，依次名称为："九年级、八年级、七年级、六年级、五年级、四年级、三年级、二年级、修辞、哲学、预备数学、基础数学、高级数学。"拉丁文以前是从低年级就开始的。

② 欧洲公立学校的类型可以用三座金字塔来比喻，第一座最低，第二座居中，第三座最高；然而，美国的公立学校类型可以用一座分为三层的金字塔来比喻。在英国、法国或德国，公立教育是在三个独立的机构中进行的；但在美国，一个学校就能包括三个阶段的学习。——佩恩注

离人群特别是远离噪音的地方，如铁匠铺、石匠铺、机械工厂、车匠铺、纺织厂等地方。但是，学校也不应该选在太愉悦、太有吸引力的地方，免得吸引老师频繁外出散步。”

但是，维韦斯和夸美纽斯这些思想与当时那些负责学校建设的人则很少达成一致。在那个校舍基本不存在的时代，建设者很少认真考虑校舍应该怎么选址和建设。普莱特（Platter）[1] 曾说：“冬天我们睡在教室里，夏天我们睡在外面。”

143. 感官与直觉

夸美纽斯以大师的风范探讨基础学校的一般组织形式，其实他在教学方法方面也有同样杰出的见解。

现代教育家所推崇的观察和感受实物等儿童早期智力启蒙的方法，不过是对 300 年前夸美纽斯教育思想的复制。

夸美纽斯说：“我们为什么不能用生动活泼的自然之书来取代僵死的书本知识呢？……儿童教育不应该是给儿童呆板灌输大量单词、
133 短语、句子及作者的思想；但是，它应该让儿童通过具体事物明白事理。……”

“一切知识的基础在于能够正确地把感官与被感知的实物相关联，这样，事物就能容易得到理解。我认为，这是一切活动的基础，因为只有我们能完全理解我们要做或要说的事情时，我们才能够把事情做好或说好。毋庸置疑，所有的认知最初都是通过感觉而实现的，因此，一切智慧、一切能言善辩的表达和善良谨慎的行为都源于感官训练，让感官能够精确区分各种自然事物的细微差别。这一点非常重要，但却被当今的学校教育所忽视，学习者不能理解事物，因为他们没有适当地把事物与感官和想象相结合。正因为这样，老师传授和学生学习都变得苦不堪言，压力越来越大，但成效却越来越小。……”

“我们必须为学生展示事物本身的样子，而不是事物的影子，让

---

[1] 普莱特（1499—1582），16 世纪瑞士的教师。——译者注

学生用感官和想象深刻体会事物。教育应该从认真观察事物开始，而不是从口头描述事物开始。”

我们看到，夸美纽斯接受了培根的学说，甚至接受了他颇为极端的感觉经验主义。夸美纽斯过度关注利用感官进行教育的重要性，以至于忽视了另外一种知识和直觉的来源——内在意识。

144. 文法学习的简化

实验法在教学方面的应用所取得的第一个成果，就是简化文法并
把文法从泛滥的抽象规则中解放出来。夸美纽斯说：“儿童们需要看 134
到实例和事物，而不是抽象的规则。”

在《语言入门》一书的序言中，夸美纽斯详细论述了在语言教学中所采用的陈旧教学方法的缺点。

“显而易见，教授语言的真正恰当的方法至今还没有在学校中得到认可。大多数学习语言的人在学习词语的过程中变得苍老，单是学习拉丁语他们就要花费十多年的时间。其实，一些人一生都耗费在学习语言上，但成绩却来得缓慢又微小，与所作的努力根本不成比例。”① 夸美纽斯主张通过语言使用和阅读，并废除泛滥的文法规则。文法规则只能在帮助语言应用的正确性上发挥促进作用。因此，学生可以通过说话和阅读的方式学习语言，阅读的书籍可以是像《世界图解》这样的插图书，学生可以从书本中发现构成语言的所有词汇以及构成句法的具体实例。

145. 语言训练与实践的必要性

夸美纽斯语言教学新方法的另一个重要方面是对练习的重视。他说：“工匠最明白练习的重要性。没有工匠会给他的学徒上行业理论课。学徒只是在一边看师傅怎么做，等他手里操起工具时：正是在打

① 这一段话引自《语言入门》，这本书有拉丁文、德文和法文三种版本。其中，法文本出版于 1643 年。本书中引用这本书的引言都是引自原版。

铁的过程中才成为铁匠的。”①

135 机械记忆并背诵课文不再重要，学生必须逐渐适应行动、创造性工作和个人努力。

146. 夸美纽斯著作的基本特性

夸美纽斯为我们带来了丰富的新观念。我们认为的许多最新的教育方法其实早就被夸美纽斯所想到。例如，在《世界图解》一书的开始有一个字母表，每个字母对应一种动物的叫声或小孩所熟悉的声音。这不就是近年来所流行的语音课程的精髓吗?② 但是，夸美纽斯产生的更为重大的影响不仅在于他的实践教育学的新发现，而且更在于他的著作中所蕴含的一般启发意义。他认为，教育要以心理为根基，人的各种官能要按照自然顺序依次发展。首先是感官、记忆、想象，其次是判断和推理。他还很重视体育锻炼、技术和实践的教育。他没有忘记他所说的“人文学校”（studios of hummanity）的小学教育，其目标不仅是培养身体强壮、技术精湛的工匠，而且是培养有美德、有宗教信仰的人，有原则性和正义感的人。如果说夸美纽斯从神学跨步到教育学，并时常允许自己发表一些毫无艺术美感的神秘主义言论，他至少没有忘记现实意义以及人们当时的现实生活条件。他说：“儿童只需要学习对今生或来世有用的知识。”最后，夸美纽斯并
136 没有深入钻研学校管理的细节，他的视线停留在更高的地方——为人性的重生而奋斗！就像莱布尼兹（Leibnitz）③ 一样，他自由自在地说：“给我几年的时间来指导教育，我保证能改变世界！”

---

① 这种说法容易产生谬误。学习历史、地理与学习木匠这种手艺之间有什么类比关系呢？难道我们应该用同一种计划来培养物理学家和铁匠吗？在任何情况下，知识都应该先于实践；文科知识的最佳学习方法是掌握与之相关的其他学科知识。

② 这种语音教学法主要在于列出了人类发音的33个音素及其对应的发音手势，耳朵听到的发音对应着词语的概念，而眼睛看到的手势也对应着相同的概念。格鲁斯林（Grosselin）——佩恩注

③ 莱布尼兹（1646—1716），德国自然科学家、哲学家。——译者注

147. 分析性总结

(1) 顺应人类在思想、宗教、政治、科学领域的重大变化，教育领域在教育目标和教学方法方面也相应发生重大变化。

(2) 宗教改革破除了宗教权威，培根哲学思想破除了科学领域的权威。这两者的结合对教育产生着重大影响：权威、信条、知识开始臣服于个人理性、实验和观察。

(3) 宗教改革让每个人都相信在自我救赎的同时，也必须学习读书和识字，这促使教育的普及与发展。学校数量大量增加，老师越来越多，并且学校对老师的要求也越来越高。

(4) 无知是一种罪过，无知会对精神世界和现实生活造成持久的危害，这种观点使人们认为强迫受教育也是一项必要的义务。

(5) 从苏格拉底倡导的心灵直觉到培根倡导的感觉经验，教育经
历了从极度依赖反思和推理到极度依赖感官和观察的发展阶段。因 137
此，教育不再相信怀疑，感官判断成为判断真理的标准。

(6) 在当时社会状况下，普及教育的概念促使夸美纽斯萌生了学校分年级教学的思想，这也为所有现代公共教育体系奠定了基础。

第七章　教会教育——耶稣会和詹森派

138 148. 教会办学[①]

在法国大革命之前，也就是在公共教育和国民教育观念被纳入议
会统治者的立法方案之前，教育几乎一直由教会负责。大学本身在某
139 种程度上也依赖于宗教权威。尤其是大型教会自恃独裁教育工作，国
家政府还没有要求对教育行使指导权和统治权。

事实上，最初制定的宗教教规方案几乎没有关于初等教育的规定。唯一的例外是“基督教教义会”（Christian Doctrine），由谦卑的凯撒德布斯（Casar de Bus）牧师于1592年在阿维尼翁[②]创立，其神圣目的是为基督教儿童开展宗教教育。[③] 但是，另一方面，中等教育引发16世纪最大的教育事件，即耶稣会的创立，这个运动一直持续和不断扩张，直到17世纪，其具体表现是耶稣会学院和其他竞争对手的数量持续大量增长。

---

① 正如人们所知的，法国的教会是宗教信徒们的组织，他们聚在一起供奉上帝，发誓用统一的教规指导生活。其中很多教会致力于教育工作，这种教会可以分为两种：一种是经过授权的，另一种是没有经过授权的。例如，拉萨尔（La Salle）建立的“基督教学校兄弟会”（Brethren of the Christian Schools）是经过授权的，而“耶稣会”（Society of Jesus）是没有获得授权的。根据1878年公布的资料显示，法国那时24个男子教会拥有合法的教育权，管理着3096个学校；528个女子教会，管理着16478个学校。此外，还有85个没有经过授权的男子教会和260个没有经过授权的女子教会也致力于教育。——佩恩注

② 阿维尼翁，法国东南部城市。——译者注

③ 后期成立的基督教教义会（Congregation of the Doctrinaries）奠定了中等教育的根基。曼恩·德·比朗（Maine de Biran）、拉罗米格埃（Laromiguiere）和拉卡那尔（Lakanal）都是基督教教义会的学生。

149. 耶稣会和詹森派

在所有致力于教育事业的宗教教会中，尤为突出的是耶稣会（Jesuits）和詹森派（Jansenists）。这两个教会的教规、组织、目标各不相同，但是，最大的不同是两个教会的精神。其实，两者体现了相互对立的两个方面，人性和基督教精神发展的两个对立阶段。对于耶稣会来说，教育被降低到仅仅是对耀眼智力的外在文化的培育；而对于詹森派来说，教育要牢固地发展人的各种具体能力，例如，判断、
推理。在耶稣会学校中，修辞和辩论备受推崇；而在詹森派学校中，140
逻辑和思维训练则备受推崇。圆滑世故的耶稣会信徒能够适应这个时代，对人性的弱点充满同情；而孤独的詹森派则严于律己、严于律人。耶稣会信徒的圆滑和乐观主义使他们几乎成了基督教中的伊壁鸠鲁式享乐主义者；而詹森派的严肃和庄重使他们成了斯多葛式禁欲主义者。17 世纪的两大宗教对手耶稣会和詹森派，直到今天依然各持己见。耶稣会试图努力保存旧式的练习，如拉丁诗歌、强化记忆等；詹森派则效仿改革者，在教授古典文学方面打破陈规旧俗，用更坚实、更完整的教育来取代表面化的高雅训练。

教育机构的成就不能通过其外在的成功来衡量。耶稣会学院在三个世纪中招收了无数的学生；而詹森派学院仅存在不到 20 年时间，在它短暂的生命中最多招收几百个学生。然而，詹森派的教育方法却在其学院的废墟中和老师的传播下存活了下来。尽管耶稣会表面上仍处于统治地位，但实际上詹森派获得最终的胜利，在今天统治着法国的中等教育。

150. 耶稣会的创立

伊格内修斯·罗耀拉（Ignatius Loyola）创立了耶稣会这一神秘主义和世俗主义相融合的组织。他的目的不是建立一种隐居沉思的规
则，而是建立一支真正作战的军队。这支天主教军队有两项职责：一 141
是通过传教来征服新的地区使之信仰基督教，二是通过控制教育来维持旧的地盘。1540 年，在教皇保罗三世（Pope Paul III）的大力扶持

下，耶稣会教区飞速发展。早在16世纪中期，耶稣会在法国建立了几个学院，特别是在比龙、莫里亚克、罗德兹、图尔农和帕米耶等地。1561年，它克服了来自议会、大学和主教的反对势力，在巴黎扎根立足。100年后，耶稣会单单在巴黎市就有多达14 000名学生。1651年，克莱蒙特学院招收了2 000多名学生。在耶稣会学院中，中年级和高年级的学生人数不断增长。到17世纪末期，耶稣会的班级名册中诞生了100多个熠熠生辉的名人，其中包括康迪（Conde）①、卢森堡（Luxemboug）②、弗莱彻（Flechier）③、波舒哀（Bossuet）④、拉蒙农（Lamoignon）、塞吉耶（Seguier）⑤、笛卡儿（Descartes）⑥、高乃依（Corneille）⑦ 和莫里哀（Moliere）⑧ 等。1710年，耶稣会管理620个学院和众多大学。他们成为教育的真正主人，他们对教育的绝对统治权一直持续到18世纪末期。

151. 对耶稣会教育成就的不同评判

伏尔泰曾这样说过那些耶稣会教师：“牧师们只教拉丁语和废话。”但是，从17世纪开始，意见有了分歧，其中既有培根和笛卡儿的赞美之声，也有莱布尼兹的严厉批判之声。伟大的哲学家莱布尼兹曾说
142 过：“在教育方面，耶稣会所做的还停留在中下等水平。”⑨ 与之恰恰

① 康迪（1530—1569），法国将领。——译者注

② 卢森堡（1628—1695），法国国王路易十四最有战功的将领之一。——译者注

③ 弗莱彻（1582—1650），英国诗人。——译者注

④ 波舒哀（1627—1704），法国作家。——译者注

⑤ 塞吉耶（1588—1672），法国国王路易十三和路易十四时代的大法官。——译者注

⑥ 笛卡儿（1596—1650），法国哲学家、物理学家、数学家和生理学家。——译者注

⑦ 高乃依（1606—1684），法国剧作家。——译者注

⑧ 莫里哀（1622—1673），法国喜剧作家、戏剧活动家。——译者注

⑨ 莱布尼兹（Leibnitii）：《文集》（*Opera*），日内瓦，1768年，第6卷，第65页。

相反，培根曾写道："关于青年教育的任何问题，我们必须借鉴耶稣会学校的教育，因为没有人比他们在这方面做得更好。"[①]

152. 权威著作

耶稣会信徒从未写过有关教育原则或教育目标的著作。我们不能要求他们剖析自己对教育的一般观点，或阐释他们自己的教育信念。但是，他们在弥补和完善教育方面还是做出了贡献，他们起草了精准细致的教育课程规则和制度。1559 年罗耀拉创作的《耶稣会章程》(*Constitutions*) 一书详细介绍了耶稣会学院的组织建立情况。[②] 特别是 1599 年出版的《教学大全》(*Ratio Studiorum*) 一书包含一个完整的教学计划，成为之后三个世纪不变的教会教育典范。毋庸置疑，耶稣会时刻准备着向时代精神做出让步，在不放弃自己坚定的目标的同时，对最初制定的规则做出修正和改革。他们的教育精神始终未变，在 1854 年时，教规监管者贝克斯 (Beckx) 依然可以宣称《教学大全》是耶稣会教育的不变章程。

153. 被忽视的初等教育

耶稣会教育政策长期以来的一个突出特点就是：在其发展的整个历史阶段，他们特意忽视并贬低初等教育。他们的拉丁语学院遍布世界各地，他们争取一切机会掌管大学教育机构的设立，但他们却没有建立过一所小学。即使在他们建立的中等学校中，他们也把低年级的 143
班级交给不属于耶稣会的老师管理，而把高年级的班级留给耶稣会的老师。他们对此做出的解释是师资力量的缺乏。然而，我们能轻易相信它吗？答案是不能。事实是，耶稣会信徒缺乏大众教育的渴望和激情。这种渴望和激情必须依赖于良心、理智以及人人平等的信念。然而，耶稣会不相信人类智力，他们仅仅重视统治阶级的贵族教育，并希望掌控贵族。他们想要培养彬彬有礼的绅士和杰出的青年才俊，他

---

① 《培根与科学的发展》(*Bacon de Augmentis Scientiarum*)，第 6 卷，第 4 章。

② 参见《耶稣会章程》(*Constitutions*)，第 4 卷。

们没有培养“人”的概念。在他们眼中，智力教育只不过是国家中某些阶级所享有的特权。智育本身并不一定是好事，有时甚至会变成坏事。在某些人的手中，智力是一种危险的武器。民众的愚昧无知是维护宗教信仰的最好保障，而信仰是最重要的。因此，我们在读到《耶稣会章程》中的这段话时大可不必感到惊讶：

“在社会分工中，负责做家务的人没有必要学习读书写字，已经会读书写字的人也没有必要再学更多东西。只有得到君主的同意，人们才可以接受教育，因为人们只要拥有质朴和谦卑的品性就足够了，侍奉我们的主——耶稣基督不需要更多。”

154. 古典教育：拉丁语和人文主义

耶稣会在教育方面取得的成就只能体现在中等教育方面。教育的基础是拉丁语和希腊语教育。他们的目的是统治古典教育，并利用古
144 典教育宣传天主教信仰。教育的最高理想是培养能用拉丁语写作的学生。这种教育目标造成的直接结果就是作为母语的法语遭到摒弃。《教学大全》一书甚至严禁用法语进行交谈，只有在节日才能使用法语。因此，对拉丁语和希腊语的重视，相应地让作家解读、文法、修辞和诗歌等也受到重视。另外，还要注意的是，耶稣会只给学生提供节选的篇章或删减的书籍进行学习。他们在某种程度上希望从古典书籍中消除那些带有鲜明时代印记的著作。他们节选一些优美的篇章段落和诗歌，但是，他们又对古典作家充满害怕和迟疑，担心学生会从他们的书中学到古人的精神——自然精神。此外，在解释作家的时候，他们更注重语言而不是内容。他们引导学生关注精美的语言和修辞效果，而不是文章的思想。总之，语言形式是不带有宗教色彩的，因此，不会有损天主教正教。他们不敢唤醒学生的自我反思、自我判断精神。就像麦考利（Macaulay）① 所说的，耶稣会仿佛找到一个立足点，在这个点上他们可以在避免智力解放的前提下推动智力教育。

① 麦考利（1731—1791），英国女历史学家。——译者注

155. 对历史、哲学和一般学科的蔑视

耶稣会的教育过分关注语言形式，完全致力于精美语言应用技巧的训练和练习，另一方面却完全忽视其他实质性的具体学科。他们的教育计划把历史完全排除在外，老师只有在讲解拉丁语和希腊语课文的时候才会提及一些历史事件，不过是为了帮助学生理解必要的考试内容。没有现代历史，也没有法国历史。一位耶稣会牧师曾说：“学 145
习历史无异于自我毁灭。”对历史的系统性忽略证明了耶稣会教育浮华不实的表面性。贝克斯曾对此有一段十分贴切的描述：

“耶稣会的智力训练不在于了解真正的事物，也不在于吸收不同领域的知识，而仅仅是为了获得优美的语言形式。”

科学和哲学跟历史一样受到忽视。科学教育完全从低年级教育中排除。学生在学习哲学之前，学习的仅仅是古典语言。[①] 而哲学教育自身也缩减为枯燥的学习单词、技巧性辩论以及对亚里士多德的评论。记忆和三段论推理是唯一得到训练的技能；没有事实，没有真正的归纳总结，也没有对自然的认真观察。耶稣会教徒首先反对的就是进步。他们不能宽容地接纳新事物。他们的教育囚禁了人类思想，阻挡了前进的脚步。

156. 纪律

耶稣会对他们的教育机构采取的纪律改革有许多论述。事实上，他们学校中盛行的规章制度比大学多得多。一方面，他们试图愉悦学
生，为囚禁学生的铁牢镀上一层金。戏剧表演、节日游行、游泳、骑 146
马、击剑——他们想出能使学生享受愉悦的校园生活的各种方法。

但是，另一方面，耶稣会犯了一个致命的错误，即把孩子与家庭相分离。他们希望学校对孩子行使完全的管理权。最好的学生就是忘记父母的学生。下面是流传的一个耶稣会学生的故事，这个学生后来成为耶稣会的一员，名字叫斯库图斯（J. B. de Schultaus）：

① 参见本书第 141 节的注释。

“他的母亲去学校看望他，他不跟她握手，也不看她的眼睛。他的母亲感到很惊讶又很伤心，问他为什么对她这么冷漠。他说：‘我不想看你不是因为你是我的母亲，而是因为你是一个女人。’他还补充说：‘这并不是我过于谨慎，女人身上有她在亚当时期犯下的罪恶，因为女人，男人才失去了天堂。’在他的母亲去世时，他没有流露出一丝伤痛，因为他很早之前就把圣母玛利亚（Holy Virgin）认作自己真正的母亲了。”

157. 重视榜样的作用

耶稣会一直把榜样当做纪律的一个基本因素。《教学大全》书中写道：“有必要鼓励学生模仿好榜样的高贵行为。榜样是学习的重要动力。”这一点是耶稣会唯一超越詹森派的地方。詹森派不相信人性，担心榜样的作用会导致自我骄傲；而耶稣会一直都相信学生的自爱品
147 德。《教学大全》一书建立了许多奖励——庄严颁布奖项、十字架、缎带、装饰物、罗马共和国时期的头衔。所有各种奖励方式，其中甚至有十分孩子气的，但都是为了激发孩子的学习热情，激发他们超越别人的斗志。我们还要注意，学生不仅仅因为行为表现良好而受到奖励，如果学生检举了其他同学不好的行为也会受到奖赏。老师负责班级管理，在老师不在的情况下，每个学生都要监管其他同学，学生是老师的小间谍和告密者。这样，如果一个学生因为用法语说话违反纪律，他可能受到惩罚；但是，如果他能指出他的同学在同一天也犯了同样的错误，那么他就可以免于惩罚。

158. 学校纪律

古代培养纪律规范的一个要素就是教鞭。教鞭在学校和家庭教育中都占有重要位置。路易十四正式委任蒙特斯爵士（Duck of Montansier）教育他的儿子。亨利四世（Henry IV）写信给路易十三（Louis XIII）的老师说道：“我对你感到不满，因为你不鞭打我的儿子。我希望并命令你在他每次犯错误或执拗的时候给他一顿鞭打，因为我非常清楚没有比鞭打对他更有益的了。我知道这一点是因为我也有同样的经

历，在我像他这么小的时候，我被打得很厉害。”①

尽管耶稣会有缓和纪律的倾向，但是，他们还是很谨慎，不肯废除甚至在法庭上使用的严惩措施。只是，基督教学校兄弟会遵从拉萨尔的规范，坚持教师亲自惩罚学生；而耶稣会认为教师亲自体罚学生有损教师的尊严，他们把教鞭交给外人行使。学校的纪律委员、仆人 148
或门房负责执行学院中的一切惩罚。尽管《教学大全》一书中建议适度惩罚，但事实证明，并非所有的纪律委员都会手下留情。下面是圣西门（Saint Simon）② 的一段话：

“布弗勒斯（Marquis of Bonfflers）的大儿子14岁，他长相英俊、体格健壮、事事成功、心怀壮志。他与阿根森（d'Argenson）的两个儿子在耶稣会寄宿学校读书。我不知道他们三个人犯了什么错误，牧师想证明他们目无尊长，于是就鞭打那个孩子，因为他一点都不害怕自己的父亲马奎斯（Marquis of Boufllers）。但他们却没有鞭打另外两个孩子，因为这两个孩子的父亲阿根森是警察中尉，他们每天都要向他汇报情况。布弗勒斯的儿子感到非常愤怒，当天就病倒了，4天之后离开人世。人们对耶稣会学校广泛强烈的抗议并没有产生什么影响。”③

159. 耶稣会教育的基本精神

耶稣会信条的基本理论与现代教育理念完全相反。他们道德教育的基础是盲目服从、压抑自由和天性。

“放弃自我愿望比挽救生命更伟大。”“我们必须绝对依从天主教会，如果它说一个东西是黑色的，那么我们就要相信它是黑色的，即使它是白色的。”“我们对上帝的坚强信仰能够赐予我们力量，让我们在没有船的时候，单凭一根木头也能穿越海洋。”“如果上帝交给老师 149

---

① 《致蒙特格雷特夫人的信件》（*Letter to Madame Montglat*），1607年11月14日。

② 圣西门（1760—1825），法国空想社会主义者。——译者注

③ 圣西门（Saint Simon）：《回忆录》（*Memoires*），第9卷，第83页。

一群没有理性的动物，那么老师就应该毫不犹豫地要求他们表现出顺从，这是理性的要求，也是上帝的旨意。”“人们应该遵从上帝的旨意，受制于天命，应该像僵尸一样可以任凭摆出各种姿势，或者像老人手中的拐杖一样可以任凭主人使用。”

耶稣会所理解的智育矫揉造作、浮华不实。这种智育像梦境一般吸引并抚慰着学生的思维，但却不敢唤醒灵魂；关注用词和表达，但相应减少思考的机会；从某种程度上激发智力活动，但往往在强化记忆转化为反思性思考的时候戛然而止。总之，耶稣会的教育方法就是把学生的思维从无知和迟钝中唤醒，但是，又不足以展示人类的完整官能，无法教育学生真正的自我活动。波索特（Bersot）曾这样说：“关于教育，我们发现耶稣会是这样处理的：历史被缩减为事实和表格，而没有事件背后蕴含的道理和对世界的认识，即便仅有的历史事件也因陈述过度而被扭曲事实。哲学被缩减为所谓的经验理论，不必担心学生会对之产生兴趣。自然科目被缩减为娱乐，缺乏探索和自由精神。文学被缩减为对古典作家的释义，最终教会学生一些俏皮的话
150 语。人们对文字有两种完全不同的热情，一种热情塑造伟人，另一种热情塑造顽童。我们发现，耶稣会教育属于后者，他们把文字看做一种娱乐心灵的东西。”

160. 奥拉托利会

奥拉托利会（Oratorians）介于耶稣会和詹森派之间，与前者为敌，与后者为友。它打破了过度机械的教育模式以及罗耀拉极力倡导的肤浅教育。通过一系列愉悦的创新，他们逐渐接近更高雅、更深刻的波特·诺亚尔学校（Port Royal）教育。贝鲁尔（Berulle）于1614年建立辩论学校（The order of oratory），之后大批中等教育学校如雨后春笋般涌现出来，其中包括1638年建成的著名的瑞依利学院（college of Juilly）。耶稣会著名的教育家很少，但是，奥拉托利会中的著名教师却数不胜数，其中包括《科学对话》（*Entretiens sur les Sciences*，1683）的作者托马森神父（Pere Thomassin），他被奥拉托利会称为“卓越的神学家”，并于1681—1690年间发表了一系列关于

语言、哲学和文学教育的方法；此外，还有在奥拉托利会教授修辞学的马斯卡隆（Mascaron）和马西隆（Massillon）以及教授历史的莱科因特神父（Pere Lecointe）和勒龙神父（Pere Lelong）。这些人把对自由的热爱融入到对宗教的热情之中，希望能够为学校教育增添更多的光明和自由氛围。他们重视历史事实和科学真理，努力尝试建立一种既有自由精神又有基督教精神、优雅而又不矫饰、坚固而又不死板、忠于宗教却不过分迷信的教育，这也是开辟现代教育学先河的教育实践之一。

在这里，我们不能详细介绍奥拉托利会教育的各个细节，只能介绍
一下几个重点。奥拉托利会教育的最显著特征就是对真理的无私挚爱。 151

兰美神父（Pere Lamy）曾说过："我们热爱真理，短暂的生命对于追求真理来说是远远不够用的，追求真理其乐无穷。这里一直是热爱文化的家园：知书达理的人还不断追求修身养性。如果我们中间出现一个聪慧的科学奇才，我们就免去他所有的社会职责，让他专攻学术。"①

没有任何教派比奥拉托利会更热爱古典文学了。

"托马森神父在空闲时间只读文学书籍。"然而，法语并没有完全被拉丁语取代。拉丁语直到四年级才成为必修课程，四年级之前的历史课要用法语讲课。历史特别是法国历史，即便在许多大学中也是长时期受到忽视，但在奥拉利托会中却得到高度重视。地理也受到重视，班级教室的墙壁上贴满了各种地图。另一方面，自然科学也受到同等重视。兰美神父绝不会像耶稣会牧师一样，他曾说："我喜欢参观化学家的实验室；在我的学校里，我没有错过一节解剖课，观察人体各重要部分的解剖过程；我认为没有比几何和算术更有用的学科了。"

最后是哲学——笛卡儿哲学是当时奥拉托利会正当盛行的哲学。 152
昂热学院的负责人曾写道："如果说笛卡儿主义是一场瘟疫，那么，我们有两百多人都被感染了。"1673 年，塞维涅夫人（Madama de

① 《关于科学的对话》（*Entretiens sur les Sciences*），第 197 页。

Sevigne）写道："奥拉托利会的牧师被禁止教授笛卡儿哲学，结果很多牧师为反对此项措施丢失了性命。"

奥拉托利会在教育纪律方面也取得了进步。

兰美神父说："除了教鞭，还有很多有效的方法引导孩子去学习，例如，一个安慰、一个威吓、一个奖励、一种羞耻，这些都比教鞭更有效。"

其实，他们并没有废除体罚和教鞭，体罚仍然是《教学大全》的一部分。但是，体罚并不经常使用，多半是由于他们和善宽厚、做事严谨，不想让孩子身心俱疲。

兰美神父又说："学校集体需要一个体系来管理，这个体系要根据学生的习性来引导他们学习，要能够预测到各种惩罚和奖励的结果，进行适当的奖惩。有时候，一个孩子就是很执拗，打死他也不肯屈服。"

"奥拉托利会的教师不用残酷的体罚就能轻松地维护教师的权威，这是因为他们的老师是伴随学生完成全部学习阶段的。"例如，托马森神父曾依次担任文法、修辞、哲学、数学、历史、拉丁语和西班牙语老师。我们不得不承认他对教学工作投入了毕生的精力。但是，这样的普遍性多少有些肤浅，没有为教师和学生提供真正的利益。要知道，伟大的教育学法则在于分工。

153 161. 建立少儿学校

詹森派自成立之日起就十分重视青少年儿童教育。詹森派的创立者圣西拉（Saint Cyran）说："教育在某种意义上是一件必要的事情。……我希望你们知道我的想法，没有比教育儿童更能博得上帝欢心的工作了。"源于对儿童教育的殷切关注和无私奉献，詹森派于 1643 年在波特·诺亚尔建立了少儿学校（Little Schools），之后在巴黎也建立了少儿学校。① 他们仅仅招收少量学生，不是为了便于对学生施加

① 关于波特·诺亚尔少儿学校，见卡雷（Carre）最近的文章，《现代教育学》（*Recue Pedagogique*），1883 年，第 2 期和第 8 期。

影响和统治学生，而是为了更好地做好本分的教育工作。但是，不久发生的宗教迫害却破坏了他们的教育计划。1660 年，波特·诺亚尔学校被占领，耶稣会获得国王命令封闭学校，并遣散教师。波特·诺亚尔学校的老师被追杀、逮捕和处死，只能在回忆录里记载他们短暂的教育实践经历。[①]

162. 波特·诺亚尔学校的教师和书籍

波特·诺亚尔学校的教师有着奇异的命运，他们只有 5 年的教师 154
生涯，但是，他们的著作却成为法国最权威的教育文献资料之一。其中首先是道德家和逻辑学家、《逻辑》（*Logic*）的作者之一尼克尔（Nicole），他曾在少儿学校担任哲学和人文学教师，并于 1670 年发表了名为《王子的教育》（*The Education of a Prince*）的系列教育文章，这本书可以指导各个年级的儿童教育。另外一位是文法家兰斯洛特（Lancelot），著有《方法》（*Methods*）一书，指导拉丁语、希腊语、意大利语和西班牙语的教学。然后是伟大的神学家阿尔诺（Arnauld），他致力于研究《逻辑》和《一般文法》（*General Grammar*），并著有《人文学科教育规范》（*Regulation of Studies in the Humanities*）一书。在提及詹森派这些大名鼎鼎的人物时，我们也要提一下那些不太出名的人物，例如，德萨克（De Sacy）和盖奥特（Guyot），这两位都有大量的翻译著作；古斯特尔（Coustel）的《儿童教育条例》（*Rules for the Education of Children*，1687）；瓦伦特（Varet）的《基督教教育》（*Christian Education*，1688）。最后还有杰奎琳·帕斯卡（Jacqueline Pascal）和他的《儿童生活规则》（*Regimen for Children*，1657）。从上述名单和书目中，我们可以略知波特·诺

① 波特·诺亚尔学校的那些安详而虔诚的学者遭受到了历史上最残酷无情的迫害："房屋被夷为平地，连地基都被挖了起来。花园和道路都被摧毁了。死去的人又被从坟墓里挖了出来。整个学校再也不见昔日的一丁点光辉。"兰斯洛特（Lancelot）：《游览著名的查尔特勒修道院》（*Tour to La Grande Chartreuse*），第 213 页。也可参见《波特·诺亚尔学校衰败记事》（*Narrative of the Demolition of Port Royal*），伦敦，1810 年。——佩恩注

亚尔学校教育活动的一些思想。

163. 法语的学习

一般讲，我们会认同并称赞那些推广母语学习的教育家。在这一方面，波特·诺亚尔学校的隐士们走在了时代的前面。弗勒里大主教说过："我们首先教孩子读拉丁语，因为相比法语来说，说拉丁语更像是念拉丁语。"① 这是一个奇怪的理由，连弗勒里本人都不能说服自己，因为他承认尽早让孩子接触他们能够理解的法语书籍是一种恰当
155 的做法，而波特·诺亚尔学校就是这样做的。詹森派崇尚一丝不苟、明确清晰，这种笛卡儿主义的性情使他们只要求学生学习理解力范围之内的东西。因此，詹森派很快认识到选择晦涩难懂的拉丁语著作作为学生阅读材料的荒谬之处。夸美纽斯曾说："还没学会母语就学习拉丁语，就像还没有学会走路就想骑马一样。"圣伯沃（Saint Beuve）也说过："为了让孩子学习未知世界，我们强迫孩子去学习一个不可知的世界。"詹森派其实并没有用原汁原味的法语著作取代这些不可触摸的古代文字，但至少他们提供给学生优秀的法语译本。法语首次在法国成为备受重视的学科。在学习拉丁语之前，学生们要先学习用法语写作。教师要求学生写一些记叙文和小品文，学生可以回忆以前阅读的一些相关文章，并结合回忆进行写作。

164. 新的拼写体系

詹森派始终关注如何使学习过程变得更加简单，他们改革了当时阅读书写的教学方法。阿尔诺（Arnauld）② 在他的《一般文法》第六章中写道："每一个字母都有自己的发音，而这个字母与别的字母在一起时又有了新的发音，这让阅读变得更加困难。例如，学生要学习"fry"这个音节就要先学习"ef"、"ar"、"y"三个音，这无疑会让他迷糊。因此，最好教孩子们知道每个字母的真正发音，用自然声音给

---

① 弗勒里：《学习的内容与方法》(*Du chotz et de la methode des etudes*)。

② 阿尔诺（1612—1694），法国詹森教派神学家。——译者注

每一个字母命名。”于是，波特·诺亚尔学校提议，“让孩子只学习元
音和双元音，而不用学习辅音，辅音只在元音或双元音相结合的音节 156
和单词中才发音。”

这种语音教学方法被称为“波特·诺亚尔方法”（Port Royal Method）。而且，我们从杰奎琳·帕斯卡的信件中发现这个方法其实最初来自帕斯卡本人。①

165. 自我反思的纪律

詹森派和耶稣会在教育方法上最大的不同之处在于：詹森派的波特·诺亚尔学校致力于培养健全的心智而不是优秀的拉丁语学家。它的教育目的是让学生参与自我判断和自我反思活动。在学生有能力的情况下，让学生尽可能地去思考和理解。课堂上，教师不放过学生不理解的任何词语。老师仅仅要求学生完成那些能够激发智力的学习任务，学生只需要掌握能力范围之内的知识。

波特·诺亚尔学校的文法书是用法语写成的。尼克尔说：“用拉丁语解释拉丁语的文法很荒谬，因为学生还不懂拉丁语。”兰斯洛特在他的《方法》一书中对文法教学进行了简化和缩减：

“我最后终于体会到拉姆斯这句至理名言的真理——‘少学理论，多做练习’。在学生略微了解文法规则的时候，让学生通过练习进一步观察并掌握文法规则。”

波特·诺亚尔学校的文法教师通过诵读古典著作，丰富了枯燥无
味的文法规则理论学习。文法教师在诵读某古典作家的节选段落时， 157
做出适当的口头讲解。这样，具体的文章实例取代了索然无味的文法规则，教师在声情并茂、生动活泼地朗读古典著作的同时，对文法规则进行讲解。篇章段落与文法规则相结合，文法就不会那么枯燥了。这是一个很好的方法，因为它激发了学生活跃的思维，学习过程与思维活动相辅相成，这种方法也遵循了笛卡儿提出的从已知到未知、从简单到复杂的学习规律。

---

① 参见库辛（Cousin）：《杰奎琳·帕斯卡》（*Jaqueline Pascal*），第 202 页。

166. 波特·诺亚尔学校智育的基本精神

毋庸置疑，我们不必幻想波特·诺亚尔学校的隐士对科学有无私的奉献精神。在他们看来，教育只是培养正确判断力的途径。尼克尔说："各种学科只应当被用作形成推理判断能力的一个工具。"历史、文学和各种自然科学自身都没有内在价值。教育只不过要求教师利用这些学科培养公正贤明的人。尼克尔还宣称，完全忽视科学比完全投入科学要更好，过多地学习科学没有多大用处。提到那些研究"土星周围是否有桥梁或拱形建筑支撑"的星相学家和数学家，他说过这样一句话："我宁愿拥有自知之明，也不愿了解那些知识。"

但是，另一方面，詹森派的教育体系完全排除了冗长无趣的背诵记忆练习和浮华不实的想象。波特·诺亚尔学校很少关注拉丁诗歌的学习。古典语言翻译成法语（version）优先于法语翻译成古典语言
158 (theme),① 口头主题阐释优先于书面主题阐释。学生要学会"不被浮华不实的词语所蒙骗，不满足于肤浅的词汇和晦涩的理论层面，努力透过表面认识事物的内在本质"。

167. 尼克尔的教育理论

在《王子的教育》的论文中，尼克尔（Nicole）用格言的形式总结了他的教育体系中一些重要的基本理论。

我们首先看看这句格言，一句真正的教育格言："教育的目的是带领智慧攀越它所能攀越的最高峰。"这句格言是说，每一个儿童，不管其出身贵族还是平民，都可以凭借自己的能力和资质享有受教育的权利。

另外一句格言：我们必须依据学生智力的不断发展，平均分配学习的难度。"最伟大的思想家拥有的智慧也是有局限的，他们的心智中也有黄昏和阴影的区域。而儿童的心智则完全被阴影所占领，他仅

---

① "Version"，由拉丁文或希腊文翻译成法文。"Theme"，由法文翻译成拉丁文或希腊文。——佩恩注

仅能看到几道智慧的光芒。因此，一切都取决于我们如何利用这些智慧的光芒，如何把光线变得越来越多，如何让孩子理解得越来越多。”

从上一句格言我们可以推知，教育首先关注的是感官认知。“儿童的智力往往依赖于感官直觉。我们的教育必须尽可能地重视感官教
育，通过感官（如听和看）逐渐走向思维。”因此，地理成为早年教 159
育的适当学科，前提是地理教科书中有大量的城市插画。如果儿童学习某个国家的历史，那我们一定不能忘了在地图上给学生展示事件发生的地理位置。尼克尔还建议老师给学生展示各种机械、武器、古人服饰的图片以及国王和名人的画像等。

168. 道德悲观主义

人性本恶、人性腐败——詹森派的著作传递给我们的是这种绝望的呼喊。

圣西拉说：“恶魔已经掌控每一个尚未出生的孩子的灵魂。”

他又说：“我们必须为灵魂祈祷，像守护受外敌威胁的城邦一样时刻守护灵魂。恶魔在灵魂之城的外面四处游荡。”

另外一名詹森派信徒说：“孩子一旦获得理智，我们就会发现他们的盲目和软弱。孩子的思维对精神世界是封闭的，他们不能理解精神世界。但是，另一方面，孩子的眼睛会看到邪恶，孩子的感官容易受到各种外在恶俗势力的腐蚀，一种天然的惰性把孩子推向万恶的深渊。”

瓦伦特写道：“你要相信你的孩子完全有可能向邪恶方向发展。他们的性情喜好不受理智的控制，反而被邪恶腐蚀，往邪恶的方向寻欢作乐。”

169. 纪律的作用

人性本恶的信念可能会产生两种相反的结果，并指导人们在实践中走向两个截然相反的方向。人类是堕落的天使，人性遭受邪恶玷
污，罪恶不可救赎。一种人对待人性本恶的态度是威言厉语，另一种 160
人对待人性本恶的态度则是温存怜悯，而波特·诺亚尔学校的隐士们

倾向于后者。他们坚定不移地相信人性本恶的宗教信条，但他们又同样坚定不移地关爱呵护儿童。他们面对学生，对这些可怜的幼小灵魂充满亲切的关爱之情。他们愿意付出任何代价，拯救孩子们的灵魂，使之弃恶从善。

人性本恶的信念在波特·诺亚尔学校还产生了另外一个结果，那就是，增强了教师的工作热情。这种信念激励老师更加勤勉、更加警觉地照料每个青少年儿童，把邪恶的苗头杀死在摇篮中。负责道德教育的人如果太相信人性、太信赖儿童的优良品德和性情，那是十分危险的，因为这样，儿童就会有过度的自由，教师就会“袖手旁观，任其发展”。相反，如果我们对人性怀有疑虑，即便这种疑虑是错误的，那也会产生较好的效果。因为只有认识到孩子们可能遭遇的危险影响，我们才能给予他们更多的关注，给予他们更多的教诲，警告他们远离邪恶。

警觉、耐心、和善——这就是波特·诺亚尔学校纪律的三大法宝。在他们的少儿学校中，几乎没有任何的惩罚措施。“少点责备，多点宽容，多点祈祷”——这是圣西拉提出的三点要求。在这个学生
161 数量相对较少的学校里，学生被勒令遣送回家的威吓就足够维持学校纪律了。实际上，所有行为不端的学生都会被遣送回家，这项举措在付诸实践的时候就形成了一个完善的隔离体系。虔诚的修道士毫无怨言地忍受着原罪必然带来的人性弱点。他们虽然看透了人类灵魂的本质价值，但是，他们依然对儿童充满和善和尊重之情，因为儿童是上帝的创造物，他们从儿童身上看到两条不同的命运轨迹：走向神圣的永生，或走向可怕的炼狱。

170. 波特·诺亚尔学校纪律规范的缺陷

詹森派关于人性本恶的悲观主义信条本身孕育着危险的后果。詹森派过度谨慎严厉，把崇尚庄严肃穆推向了令人厌恶的形式主义。波特·诺亚尔学校禁止学生用“thee”和“thou”[①] 交谈。詹森派修道

① “Thou”，古英语“你”，“Thee”是“Thou”的宾格。——译者注

士不喜欢亲近，在这一方面忠实于《耶稣生平》（*Imitation of Jesus Christ*）书中所写的基督教徒不应该跟任何人进行亲密的交谈。这样一来，孩子们从小就养成了相互尊重的习惯，这种做法有好的一面，但也有不好的一面——孩子们从小被迫装成小绅士，看起来颇为滑稽，同时也会妨碍孩子们之间发展亲密无间的友谊。

詹森派的基本特征是禁欲精神。瓦伦特曾宣称舞会是极不光彩的场合。帕斯卡克制自己享受任何的精神愉悦，他所享有的精神愉悦就是思考几何问题。拉斯洛特拒绝带他的学生康蒂（Conti）王子去剧 162
院看戏。

但是，波特·诺亚尔学校教育一个更为严重的缺点是：由于担心学生会产生利己主义的自爱，詹森派下意识地压制竞争精神。他们认为，人类所表现出来的各种品质和天赋只能归功于上帝，因此不能表扬任何个人。“如果上帝赐予某个孩子较好的资质和天赋，那么，我们必须赞扬上帝并保持沉默。”这种刻意的沉默能够避免学生产生骄傲心理，他们害怕学生骄傲，可是他们就不害怕学生懒惰吗？我们有意识地避免刺激学生产生骄傲心理，学生失去了对奖励和表扬的期待，这导致我们面临一个更大的危险：我们无法克服孩子们的懒惰天性，无法让孩子全力投入到学习中去。波特·诺亚尔学校的好朋友帕斯卡说过：“波特·诺亚尔学校的孩子们感受不到荣誉的激励和对他人的羡慕，他们对待学业漠不关心。”

171. 对波特·诺亚尔学校教育的总体评价

说了这么多，我们还是要对波特·诺亚尔学校的教师充满赞赏之情。尽管他们没有认清某些方面的事实，但是，他们一直表现出了对教育事业的强烈情感和无私奉献精神。宗教信仰的热情和真挚；对人性尊严的强力维护；庄严虔诚的仪式以及内心情感的真实性和至上性；鼓励宗教信仰，又不耽于迷信；对人性充满担忧和疑虑，同时用和善的情感关切引导灵魂从善发展；最重要的是这些基督教徒教师无怨无悔地投身于拯救人类灵魂的事业——这就是波特·诺亚尔学校所规定的教育纪律。但是，我们还必须从教学方法和班级教学管理中发

现詹森派为教育所做出的杰出贡献。少儿学校的教师都是令人称赞的
163 人文主义者，并不像耶稣会教师那样，而是有判断能力的人。在我们看来，他们以一种优美和力量代表了蒙田所设想的智力教育，这种智育是为了给社会生活培养具有健全判断力和正直良心的民众。他们创立了人文主义教育。教育史学家巴尼尔（Barnier）说："波特·诺亚尔学校在使教育变得简单化的同时，又没有完全消除其困难。他们努力增加教学的趣味性，又不让学习成为儿童的游戏玩乐。学生只须记忆那些智力能够理解的知识。……波特·诺亚尔学校为我们提供了有用的教育理念，使我们得到合乎逻辑的结果。"

172. 分析性总结

（1）通过三大宗教教会的教育历史，我们明确了教育在影响人类命运方面所发挥的强大力量。

（2）为了抵制新教教育在大众教育中的扩展，罗耀拉组织了他的天主教狂热信徒大军。这种以道德、宗教和政治权力为目标的竞争在世界各地的基督教国家中展开，与之相随的是大量教育机构的建立。

（3）耶稣会热衷于形式、优雅和纪律，过度应用激励手段；而詹森派持有悲观主义，对人性充满担忧和疑虑，惧怕学生产生骄傲心理。两者各持己见，表现出走向两个极端的倾向，难以实现相互平衡和互补。

第八章　芬乃龙的教育思想

173. 17 世纪教育 164

除了教会教育之外，17 世纪还出现了一些独立的教育家和思想家，他们的著作为我们展现了他们在教育方面的思考和实践经验。在他们中间，大部分是牧师——贵族阶级的教师。在独裁政府统治下的国家里，没有比王子教育更重大的事务了。另外一个群体就是哲学家，他们从一般的人性研究转向特殊的教育理论思考。本书是初等教育史，不可能详细论及各个方面，而只能简单介绍 17 世纪教育史中 165
一些基本理论和重要方法以及这些教育理论和方法为 17 世纪以后的教育改革所奠定的基础。

174. 芬乃龙

芬乃龙（Fenelon，1651—1715）在法国文学中占有重要地位，他在许多方面都表现出过人的天赋，但最为重要、最引人注目的，还是他作为一位教育家所表现出来的才能。芬乃龙创作了法国教育的首部经典之作，许多作者都从他的书中汲取灵感，受到他的教育思想的启发，因此，可以说芬乃龙是新的教育流派之先锋人物。

175. 芬乃龙的教师之路

1680 年，芬乃龙接受了波维利尔伯爵夫妇（Beauvilliers）的要求，创作了众所周知的著作——《论女子教育》（*On the Education of Girls*）。伯爵和伯爵夫人是芬乃龙的贵族朋友，他们不仅需要教育几个儿子，还要教育 8 个女儿。芬乃龙创作《论女子教育》的最初目的不是为了公共教育，而是为了帮助这个小型家庭学校开展子女教育，因此，这本书直到1687年才与公众见面。年轻的芬乃龙神父在1680年的时候只有30岁，但是，他在教育方面已经验颇丰，1678年就负责管理新天主教会学校（Convent of New Catholics）。这个教会机构的目的是使年轻的新教信徒皈依天主教信仰，为了实现这一目的甚至不惜蛮力。我们承认，如果芬乃龙通过别的途径获得教育经验的话，那会更荣耀。可是他执行的任务是宗教狂热主义，他自己也成为宗教武器的辅助和宗教骑兵的帮凶，并且促使《南特敕令》[①] 的废除。我们更希望《论女子教育》一书不会造成家庭中母女分离、夫妇分离、
166 女人遭受囚禁的昏暗场景。如果说芬乃龙最初的教育启示不像我们所期望的那么纯洁，至少该书并没有表现出作者身上具有任何的无情和暴力。相反，《论女子教育》一书体现出作者的温柔和善意，全书不仅有一种愉悦和善的基调，而且始终洋溢着进步的精神。

芬乃龙很快就把书中提出的教育理论应用于教育实践。1689年8月16日，他被选为勃艮第王子[②]（Duke of Bourgogne）的教师，来培养这位未来王位的继承者，而修道院长弗拉瑞（Abbe Flenry）也担任教师以提供协助。1689年到1695年之间，他对王子的教育指导取得惊人的硕果。圣西门这样说道：“王子天生资质欠缺，但在老师的深刻影响下，王子成长为一个全面发展的人，甚至可以说是圣人。”芬乃龙正是基于对王子的教育经验创作了一本又一本的教育著作，例如，《寓言》（*Collection of Fables*）、《死者的对话》（*The Dialogues of the Dead*）、《论上帝的存在》（*The Existence of God*），特别是《忒勒马科斯》（*Telemachus*）[③] 成为法国文学史上的经典著作之一。

事情就像芬乃龙所希望的那样，他的教育活动有了得以实施的机遇。我们可以说，芬乃龙注定投身于教育事业是由他的性情所决定

---

① 1598年，法国国王亨利四世颁布的《南特敕令》给予胡格诺派教徒政治上一定的权利。——译者注

② 路易十四（Louis XIV）的儿子，生于1682年8月6日，死于1712年2月18日。

③ 希腊神话中奥德修斯和珀涅罗珀之子，帮助其父杀死向珀涅罗珀求婚的人。——译者注

的。芬乃龙性情温和，他虽然独身未婚，但依然拥有父爱。优雅的气质、广博的知识、对古典著作的深刻见解、对文法和历史的研究能力，这在他的著作《关于学园的通信》（*Letter to the Academy*）中得到证明。在君主专制独裁的17世纪，芬乃龙对自由无限向往和渴望，这使他成为法国教育的指导者和引领者之一。

176.《论女子教育》的评析 167

芬乃龙的《论女子教育》这本经典著作值得我们从头到尾仔细阅读。简单的分析是不够的，因为我们很难把作者跳跃的思想总结为几个重点。芬乃龙倾向于松弛的语言表达和丰富的思想内涵，他很容易重复讲述，语言缺乏精确性；他时不时回到已经讲述过的思想上面，活跃的思维从来不受严格体系或呆板计划的约束。我们或许可以把这本书的13个章节划分为三个主要部分。第一章和第二章非常重要，这两章对普通女子教育实践中的弊端进行了深刻的剖析。其次是第三章到第八章，对男孩教育应用的一些教育方法和理论进行了陈述，并说明这些方法和理论也应当应用于女孩教育。最后，从第九章到结尾，这部分是对女子的长处和弱势、女子责任和女子教育等相关方面进行的特殊反思。

177. 对修道院教育的批评

在书的开始部分，（正如在另外一篇论文[①]中所说的）芬乃龙表达了他对自由人文教育的偏爱。这种教育应该暴露在整个世界光芒的照耀下，而不是躲藏在修道院的阴影里：

“我的结论是，让你的女儿待在你身边比把她送到最好的修道院都要好……如果修道院管理不善，她会看到备受尊崇的虚荣，而虚荣
是毒害女孩最微妙的毒药。在修道院里，她会听到别人把世界描绘成 168
一个神奇的地方，人们在远处欣赏和观察这个世界，夸大了世间的乐趣，隐瞒世间的失落和哀伤，没有什么比这幅具有欺骗性的浮世图留

① 参见芬乃龙写给一位贵族夫人的“关于她女儿教育的建议”。

给她更危险的印象了……因此，比起世间来，我更害怕世俗的修道院。相反，如果修道院完全皈依宗教热情、严格遵循宗教制度，那么，在那里成长的有地位的女子就会对外面的世界一无所知。离开修道院的女子，就像一个生活在黑暗洞穴中的人一下子回到明晃晃的白天中一样无法适应。没有什么比这种突然的变化、这种突如其来的光明更让人感到晕眩了。”

178. 对女子教育固有偏见的反驳

因此，芬乃龙创作《论女子教育》一书是为了母亲们，而不是为了他所讨厌的修道院。女子注定在家庭生活中扮演重要的角色。“如果男性最特别的伴侣生活，即婚姻生活，变得一团糟的话，那么，他还能从哪里祈求生活的甜蜜和乐趣呢?”因此，我们不要再继续忽视女子教育了，我们应该抛弃造成忽视女子的性别偏见。有人说，受过教育的女人既虚荣又造作！但是，我们提倡的并不是让女子没完没了地学习一些无用的知识，把她们最终变成滑稽可笑的书呆子。女子教育只不过是为了让女子更好地担负起她们在家庭生活中的责任。又有人说，女人的智力一般都比男人低下！而这不正是我们需要加强女子智力教育的最有力的原因吗？还有人说，女子无才便是德！芬乃龙对此的回应是：世界不是一个幻影！“世界是由一个个家庭构成的。”而
169 女子在家庭中承担的责任与男性同等重要。“品德对于女子和男性来说都很重要。”

179. 对人性的积极主张

基督教徒可以分为两类：一类坚信人性的原罪，另一类则认为人性是可以救赎的。对于前者来说，每个孩子都是被罪恶深深玷污的，孩子的内在倾向总是向邪恶的方向发展的，他是罪恶之子，要接受严厉的惩罚。对于后者来说，孩子可以通过恩惠获得救赎，“孩子的天性之中没有固定的向恶或向善的倾向”；没有必要压抑孩子的本能，孩子们需要的仅仅是正确的引导。芬乃龙坚持后者的思维方式，即比较正确的思维方式。他不害怕利己的自爱，也不禁止对孩子适当的表

扬。他相信人性的自发性，追念古人留给孩子更多自由的教育模式。最后，他对人性的判断受到一种愉悦欣然的乐观主义的影响，常常表现出对人性的骄傲和自豪。

180. 儿童的脆弱

芬乃龙相信儿童的纯洁本性，同时也坚信儿童的脆弱。下面是他对抚养孩子的人提出的建议："照料 1 岁的幼儿，最重要的是保障孩子健康成长。通过谨慎的选择食物和简单的生活规范，我们要为幼儿的身体提供纯洁的血液。……另一件重要的事情是加强儿童的身体锻
炼。……"儿童智力低下主要是由于注意力不集中。"儿童的心灵就 170
像在风中飘摇的微弱烛火一样恍惚不定。"因此，我们绝对不能给儿童过度压力，而应该顺应时机、循序渐进地"帮助扶持天性，而不是驱使压迫天性"。

181. 好奇心与实物教学

如果说儿童注意力不集中是学习的一大障碍的话，那么，儿童天性中的好奇心则在一定程度上弥补了这种不足，这是促进学习的重要辅助力量。芬乃龙认识到如何从好奇心方面挖掘教育方法。在下面的引文中，芬乃龙阐述了如何在实物教学中发挥学生的好奇心：

"儿童的好奇心是一种自然天性，是教育的最初启蒙。要好好利用儿童的好奇心。例如，儿童们在乡间看到磨坊，他们想知道那是什么，我们就可以给他们讲人们是怎么用磨坊碾米而做成食物的。儿童们看到收割工具，我们就可以给他们讲收割工具是怎样操作的，甚至小麦如何播种、如何在田地里生长等。儿童们在城市里看到各种行业的店面以及出售各类物品的商店，做老师的绝对不能对他们的问题感到厌烦，因为他们的问题为促进教育工作提供了良机。老师在回答问题的时候要表现出高兴的样子，这样儿童们在不知不觉中就学到很多知识，知道各种东西是如何为人们服务的，知道各种行业是如何促进商业社会发展的。"

182. 间接教育

即使儿童成长到一定年龄，有能力接受直接教育，芬乃龙还是对
171 他们坚持和善谨慎的教育方法。他坚决反对说教式课堂，尽可能使教育具有间接性和启发性。这就是芬乃龙杰出的教育方法。下面，我们看看他是如何把这种教育方法应用在勃艮第王子的教育实践中的。“我们的课堂越是非正式的就越好。”然而，我们要小心谨慎地选择可能会深深印在学生脑海中的第一个概念、第一幅图片。

“我们只能给儿童幼小而可爱的心灵传输最为精华的知识。”芬乃龙的另一个特点是杜绝迂腐的学究气息。他说：“在修辞方面，我没有任何规定，只要有好的例子就足够了。在文法方面，我几乎没有特别强调的东西或很少有。”教育需要启发而不是强加。我们必须充分利用各种意料之外的课堂——看起来不像课堂的教育形式。在这方面，芬乃龙是卢梭的先驱，他建议课前准备好各种有启发性的物品和场景，这与卢梭为爱弥儿提供的教育环境很相似。①

183. 所有的教学活动必须具有趣味性

芬乃龙作为一位教师的最佳品质之一，就是他希望学海无涯乐作舟。但是，这个优点在他身上也会变成一个缺点，因为他的教育方法趣味性并没有得到合理使用。我们赞赏他对中世纪冷酷严厉的教育思想的批评，他为我们描述了中世纪沉闷黑暗的教学课堂，中世纪的老师们向学生灌输连教师自己都不理解的语言和知识。芬乃龙说：“中世纪的教育没有自由、没有愉悦，只有无尽的课堂说教、鸦雀无声、冷漠态度、纠正错误、威严恐吓。”因此，下面这句话说得很公正：
172 “现在的教育把快乐和痛苦一分为二，而所有的痛苦放在学习之中，所有的快乐放在娱乐之中。”芬乃龙要改变这种状态。他认为，学习与道德规范一样，“必须坚持快乐第一”。

---

① 关于这一做法的极端例子是颇为荒谬的，参见沃辛顿小姐（Miss Worthington）翻译的《爱弥儿》，第 133 页。——佩恩注

首先，在学习上要为学生提供最愉悦的学习方法，完成教师所期望的教学目标。“我们要用明确而愉快的学习目标激励学生完成学习任务。”“让学生的学习充满自由和快乐。”“进一步开拓学生的眼界，活跃学生的思维。”“寓教于乐。”他还说：“我看到过有的儿童一边玩耍一边学识字。”

用方向引导学生的意志力，用活动活跃学生的智力，永远不要让学生面对冷峻严酷的教师权威。不要让他们为过分的严格感到厌倦。时常用智慧教育他们，但教诲之后不要忘了给他们一个微笑。尽可能地用理性引导他们。除非迫不得已，否则绝对不要表现得严厉专横，让学生望而生畏。

“你这样会封闭学生的心灵，摧毁学生的自信。没有了心灵和自信，教育就没有任何意义可言了。老师要让学生敬爱，而不是让学生畏惧。让学生们在你面前无拘无束地表现自我，这样他们就不会害怕你看到他们的错误。”

这就是芬乃龙在智育和德育方面所追求的教育理念。显而易见，芬乃龙的理念与幻想走过了头，把他带向了迷途。他认为所有事情都是美好的。这位过于和善的教师梦幻般地认为，教育不存在任何困难
和问题，学习不需要付出汗水，也不必踏遍荆棘。“所有的金属都是 173
金子，所有的花朵都是玫瑰。”他几乎不要求学生为学习做出任何努力：老师不能要求学生复述讲解过的知识，“以免使学生感到厌烦”。学生学习任何知识都要边玩边学。如果学生犯了错误，教师也不能纠正；如果要纠正也要小心翼翼，“以免伤害了学生的感情”。芬乃龙脾气性格太和善，对学生过于随和。他努力消除学习过程的痛苦，但同时却消除了学生在学习中应该付出的艰辛和努力。他甚至要求学生用的教科书要有“漂亮的封面、镀金的页边、精美的插图”，以这样的方式追求寓教于乐未免过于简单庸俗。

184. 寓言和历史

芬乃龙对兴趣教学的偏爱决定了他把寓言和历史放在学生智育的首位，因为故事性的知识是最能激发学生想象力的知识。特别是讲述

重大的历史故事时，他还十分细心地选择一些“具有代表性的图片”。此外，他还适当要求老师“用活泼生动的语调讲故事，模仿故事中的人物讲话”。通过这种方式，我们能够毫不费力地吸引学生的注意力。他还说：“我们绝不能强迫学生去听故事或背诵故事。”

185. 道德和宗教教育

与卢梭的观点相反，芬乃龙认为，应该尽早引导学生关注道德和宗教。他想从具体事例和生活经验入手，开展宗教和道德教育。我们不必担心老师告诉学生上帝是一个长着白胡子的、令人尊敬的老人。
174 儿童脑海中幻想的迷信概念，之后会得到理性的纠正。但值得注意的是，极端的宗教并不是芬乃龙想要的结果。他害怕所有的极端，即使是宗教虔诚。他要求的是适当的宗教虔诚和合理的基督教精神。他对虚构的奇迹持有怀疑态度。他说：“不要让女孩不假思索地相信一些不可靠的故事，不要以过度的宗教热情去引导孩子信奉宗教。”但是，芬乃龙有可能无意之间向学生们透露了他对迷信思想的反感。为了让学生相信宗教信仰，他用美好而感性的词汇描述上帝的形象，并把天堂说成处处都是黄金和宝石的地方。

186. 适宜的女子教育

前面，我们介绍了芬乃龙著作中对男孩和女孩都适用的一些一般的教育观点。但是，在书的最后部分，芬乃龙特别关注女子教育，例如，女子的特殊品质、女子的职责以及女子的自我实现等教育。

没有人比芬乃龙更了解女子无知愚昧会导致的结果——大量的空闲时间让女子烦躁不安，她们没有能力担负起正式和正当的职责，于是轻浮懒惰、沉迷空想、喋喋不休、多愁善感、对琐碎的小事过分好奇、对宗教理论过于狂热，“女子喜欢用极其肯定的态度谈论宗教问题”。

芬乃龙针对女子的不良倾向提出什么建议呢？我们不得不说，芬乃龙提出的女子教育计划依然有不足之处，远远没有达到我们今天所认可的理想状态。

他说："让女孩遵从我们共同的规范约束，我们只要教给她们一 175
些适合女子的谦恭等相关知识，让女子像惧怕罪恶一样以一颗同样虔诚的心对待知识。"

这句话同样也暗示了学习知识不是女子的天赋、违背女子的娇弱天性吗？

当芬乃龙告诉我们女孩应该学会正确的阅读书写（这里说的女孩仅指贵族阶级和中产阶级的女孩），他又说女孩也要学习文法。我们可以从这些天真的规定中看出，芬乃龙对女子教育并没有寄予很大的希望。即便如此，在芬乃龙的时代，他的教育思想也超越当时的传统观念，具有实质的时代进步意义。他提出一个著名的教育论断：为了更好地抚养子女，女子应该接受教育，掌握必要的有用知识。芬乃龙倘若能再进一步阐述这一理论的意义，那就更好了。我们还要赞扬芬乃龙支持女子阅读世俗性文学著作。芬乃龙自己从文学世界中汲取了丰富的精神食粮，他是一个具有古希腊精神的基督教徒，他谙熟荷马史诗，创作了《忒勒马科斯》这样的名作。文学著作为他带来了愉悦的精神享受，他怎么可能违背自我意愿而不允许他人接触文学呢？他还认识到历史的统一性，古代和当代的统一性。他的教育体系为诗歌和散文留出一席之地，前提是这些诗歌、散文不可以危害道德情操。但是，令我们费解的是，他非常排斥音乐，认为音乐"具有纵乐的危险性"。

《论女子教育》是智慧和文化的结晶，尽管有不足之处，但是瑕 176
不掩瑜，瑕疵并不能妨碍我们对这部著作的赞扬之情。我们应该感谢芬乃龙的三大功劳：首先，与当时的性别偏见做斗争。在那个时代，女子受到性别歧视，因无权接受教育而愚昧无知。其次，他宣布要走一条与"紧张而肤浅的智育"完全相反的道路。最后，他写了《论女子教育》一书，其中的启发意义令人受益匪浅。我们可以说，书中全部内容都很精彩。唯一的不足是，该书内容或许还可以更加丰富。

187. 兰伯特夫人

作为女子教育的思想家，芬乃龙还创立了一个学派。从罗林到金利斯夫人（Madame de Genlis），芬乃龙的思想启发了多少教育者！位居芬乃龙弟子之首的就是兰伯特夫人（Madame De Lambert，1647—1733）。她的《给儿子的建议》（*Counsels to her Son*，1701）和《给女儿的建议》（*Counsels to her Daughter*，1728）两部著作继承并发扬了芬乃龙的思想传统。“她与芬乃龙一样，对待具有想象力的著作都十分谨慎，害怕学生阅读这种著作会激情澎湃。”她对待法国剧作家拉辛（Racine）的态度比芬乃龙更加严厉，她甚至都不愿说出拉辛的名字。她不允许女儿接触“戏剧和其他令人激情澎湃的音乐和诗歌——这些都属于享乐的范畴——我们可以说，兰伯特夫人在这一方面比芬乃龙更胜一筹”。她谴责莫里哀笔下的女子人物慵懒、悠闲、享乐。她喜欢历史，尤其是法国历史，“任何人都必须了解法国历史”。最后，她为女子教育事业发表强有力的请愿书，从而使她成为18世纪著名教育家之一。

177 188. 勃艮第王子的教育

奇怪的是，芬乃龙在把他的教育思想写成理论著作之前，并没有把这些思想应用于教学实践。对勃艮第王子的教育让他有机会在实践中检验《论女子教育》中所提出的理论学说。研究教育学的历史学家最为感兴趣的，莫过于研究芬乃龙所全身心投入的勃艮第王子教育，这项教育事业有辉煌之处，也有不足之处，展示了芬乃龙教育计划的优势和不足。

189. 喜人的成就

勃艮第王子思维活跃、满腔热情、性格冲动顽劣，是间接教育所塑造的典型学生。用传统的说教式课堂来驯服这样自由顽劣的个性是极不明智的。芬乃龙通过教育技巧和勤奋，成功吸引王子的注意力，巧妙地向王子传授各种知识，而这些知识如果以学术的、迂腐的形式展示的话很可能会使王子产生逆反心理。芬乃龙说：“我从来都没有见过这样一个孩子对美妙的诗歌和散文有如此高超的理解力。”王子天生聪慧，这无疑促使教育硕果的结成；但是，芬乃龙的教育艺术也为教育硕果贡献了重要力量。

190. 道德教育和《寓言》

怎么对性格暴躁、情感激烈的孩子进行道德教育呢？芬乃龙并没
有对这种孩子布道宣讲，而是用寓言故事向孩子展示他想传授的道德
思想。芬乃龙的《寓言》总体说来并没有很大的文学价值，但公正评
价的话，我们必须知道该书的优点在于它的编写是与王子成长境况同 178
步的。《寓言》一天天的创作与王子一天天的成长是一致的。《寓言》
里面反射的是王子的优点和缺点，在愉悦故事的虚幻面纱下，对王子
的优点加以表扬，对他的缺点进行批评。卡迪奈·德博塞（Cardinal
De Bausset）曾说：“我们要按照创作时间的先后顺序来阅读《寓言》，
把书里的故事与王子的成长相对比，看看王子随着年龄和教育的增长
所取得的进步。”即便单看《寓言》所蕴含的一般道德寓意，这本书
对儿童教育也具有重要的价值，并且书中寓言是针对学生个人所表现
出的优点和缺点而创作的。正是以这种方式，一篇名为《善变者》
（*Capricious*）的寓言向王子描述脾气暴躁、性格冲动的缺点，教育王
子要改正这一缺点。还有《蜜蜂和苍蝇》（*Bee and the Fly*）的寓言告
诫王子，任何优点如果表现过度的话都不会产生好的结果。有一次，
王子大发脾气，对芬乃龙的斥责大声回驳道：“不！先生！不！我知
道我是谁，也知道你是谁！”第二天，针对王子昨天傲慢地乱发脾气，
芬乃龙让他读一篇名为《酒神和农牧神》（*Bacchus and the Faun*）的
寓言：“酒神不能忍受一个坏蛋小丑经常嘲笑他说话不够优雅精确，
有一次他大发雷霆，并严厉地呵斥说：‘你竟敢嘲笑朱庇特之子！’农
牧神不露表情地回答说：‘唉！朱庇特之子竟然也会犯这样的错误！’”

有的寓言比其他寓言更有高度，并不是为了简单地纠正儿童的缺 179
点，而是为了培养王子管理国家的执政能力。《蜜蜂》（*Bees*）的寓言
教育王子懂得一个勤劳有序的国家的美好；《尼罗河和恒河》（*Nile
and the Ganges*）的寓言教育王子热爱民众，“对遭受不幸和苦难的人
们怀有同情之心”。最后，每个幽默风趣、富有智慧的寓言背后都蕴
含着一个严肃的道理，王子在阅读这些寓言的时候肯定不止一次把自

己想象成故事里面的虚构人物，察觉到自己的优点和缺点，感受到愉悦，同时又感到羞耻。

191. 历史课和《死者的对话》

芬乃龙不仅在道德教育上采用一定的技巧，而且在智育方面也采取同样的做法。这位天才老师把故事形式发挥到极致，用故事指导学生的思想。故事形式多种多样，有道德教育的寓言，有传授历史知识的对话，还有《忒勒马科斯》中的史诗，以此对法国国王的继承人进行政治教育。

《死者的对话》(*Dialogues of the Dead*)展示来自不同国家、处于不同境况的各种人，其中包括查理五世、查尔斯（圣茹斯特教堂中的一名修道士）、亚里士多德、笛卡儿、达·芬奇（Leonardo da Vinci）①、普桑（Poussin）②、凯撒、亚历山大等。对话的主题围绕历史、文学、哲学、艺术。与《寓言》一样，对话的内容按照王子的成长和需要而编排。与沉闷的世界史课程相比，这无疑是一个更有趣味性的教学计划，但这只能作为正规教育课程的辅助手段。芬乃龙比任何人都明白，历史是一门有趣的学问，要想使历史课生动有趣，老师
180 只需要通过清晰活泼、富有感情的讲述，把历史展示给想象力丰富的学生就足够了。

192. 多种多样的纪律措施

勃艮第王子的教育实践体现了芬乃龙的教育理念。芬乃龙坚持温和向善的教育方法，反对威严的教师权威。没有布道，也没有讲座，只有间接的道德教育。勃艮第王子性情暴躁易怒，芬乃龙没有给他念塞内卡的《论怒气》(*On Anger*)去教育他，而是采取如下做法：一天早上，他特意安排一个木匠到王子的房间。王子进了房间，停下看了看木匠的工具。木匠咄咄逼人地吼道："先生，你该做什么就做什

① 达·芬奇（145—1519），意大利文艺复兴时期画家。——译者注

② 普桑（1594—1665），法国古典主义绘画的奠基人。——译者注

么去，否则我可不知道我会做出什么事来。当我生气的时候，不管是谁我都会打断他的胳膊和腿。”我们可以猜到故事的结果，芬乃龙就是通过这种体验方法教导王子不要乱发脾气的。

当间接教育不起作用时，芬乃龙就采用别的方法。他时常提醒王子自尊自爱，提醒他身上肩负着王室和法国未来的重大责任。芬乃龙让王子宣读荣誉宣言，保证表现良好：“我以王子的身份向恩师芬乃龙保证：我会听从他的教诲；如果违背誓言，我愿意接受任何惩罚和屈辱。1689 年 11 月 29 日，凡尔赛宫。签名：路易。”有时，芬乃龙诉诸情感，用温柔和善良征服王子。就在温暖的倾心交谈的时候，王子跟他说：“我把勃良第王子的身份抛在门外，在你的面前，我就是
小路易。”最后，我们要说，芬乃龙有时也采用严厉惩罚措施，例如， 181
隔离王子、拿走他的课本、不和他说话等。

193. 教育的多样性

在德育方面，芬乃龙时而温和，时而严厉，在教育方法上表现出多样性。教育多样性——这个术语唯独属于他——是他最为关注的重点。如果学生对某一门学科十分厌烦，那么，学生可以直接学习别的学科。尽管芬乃龙的教育成就能够证明他的课程设置的合理性，但进一步思考，我们认为，芬乃龙的教育理念作为一般规律还是存在争论的。我们不能以他为模范，把学习变得过度娱乐化和多样性。为了增加学习的趣味性，芬乃龙经常把教学变得孩子气。

194. 对勃良第王子的教育成就

芬乃龙对勃良第王子的教育取得极大的成功，这么说似乎自相矛盾，但这也是事实。圣西门说：在芬乃龙的教育下，“王子在各方面都跟他的老师一样。他成为一名坚定的信徒，拒绝参加皇家球赛，因为这种世俗性娱乐活动与主显节的宗教庆典在时间上相冲突。他更像修道士，而不是国王。他身上没有一丝创新和自由的精神，沉迷于虔诚的学术钻研和神秘的宗教祈祷。最后，他变成另一个忒勒马科斯，离不开自己的导师。芬乃龙掌控并主导他自己学生的意志。他忘了教

育目标是培养人才，而不是复制自我；是培养有自立精神和自由精神的人，而不是把学生变成像老师一样的人。

182 195.《忒勒马科斯》

《忒勒马科斯》创作于 1694 年到 1698 年间，是为勃艮第王子专门创作的，但实际上王子直到结婚之后才开始读这本书。这是一部散文体的史诗，借鉴荷马史诗中的浪漫传说，芬乃龙想通过这本书继续对王子的道德教育。但是，该书中有大量的说教布道，布瓦洛(Boileau)① 曾说："我多么希望芬乃龙在这本书中不要这么多说教，有关的道德观念能够更细微巧妙地体现出来，艺术性能够再增强一点。"至少，该书中有许多语言优美的教诲，教育王子不要奢侈、不要南征北战、不要专制独裁、不要有野心和战争。路易十四可能读了《忒勒马科斯》，并体会到芬乃龙对撒伦图姆共和国（Repubic of Salentum）的描绘背后所蕴含的深意，他评价道："芬乃龙是法国最大的空想家。"除了对勃艮第王子的道德教育外，这本书还对政治进行大胆的反思。例如，该书中提到公共教育体系的概念，这一概念在当时来说具有新颖性："儿童不属于父母，而属于共和国，要接受共和国的教育。应该建立公共学校，教育孩子们敬畏上帝、热爱国家、遵守法律。"

196. 波舒哀和芬乃龙

波舒哀作为法国皇太子②的老师，远远没有芬乃龙那么成功。但是，波舒哀对路易十四之子的教育却没有疏忽任何方面。在《致教皇英诺森十一世》(*Letter to Pope Innocent XI*，1679) 信中，波舒哀阐述他的教育计划，体现了他在教育方面的能力。他建议刻苦勤奋、不
183 准旷课以及寓教于乐。他说："必须要孩子玩耍娱乐。"让别的孩子和皇太子一起上课，激发竞争意识。让他们全面阅读拉丁语著作，老师

① 布瓦洛（1636—1711），法国诗人，当时文学界泰斗。——译者注

② 路易十四的大儿子，生于 1661 年 11 月 1 日，死于 1711 年 4 月 14 日。

要解释全文，而不是像耶稣会那样只解释某些段落。宽容的精神氛围，学习喜剧诗人的著作，特别是特伦斯的著作。熟悉古希腊和古罗马文学，“特别是神圣的荷马史诗”。用法语讲授文法。历史被称为“人类生活的老师”，学习历史的兴趣浓厚，首先在课堂上向皇太子展示具体的历史事件，之后再通过一般规律讲解历史，我们可以从他的《论世界历史》（*Discourse on Universal History*）一书中看出这种历史规律性的精神。“在游戏和梦幻旅行中”学习地理。学习哲学以及其他科学。有了这样的教育计划和老师，皇太子似乎是享受最高层级的教育，可是他依然只是一个中流水平的学生，用圣西门的话说：“他肥胖的身躯和忧郁的性格使他不能自拔。”

我们不得不承认，尽管波舒哀的意图是好的，但是，这种失败的教育结果也有他部分的责任。蒙田说：“他不知道如何屈尊，跟学生打成一片。”他高高在上地与学生打交道。亨利·马丁（Henry Martin）说：“严肃的天才波舒哀不知道如何以小对小。”波舒哀缺乏灵活性和技巧性，他存在缺点的领域正是芬乃龙显现优点的地方。在教育方面和其他方面，波舒哀都是一副神圣、高贵、巍然的模样；而芬乃龙作为教师则灵活、娴熟、平易近人。波舒哀依靠的是他的威严和近似冰冷的神圣；而芬乃龙的魅力则在于他的灵活多变、温情 184
和善。

然而，公正地说，我们不能把所有的错误都归结在波舒哀身上。那场注定失败的教育，其罪魁祸首是不知回报和性格叛逆的学生自身。一位大臣曾说：“王子是有智慧之根的，只是还没有挖掘出来。”丢开大臣的身份，他说：“王子的智慧之根还没有被发现”，这与说“王子没有智慧之根”还有什么差别吗？

197. 教育的范围和限度

在《论女子教育》的一段话中，芬乃龙仿佛就事先预测到法国皇太子和勃艮第王子两种不同的教育。下面这段话写于 1680 年，似乎预言般地描述他未来的学生勃艮第王子的形象。

“不可否认，教育的最大困难就是遇到悟性低的学生。天资聪慧、感悟能力强的学生有可能会犯严重的错误——强烈的情感和傲慢的态度必然会使他们步入歧途！但是，他们也有智慧在步入歧途之后又重返正途。他们身上隐藏着智慧的种子，在经验和知识的孕育下，种子开始发芽生长，结出果实，激情的力量会变小。至少，我们知道如何吸引他们的注意力，唤醒他们的好奇心。我们有办法使他们感兴趣，并通过他们的幽默感刺激他们的神经。但是，另一方面，我们对天资愚钝的学生却束手无策。”

而接下来的这段话用来形容波舒哀那个天资愚钝的皇太子学生最合适不过了：

185 “……他们经常分心，一心想的就是玩；从来不跟着老师的思路走；一遍遍地纠正，也得不出正确答案；课堂上，他们什么都听到了，就是什么都不理解；好逸恶劳的性情让学生粗心大意、厌恶学习。面对这样的学生，最好的教育计划也会面临失败的危险。有些人从失败的教育经验中简单地得出结论：一个人的才能是天生的，而不是教育可以培养的。但是，失败的教育经验只能得出这样一个结论：有的天性就像贫瘠的土壤，教育几乎起不到什么作用。”①

没有人比芬乃龙说得更精彩了，他无意之间总结出17世纪关于两位法国王子的不同教育经验。他让我们用一种更同情的眼光看待波舒哀失败的教育，因为贫瘠的土壤是结不出硕果的。而作为勃艮第王子的教师，芬乃龙培养王子身上各方面的美好品德，尽管王子天性中有许多不足之处。这无疑能增强教师们的自信，证明有能力、有智慧的老师是无可不为的。

198. 分析性总结

(1) 教育作为一种塑造人的艺术，在芬乃龙的教育理念下体现得最为完美。而学生对老师的抵制，在波舒哀的学生皇太子身上体现得最为明显。

186 (2) 这两个重要体现也表明，有两个因素在教育中发挥作用：自

① 芬乃龙：《论女子教育》，第5章。

然资质和后天塑造。芬乃龙的教育证明，人类有能力控制、塑造甚至重塑自然天性。勃艮第王子几乎被完全重塑了。

(3) 芬乃龙的教育是一个鲜明的例子，他致力于寓教于乐，努力消除教育的各种束缚，让学习顺应学生的兴趣爱好。这种教育形式完全脱离之前苦闷、枯燥并强制学生学习的教育形式，但有时却忘了人生中的大多数责任都是违背人性喜好的。

(4) 在远距离指导学生学习的教育方针，让学生看起来更加自主的学习，这是教学艺术的最高形式。

(5) 通过寓言故事进行道德教育，现代教育实践如果实施芬乃龙的德育计划必将受益匪浅。

第九章　17 世纪哲学家的教育思想

187 199. 笛卡儿、马勒伯郎士、洛克

笛卡儿是一个唯理论者，马勒伯郎士（Malebranche）是一个唯心主义者，洛克是一个感觉论者——他们三位是 17 世纪与教育学史相关的哲学家。然而，前两位与教育学史关系并不十分密切，他们主要对教育的某些基本理论做了阐述；而洛克作为哲学家就教育问题发表了大量著作，这些著作后来成为英国教育学的经典著作。

200. 笛卡儿

现代哲学之父——笛卡儿（Descartes，1596—1650）的名字一般
188 不被列在教育史学家名单之中。但是，我们认为，没有任何思想家比笛卡儿对教育的命运产生如此大的影响。准确地说，他所著的《方法论》（*Discourse of Method*，1637）并没有提出系统的教育学体系，也没有直接解决教育领域的问题，但是，他的哲学理论却改变了人类思想的走向。笛卡儿为研究已知真理和探索未知真理引入新的方法和兴趣，重视精确性和清晰性，这使得各学科教育都受益匪浅。

罗林说："我们现在发现，讲道坛上的布道和科学著作都开始讲究秩序、精确性、恰当性、可靠性，而这些特点在以前并不常见。许多人认为我们现在的思考方式和写作方式要归功于 17 世纪以来哲学领域所取得的重大进步，这并非是没有道理的。"①

201.《方法论》

每一个哲学思想体系都蕴含着特定的教育意义。每个哲学家都按

① 罗林（Rollin）：《学习论》（*Traite des etudes*），第 4 卷，第 335 页。

照自己的方式定义人的本质和人类命运，他们自然也就对教育目的和方法等教育问题具有不同的结论。只有少数哲学家试图撇清与教育的关系，解释他们的哲学理论与教育理论及其可能产生的结果没有必然联系，但是，所有的哲学家——不管是否符合他们的意愿——都是教育家。

笛卡儿就是这样的教育家。他的著作《方法论》的第一章论述了“对各门学问的看法”（*Considerations Touching the Sciences*），他也撰写过关于实践教育学的篇章。依据他的思想逻辑中的一般规律，他实际上建立起一种新的教育理论学说。

202. 对他那个时代教育的批评 189

笛卡儿用大量篇幅记录了他在拉弗莱士学校（La Fleche）时所接受的耶稣会教育。同时，他对当时的教育方法也提出批评，表达自己的个人观点和教育倾向。

“从我的童年起，书籍就是我的精神食粮。……但是，当我完成博士学位后，我却尴尬地发现自己有那么多的疑惑和错误，我只是感觉到自己在学问方面的无知。”

换句话说，笛卡儿发现，他在欧洲一所最著名的学校中勤奋学习了8年，可是漫长艰辛的学习并没有让他获得“对实际生活有用的、清晰牢靠的知识”。这就是在责备耶稣会空洞贫瘠的形式主义教育。笛卡儿逐条地回顾和评论了这种教育。首先，他指出阅读大量古典书籍是错误的，因为这是与生活在另一个世纪的古人对话，这“就像旅行，如果常年在外漂泊，即便回到故土也成了陌生人”。其次，他抱怨自己没有懂得“数学的真正用途”，因为老师把数学当做机械技艺。接着，他又批评修辞学和诗辞，因为雄辩和诗歌是“智慧的恩物，而不是学习的成果”。在他看来，古典语言唯一的用途就是帮助理解古典著作——在这一点上他深受蒙骗。他不认为，学习拉丁语和希腊语有利于促进智力发展。

通过反思，一种更可靠、更积极和更具有直接现实生活意义的教 190

育概念产生，并取代耶稣会的教育模式。然而，笛卡儿并没有取消普通科目，如辩论，因为它“具有无比的力量和魅力”；诗歌“具有迷人的温情和韵律”；古典文学是“与智慧的古代人的愉快对话”；历史“有助于培养判断力”；寓言具有“让心灵为之颤动的魅力”。但是，笛卡儿让这些课程变得更具实践意义，更有功利性和更加积极地被应用。

203. 重要的现代教育理念

笛卡儿只是想改变探索科学真理的思维方式，但是，他却在无意之间奠定了现代教育的基本原则。

首先，笛卡儿认为，所有人的心灵都有同样的理解力和认识能力。他说：“在这个世界上，良好的判断能力最均衡地存在于每个个体的身上。[1] ……潜在的能力，包括判断、区分真假善恶的能力，在每个人身上都是天赋的和均等的。”这句话要表达的正是“人人都被赋予受教育的权利”的思想。在一定程度上，世界各地的村落和城市遍布着无数小学，这不正是对笛卡儿“人人都有同等的良好判断力和理性精神”这一思想的实践和注解吗？

191 但是，笛卡儿补充道：“健全的心灵并不等于一切，最重要的是好好利用它。”换句话说，拥有天资本身是不够的，还需要对天资加以适当的指导。方法是非常重要的，其重要性压倒一切。成功不取决于天资，例如，想象力、记忆力、思维敏捷等，而是取决于引导心灵的思维规律和导向。与天资相比，教育在塑造正直的心灵、培养优越的心智方面发挥更为重要的作用。

其次，笛卡儿主张，应该用自由探究和反思推理取代基于权威的盲目信仰。笛卡儿是这样表述他的这条著名论断的：“首要的信念是：

---

[1] 我怀疑本书作者孔佩雷先生是否认同这一观点。这句话预示了后来雅克托(Jacotot)那句著名的悖论：“任何人都有学习的能力。”然而，真正的老师们则认为，不同的学生表现出了不同的认知、理解和判断能力。——佩恩注

永远不要盲目相信你没有亲自证实过的事情。永远不要怀疑自己的判断力；……只能相信那些清晰准确地呈现在你的思维中并且其正确性绝对不会引起质疑的知识。”通过这一论断，他不仅改革了科学和哲学，而且还废除了旧学校的机械训练和单纯死记硬背的教育模式，要求教育注重推理、激发学生智力、唤醒清晰明确的观念、刺激判断力和反思能力。当然，这并不是要把每个儿童都变成小笛卡儿，断然抛弃已经接受的信念，重新塑造崭新的自我观点。但是，实证规律如果应用得当的话，无疑会成为一种优秀的教育理念。再也不能让那些迂腐的教师把儿童变成简单的记忆机器。

204. 教育学的客观性和主观性

我们现在发现，现代教育实践中具有两种不同的倾向，两者都有 192
其合理性，但又因过度夸张妨碍其应用性。一些人把智力发展放在教育的首位；而另一些人所关心的则是为心灵储备大量有用的知识。前者认为教育是一种内在过程，是对内在品质，如精确性、调节等特性的发展；而后者则认为教育是一种外在过程，是为了知识的积累和博学。总之，如果要作一分类的话，前者偏向于教育学的主观性，后者偏向于教育学的客观性。培根属于后者，这位伟大的英国逻辑学家最为重视的就是观察与实验。他说：“对不了解的知识进行推理就像用秤测量风的重量一样荒谬。”笛卡儿从来都没有忽视对事实的研究，但是，他不仅把它看做知识的积累，而且更看做思维训练的工具。现今，有些老师认为，只要学生的脑海里能浮现无限的实物影像就足够了，而不致力于发展学生的智力，这种教育方法肯定会遭到笛卡儿的批评。

205. 马勒伯郎士

马勒伯郎士（Malebranche，1638—1715）是一个神秘主义幻想家和坚定的唯心主义者，他眼里看到的、脑海里幻想的都是上帝天堂的景象，因此，他对教育也并非全身心地给予关注。作为奥拉托利（Oratory）

学校的一员，他没有担任教师职位，而是把全部精力都放在追寻形而
193 上学的真理上。这是一位行走在地球上、双眼却仰望天堂的幻想家。
如果我们让他暂且停下脚步，让他回答一下比较实际的教育问题，想
必是非常有趣的。

206. 谴责感觉论教育

马勒伯朗士给我们的回答肯定带有唯心主义、形而上学的偏见。他要求教师首先教育儿童学习一些抽象真理。在他看来，灵魂是没有年龄的。这样一来，儿童们也有能力玄思冥想。因此，他要废除感觉论的教育方法，“这正是为什么儿童们更加依赖感官知觉，却远离形而上学思想”。可是，儿童们毕竟不适合沉思于抽象的真理啊！马勒伯朗士对此的回答是：儿童不喜欢冥思，这不是他们的天性造成的，而是因为他们养成的坏习惯所造成的。有一种办法可以矫正儿童身上这一常见的缺点。

“如果我们不让儿童知道什么是恐惧、欲望、希望，不让他们体验痛苦，不让他们享受欢乐，那么，我们至少可以从儿童学说话起，教他们一些抽象晦涩的知识，至少可以教他们学习不太抽象的数学和机械。”

马勒伯朗士是想压抑儿童对痛苦和快乐的感知并战胜传统教育的发展倾向吗？

“倘若雄心勃勃的人一下子失去所有的财富和信誉，这时他肯定没有心思去思考形而上学或几何问题。同样，最能吸引儿童们注意力的是苹果和杨梅。在苹果和杨梅面前，儿童就不能集中注意力认真倾听或思考抽象真理。”

194 因此，我们必须向感觉论教育宣战，并且废除各种感官享乐。这里存在一个矛盾，也就是说，唯一没有被马勒伯朗士废除的感官体验就

是教育学生时用到的体罚。他保留的最后一件感官教育实物就是教鞭。①

207. 物质环境的影响

另一个矛盾之处就是，尽管马勒伯郎士是一个唯心主义者，但他却相信外在环境对心灵发展的影响。他并没有像现代唯物主义者一样宣称，“生活资料决定人的特征”，但他认为，环境在一定程度上影响人的发展。他赞扬“让人飘然神游的烈酒”。他工作的时候必须喝一杯咖啡。他认为，灵魂并不是绝对独立于躯体而孤立存在的。灵魂通过内在的活动得以维系，他说：“我们与外界万物都息息相关，我们生活在一个相互联系的世界中。”

208. 洛克

洛克（Locke，1632—1740）的最大贡献在心理学方面，作为一名杰出的心理学大师，他分析了观念的起源以及心理活动的要素。他是经验主义心理学派的鼻祖，法国的孔狄亚克（Condillac）、德国的赫尔巴特（Herbart）、英国的休谟（Hume）和一些苏格兰哲学家以
及许多现代哲学家都深受他的影响。洛克从心理学到教育学的跨越似 195
乎并不艰难，在成为一名颇有成就的哲学家之后毫不费力地成为教育界的权威。

209. 洛克的教育思想

洛克晚年出版了《教育漫话》（*Some Thoughts concerning Education*，

---

① 马勒伯郎士对感官教育的反感似乎比本书作者孔佩雷认为的更严重。如果当时盛行的思想活动主要集中于感觉、情感和直觉，那么，这就远离了本质上的思想教育——反思和判断。野蛮人的思想就是“跟随自然天性”，也是感官教育的极端表现。关于马勒伯郎士对感官教育反对的原因和表现，请参见以下的权威著作：汉密尔顿（Hamilton）：《形而上学》（*Metaphysics*），第 336 页；贝恩（Bain）：《感觉经验与智力》（*The Senses and the Intellect*），第 392—394 页以及《教育作为一门科学》（*Education as a Science*），第 17、29、37 页；斯宾塞（Spencer）：《心理学原理》（*Principles of psychology*），第 98—99 页。——佩恩注

1693）一书，这本书的书名听起来谦虚谨慎，其实本书是洛克对他长期生活经验的总结。

早年的洛克在威斯敏斯特学校上学，正如笛卡儿在耶稣会学校接受教育一样，他对形式化的古典人文教育和泛泛的古典语言学习深恶痛绝，尽管他在古希腊语学习方面很出色。之后，洛克到牛津大学学习并成为高才生，在那里成长为一个卓越的人文主义者，而这时他身上固有的务实和实证精神也已经让他对自然、物理和医学产生浓厚的兴趣。1656 年，洛克获得学士学位，1658 年获硕士学位，从学生一跃成为教师，先后担任牛津大学希腊语课程的助教和讲师。尽管如此，但他后来在制定文科教育大纲时，仍然把希腊语完全排除在计划之外。之后他又担任修辞学讲师，最后还担任道德哲学老师。1666 年，他中断了自己的学术生活，开始进入政治和外交领域。但是，在牛津大学的求学和教书至少孕育了他的教育思想的萌芽。他寻求机会把这些教育思想应用于教育实践，他有一些私人学生，尽管他不是他们的正规老师，但却是他们的启蒙者和指导者。在他经常做客的朋友和主人家中，比如在沙夫茨伯里（Shaftesbury）伯爵的家中，他认真研究他家里的小孩。在这一过程中，他用敏锐的眼睛观察到孩子们在性情和心灵等方面取得的一步步进展。通过这种方式，他积累大量教
196 育经验，并最终写成《教育漫话》一书。这本书其实是洛克在帮助朋友们教育子女的过程中所取得的成果。1684—1685 年间，洛克给他的朋友克拉克（Clarke）写过一系列信函，经过润色和细微修改，这些信件被整理成这本经典著作。该书的风格简约平易，语言有些不连贯或重复之处，但是，书中所包含的思想是无可挑剔的，大部分思想都具有新颖性和合理性。1695 年，柯斯特（P. Coste）翻译了法文版。洛克生前多个版本已经印发，《教育漫话》一书获得巨大成功，影响广泛。该书对卢梭和爱尔维修[①]的教育创作也产生了毋庸置疑的影响。莱布尼茨对此书大加赞赏，认为它比《人类理解论》（*Human*

① 爱尔维修（1715—1771），法国启蒙思想家、唯物主义哲学家、教育理论家。——译者注

Understanding）更胜一筹。马里恩（H. Marion）在研究洛克时说："我相信，如果《教育漫话》在今天分册发行的话，也必定大获成功。"①

210. 对《教育漫话》的分析

在这里，我们无法对《教育漫话》进行详细的分析，那需要全面彻底的阅读，并且几乎涉及与教育有关的全部重要问题。因此，我们只能对书中总结出的几条基本理论进行探讨。这些基本理论如下：(1) 体育要重视强化体格。(2) 智育要重视实践应用。(3) 德育要增强荣誉观，让学生形成道德意识，实现自我管理。

211. 体育和强化体格训练 197

洛克认为，完美的教育是塑造"健康的心灵寓于强健的体魄"。与拉伯雷一样，洛克在体育方面也有自己的独到见解。但是，在这一点上，对悖论的热爱以及对强身健体的过度重视阻碍了这位英国哲学家的反思精神。他这样总结他的体育观念：

"一切都可以归结为如下几条简要规定：通风透气、体育锻炼、充足睡眠；清淡饮食、不喝烈酒；不吃药或尽量少吃药；穿衣不能太紧或太暖和；最后也是最重要的，养成让头部和脚部保持冰冷的习惯，经常用凉水浸泡双脚，让双脚湿润。"② 我们有必要从具体细节上进一步研究这些思想。

洛克是第一位对学生的饮食、衣着和睡眠写过一系列论文的教育家。"把塑造体格的任务留给自然之母，这是她应该做的。"这条理论正是洛克阐述的，后来也被卢梭接受。因此，儿童不能穿太舒适得体的衣服，要在户外、在阳光下成长；像农民一样长大的孩子习惯严寒和酷暑，不怕光着头和脚在外面玩耍。在饮食方面，洛克不许 3～4 岁以下的孩子吃糖果、喝酒、吃辛辣食物和肉等。至于水果，孩子们

① 马里恩：《洛克的生平与著作》(*His Life and his Work*)，巴黎，1878 年。

② 洛克：《教育漫话》，孔佩雷译，第 57 页。

都特别喜欢吃，这一点并不奇怪。洛克还开玩笑地说：“我们的祖先亚当和夏娃不也是因为贪吃一个苹果被赶出伊甸园的吗?”洛克对水
198 果作了奇怪的区分，允许孩子们吃草莓、鹅梅、苹果和梨，但不允许吃桃子、杏和葡萄。洛克之所以对葡萄持有偏见，可能是因为他生活在英国，而英国是种植葡萄最困难的国家，一个意大利人曾开玩笑说：“我在英国见到的唯一的熟透的水果就是烤苹果。”至于一日三餐，洛克并不认为准时进餐十分重要。相反，芬乃龙更精明，他要求严格规定一日三餐的时间。洛克的错误还不止这一个，他讲究卫生几乎达到疯狂的程度，竟然让孩子“穿非常单薄的鞋子，甚至走在有水的地方，方便鞋底渗水”。

毫无疑问，洛克对待儿童的严厉态度让我们感到吃惊，特别是对待本来就体弱多病、需要精心呵护和调养的儿童。我不知道，他建议用如此严厉的态度对待儿童是否会对身体柔弱的儿童造成灾难性后果。塞维尼夫人（Madame de Sevigne）的说法是对的，她说：“如果你的儿子身体强壮，严厉教育对他来说是好的。可是如果你的儿子身体娇弱，如若一味追求强壮反而会危及他的性命。”洛克说，身体能够适应一切状况。我们不妨看看彼得大帝（Peter the Great）的故事。有一天彼得大帝突发奇想，觉得最好让他的水手都养成喝盐水的习惯，于是接着下令规定所有的海军战士从此只能喝海水，结果这些战士们都死了，实验只得被迫停止。

洛克的悖论仅仅得到卢梭的支持，似乎其他人并不认同他的想
199 法。但是，从总体上说，洛克的体育思想还是值得我们称赞的。他推崇对男性进行严格训练和简单的饮食，废除陈规陋习，让儿童亲近大自然。他谴责慵懒的生活方式，不崇尚精致高雅的生活，反而欣赏简约而又富有男子气概的英国传统。

212. 德育

洛克认为，德育要优先于其他任何方面的教育：“绅士不仅希望他的孩子能继承自己的财产，而且希望他们拥有四种品质：一是美德；二是谨慎；三是礼貌；四是教养。”

美德和谨慎——即道德品质和行为品性——是首要的。洛克说："教学是教育中最微不足道的部分。"在《教育漫话》一书中，重复讲述最多的内容就是对美德的反复赞扬。

我们可以认为，洛克与当代的赫伯特·斯宾塞一样，对教学持有一种偏见，并且他不认为智力启蒙会对身心产生一定的道德影响。即便这样，我们还是要感谢洛克，因为他反对那些单纯重视记忆和智力发展的老师。

教育的伟大在于教育肯定能够培养良好的道德习惯、高尚情操和道德品格。

213. 荣誉——德育的原则

洛克把德育放在适当的位置，但我们还要看洛克的德育理论和德育方法具体是什么。洛克是否像卢梭一样要求德育具有功利性呢？是否要求孩子在做任何事情之前问他自己这么做有何意义呢？不是的。 200
在智育和教学上，洛克是功利主义者；但在德育上，他却并非如此。儿童是否要对家长和教师的权威感到恐惧？德育是否建立在惩罚和奴性的恐惧心理之上？也不是。洛克坚决反对压制性的纪律，更不喜欢责罚学生。德育是否应该发挥温柔的情感、父爱和母爱的力量呢？洛克对此也不怎么重视。他自己就不是一个对感情敏感的人，因此，根本不可能相信情感力量会对儿童产生影响。

洛克或许不应该把儿童过早地当做成年人对待。他没有充分关注到年幼儿童天性中的娇弱。他从教育一开始就重视培养孩子的荣辱观，但是，我担心儿童还没有能力拥有荣誉和耻辱这两种高贵的情感。荣誉意味着责任和美德，荣誉感当然可以指导成年人或德行成熟的人；但是，要乳臭未干的孩子拥有荣辱观岂不是天方夜谭吗？如果我们能够通过荣辱观去启发孩子，那么，我向洛克保证从此我们可以"把孩子培养成我们想要的任何样子，我们能够教孩子热爱所有形式的美德"。但问题是，我们能做到这一点吗？尽管洛克做了保证，但我还是有所怀疑。

康德（Kant）做了比较公正的评价。他说："跟儿童讨论责任就是白白浪费精力。儿童们对责任的理解，就是如果不履行责任就会受到责罚。……所以，我们不必努力去唤醒儿童的羞耻心，只要耐心等
201 待儿童慢慢长大就好了。实际上，儿童只有在拥有荣誉心之后才会有羞耻心。”

洛克被同样的幻想所蒙骗，他幻想儿童拥有足够的道德力量，单凭荣誉感他们就能实现自我约束；他幻想儿童拥有足够的智力，从他们一学会说话开始就可以跟他们讲道理。教师要培养儿童形成良好的道德习惯，为儿童铺垫一条通向美德的人生道路，这需要结合先天因素和后天教育两方面的资源，包括各种情感、利己主义、智力启蒙等。荣誉感和责任感是随着年龄增长一点一滴地在儿童身上表现出来的，慢慢形成的荣辱观会像至高无上的法律一样规范孩子的行为举止。洛克德育思想的不足之处，在于他没有充分关注心灵、关注儿童心中强大的爱的潜力。此外，洛克急于解放儿童，把儿童当做有理智的成年人一样对待，寄希望于儿童实现良好的自我道德约束，可是他不应该消除儿童对责罚的恐惧心理。尊重自由和人性是好的，但是，由此陷入迷信和极端就不好了；培养强大的个人意志是否一定要让个人意志力尽早摆脱恐吓的约束呢？我们对此不能确定。

214. 体罚

我们不能否认，洛克并没有充分地为自己的德育学说奠定坚实的根基。如果洛克在德育的积极建构方面不要试图追求完善和做出如此巨大努力，如果在德育方面不要提出人们需要遵行的一切，那么，他
202 可能在德育领域会做出更大的成就，因为他的巨大贡献主要在于他对德育的批判，尤其是指出了德育中人们不应该做的事情。《教育漫话》中一些篇章论述了有关惩罚的普遍问题，特别是关于体罚的论述都是最出色的，这些部分经常被罗林和卢梭所引用。当然，洛克关于体罚的思想借鉴了蒙田的观点。《随笔集》的作者蒙田主张“严格的温和”的教育规范，这也是洛克所主张的。根据这种主张，洛克最终对教鞭作出了公正的评判：“教鞭是奴性的纪律，只会培养出奴性。”洛克提倡完全废除教鞭，但任何规定都有例外，他允许使用教鞭的例外情况

就是用教鞭驯服那些倔强叛逆的学生，这也是洛克对当时体罚唯一的认同之处。我们或许有点远离主题，但是，为了公正地评价洛克坦率的观点，我们必须考虑到在当时的英国，传统习俗的力量是多么强大！在当时的英国，教育机构的负责人通过杂志广告等形式向公众宣告“废除体罚象征着他们学校的进步”。“很难想象，英国教师多么顽固不化地沿袭教鞭体罚这一陈旧落后的习俗。……更令人吃惊的是，有些学者看起来比教师更加顽固，总是不肯废除教鞭惩戒。”卡尔特修道院（Charterhouse）的一个毕业生说：“1818 年，我们的校长拉塞尔博士（Doctor Russell）——一个有思想的人——决定废除体罚，用罚款代替教鞭。这一改革遭到所有人的反对。我们都觉得教鞭很好，丝毫不损害人的尊严。但是，罚款多么丢人啊！全体学生大声抗议：‘废除罚款！教鞭万岁！’抗议取得成功，教鞭又辉煌地复辟了。我们都感到由衷的高兴。废除罚款的第二天，我们走进教室后发现桦 203
树鞭简直泛滥了，在接下来两个小时的课堂上，学生被教鞭打个不停。”①②

215. 智育

在智育方面，洛克具有明显的功利主义思想。在洛克生活的时代，功利主义学派人数很少，但在现代逐步发展壮大起来。洛克要培养的不是文人，也不是科学家，而是务实的人，全副武装准备迎接生活战斗的人，他们要掌握各种在生活中有用的知识，管理银行账户、管理财富、完成各种职业任务需要以及最终完成自己作为人和公民的

---

①《昂古莱泰雷中等教育的兴衰》（*Demogeot et Montucci de L'Enseignement secondaire en Angleterre*），第 41 页。

② 关于学校体罚，难道本书作者孔佩雷的设想不是太绝对了吗？他基于什么原则赞同完全废除教鞭呢？如果废除了教鞭，那学校里时不时出现的那些违反纪律的事情怎么处理呢？毫无疑问，最好的老师不用这种令人憎恨的体罚措施也能顺利开展教育，但是，对于大部分不够优秀也永远不可能优秀的老师来说，他们应该怎么办呢？这个问题不是一个孤立的问题。于下，这牵涉到家庭纪律；于上，这牵涉到国家行政。如果学校废除了体罚措施，那国家是不是也要废除相应的体罚措施呢？——佩恩注

职责。总之，他是为国家培养事业家和公民而著述的。

216. 功利性课程

洛克的教育功绩之一，就是对纯粹形式主义的教育进行抨击，并用实证的、可靠的知识取代浮华的文化、矫揉造作的辞藻和浮华不实的空话。洛克蔑视并谴责那些对人类生活没有直接贡献的学科。在反
204 对形式主义和推行现实主义的同时，洛克走向了偏激。他完全忘记学习古典著作尽管没有实践意义，尽管不能满足生存的日常需要，但却具有更高层面的意义。古典著作在有技巧又谨慎的教师手里会变成启蒙智力和价值判断的一个有效工具。但是，洛克批判那些狂热又迂腐的教师，对他们来说拉丁语和希腊语就是教育的全部，他们让文字失去真正的意义，错误地把死去的语言当做一门知识，而不是作为智育的一种工具。洛克绝不是盲目的功利主义者或粗俗的实证主义者，他从来没有想过废除一切没有实用价值的学科，他只是想要摆正每门学科的位置，不让某些学科占据绝对的统治地位，以至于其他更有实用价值的重要学科都受到了忽视。

217. 学习计划

儿童学会阅读和书写后，就要开始学习图画。洛克实际上轻视油画和精细的美术。性情冷静的洛克看不到美术会对儿童的心灵产生什么有益而又深刻的影响，可是他却推崇简约的图画，因为他认为图画具有实践的用途。他把图画放在与阅读书写同等重要的地位。

儿童们掌握了这些基本技能之后，就要开始学习母语，首先是阅读，然后是写作，写简短的记叙文或信件等。之后，他要求儿童学习一门活的外语（洛克推荐学习法语）。在学习完这些学科之后，才可
205 以学习拉丁语。除了对自然科学没有做相应的规定之外，洛克的教育计划与法国为期 10 年的中小学教育计划惊人地相似。

学完一门活的外语后开始学习拉丁语，洛克对拉丁语学习最重要的要求是在运用中学习。如果老师能讲流利的拉丁语，则通过对话进行教学；如果不能的话，就让学生阅读古典作家的文章。尽量少讲文

法，少做强化记忆的练习，不要求用拉丁语写作（不管散文还是诗歌），但是要求学生尽早阅读拉丁语著作——这就是人们很少关注的洛克关于拉丁语教学的一些建议。学习拉丁语的目的不再是用拉丁语写出优美的文章，而仅仅是为了阅读理解古典著作。主张拉丁语诗歌和对话的顽固派分子自己对这门语言一知半解，却经常让学生做大量文法练习，折磨学生用半生不熟的拉丁语写作，他们对洛克的激奋抗议感到十分懊恼。至于希腊语，洛克则完全将其排斥在外。他并不怀疑希腊语的语言魅力，他知道用希腊语写的名篇佳作是人类人文思想和科学的重要起源。但是，他把学习希腊语的特权留给学者、文人和专家，古希腊语言不应该出现在中学教育中，因为中学教育是为了应对积极的社会生活而培养人才的。在这样处理古典语言教学的同时，洛克还推荐其他具有现实用途和实践应用的学科：地理，应该放在首列，因为它是“眼睛和记忆的训练”；算术，“在生活和商业的各个方面都广泛地应用，什么事离开算术都不行”；星相学，其实是宇宙学
的基础课程；一部分几何内容，它“对商人是有用的”；编年史和历 206
史，这是“最有趣、最具有启发意义的学科”；伦理学和一般法律，还没有被列入法国的教育计划；最后，自然哲学，即自然科学；以及最重要的手工和簿记等。

218. 兴趣教学法

洛克的教育目的是功利主义的，他在智育方面的另一个特点是：坚持教学方法的趣味性。最让洛克感到深恶痛绝的，是迂腐的教学和学生埋头苦读的枯燥无味的知识。其次，过于严格的说教式教育，其教学方法令人厌恶，教育过程痛苦不堪，教师在学生眼中只是令人厌恶的怪物。

尽管在这一点上洛克的评价有些偏激，但他在很大程度上是正确的。他希望，在教学过程中采用吸引学生注意力的兴趣教学法。我们并不像洛克一样幻想或期望孩子们有一天会分不清哪里是学习、哪里是娱乐，但我们却坚信我们能寻找到某种方法缓解孩子们在学习中遇到的困难，吸引孩子而不是强制孩子去学习，不要强加给孩子太大的

学习压力，不要用体罚、责骂迫使孩子学习，以免孩子产生厌学心理。特别是在阅读书写和入门练习的阶段，洛克特别注重对儿童开展启发性游戏教育。“孩子们可以通过游戏或运动在不知不觉中学习认字，我们不一定要用鞭子抽打以强迫他们学习。”

207 每个年龄阶段的儿童都羡慕拥有自由欢乐的生活。洛克首先清晰地看到儿童天性中对活动和自由的渴望，强烈坚持尊重儿童的个性和自然天性。在这里，17 世纪的英国教育学再一次与之后的 19 世纪教育思想不谋而合。赫伯特·斯宾塞十分透彻地论证了这一事实——心灵只接受令人感到愉悦快乐的知识。现在，符合儿童直觉喜好、顺应儿童自然天性的活动都具有愉悦性和刺激性。真正的教育离不开趣味性活动。[①]

219. 学习是否由心灵实现

对于学习是否由心灵实现这一问题，洛克给出否定的回答。但是，洛克的结论是不可靠的，他的论证假设更不可靠。他从心理学视角，认为人的记忆能力并不是一个简单的发展过程。洛克的感觉论偏见引起了广泛的争论，特别是他有关心灵的论断。他认为，人的心灵
208 只不过是一块“白板”，如同一个没有任何痕迹的静态容器，它并不会因为强化训练而聚集更多的能量或动力。洛克不相信，人体内在机能会成长、进化和发展。按照他的观点，内在机能甚至是不存在的。

他是这样表述的：“我听说学生要强记很多知识，目的是锻炼和增强他们的记忆力。我希望这种观点具有权威性、理性和确定性，希

① 人们经常说，学生缺乏学习兴趣体现了以下两方面：或许是教学方式有问题，或许是教学内容不适合学生的年龄段。可是，学习兴趣的缺乏或许还有另外一个原因，那就是思维活动的机能还没有形成。如果这种机能一旦形成，学习就会是一个有趣的过程。然而，智力兴趣固然存在、智力兴趣等待满足、智力兴趣在一定成长阶段必然形成的假设，并不是思维发展的绝对规律。在很多情况下，智力兴趣需要去创造和激发，而为了激发兴趣，最初进行的学习或许不会很有趣。在很多情况下，无论用何种方式，智力兴趣可能永远都不会出现。而技术、知识或纪律都是如此必要的学习，在兴趣缺失的情况下也要强加给学生。——佩恩注

望这种观点是建立在认真的观察而不是古老的传统的基础之上的。显而易见，因为记忆力的好坏取决于大脑机体，而与强化训练无关。不错，为了强化记忆或是为了防止记忆衰减，经过不断地反省便能够留给心灵更深刻的印记，因为这有利于巩固记忆，但是，这还是取决于心灵先天的能力。刻在蜡或铅板上的字迹不如刻在铜和钢板上的字迹保持得长久清晰。确实，如果时常更新雕琢，字迹维持清晰的时间可能会更久，但是，每一次反省都会留下新的印记。根据这一原理推论，人们就会了解心灵记忆保持的时间了。然而，对于拉丁语的记忆并不比记忆其他内容更加高明。①

如果洛克的观点是正确的，那么，教育就变成一个不可能的命题。因为教育的前提是假定所有的机能都具有一种自然的能力，可以通过练习得到进步和发展。

220. 学习一门技能 209

与卢梭一样，洛克认为，学生应该学习掌握一门技能，虽然两人对此的解释各不相同：

“我不由得要说，我希望每一位绅士都能学习掌握一项事业所需要的东西，即手工技能，甚至两三门技能，但至少要精通一门技能。”②

卢梭同样指出：“记住，我并不希望你们成为天才；我只想要你们学习一门技能，掌握一门真正的行业技能，懂得一门纯粹的劳动手艺，而不仅仅是动脑。”

但是，洛克之所以坚持让他的绅士学习木匠或农耕，他的理由是：体力劳动是放松精神的一种方式，通过有益的身体锻炼，心灵可以得到舒展和放松。而卢梭的理由则不同。卢梭希望他的爱弥儿学习一门劳动手艺，这是为了应对革命危机爆发的时刻，这样即使爱弥儿

---

① 洛克：《教育漫话》，由奎克（R. H. Quick）选编，剑桥大学出版社 1880 版，第 153—154 页。

② 洛克：《教育漫话》，第 177 页。

被夺去财产，他也能够通过劳动保障自己生存下来。其次，这也与卢梭的社会学思想有关，在他看来，劳动是每个社会成员都必须履行的义务和责任。“不管贫富贵贱，每个公民都是社会的仆人。”

221. 劳作学校

尽管洛克完全沉浸于古典人文学习和绅士教育，但是，对于初等教育他也并非完全陌生。1697 年，他曾向英国政府进谏，强调为贫苦学生建立“劳作学校”（working schools）的重要性。劳作学校要招收 3～14 岁的孩子，为他们提供劳动和食物。洛克想通过这种方法解
210 决不道德和贫穷问题。他想找到解决闲散儿童和流浪儿童问题的灵丹妙药，同时也减轻家庭中母亲的负担。他还想通过学校的纪律制度培养坚定勤奋的劳动者。换句话说，他试图改善社会，既成为绅士的导师，又成为贫困儿童的教育者。

222. 洛克与卢梭

在《爱弥儿》中，我们时常发现卢梭的许多观点受益于洛克的启迪，他称洛克为“智者洛克”（the wise Locke）。或许当我们阅读完卢梭的《爱弥儿》之后，我们会更加欣赏洛克的务实主义品质和理性精神。洛克不是一个夸夸其谈、锋芒毕露的作家。他具有理性、有判断力，能够清晰表达自己的思想。他没有一丝的矫饰和伪装，他只是表达自我，并且努力让别人理解他的想法。想要更好地体会洛克的思想，我们应该在读完《爱弥儿》之后再重读一遍《教育漫话》，卢梭确实从洛克身上汲取了很多思想。阅读卢梭的著作，我们感受到作者非凡的想象力，但也会感到目不暇接甚至晕眩，因为书中满是至上的真理、伧俗的悖论、喧哗的论点。这时，如果读读洛克的书，那就会感觉相当轻松舒适。洛克的思想连贯一致、文风简洁优雅。他不断控制自我、修改错误。虽然书中难免有不当之处，但总体说来，他的书不是闪光灯和浓烟密布的舞台，而是一束温暖柔和的灯光。

223. 分析性总结

(1) 本章论述了教育目的和方法是由占据主导地位的意识形态决

定的，例如，哲学、政治、宗教、科学和社会学等思想。人类的思想 211
也具有接受不同观点的倾向。

(2) 苏格拉底哲学代表了人类思维的主观性倾向，而培根哲学则代表了人类思维的客观性倾向。这两种哲学造就了两派不同的教育家，即形式主义教育家和现实主义教育家。前者认为，教育的主要目的是训练、培养和形式；而后者则认为，教育的主要目的是教学和知识的获得。在 17 世纪，这两派教育有着明显的界限，其代表人物分别是马勒伯郎士和洛克。

(3) 对古典教育表现出明显的抵触情绪和反抗精神，教育努力向寓教于乐的方向发展，纪律从严厉走向温和，功利性学科得到重视和发展。其中，在 16 世纪，这些趋向表现得最为强烈。

第十章　17 世纪女子教育

212 ## 224. 17 世纪女子教育

芬乃龙的《论女子教育》体现了 17 世纪教育思想对女子教育产生的深刻影响。在理论方面，女子教育学说层出不穷。在实践方面，即便芬乃龙提出的那些平凡、普通、尚不完善的教育主张都没有得到实践。

很多人都认同克里塞尔（Chrysale）在他的《知识女子》（*Learned Ladies*）一书中提出的观点：

“许多原因导致女子学习各种知识似乎是不合时宜的。女子的学业和基本原则应该致力于培养她的孩子形成良好的道德行为、管理家务、监管奴隶和节约家庭开销。”[1] 然而，喜剧家莫里哀却不认同他的
213 剧中人物对女子所持有的偏见，他认为女子“有智慧学习各个学科”。但在现实中，克里塞尔的观点却占据上风。即便在上流社会中，女子也远离启蒙智力的教育和知识。甚至连拉辛夫人（Madame Racine）都没有读过或去戏院观看过拉辛创作的任何悲剧。

225. 塞维尼侯爵夫人

然而，17 世纪并不缺乏女子天才和智者。她们喊出女子同胞们的心声，走出了一条获得丰功伟绩的道路，让人望尘莫及。拉斐特夫人（Madame de Lafayette）是出色的拉丁语翻译家；达西艾夫人（Madame Dacier）是一流的人文主义者；塞维尼侯爵夫人（Madame de

---

① 克里塞尔：《知识女子》（*Les Femmes Savantes*），第二部分，第 7 章，范洛恩（Van Laun）译。

Sevigne）精通各种古典语言和现代语言。她对阅读的好处进行了精辟的阐释，无人可及。她建议人们阅读浪漫传奇故事：

“我发现，男孩阅读书中的男主人公能够变得慷慨大方、英勇威武，而女孩阅读《埃及艳后》（*Cleopatra*）则会变得温柔优雅、睿智聪慧。偶尔有人会被书中的故事引入歧途，但是，这些人即使不读书也不会发展得多好。”①

塞维尼侯爵夫人要求她的女儿阅读笛卡儿的著作，要求她的孙女波林（Pauline）阅读高乃依的悲剧。

她说：“如果由我负责培养我的孙女，我会让她阅读一些优秀又不缺乏深度的著作，我会跟她讨论书中的道理。”②

226. 弗勒里神父 214

但是，塞维尼侯爵夫人和格里尼昂夫人（Madame de Grignan）仅仅是凤毛麟角的人物。如果一个人要怀疑17世纪女子的愚昧无知，只要读读下面这段令人惊诧的话就足够了。这是由弗勒里神父（Abbe Fleury）（他曾在芬乃龙培养勃艮第王子时担任助教）所说的：

“女子除了学习教义问答、缝纫、唱歌跳舞、穿衣打扮、礼仪这些小事之外还要学习别的知识，这实在是一个很大的谬论。在现实中，这些小事俨然已经是女子教育的全部。”③

尽管弗勒里希望女子还学习一些别的东西，要求她们能够书写正确的法语、学习逻辑学和数学，但是，我们不必担心这位自由思想家会提出过多的要求，如历史。弗勒里承认，历史对于女子来说是没有任何用处的。

227. 女修道院的教育

女子教育几乎完全局限在修道院的围墙之内。致力于女子教育的

---

① 1689年11月16日的来信。

② 1680年6月1日的来信。

③ 弗勒里：《论著选择与学习方法》（*Traite du choix et methode des etudes*），第38章。

宗教团体数不胜数，其中最著名的有：乌尔苏拉会（Ursulines），成立于1537年；天国教会（Association of the Angelics），1536年成立于意大利；还有圣伊丽莎白教会（Order of Saint Elizabeth）。虽然这些教会五花八门，但是，它们所奉行的女子教育却大同小异。所有教会的女子教育都旨在信奉天国、终生虔诚。精神世界的幻想是学生的唯一学习，其他学习几乎一概不涉及。

228. 波特·诺亚尔学校和杰奎琳·帕斯卡的规章制度

215 要想透彻了解17世纪修道院教育的内幕，最好的方法莫过于阅读杰奎琳·帕斯卡1657年撰著的《儿童条例》（*Regulations for Children*）。詹森派对男性教育和女子教育同等重视，但是，在女子教育方面，波特·诺亚尔学校却没得到应有的赞颂。

229. 女修道院的一般印象

修道院内部的女子教育严肃庄重，而杰奎琳·帕斯卡的纪律规范也异常严厉。

“虽然已经时隔几个世纪，但是，回想起修道院里的阴森气氛还是令人不快。修道院里的女孩从早到晚只能保持沉默或低声细语说话，在外面散步时前后有两个尼姑陪同着，生怕孩子们相互交谈；绝不安排两三个学生在一起工作；每天就是冥思、祷告、上课；上课的内容除了教义问答之外，只有阅读和写作；星期天“安排一点数学课，高年级学生从1点到2点上课，低年级学生从2点到2点半上课；学生手上有做不完的活，没有片刻的空闲时间胡思乱想；但是，学生们都不喜欢她们的工作，这些工作能够取悦上帝，但她们对之却深恶痛绝；这里的教育完全与学生的自然天性背道而驰，蔑视对身体的关注，认为躯体‘迟早会变成虫子的晚餐’；全部的教育内容都基于一种禁欲的精神。想一想，每天14～16个小时，修道院里这些可怜的小女孩要一分一秒地熬过去，她们要在这种孤单抑郁的环境中生存6
216 ～8年的时间！生活平静得如此可怕，只有偶尔的钟声告诉她们某种练习或忏悔要更改时间。由此，我们不难明白，芬乃龙在说到幽深的修道院时为何会如此悲伤。修道院正如坟墓一般囚禁着那些花样少女。”①

230. 严厉和爱

《儿童条例》严厉到如此地步，连詹森派教徒庞恰特雷恩(Pontchartrain)都承认，让儿童们过“一种如此沉默、如此正规的生活”是不可能的。他要求修道院里的女教师要尽量争取孩子的情感。严厉之中也要有爱。然而，杰奎琳·帕斯卡似乎并不完全认同这一观点，她认为只有上帝才是我们的爱。不过，尽管她习惯性地倾向于严厉，但是，她所制定的纪律规范却时常能体现出女子温柔的一面。我们感觉到她的心中隐藏着对学生的爱，例如，她称少女们为“小鸽子”。一方面，杰奎琳·帕斯卡规定，孩子们要吃摆在她们面前的任何食物，从最不喜欢的食物开始吃，这是出于一种赎罪的精神。但另一方面，她又写道：“孩子们必须吸取足够的营养，这样她们就不会体弱多病，这也是为什么我们要关心孩子是否能够吃饱的原因。”神秘的禁欲主义者帕斯卡时常有温柔的一面。“不过，我们绝对不能放弃对学生的关心和同情，我们应该想方设法去迎合她们，但同时也不能让她们察觉到我们的迎合。”然而，有一个主导意识又重新复活
了，即人性本恶的观点：教师面对的是亟待征服的叛逆精神，不需要 217
抱有怜悯之心。

这是一种寓教于乐的模式！但帕斯卡的态度十分焦虑，她要求她的学生做最令人厌恶的工作，因为最让自己厌恶的工作正是最能取悦上帝的工作。任何外在的友谊表现形式都受到禁止，甚至友谊本身也受到严禁。“要避免学生之间相互亲近。”

教学被压缩为教义问答、基督教美德的实践、阅读和书写。数学课只在节假日才有。看起来，帕斯卡教育的唯一目标就是发展学生的记忆力。“记忆开启了她们的心灵，填补了心灵的空缺，让她们远离

① 格雷亚尔 (M. Grcard)：《对女子中等教育的回忆》(*Memoire sur l'enseignement secondaire des filles*)，1882 年，第 55 页。

邪恶的思想。”我们有足够的理由说：在波特·诺亚尔学校中，女子的价值远远低于男性！兰斯洛特和尼克尔的学生所接受的全面教育与杰奎琳·帕斯卡的学生所接受的愚昧教育之间的差距是多么大啊！波特·诺亚尔学校中的男性在谈论女子教育时，思想自由奔放，但在真正的实践中，他们的做法却大相径庭。尼克尔宣称，书籍对于修道院中的女孩来说也是必要的，因为有必要“学习阅读，以便念祷文”。

231. 圣西尔修道院的基本特征

讨论完波特·诺亚尔学校之后，再谈论圣西尔修道院（Saint Cyr），我们仿佛透过无尽的黑夜终于看到一丝黎明的光线。毫无疑问，德曼特农夫人（Madame de Maintenon）作为一位教师没有展示出我们所期望的思想广度和深度，她的著作并非完美无瑕、无可挑剔，但是圣西尔修道院 1686 年的创办无疑是一个重大创举。有人说：
218 “圣西尔不是一个修道院，它是致力于贵族年轻女子教育的非凡机构，它以一种胆识和智慧开启世俗的女子教育。”这一赞扬难免有些过分之处，圣西尔修道院的根本特征也有很多令人置疑的地方。连其欣赏者拉瓦雷（Lavallee）都写道：“德曼特农夫人的教育无疑过于宗教化和僧侣化。”然而，我们知道，德曼特农夫人在建立圣西尔修道院之后，负责其指导工作，并曾在那里担任教师，可以说她是法国的第一个世俗女教师。我们要知道，至少到 1692 年，负责教育工作的女子并不是绝对意义上的修女，她们没有受到绝对庄严肃穆的宗教誓言的束缚。

但是，这一相对的世俗特征以及强烈的宗教传统并没有贯穿圣西尔修道院教育的始终。

232. 圣西尔修道院历史的两个阶段

圣西尔修道院其实在几年之内经历了两个完全不同的发展阶段，德曼特农夫人前后经历两种完全不同的浪潮。第一个阶段，从 1686 年到 1692 年，圣西尔修道院的教育精神宽容自由；教育成就出色，人文学科学习和戏剧表演占有重要的地位。圣西尔修道院是一个有世俗倾向的机构，更适合培养有智慧的女子，而不是培养只知道如何勤俭持家的家庭主妇。德曼特农夫人很快意识到自己走错了道路。第二个阶段，从1692年开始，德曼特农夫人修正起初所遵循的倾向。她对人文经典产生极端不信任的态度，并把文学从教育体系中完全删除，以便把全部精力放在培养学生的道德品质和务实精神上。圣西尔修道院作为一个修道院，虽然与当时别的修道院相比还有一些自由氛 219
围，但它依然是一个修道院。

233. 戏剧表演

《安德罗玛克》(*Andromaque*) 和《以斯帖》(*Esther*) 两部戏剧的成功上演，导致德曼特农夫人改变了她的最初意图。特别是《以斯帖》的上演，成为早期圣西尔修道院教育的重要事件。拉辛分配角色，布瓦洛指导台词朗诵，以国王为首的整个宫廷都来为漂亮女演员们的精湛表演鼓掌喝彩。这导致人们的观点发生变化，学校开始变得消极散漫。学生们不再愿意在教堂里唱赞美歌，担心这会搞坏嗓子。很明显，圣西尔修道院正在走向一条非常危险的下坡路。教育的目的走向歧途，朝着兰布莱旅馆 (Hotel de Rambouillet)① 的方向发展。②

234. 1692年的改革

最初，就像我们所看到的，在圣路易斯夫人 (Saint Louis) 的指导下，圣西尔修道院并没有建立起完善的修道院制度。但是，当德曼

① "兰布莱旅馆，是指凯瑟琳 (Catherine de Vivonne)、兰布莱 (Marquise de Rambouillet) 和她的女儿朱莉 (Julie d'Angennes)、蒙图赛伯爵夫人 (Duchess de Montausier) 等为中心所形成的社会团体，她们在长达半个多世纪的时间中，对法国语言、文学和文化产生了深刻的影响……凯瑟琳的家成了天才、智者、有学识、有品位的人的集会地点，在一次次的聚会中产生了法国学院、法国文学的最高权威以及法国文明的最明显特征——沙龙。"——约翰逊 (Johnson)：《百科全书》(Cyclopeadia)

② 参见《给学校总监德曼特农夫人的信件》(*Letter to Madame de Fontaine, general mistress of the school*)，1691年9月20日。

特农夫人决定要改革圣西尔修道院的理念时，她认为应该把圣西尔修道院改造成一个修道院制，并建立了圣奥古斯丁派（Order of Saint Augustine）。

220 但是，德曼特农夫人重点改革的是道德纪律和教学大纲。

德曼特农夫人在一封信中说起这场深刻影响圣西尔修道院教育特征和变革的一些原因。

她说："我为圣西尔修道院的女孩感到悲哀，这是时间不能治愈的，我们现在进行彻底的教育改革也无济于事。我遭受这种折磨其实是罪有应得，因为我为这种教育付出的精力和心血最多。……圣西尔修道院一直以来是我的骄傲，骄傲背后的理由是如此真实，因此，我从来没有意识到它开始走向极端。上帝一定知道，我希望在圣西尔修道院之中培养美德，但是，我却把根基打在流沙之上，没有坚固的根基。我希望培养聪明、高尚、有思想的女子，在这一点上我成功了。她们有智慧，却反过来用智慧与我们作战。她们心高气傲，比真正的贵族公主都盛气凌人。按照世俗的说法，我们培养她们理性，让她们能言善辩、自以为是、寻根问底、胆大妄为、精明圆滑——这些性格令我们这些老师都不寒而栗。……我们绝对不能气馁，必须寻找一种解决办法。……因为有些小事可以塑造骄傲，同样有些小事也可以击溃骄傲。我们的女孩平时受到太多的关爱，我们的态度太友好、太温顺。现在，我们必须让她们长时间待在教室里，让她们严格遵守日常规范，不用跟她们谈论别的事情。……向上帝祈祷，请求上帝改变她
221 们的心灵，赐予她们人性。关于这一点，没必要跟她们讨论太多。圣西尔修道院的所有事情都是通过讨论进行的，我们经常谈论简约主义，并试图给简约主义一个适当的定义……而在实践中，女生们却开玩笑说：'通过简朴，我要占据主导地位；通过简朴，我要实现自我管理。'因此，我们必须治愈女生们这种玩笑所反映的思想。……我们曾经希望避免某些修道院中的琐碎条例，但现在上帝惩罚我们这种心高气傲的想法。世界上没有比我们的圣西尔修道院内外更需要谦卑的地方了。圣西尔修道院坐落于宫廷附近，赞扬之声占据上风，国王对它的宠爱，重要人物对它的支持——所有这些糖衣炮弹都是非常危

险的，会让我们误入迷途而不知返……”

235. 德曼特农夫人的职责

不管人们如何评价圣西尔修道院的教育功绩，至少人们不会怀疑德曼特农夫人为她所热衷的教育事业所贡献的激情和不懈努力。毋庸置疑，她毅然地选择教师职业。从1686年到1717年三十多年间，她每天都去圣西尔修道院指导教学，从未间断过；有时候，甚至早上6点钟就去学校。她为教师和学生所写的建议和条例有好几卷。任何与“她的孩子”有关的事情都是大事。她关心孩子们的用餐、睡眠、卫生以及孩子的性格和学习。

“宫廷里面讨论的事情都是琐事，圣西尔修道院中讨论的事情要重要得多。……”“希望圣西尔修道院与法国共存，法国与世界共存。没有什么比圣西尔修道院中的孩子们更宝贵的了。”

众所周知，德曼特农夫人最大的性格特点不是温柔。但是，在圣 222
西尔修道院，她的态度从习惯性严肃冷酷变得慈爱温柔起来：

“不要疏忽任何能够拯救年轻女孩的灵魂、能够强化她们的体格和保持她们的体形的事情。”

有一天，她照常来到学校，当她与修女们谈话时，有一群女孩跑过去弄得尘土飞扬。修女们担心德曼特农夫人会为之大怒，于是训斥那些女孩离开。但是，德曼特农夫人却说：“拜托，让她们玩去吧，我喜欢她们，甚至喜欢她们带来的尘土飞扬。”相反的例子是，有人问裴斯泰洛齐的学生是否愿意经常接受老师打骂，这些学生给出肯定的回答：“我们爱他，我们甚至爱他的魔爪！”

236. 德曼特农夫人的教育著作

德曼特农夫人的著作直到今天才得以完整发表，这要多谢泰奥菲·拉瓦雷（Theophile Lavallee）为之做出的努力。著作的大部分内容都是关于教育和圣西尔修道院的，首先是《关于女子教育的书信和对话》(*Letters and Conversations on the Education of Gilrs*)① 两卷本(1861年第二版)。这些书信是日复一日积累起来的，有的是写给圣西尔修道院女教师的，有的是写给学生的。拉瓦雷说:“我们从书信中发现很多坚定的教育思想，它们适用于一切环境和条件。这部杰作蕴含着真知灼见，风格质朴清新，相关的教学方法接近完美。这本著
223 作来源于德曼特农夫人在休息以及上课的时候与教师和学生的对话，这些对话是由学生和老师们亲自收集和整理出来的。

之后的一部著作是《对步入社会的年轻女子的建议》(*Counsels to Young Women who enter Society*)② 两卷本(1857年)。该书中包含一般性的建议和对话以及谚语，内容是以寓教于乐的形式专门为圣西尔修道院的女子教育而设计的。书中的文章并非至善至美，大多数文章缺乏想象力。德曼特农夫人学习芬乃龙，采用大量的间接教育、一些教学技巧和娱乐活动，以反讽的形式进行道德教育。下面是书中的一些谚语:“时机造就混蛋”(The occasion makes the rogue);“女人可以持家也可以败家”(Women make and unmake the home);“最尴尬的事情莫过于手持煎锅柄”(There is no situation more embarrassing than that of holding the handle of the frying-pan)。

最后，我们来看看她的第三部著作，即《写给圣西尔女教师的历史启蒙书信》(*Historical and Instructive Letters addressed to the Ladies of Saint Cyr*)③ 两卷本(1860年)。

遗憾的是，在这些书中散落着许多重复的段落，但却没有通过一种系统的方法节选出几百页能够代表德曼特农夫人主要教育思想的核心篇章。

237. 内部组织

创立圣西尔修道院的目的是确保没落的贵族中250个女儿以及死

---

①《关于女子教育的书信和对话》(两卷本)，1861年第二版。

②《关于女子教育的书信和对话》(1857年)。

③《关于女子教育的书信和对话》(1860年)。

去或受伤致残的官兵的女儿们能够接受到适当的教育，并把她们培养
成为修女——如果她们选择这一职业的话，或者在更多情况下，把她
们培养成贤妻良母。正如格雷亚尔（Greard）先生所公正地观察到
的，“圣西尔修道院这种机构建立的理念，就是让法国偿还法国的债 224
务，为那些为了法国抛头颅洒热血的英雄们的子孙后代提供适当的教
育，这种理念来自于一种悠久的历史情结。”①

因此，幼年时期的儿童们从6～7岁开始就进入圣西尔修道院接受教育，一直到18岁或20岁的适婚年龄才结束教育。

年幼的女孩们被分为4个班级——红、绿、黄、蓝。蓝班是人数最多的班级，她们身穿贵族服饰。每个班级又被分为5～6个小组，每个小组由8～10人组成。

圣西尔的女教师一般是从学校的学生中挑选出来的。女教师有40名，其中包括高级教师、高级教师助教、新入职教师、一般班级教师、班级教师等。

圣西尔修道院的主要缺点是：作为一个耶稣会学院，它实行绝对
严格的寄宿制。女孩从5岁到20岁期间完全归属于圣西尔修道院，
以至于完全不了解自己的父母。或许大多数学生失去了父母，或许很
多学生从父母那里会受到不良影响，但不管怎么说，我们都不赞成学
校将学生与家庭相互隔离的做法。圣西尔修道院的女生每年只能与父
母见三四次面，而每次见面的时间也只有半个小时，而且还有教师在
一旁监视。学生们可以时不时地写几封家书，但是，德曼特农夫人似
乎从不相信内心情感的自然冲动和孝心的自然流露。她专门为学生写
了几封家书的范文以供效仿。书信过于理智而疏于情感，德曼特农夫 225
人似乎难免有点铁石心肠。看起来，她想把自己家庭观念强加给她的
学生们。她记得，她自己的母亲仅仅在她的额头上亲吻过两次，而这
仅有的两次亲吻也隔了很长一段时间。

238. 对阅读的忧虑

在1692年改革之后，教育在圣西尔修道院开始居于次要地位。

① 格雷亚尔：《对女子中等教育的回忆》，1882年，第59页。

讲授的课程包括阅读、书写和算术，此外再无别的。阅读受到广泛的质疑："女孩应该谨慎读书，与其读书还不如做体力活。"世俗书籍被完全禁止，只有虔诚的宗教书籍发到学生手中，例如，圣弗朗西斯·德萨尔（Saint Francois de Salles）的《虔诚人生指南》（*Introduction to a Devout Life*）以及圣奥古斯丁的《忏悔录》（*Confessions*）。"放弃智育"是德曼特农夫人制定的一项长期禁令。

"我们的教育目标必须是培养公民意识，而不是教育公民，也不是培育公民的智力文化。我们必须让她们学会承担家庭的责任，让她们遵从丈夫、照顾孩子。对女孩来说，阅读弊大于利。书籍让她们变得更加聪明，但却引发不适当的好奇心。"

239. *历史学习受到忽视*

为了公正评判圣西尔修道院的智育理念，我们还要注意，它对历史教育不重视。对历史严重忽视，人们开始考虑是否要完全禁止法国历史的学习。德曼特农夫人同意开设历史课程，但其目的仅仅是为了"让学生不要混淆法国国王和其他国家国王的功绩；不要把罗马帝王
226 认作中国或日本的帝王；不要把西班牙或英国的国王认作波斯和暹罗的国王"。至于远古历史，她也有同样的理由去怀疑——谁会相信远古历史所蕴含的那些美德事迹呢？"我非常担心这些关于慷慨情怀和英雄主义的历史故事，会让我们的年轻女孩有过高的精神境界，让她们变得虚荣矫情。"德曼特农夫人担心女子变得太有智慧，难道我们不应该对此也同样感到吃惊吗？她还认为，阅读米勒德·斯卡德瑞（Mille de Scudery）的《居鲁士大帝》（*Cyrus the Great*）[①] 和其他著作可能会导致夸张的浪漫主义情怀。此外，我们还要知道，圣西尔修道院的教育计划对历史的忽视是情有可原的，因为当时的男子学院和大学也是从 1695 年才开始开设历史课程的。

240. *教育的不足*

拉瓦雷说："当今时代，我们不会接受这种教育——这种所谓的

① 居鲁士大帝（约公元前 600—前 529），古波斯帝国国王。——译者注

教育只不过是居于次要地位的，教育的全部精力都致力于培养心智、理性和品德；这种教育无论在总体上还是细节上是完全宗教性的。”德曼特农夫人所犯的错误主要在于：她希望学生接受不完善的智力启蒙，同时接受过度的道德教育。圣西尔修道院开设大量的德育课程。如果说这些德育课程没有收获硕果的话，那是因为德育的种子种在了智力发育不充分的学生身上。

“我们不能让年轻女人变得学者化。女人对什么事情都是一知半解，她们知道的一点东西会让她们变得虚荣自负、喋喋不休、对严肃的事物心生厌烦。”

241. 手工劳动

如果说圣西尔修道院对智育不是很重视的话，那么，在另一方面
对手工劳动的重视则弥补了其不足。圣西尔修道院的女孩们要学习缝 227
纫、刺绣、织衣服、做挂毯。在圣西尔修道院，学生们可以制作家庭、医院、教堂中所使用的所有纺织物，还可以为教师和学生们制作各种服装。

德曼特农夫人说：“但是，纺织品不需要精美，也不需要有特殊的样式；刺绣或挂毯上的一些装饰虽然好看，但却没有用途。”

德曼特农夫人用优雅的语言歌颂赞美手工劳动，她本人也是手工劳动的模范。在国王的城堡中，她手中总有做不完的活。在圣西尔修道院，女孩们清扫宿舍、整理餐厅、清洁教室。“她们必须完成各种工作，不管这些工作多么劳累，这主要是为了锻炼她们，使她们变得强壮、健康和聪慧。”

“手工劳动是道德的保镖，能够保护女孩们远离罪恶。”

“劳动能平息激情和充实心灵，让女孩们没有精力和时间去想邪恶的事情。”

242. 道德教育

德曼特农夫人说：“圣西尔修道院这个教育机构的建立是为了行动，而不是为了祈祷。”她首先希望培养对家庭生活有用的女子。她

的教育思想是致力于培养妻子和母亲。她说："我最缺少的是女婿！"因此，她毫不松懈地关注道德品质。德曼特农夫人的名言警句可以被整理为一本珍贵的书。例如，她对于女人喋喋不休的警句是"言多必失"；针对懒惰的警句是"懒惰、挑剔的女人在家里能做什么？"对于礼貌的警句是"礼貌最重要的是让别人知道自己的想法"；对于缺乏
228 活力——女子世界存在的普遍现象，她说："女人关心的就是吃和消遣。女人的一天就是穿着晨袍躺在安乐椅上，在不说话也不干活中度过的；一切都好，只要完全处于休闲状态。"

243. 谨慎的虔诚

我们绝对不能把圣西尔修道院想象成为祈祷者的教堂或者一个宗教虔诚情绪强烈的地方。德曼特农夫人信奉适当的基督教情怀。圣西尔修道院所推崇的虔诚是"坚定踏实、公正贤明、简约明了"的虔诚，即坚持原本应该遵守的生活状态，不要任何的矫饰和精细。

德曼特农夫人写信给德波黑农夫人（Madame de Brinton）——圣西尔修道院的第一个指导者，她说道："考虑到年龄，年轻女子在教堂里度过的时间太多。我拜托你不要把这里变成一个修道院式的学校。"①

后来，改革开始之后，她写道：

"我们要用一种愉快、温和、自由的虔诚去启发我们年轻的女孩。这种虔诚在于她们生命和职业的纯洁，而不是在于严厉和繁杂的宗教仪式。……当一个修道院的女孩说，任何事都不能耽误晚祷，人们会笑话她；但是，当一个受过教育的女人说，为了照顾生病的丈夫可以不做晚祷，人们则会称赞她。……一个女人应该把时间花费在相夫教子、教育仆人上，而不是在教堂里祈祷，只有这样的宗教才值得称赞、尊重和热爱。"② 这是绝妙的建议，但却没有付诸实践！德曼特农
229 夫人说的这些话很理智，这位女政客因在《南特敕令》（*the Edict of*

---

①《关于历史学的通信》（*Letters historiques*），第1卷，第48页。

②《关于历史学的通信》，第1卷，第89页。

Nantes）中的表现，成为著名的、令人无可奈何的狂热分子。从她的口中能够说出如此充满理智的话语，这确实让我们颇为吃惊。

244. 一切事情力求简约

德曼特农夫人坚持宗教从简而行，在其他方面也同样坚持简约主义，例如，在服饰和语言方面。她说："年轻的女孩应该穿戴尽量少的丝带。"

一位教师在一堂精彩的课上鼓励学生们与罪恶"永远离异"。德曼特农夫人对此评价道："老师说得很好，但是，拜托，我们的少女中有谁知道'离异'是什么意思呢?"

245. 芬乃龙和圣西尔

米歇莱特在谈及他并不喜欢的圣西尔修道院时这样说："圣西尔修道院冷酷的女教师比芬乃龙还男人。"事实是，《论女子教育》的作者芬乃龙更加注重感性和智力。芬乃龙曾说过："我们应该尽可能谅解女孩内心的柔弱。"这一信条并没有在圣西尔修道院得以实施。"务必让她们学习古希腊和古罗马历史，她们会从中学习到勇敢和无私的品质。不要让她们忽视法国历史，法国历史也自有其美妙之处。……所有这些都是为了让她们的精神变得高尚，心灵变得善良。"然而，芬乃龙的著作在圣西尔修道院也受到尊重。圣西尔修道院建立于 1686 年，芬乃龙的著作出现在 1687 年。他书中的许多至理名言在这里被认可，例如，"避免经常逃课旷课"、"避免女孩们养成讲话太多的坏习惯"。

246. 总体评价 230

总体来讲，如果说德曼特农夫人所提出的女子教育理念达不到我们今天"领域更宽泛，精神更自由"的教育思想境界的话，那我们至少应该公正地说，德曼特农夫人建立的圣西尔修道院这个教育机构"近似一所学院"，是争取女子教育权利的第一次尝试。我们不该过多期许德曼特农夫人拥有超越时代的教育思想。相反，我们应该从德曼特农夫人重视美德教育以及注重培养谨慎、保守、善良、温顺等品质的不懈努力中获得启发。拉瓦雷（Lavallée）说："不管这种教育看起来多么严厉，它都可以启发那些遵循当今女子教育思想的人进行深刻的反思。奢华的享乐主义教育不仅会影响家庭生活，而且更会影响社会和政治生活，影响法国年轻一代的未来。我相信，男性化的教育模式会更受偏爱。可以说，这种教育更加重视培养纯洁的个人美德和公共美德。德曼特农夫人的教育思想受到法国人的尊重，她的教育著作在长达百年的时间里遏制了宫廷腐败向下属省级的蔓延，保存乡村中一些实实在在的美德品质和古代遗风般的质朴作风，而这正是贵族品质的重要因素。"

247. 分析性总结

（1）17 世纪女子教育思想反映了女子在 17 世纪的社会地位、社会权利和命运。女子的社会地位依然低于男性，下层阶级女子是苦力，而中上层阶级的女子则扮演着"花瓶"角色。女子教育被认为是
231 无用而危险的。当时给予女子的教育仅仅是为了让女子适应一种虔诚的宗教生活或与世隔绝的隐修生活。

（2）杰奎琳·帕斯卡的规章制度表现出禁欲主义教育理念的影响——人性本恶。凡是人喜欢做的事情都要受压抑；凡是人不喜欢做的事情都要被强迫去做。

（3）德曼特农夫人所指导的教育是打破传统的开端。它是一场女子教育世俗化运动，旨在争取男女在教育方面享有平等的权利，尊重女子的智力天赋和文化教育，尊重女子在现实生活中所担负的各种责任。

（4）高等教育对于男性和女子来说依然带有浓重的宗教色彩。对男女双方都有利的男女同校教育思想还没有出现。

第十一章　罗林的教育思想

248. 巴黎大学 232

从 13 世纪起，巴黎大学就已经成为象征光明的中心和学生的圣地。拉姆斯（Ramus）曾说："这所大学不仅属于巴黎，而且属于全世界。"但是，即使在拉姆斯时代，由于法国国内不安定，再加上耶稣会创立的学院蓬勃发展，巴黎大学的地位还是明显被削弱了，学生的数量也大大减少。然而，在光芒四射的文艺复兴运动和之后红衣主教卡迪纳尔·埃斯图特维尔（Cardinal d'E stouteville）强行淘汰管理制度的影响下，巴黎大学还是存活下来了。不过，在一般的学术方法方面，巴黎大学已经远远落后，开展一次彻底的改革显得非常必要。直到 1600 年，亨利四世（Henry IV）最终将改革付诸实践。

249.《1600 年法案》 233

新大学的法案最初是"根据最具基督教精神和至高无上的法兰西纳瓦拉王国国王——亨利四世的意愿和命令来决定的"。这是国家第一次直接干涉教育管理，与教会绝对权威相对的世俗力量也随之建立起来。

13 世纪和 14 世纪，伊诺森教皇三世（Pope Innocent III）和厄班五世（Urban V）已经在大学里开展过改革。在 1452 年开始的这场改革中，改革家红衣主教埃斯图特维尔担当教皇力量的传达者。但是，《1600 年法案》（*the statutes of* 1600）的执行工作由国王任命了一个专门委员会，该委员会由一些牧师、地方行政官甚至教授组成，而最终法案就是他们共同协商的结果。

250. 不同院系机构的成立

巴黎大学内部设有四个机构：神学院、法学院、医学院，这三个学院也就是我们现在所说的高等教育；此外，还有文学院，也就相当于我们现在的中等教育。

如果在此列举《1600 年法案》的各项创新，可能会占用很大篇幅，因此，我们只讲讲当时的文学院。[1]

234 文学院的大门终于向古典作家敞开了，这可以说在一定程度上受到文艺复兴运动的影响。然而，教学方法和基本教育精神几乎没有发生任何变化。天主教学说是必修课程，法语依然遭到禁止。大量的重复性练习和背诵依然是惯用的教学方法。文科一直被认为是"一切学科的基础"。哲学课程只是简单解释亚里士多德的著作。至于历史和其他学科，几乎没有受到关注。

251. 17 世纪巴黎大学的衰败

巴黎大学教育改革的力度不够，改革的结果也很糟糕。耶稣会召集成群的小学生，奥拉托利教会和詹森教派对中等教育进行改革，然而巴黎大学[2]的教育却一直处于落后状态。除了个别情况，巴黎大学几乎没有出色的教授；教育形式化，教学法是对耶稣会信徒的模仿；滥用抽象的文法规则、大量的文法训练、繁重的抄写作业以及拉丁语

---

① "以前，中等学校是指比小学更高级的学校。中等学校分为公立中学、公立学院、私立中学和私立学院。……今天，中等教育包括学院和中学，开设古典语言、现代语言、历史、数学、物理、化学和哲学等课程。公共教育分为小学、中学和高等教育。"——利特雷（Littre）

② 这里的大学指的是巴黎大学（University of Paris），必须与拿破仑大学（Napoleonie University）区分开。"拿破仑大学是拿破仑一世（Napoleon I）在 1808 年 3 月 17 日颁布法律创立的。起初的名称是帝国大学（Imperial University），后来更名为法兰西大学（University of France）。大学包括：（1）专门学院 *；（2）国立中学；（3）市立中学；（4）小学。所有这些机构都直接受辖于中央政府。"（利特）
* 专门教育包括五个专门的学院或机构——科学院、文学院、医学院、法律学院、神学院。——佩恩注

作文。巴黎大学的教育止步不前、不思进取，反而固执地抵制新的思想，禁止研究笛卡儿哲学，禁止开设法语课程。总之，巴黎大学教育
陷入僵硬死板的陈规旧俗，衰败是必然的结果。——这里简单总结了 235
巴黎大学到 17 世纪最后 25 年为止的历史情况。

252. 学科的复兴和罗林

我们回到罗林（1661—1741）教书的时期，去看一下巴黎大学学科的复兴。几位杰出的教授为罗林的发展奠定了基础，包括他的老师埃尔松（Hersan）和普尔谢（Pourchot）等人。那时，也就是从 1680 年到 1700 年，巴黎大学掀起学科复苏的浪潮，而罗林就是发起者之一。

拉丁语的地位有所动摇，人们越来越认识到法语和法国文学的重要性。这一时期，许多杰出的著作让法国文学璀璨生辉。詹森教派的教育精神渗透到巴黎大学的各个学院。笛卡儿哲学成为新的教学内容，老师们开始越来越多地重视对作者的解释，而不是对课文语句的重复朗读。新的思想攻入学院派的古堡。人们开始质疑：从事教师职业是否一定需要独身未婚？人们开始领悟到：至少婚姻不能作为被排斥的理由。最后，学校的纪律和教学方法都取得很大的进步，罗林的《学习论》（*Treatise on Studies*）就是最好的证明。

253.《学习论》

在这本著名的《学习论》中，罗林总结了自己长达 50 年的教学经验。前两卷出版于 1726 年，后两卷出版于 1728 年。

《学习论》不同于 20 年后出版的《爱弥儿》，它没有大胆的探索 236
和新奇的观点，只是对当时应用的教学方法进行客观的剖析和严谨的评价。如果按照出版时间，这本著作应该属于 18 世纪，但是它其实是关于 17 世纪教育学的著作，探讨路易十六（Louis XIV）统治下的大学传统。罗林只是收集这方面的资料，他只想做一个简单的记述者。在他写给巴黎大学校长的拉丁语致辞中，他明确表达了自己的意图和目的：

“我的首要设想就是对我们长久以来应用的教学方法进行记录和做出解释，这些教学方法至今只是以一种传统的、口头形式来传递的。我要竭尽全力为现今青年教育坚持的原则和实践建立一座不朽的纪念碑。我的目的是把传统完整地保存下来，尽可能使它们不因时间流逝而发生改变。”

254. 不同的观点

罗林有很多热心的崇拜者。伏尔泰称《学习论》是“一本具有永恒价值的书”。尽管我们察觉到书中的不足之处，尽管罗林教育学的某些观点有些肤浅和狭隘，但是，我们不得不赞同伏尔泰的评价。然而，我们却还不至于全盘接受维尔曼（Villemain）[①] 的过激说法，他抱怨《学习论》在当今时代受到忽视，“就像人们已经发现培养心智的新方法”；他还说：“自《学习论》发表以来，再也没有向前迈进一步。”这种说法贬低了两个世纪以来教育家们所作的伟大贡献。后来
237 的教育家们的思想很有深度，相比之下罗林却显得有些谨慎。当我们比较《学习论》中的格言和进步精神带来的或即将带来的改革时，我们惊讶地听到尼扎尔（Nisard）[②] 说：“关于教育问题，《学习论》是最独特的一本书，或者更确切地说，它就是那本书。”

让罗林背负如此浮夸的褒扬，其实有损于他的真正价值。为了对罗林的智慧和睿智做出公正的评价，我们希望做到谨慎赞扬，避免盲目崇拜。

255.《学习论》的结构

在探讨《学习论》最精彩的部分之前，我们先简单介绍一下八卷本中各卷的内容。

《学习论》开篇的前言部分讲述了教育的益处。

第一卷名为《适合幼儿的练习；女孩教育》（*Exercises which are*

① 维尔曼（1839—1929），德国教育家。——译者注

② 尼扎尔（1806—1209），法国文学评论家。曾任巴黎大学教授。——译者注

proper for very young children; *of the education of girls*），罗林承认自己对于“这个双重主题”的研究仍然肤浅，因为在他的最初构思中没有这方面的内容。事实上，《学习论》的第一版只有七卷本，直到1734年，“在一些人的强烈请求下”，他才写了一篇关于男孩和女孩教育的文章，最初以附录的形式出版，在后来的版本中改为第一卷。

公共学校——也就是学院——开设适合青少年教育的不同科目，这些课程成为下面六卷的研究对象：第二卷：语言学习（*Of the learning of the languages*），即希腊语和拉丁语学习；第三卷：诗歌（*Of poetry*）；第四卷：修辞学（*Of rhetoric*）；第五卷：三种雄辩术（*the three kinds of eloquence*）；第六卷：历史（*Of history*）；第七卷： 238
哲学（*Of philosophy*）。

最后是第八卷，名为《学校和学院的内部管理》（*Of the interior government of schools and colleges*），颇具特色。它探讨的不是学习和智力练习，而是纪律和道德教育。从各方面看，它也是罗林著作中最新颖、最精彩的部分，呈现了罗林教育经验的宝藏。有人称第八卷为“罗林回忆录”（Memoirs of Rollin）。它的价值和魅力在于罗林在这里决定回归自我。他不引经据典，而是用自己的口吻说话，讲述自己的所作所为、所见所想。

256. 对教育的总体反思

《学习论》一书的前言并没有体现其应有的价值。罗林在总体反思上不是很成功。上升到哲学探讨时，罗林很容易陷入陈词滥调。他写过一篇论文，证明“学习能够陶冶情操；学习能够培养干事业的能力”。

关于教育目的，罗林没有翻译古文，而是借鉴现代思想，他只是整理了亨利四世法规的序言部分，总结教育的三个目的：学习、道德和行为举止、宗教。

“国家和民众的幸福，特别是基督教国家，取决于良好的青少年教育，教育的目的是通过各门学科的学习，培养并发展青少年的智

力，让他们能够胜任命运安排的不同职业，为国家做出贡献；让他们
239 学习虔诚的宗教仪式，这是上帝的要求；青少年要知道自己与父母和祖国之间的神圣纽带，学会对王子和大臣必须表现出的尊重和顺从。”

257. 小学教育

罗林为我们介绍了他所经历的大学课堂，叙述新颖且具有独创性。但是，谈及儿童教育时，其新颖性就不明显了。他很少亲身接触儿童教育，从来没有体验过家庭生活，较少考察公共学校。他主要通过借鉴昆体良的著作来谈论儿童教育问题。

罗林用几页纸的篇幅讲述早期学习，即从三岁到六七岁的学习，这里并没有值得关注的重点。我们发现，这一部分最精彩的地方或许就是他所推荐的认字方法——“杜马斯（du Mas）的印刷室”。聪明的罗林说：“这是一个新奇的事物，我们对新奇事物感到怀疑是很正常、很自然的。”但经过检查，他决定支持这个遭受质疑的方法：让儿童学习认字就像印刷工学徒学习印刷一样。儿童面前有一张桌子，桌子上摆着一个格子箱子，里面有一些印着单个字母的纸片。儿童要把不同的字母摆在桌子上，并拼出老师要求的单词。罗林看到这种方法很成功，从他推荐这一方法的原因中，我们可以看到他已经考虑到儿童的天性，即儿童需要活动：

“这种教孩子认字的方法，除了其他几个优点之外，还有一个优
240 点在我看来特别重要：具有趣味性，看起来不像学习。对于儿童来说，没有什么比让他坐着一动不动去动脑子更枯燥乏味的了。运用这种方法，孩子的思维不会疲倦。他不需要痛苦地死记硬背，因为各个小盒子的不同吸引着他的兴趣。他也不必保持一个僵硬的坐姿在固定位子上读书。他的眼睛、手和脚都可以自由活动。孩子寻找字母，把它们拿出来、排列顺序、打乱顺序、整理分开，最后再放回原处。整个活动很符合他的兴趣，非常适合这个年龄段的调皮和活跃的孩子们。”罗林似乎认为：“从小学习拉丁语也没有什么大害。”然而，他说：“对于贫困学生和乡村学生来说，最好听从别人的意见，首先学习法语。”

可以说，罗林为儿童设计的早期教育课程太繁重了。儿童在6～7岁之前，就要学会阅读、书写，熟知弗勒里的《历史教义问答》(*Historical Cathechism*)，背诵拉封丹（La Fontaine)《寓言集》中的几个寓言故事，学习法语文法和地理。至少，罗林要求“儿童智力范围之内的任何思想和语言”都不容忽视。他要求老师要少讲，学生要多说，“这是很重要的一个责任，却很少得到实践”。他还提出一个重要的要求，即清晰的讲解，要求使用带有插画和图片的识字书。“这
种书能够更好地吸引学生的注意力，加强记忆，非常适合那些不识字 241
的孩子。”①

258. 女童教育

罗林对儿童教育的认识相对欠缺，对女童教育的认识也有不足之处。对此，我们可以用同样的理由——他一生独居未婚来解释。对于这一话题，他完全没有个人亲身体验，因此，借鉴了芬乃龙关于女子教育的思想以及昆体良关于儿童教育的思想。

女童适合学习拉丁语吗？这是罗林提出的第一个问题，但他的回答却是否定的，除非她是“修女、基督圣女、寡妇”。罗林强调说：“男女之间不存在思维差异。”但是，这条杰出的论断并没有产生多大
的实践效应。他满足于让女童学习加减乘除四则运算；拼写，他的要 242
求并不严格，因为“女人对拼写的无知不是她们的罪过，因为每个女

① 只有一次，罗林非常罕见地谈到了小学教育。我们在此引述了这段话：“几年前，巴黎的穷人学校中引进了一种十分好用的教学方法，老师们很喜欢用，因为这种方法免去了他们不少麻烦。学校分为不同的班级。我只说说其中一个班级，其他班级也效仿这个班级。这个班级的学生已经知道字母表的写法。班级开设的阅读课应该是：每个学生读一个音节，比如‘Di’，站在对面的对手学生读第二个音节，依次进行。全班学生聚精会神，而老师会随时毫无防备地从一行的开头换到一行的中间甚至末尾，而背诵必须连续进行，不能断掉。如果学生读错音节，老师不说话，只是用教棒在桌子上敲一下，第二个学生站起来，继续读刚才没有读正确的音节。如果第二位学生还是读错，老师再敲一次桌子，第三位学生要再读这个音节，直到正确为止。30多年前，我欣喜地看到这种方法在奥尔良学校的成功，这个方法是M·盖洛（M. Garot）精心首创的，并且很快在全市学校中流行起来。”

人都是这样”；对于古代历史和法国历史，“任何人不了解它们都是一种耻辱”。① 至于阅读，罗林与德曼特农夫人一样严厉：“阅读喜剧和悲剧对年轻女孩是非常有害的。”他只允许读《以斯帖记》（*Esther*）和《亚塔利亚》（*Athalie*）。音乐和舞蹈可以学习，但要非常谨慎，并不可产生热情：

“众所周知，学习音乐是一种消遣。”

“我不知道，为何女孩学习唱歌和演奏乐器变得如此流行。……我听说，女子一旦为人妻母就再也用不到这些了。”

259. 法语学习

罗林主要关心的是古典语言学习。尽管他偏爱拉丁语教育，但他的另一功绩就是，他以詹森教派为榜样，肯定法语的重要性。

他说：“不懂得自己的语言是不光彩的；如果愿意坦白事实，那我们会承认自己从来没有学过法语。”

罗林承认自己对“拉丁语比法语更精通”。他用法语写《学习论》只是为了让青少年读者和他们的父母能够读懂。在《学习论》的开头，
243 他请求读者原谅他尝试用一种新的语言写作。达盖素（D'Aguesseau）恭喜他完成大作并写道：“你说起法语来就像母语一样。”达盖素在18世纪初任巴黎大学校长。

罗林能够克服自己的思维习惯，并推荐学习法语，这一点是难能可贵的。他要求不仅学习应用法语，而且要“通过学习文法规则”让学生“领悟法语的精髓和美妙之处”。

罗林非常重视文法，但是反对滥用文法：

“干涩冗长的文法课堂会让学生感到很痛苦。以日常对话的形式每天提问简单的问题，提问学生的同时，老师会讲解他希望学生掌握的内容；以这种趣味的方式进行教学，几年之后，在不知不觉的进步中，学生们就获得了深厚的语言知识。”

在《学习论》中，我们发现法国经典作家的第一份正式名单。其

① 但是，罗林并没有这样要求青年人。

中有些已经被人们遗忘了，例如，玛索里（Marsolier）的《杰出的生命》（*Remarkable Lives*）以及博泽（Boze）的《人文学院历史和铭文》（*History of the Academy of Inscriptions and Belles-Lettres*）。但是，大部分著作都在我们今天的教育大纲中。罗林对一些著作所做的评价延续两个世纪，例如，波舒哀的《世界历史论述》（*Discourse on Universal History*）、布瓦洛和拉辛的著作以及波特·诺亚尔学校的《逻辑》（*Logic*）。

与同时代的人一样，罗林特别建议他的学生用拉丁语写作文。但是，他也谈论过法语作文，认为法语作文要首先从寓言和历史故事类
开始，然后练习书信体，最后练习描写一般事物的说明文和简短的演 24
讲稿等。

260. 希腊语和拉丁语

罗林极具教育天赋，特别在古典语言教学方面。他提出的建议在长达两个世纪的时间内被法国大学所采用。在学习希腊语方面，他要求研究主题，把语言学习简化为理解作者。与其说他是希腊语学者，不如说他是拉丁语学者。他为学习希腊语所做的最好辩护就是：自文艺复兴以来，我们一直学习希腊语。但是，罗林也承认希腊语学习并没有获得很大成功。

他说："学生家长们都不喜欢希腊语，他们小时候也学习希腊语，但后来却忘得一干二净。我们能记住的就是普通语言。"

但是，罗林关心的是拉丁语，他不仅要求学生阅读拉丁语，而且要用拉丁语交谈和写作。在这一方面，罗林具有丰富的经验。与波特·诺亚尔学校的老师们一样，罗林要求在低年级课堂上不要滥用主题，而且推荐口头主题，但他非常重视课文和作者解释：

"作者就像活字典和会说话的文法，通过阅读的体验，我们可以从中学习单词、短语和句法规则及其精髓。"

在这里，我们无法分析《学习论》中的诗歌和修辞部分。当今，
诗歌与修辞已经有些过时，但却是拉丁语诗歌和散文的密码。罗林在 245
这一主题上展现出专业的睿智，但仍然有些狭隘的观点。他谴责古代

神话，并排斥法国诗人，认为他们危险，只有个别诗人幸免。他说诗歌的真正价值在于宗教。他并没有认识到诗歌和散文能够对心灵产生积极健康的影响。

261. 作为历史学家的罗林

罗林享有历史学家的盛名。弗雷德里克二世（Frederick II）把他比作修昔底德，而夏多布里昂（Chateaubriand）[①] 深情地称他为“历史学领域的芬乃龙”。孟德斯鸠（Montesquieu）[②] 也欣然称赞：“一个高尚的人用自己的历史学著作迷倒了法国大众；这是心灵与心灵的对话；听到赞赏美德的话语，我们暗自喜悦；他就是法国的蜜蜂。”

而现代批评则比较公正地看待这些夸张的赞扬。罗林的《古代历史》（*Ancient History*）共13卷，出版于1730—1738年间，在今天已经很少被人们阅读。作为一位历史学家，他的缺点在于他不是那样博学多识，且缺乏批判精神；他不假思索地相信每一个寓言故事和传说。

然而，我们还要知道，作为一位历史学教授——实际上罗林一直说自己只是一个历史老师——罗林做出了比历史学家更大的贡献。他知道如何用最简单的方法剖析历史事件，而且尝试着分析历史事件背后的道德意义。当代一位德国学者说：“我们不应该忘记，罗林从来没有声称自己想成为历史研究家，他的主要目标是历史教育。他是把
246 历史列入法国大学课程的第一人，努力填补青年人历史知识的空白。这是一个伟大的教育功绩。不可否认，他的著作让各国青年对学习历史产生真正的兴趣，让他们对不同的时代和各国的历史都具有鲜活的认知。”[③]

---

① 夏多布里昂（1768—1848），法国作家。——译者注

② 孟德斯鸠（1689—1755），法国启蒙思想家、法学家。——译者注

③ 卡德特（Cadet）引自沃尔克（Wolker）博士编的关于罗林的文本，巴黎，1882年。

262. 历史教学

然而，即使作为一名单纯的历史老师，罗林也有很多不足之处。毋庸置疑，历史道德化是值得肯定的。正如他所说的，让历史成为“永远散发光辉和荣耀的学校”。但是，倘若老师完全专注于道德说教，那会有损于历史事件的准确性和深刻性。

罗林另外一个严重错误在于，他的历史体系中没有法国历史和现代历史。在这一方面，他落后于奥拉托利派、波特·诺亚尔学校、波舒哀、芬乃龙和德曼特农夫人。此外，有趣的一点是，罗林承认学习法国历史是有用的，但是，他说之所以忽略法国历史是因为缺乏时间：

“我没有讲法国历史。……在整个历史课程中，我想很难有时间讲法国历史；但是，我绝不是说法国历史不重要，我非常遗憾地看到很多人忽视法国历史，其实这门课程对他们非常有用，也非常必要。在说这些话的时候，我首先要批评的是我自己，因为我没有足够重视它。游遍许多国家，回到自己的祖国却成为陌生人，我为自己感到羞愧。”

263. 哲学 247

与历史学习一样，在哲学课程中，罗林寻找的也是道德教诲。难以胜任哲学教育的罗林承认，自己只是非常肤浅地进行哲学研究。然而，他知道哲学蕴含的伦理学和逻辑学价值，因为这些能够引导道德和完善心灵。他也知道，物理学能够为我们提供大量有趣的知识，形而上学能够强化我们的宗教信仰。他认为，古代伦理学也很有价值，在他看来古代伦理是基督教伦理的先导。

264. 科学教育

罗林将天文学、物理学和自然历史等列入课程大纲。毫无疑问，他的文章价值有限。罗林的知识不够准确，总体思想比较狭隘。他甚至相信“自然完全是为人而创造的”。但是，他明白观察外部世界具有很重要的教育作用，这一点值得我们称赞。

“我把儿童的物理（children’s physics）称为自然科目，这样学习只需要一双眼睛就足够了，因此，每个人都有能力学习这门科学，包括儿童。它要求我们认真观察大自然展现给我们的事物，对这些事物进行认真思索，欣赏它们不同的美。但是，不要钻研它们的神秘根源，因为这是物理学家的研究领域。”

“我之所以说连儿童也能学习自然，那是因为他们拥有眼睛，也不缺乏好奇心。他们渴望知识，他们充满好奇。我们必须唤醒他们心
248 中的求知和学习的欲望，这是人的天性。此外，学习自然一点也不枯燥乏味，充满快乐和趣味。它可以取代消遣娱乐，并且也只能在娱乐玩耍中进行。如果我们知道如何利用各种机会实现这一目标的话，那么，我们很难想象孩子们将会从中学到多么广阔的知识。”

265. 罗林教育学的基本特征

我们不能认为罗林的唯一教育目标就是培养拉丁语学家和文人。我非常清楚他对自己说过这句话：“培养兴趣是我最主要的目标。”然而，他也有其他一些想法——重视智育，也同样重视道德品质的培养。他希望教育能够同时培养“心灵和大脑”。对罗林而言，教学的所有阶段都与德育相关。他尊重知识只是因为知识能够促进美德。在解读作家的时候，他注重分析作家的道德思想，这与文学赏析同等重要。要灵活分析文章中的格言警句和事例，这样的学习不仅是学习修辞，而且是学习其中的道德寓意。总之，罗林遵循的是詹森教派而非耶稣会的传统。

266. 罗林的基督教精神

罗林虽然因为他的詹森教派宗教倾向而受到迫害，但是他是一个狂热的基督教徒。“罗马人的正直”对他来说是不够的，他渴望拥有基督教美德。结果是，他要求每节课堂上都要有宗教教育。他在担任校长期间出台一条规定，要求每个班的学生每天都要学习并背诵《圣
249 经》中的一句或几句格言。这个传统一直延续到现在。此外，罗林知

道，让学生学会虔诚的最好办法是以身作则，自己首先做到虔诚：

“培养真正的基督教徒——这是儿童教育的最终目的；其他的都是实现这一目的的工具。……当老师拥有这种精神时，我们就可以对他放心了……”

罗林的基督教精神体现在其著作的字里行间。

在《学习论》前言的最后一段，他总结道：“我还要祈祷上帝，因为我们和我们的教育都在上帝的手中，祈祷上帝保佑我的良苦用心。”

267. 学院的内部纪律

《学习论》中最具价值、最值得研究的部分之一，当然就是大学和学院的内部管理部分。这里，虽然他没有完全抛弃对他人思想和权威思想的借鉴，特别是受到洛克的深刻影响，几乎逐字逐句重述洛克关于奖惩措施的建议，但是，他融入了大量的个人经验。我们批判他不熟悉儿童，但在另一方面，他却十分了解年龄大些的学生——10～16 岁的学生。他不仅了解他们，而且很爱他们。他给孩子们的一句证词是：孩子们永远都是有理的。这句话只有爱才能解释清楚。

268. 罗林研究的主要问题

掌握《学习论》这部分内容的最好办法，就是对《对青少年教育的一些基本建议》(*General Counsels on the Education of the Young*)一章中 13 篇文章重新命名：

(1) 教育目的应该是什么？ 250

(2) 为了更好地教育儿童，应该如何研究儿童的性格？

(3) 如何在儿童中树立权威？

(4) 如何让儿童既爱你又怕你？

(5) 惩罚：① 惩罚的难处和危险；② 惩罚需要遵守的原则。

(6) 斥责：① 斥责的情景；② 斥责的时机；③ 斥责的方式。

(7) 与儿童讲道理，通过夸奖、奖赏和关心等方法激发他们的荣誉感。

(8) 如何教育儿童诚实?

(9) 如何教育儿童礼貌、干净、整洁?

(10) 如何让学习变得有吸引力?

(11) 如何让儿童休息和娱乐?

(12) 如何通过教学和示范培养儿童的美德?

(13) 虔诚、宗教以及用激情去拯救儿童。

269. 公共教育

罗林没有明确表达公共教育的优越性。他不敢直接向学生父母提出建议,但是,他极大地促进了大学的发展。由此可见,与私人教育相比,他更喜爱公共教育。我们注意到,罗林深信一句古代至理名言:“孩子首先属于国家,其次属于父母。”

270. 教鞭

在纪律方面,罗林更倾向于温和的一面。然而,他不敢绝对禁止教鞭的使用,他感到犹豫不决、踌躇不定,心中有废除教鞭的想法,但嘴里却发不出禁令。这主要是因为他在《圣经》中看到一句赞成教
251 鞭的话。我们有趣地发现,罗林在基督教情感和温和的天性中间摇摆不定。善良而又胆小的罗林,尝试用另一种方法解释《圣经》中的句子,并说服自己《圣经》中那句话并不像看起来那样。在犹豫了很长时间之后,他终于得出结论:允许体罚,但只有在极端恶劣的情况下才能使用体罚,这也是洛克的观点。

271. 一般的惩罚措施

罗林就惩罚和斥责学生提出许多意见和注意事项。我们不能在儿童犯错的时候惩罚儿童,因为这会让他们感到绝望,逃避新的责任。老师在惩罚的时候要冷静,不要生气,生气会有损他的权威。关于学校纪律的这条经典准则,让我们受益匪浅。在指导师生关系方面,罗林简直就是理智和常识的化身。当然,其中的大部分观点都不很新颖,但是,这些观点能从罗林的口中说出来就有所不同,或许因为罗

林的个人经验为这些乏味的建议增添了权威性。

272. 结论

对于罗林的其他教育观点，例如，他对游戏、娱乐、使学习具有吸引力、及时启发儿童的理性、跟他们解释为什么这样做或那样做等问题，我们将不再逐一分析。在《学习论》的最后部分，有一段经典
的儿童心理分析非常敏锐和具有洞察力。特别是他要求所有的教育家 252
都坚持一条道德纪律准则，用罗林的话说就是培养青年人就要“同时培养心灵和大脑”。罗林为科学而奋斗，更为美德而奋斗。他的著作与其说是人文著作，还不如说是道德著作。他以自身的基督教精神和大学精神证明：教育能够培养有为的青年。

273. 分析性总结

(1) 通过学习，我们发现一个明显的事实：教育发展的进程相当缓慢，经常出现强迫学习的现象，人类的思想运动——文艺复兴促进了教育的觉醒。

(2) 一个更为特殊的事实是大学的极端落后和保守，或者说大学对传统的固守。问题是大学固守传统是否更有利于其职能的发挥。

(3) 古典语言出现两个新的竞争者：法语和历史。我们看到现代大学中的创新精神。

(4) 高等教育的另外一个新状况就是国家的干预。之前，教会一直占据教育的统治地位。在改革巴黎大学的过程中，国家充当了重要的角色。

(5) 女子继续争取与男性享有同等的教育权利，这种历史的斗争取得了一定的进展。

第十二章　天主教与初等教育——拉萨尔和基督教学校兄弟会

253 ## 274. 17 世纪初等教育的状况

本章不会详尽介绍 17 世纪初等教育发展的每个细节或法国初等学校的缓慢进程，但一些重要教育事件和年代值得一提。

16、17 世纪，天主教会尚未失去干涉大众教育的兴趣。毫无疑问，天主教会采取各种方式使贫苦的人们信仰宗教，有时“甚至教他们阅读和书写”。然而，天主教会真正的教育作为是从拉萨尔建立基
254 督教学校开始的。有些宗教机构在各地建立免费学校——慈善学校，但是，并没有制定全面的教育目标以进行统一指导。同行之间的竞争，例如，书写老师与教会直辖小学老师之间的竞争、校长与助理教士（大主教的助手，负责学校监管）之间的斗争等情况日益恶化。个人为教育所作的努力不见成效，大众教育取得的微小进步也受到挫败。例如，1680 年前后，书写老师企图禁止小学[①]老师教授书写，不能给学生看书，只允许学生学习单音节词。因此，有必要颁布一项议案恢复自由——或有限的自由——让小学老师教授书写。

那个时代的人说：“基督教学校不仅受到羞辱，而且受到忽视。”慈善学校里的学生受到人们的蔑视。他们必须戴一种印着特殊徽章的帽子。简而言之，初等教育不仅没有进步，反而日益衰落。

---

① 法语“Petites ecoles”意指“小学”，是这一时期小学的通称。但是，詹森教派的教育家们的小学是与众不同的，因此，在本书第七章中，我们把詹森教派的小学“little shcools”译为“少儿学校”。——佩恩注

275. 德米亚和里昂小学

一些进步人士与令人不满的教育状况作斗争，努力发展天主教学校。在拉萨尔之前，必须提及的人就是里昂的一个牧师德米亚
(Demia)。1666 年，他建立了圣查尔斯兄弟会（The Brethren of Saint 255
Charles)，教育贫困儿童。拉萨尔的学校一直到 18 年后的 1684 年才成立。1668 年，德米亚向里昂商会会长发出一份热情的请愿书，即《为贫困儿童建立基督教学校的建议书》(*Proposals for the establishment of Christain schools for the instruction of the poor*)，并因此得到每年 200 里弗的经费资助。1675 年，里昂大主教颁布命令，由他“负责管理和指导里昂市区和主教教区的学校”，起草一份学校规章制度，以便每所学校效仿。[1] 德米亚针对“教阅读、学习教义问答、改正学生不当行为和其他类似事情”编撰了一本书，也就是《教区学校》(*Parish Schools*)，我们下面会对这本书稍作评价。他还进一步讲解了“如何考察应聘老师的宗教情感、教学能力和道德情操”。但更重要的是，为了培养新教师，他建立了专门的神学院（seminary)。

从下面这段引言中，我们可以看出德米亚对建立基督教学校的热情。

“建立基督教学校非常重要，也非常有用。在我们的政治组织中，没有任何机构比基督教学校更需要各级官员的关注和支持，因为它决定着我们的和平和国家的安定。穷人们没有办法教育孩子，孩子对自
己的义务和责任一无所知。……因此，我们非常遗憾地看到，贫困儿 256
童的教育被完全忽视，尽管这件事关乎国家利益，尽管贫困儿童教育与处境较好的儿童有同等必要的受教育权。”

276. 克劳德·乔利

1676 年，巴黎圣母院的领诵师、“巴黎市区和郊区初等学校的管理者和指导者”克劳德·乔利（Claude Joly）发表了《儿童教育的基督教道德建议书》(*Christian and Moral Counsels for the Instruction*

① 参见《教育学讲演》(*Lectures pedagogiques*)，哈希特，1883 年，第 420 页。

of Children）。这本书并没有很大的价值，作者把初等教育抛之脑后，只顾谈论中等教育和王子教育。克劳德·乔利最为关心的是大力实施男女分校的教育。在法国，长期以来男女分校是一条绝对原则。德米亚在他的九条规定中强调里昂大主教的命令："男校不准招收女生，女校不准招收男生。"罗林也是同样的观点。克劳德·乔利以领诵师（chief precentor）的权利宣布自己在初等教育上的统治权：

"在慈善的名义和前提下，我们质疑巴黎牧师们控制学校的权利，这一权利只属于主领诵师。主领诵师还有权任命各个宗教学校和世俗学校的人员。我们还要禁止作家干涉语言教学，只有优秀的语言学者，也就是小学语言教师们才享有这种权利。"

我们在17世纪教育史中看到了这种特权。

257

277.《教区学校》一书

《教区学校，或小学儿童适当教育方法》（*The Parish School, or the Manner of Properly Instrucing the Children in the Little Schools*）——一位巴黎主教教区牧师在1655年发表的一本学校手册，发行过很多版本。[①] 此书成为那个时期学校必须遵守的统一标准，也暴露了那个时期初等教育的狭隘和落后。

《教区学校》一书的作者并不认为教师是一个崇高的职业。他认为，教师职业没有光彩、没有快乐、没有利益。他没有为教育制定崇高的目标，甚至戏谑地说："教育并非完全没有用。"那时的教育确实十分狭隘，只包括阅读、书写、计算。此外，作者还增加了宗教和礼仪的内容。

我们注意到特别的一点：教区学校的大纲中包括拉丁语教学。那个时期的小学还依附于中等学校；学校中开设古典语言和修辞学课程。《教区学校》的作者起草的教师用书目录中包括希腊文法。学生们先学习拉丁语，后学习法语。

我们可以从本书的第一部分中得出一些关于教育实践的好建议，

---

① 我们之前的版本是1722年版的。

特别是关于老师的责任、模范的力量以及了解学生性情等方面的意见。但是，在这本巴黎市学校准则中，也有很多虚假的言论和错误的概念。在《教区学校》中抱怨学生们吃太多的面包：

“巴黎的孩子们无一例外吃太多面包。这种饮食让思维变得迟钝，258
让孩子们到9～10岁的年龄就丧失了学习能力。”一件重要的事情是，学生监视不仅得到权威认可，而且得到鼓励和有意地安排：

“老师可以挑选两个最可靠、最聪明的学生，负责监视学校里和教堂里违反纪律的行为。他们要把违反纪律的学生的名字和他们的违规行为写在纸上或写字板上交给老师。在班级中，这种学生可以称为监督员（observers）。”

278. 拉萨尔与基督教学校

对《教区学校》的分析，能够帮助我们更好地理解拉萨尔的著作。如果人们轻视拉萨尔的基督教学校兄弟会（the Brethrein of the Christian Schools）的教育机构的话，那只要把拉萨尔（La Salle，1651—1719）的改革与当时其他学校比较一下，你就不会有贬低它的想法了，尽管它还有很多不足之处。我们只有把人类建立的教育组织放在当时的时代背景和历史环境下，才能做出公正的评价。以当今的标准，我们很容易对基督教学校兄弟会的教育学提出很多批判，但考虑到时代，与那个时代其他的学校作比较，拉萨尔的学校是值得教育界人士尊重和赏识的。它是大主教组织第一次有系统地努力开展大众教育的代表性事例。耶稣会致力于中等教育，他们不仅有大量的物资，而且学生要缴纳学费。但是，拉萨尔致力于初等教育，克服了各种困难，学生上学也是免费的。

279. 拉萨尔的生平和品格 259

我们要对拉萨尔的学校展开全面的评价，包括它的主要教育理论和教育实践方面的许多细节。拉萨尔是值得我们敬佩的。特别值得我们钦佩的是，他在组织学校和招募教师时表现出来的业务激情以及实施教育改革的大无畏精神。他的激情并没有因为心怀嫉妒的书写老师和莫名其妙的牧师的反对而有丝毫的减退。他把绚丽的一生都献给了教育事业。他坚持不懈地奋斗了一生，为教育做出的贡献影响深远。

拉萨尔在早年就表现出不一般的个体品格。他体弱多病，不得不与身体的各种疾病作斗争。为了晚上能熬夜学习更长的时间，他有时跪在有棱角的石头上，有时在面前摆放一块钉满铁钉的木板，这样他只要一打盹，头就会撞到木板上。1667 年，他担任兰斯教堂的教士。1678 年，他成为牧师。1683 年，他辞去职务。为了接近那些他想要拯救的灵魂，他自愿成为一个穷人，放弃了全部遗产。他的朋友们对他的所作所为非常反感，把他当疯子一样对待。

280. 禁欲主义倾向

但是，拉萨尔坚持不懈地奋斗的动力，并非仅仅源自他对民众无私的爱或使人们获得道德重生或智力进步的单纯想法。他的目标首先是宗教的。他的宗教虔诚甚至走向禁欲主义。小时候，拉萨尔还住在
260 家里，在母亲的客厅里他就有一种不安的情绪。他的传记作者写道：一天晚上，房间里的人都在听音乐、谈论世间俗事，他忽然跑到一个姨妈的怀里，并对她说："姨妈，请给我讲一个圣人的故事吧。"他自己就是一个圣人，虽然教会并不认为他配得上这个荣誉称号。青年时期的他，每天晚上都在祈祷中度过，并且只睡在床板上。整个一生，拉萨尔对自己和他人都要求非常严格。他认为，节欲和简朴是基督教徒的生活规则。他的对立者经常时不时地把这一点归结为他的罪恶。他被刻画为一个僵硬呆板的人，把节欲推向罪恶的极致。为了平息他们的愤怒，他取消了学校中的体罚政策，但是他依然我行我素，过着自己的清贫生活。这可能是一种英雄主义美德，但我们不得不说，作为孩子们的老师，这也是一种不幸的性格。不好的开端让我们首先对他的教育体系产生怀疑。这位创立者一生局限在一个狭小的空间，而且从小就没有表现出一丝的快乐和幽默。

281. 基督教学校兄弟会教育机构的建立

基督教学校兄弟会教育机构创始于 1684 年，但是一直到 40 年后

的1724年才得到罗马教会权威和皇家势力的认可。

我们不会详细讲述基督教学校兄弟会教育机构成立初期经历的风风雨雨。简单地说，拉萨尔在他的家里拉开了教育的帷幕，他在家里热情接待了几位清贫的老师。1679年，他在兰斯建立了一所男子学校。1684年，他要求他的学生们宣誓安稳和服从，并且规定学生的衣着标准。1688年，他去巴黎，想在那里成立新的学校。也正是在巴 261
黎，他说："原本希望他们能够帮助我，可是他们却成了我的迫害者。"尽管困难重重，但是，他的学校还是发展起来了。1720年，在他去世的时候，基督教学校兄弟会已经在各地建立了大量小学。

282. 有关师范学校的思想

我们知道当时是如何召集师资力量的。按照普尔谢的说法，在巴黎，主领诵师克劳德·乔利为了管理学校，不得不招募各种人：老裁缝、旅店老板、厨师、泥瓦匠、假发制造者、木偶演员——这个名单可以继续罗列下去。1682年，一位叫玛丽·莫利（Marie Moreau）的老师被波舒哀分配到费泰—高歇尔（Ferte-Gaucher）管理学校。学校校长想要考察她的能力，就让她参加一个考试。考试是这样进行的：

"(1) 校长问她会不会读书，她说她读得还行，就是还达不到教书的水平。

(2) 校长给她一支钢笔让她修理，她说她不会修。

(3) 校长给她一本拉丁语的书，要求她朗读，但是雷米（Remy）修女说不让她读了，也没有让她展示书写。"①

那个时代老师的普遍特点是知识水平和道德水平都不高。他们完全没有任何准备就成了教师。拉萨尔十分担心招聘这种老师会严重影响学校的良好发展。于是，1685年，他在兰斯（Reims）建立了一所真正的师范学校，名为"教师学院"（Seminary for Schoolmasters）。 262
这里专门为乡村地区培养教师。只是，德米亚早在他之前就开始这项

---

①《免费学校历史》（*Histoire d'une ecole gratuite*），第五部分，普莱西耶（Plessier），第15页。

工作了。后来，他在巴黎建立了一所类似的学校。值得注意的是，他还为这所师范学校建立了一所附属小学。这样，师范生在有经验的教师的指导下在小学里担任老师。

在《基督教学校管理》（*Conduct of the Christian Schools*）的第三部分中，拉萨尔起草了培养新教师的相关规定。下面是他在青年教师身上发现的一些缺点：

（1）喜欢说话；（2）精力旺盛、时常发怒；（3）漠不关心；（4）全神贯注和尴尬；（5）严厉；（6）刁难；（7）偏心、不公正；（8）反应迟钝、玩忽职守；（9）胆怯、优柔寡断、缺少力量；（10）沮丧、焦躁；（11）随便、嘲弄；（12）注意力分散、浪费时间；（13）浮躁；（14）轻率；（15）排外；（16）对学生不同的脾气性格不够在意。

283. 免费义务教育的观念

基督教学校兄弟会是由从事免费义务教育的成员组成的一个团体。“拉萨尔只关心手工匠和穷人的孩子。他说，这些人白天要辛苦工作，养家糊口，自己无力教育孩子，也无法让孩子接受尊贵的基督教教育。”1694 年，学校创始者和他的 12 个弟子跪在圣坛前发誓：
263 “共同努力，团结一致，为免费慈善学校而奋斗，即便这意味着乞求施舍或靠吃面包生存。”

免费教育在很多地方通过慈善学校的形式得到普及。而更杰出的成就是免费义务教育观念。拉萨尔相信，义务教育并不会侵犯父母的自由。他在《基督教学校管理》中提出了转变家长观念的方法：

“如果有的穷人不想让孩子接受免费教育的话，那么，我们要把这些人禀报给教区牧师。牧师或许能够治愈这些人漠不关心的态度，牧师可以威慑他们必须让孩子去上学，否则将不再发放任何资助。”

284. 职业教育

拉萨尔除了创办小学外，还创办技术职业学校，他是一个真正的创新者。在鲁昂附近一个名为圣约（Saint Yon）的地方，他创立了一所学校，在这里，“教青年人学习任何知识，但拉丁语除外。办学目标是培养从事商业、工业和管理类等职业的人才”。

285.《基督教学校管理》的系列版本

拉萨尔为管理学校制定了一份详细的规范和准则，名为《基督教学校管理》，其第一版出版于1720年，也就是作者去世一年后，出现在法国南部城市阿维尼翁。[①] 另外两版相继出现于1811年和1870年，
出现重要的修正之处，基本内容没有改变，但有些纪律规定有所改 264
变，例如，教鞭的使用遭到禁止。

《基督教学校管理》1811年版的前言中这样说：“为了使我们的教育与温文儒雅的行为态度相一致，我们废除或修正体罚制度，用其他措施取代体罚。一方面是积极的方法，如许诺和奖励；另一方面是消极的方法，如剥夺其机会和布置任务。”

此外，还增加了一些内容。基督教学校兄弟会顺应时代发展的要求，对学校管理制度做了或增或减的改动。

修道士弗雷尔·菲利普（Frere Philip）为《基督教学校管理》1870年版写的序言中这样说道：“学校最初制定的行为准则一点点地增多。与此同时，学校的教学方法也变得更加完善。很明显，这样一本书是没有最终版的。新的教学实验和教学方法的进步、新法案的颁布、新的需求等，都要求它作出不断改变。”

286. 规则的滥用

耶稣会和基督教学校兄弟会的一个共同特点就是：一切按照事先规定的程序行事。老师们没有任何自作主张的余地。教学只不过是把规则付诸实践，禁止任何的创新。

拉萨尔在《基督教学校管理》第一版的序言中写道：“我们必须要求所有的学校，即各地的基督教学校兄弟会坚持统一性，所有学校
应用统一的教育方法。人不适合松弛懈怠，更不适合变化多端，因 265

① 我们之前有阿维尼翁（Avignon）这一版本的复印本，J·查尔斯·查斯塔皮尔（J. Charles Chastapier）是一位出版商和书商，住在耶稣会士学院附近。

此，必须制定规则，保证每个人能够担起自己的责任，避免任何人尝试新事物或者摧毁已经建立的明智制度。”

看到这些之后，我们就不难理解为何基督教兄弟会学校的教学会变成低效的日常惯例了。

287. 行为规范的划分

《基督教学校管理》可以分为三部分。第一部分，规定了学校的一切活动，即学生从早上上学到晚上离校一天之内的全部活动。第二部分，描述了建立和维护秩序的方法，即纪律。第三部分，规定了学校管理者的职责、老师的素质和老师在教育中需要遵守的规则，这也可以称为师范学校的行为手册。

288. 学校的内部组织

拉萨尔规定，在兄弟会学校中，安静统治一切。没有什么比让学生保持安静更好了。然而，拉萨尔还要求，老师也保持安静。基督学校中的牧师是不讲话的老师。

“老师自己将小心谨慎地观察，不能随意讲话，如果讲话也要小声。”“如果老师自己都不能保持安静的话，那么他的学生就更无法做到了。”“当老师必须讲话的时候——这种必要性很少——他一定要小声讲话。”

可以说，拉萨尔害怕大声响亮的声音。

266 既然老师不能说太多的话，那他应该如何跟学生沟通呢？拉萨尔发明了一种完备的信号体系来取代语言，可以说是一种教学电报。《基督教学校管理》中有好几个章节都对此做了详细讲解。老师双手相握，表示让学生跟着他念祈祷；老师做十字交叉的手势，表示让学生复述教义问答。老师还会用拍打胸膛或者凝视学生等方式来下达其他命令。此外，老师还可以使用一种名为“信号杆”的铁制工具，向上或向下举，用一百多种举式方法来传达各种命令，比如宣布练习开始或结束。

如此地质疑语言，这意味着什么呢？我们应该如何评价这类老师和学生都保持静默的哑巴学校呢？如果学生请求讲话，那么，他要从自己的位子站起来，两手交叉，眼睛向下看。当然，我们可以体谅这种制度。与乱糟糟的学校相比，一切小心翼翼、安静沉默的学校也有其优点。然而，这种奇怪的制度不仅意味着对秩序和良好行为的渴望，而且揭露了对充满活力和自由的教育体系的惧怕。拉萨尔为了让学校保持安静，却使学校失去了生机和活力，最终把老师和学生都变成了空洞的机器。

289. 同步教学法

批判缺点的同时也要表扬优点。在拉萨尔年代，个别教学法是初等教育的唯一方法；但是，拉萨尔用同步教学法（simultaneons method）取而代之，即全体学生同时听老师讲课。为了实现这一目的，他把每个学校的学生分为三部分：“差生班、中等班、优生班。” 267

“每个水平的学生在一起听课。老师要注意让每一个学生集中精力，比如朗读，老师大声朗读之后，全体学生要一起小声跟读。”

为了帮助老师上课，拉萨尔分给每个班一两个优等生做老师的助手。这种学生被称为检查员（inspector）。拉萨尔说：“教学相长。”

我们必须承认，在拉萨尔的教学建议中，有强调学生的判断力和理性思维的内容：

“老师在进行教义问答和布道的时候不要与学生说话，但要不断地提问学生，不管是直接提问还是间接提问，以保证学生能够明白他所讲的内容。”

卢卡德（Frere Luccard）牧师在他的《伟大的拉萨尔生平传记》（*Life of the vererable J. B. de La Salle*）① 中引用了拉萨尔的《建议》（*Counsels*）手写稿中一段富有表现力的话：

“老师在让学生回答问题的时候，不要给学生太多提示。老师不

① 卢卡德：《伟大的拉萨尔生平传记》两卷本，巴黎，1876 年。

应该让学生感到灰心丧气，而是要鼓励学生用自己的能力去追寻答案。老师要让学生相信，只有通过自己坚持不懈的努力而获得的知识，才会在脑海中留下更深刻的印象。”

290. 兄弟会学校的课程

阅读、书写、拼写、算术、教义问答——这就是拉萨尔的教学计划。

268 在阅读方面，拉萨尔同意波特·诺亚尔学校的观点，要求从学习法语开始。

“拉丁语课程的第一本书是《诗篇》（*Psalter*），但这门课程只能对已经学会法语阅读的学生开设。”

拉萨尔要求学生在学会“流利的阅读”之后再尝试书写。此外，他还非常重视书法。众所周知，兄弟会学校的老师们都是书法高手。拉萨尔在书写方面提出很多建议：笔、修笔刀、墨水、纸张、描图纸、吸墨纸、圆体字和斜体字——每个方面都很讲究。[1]《基督教学校管理》还提到“如何教正确的身体姿态”以及“如何教正确的握笔和写字方式”。

“一个非常有用而又及时有效的办法，就是在开始的时候给学生一根与笔一样大小的木棒，木棒上面有三个凹陷，两个在右边，一个在左边，让学生知道放手指的位置。”

书写练习要在学习拼写和作文之后进行：

“老师要求学生写自己的笔记、收据和支票等，也要求学生默写教义问答书或者听过的讲课知识等。”[2]

至于算术，只学习四则基本运算。拉萨尔尝试用推理而不是惯例
269 的方法教数学，这种做法值得称赞。他要求老师经常提问学生，以保证学生能够听懂并掌握运算规则，或者保证学生集中注意力。老师“要让学生完全理解”他讲的内容。最后，他要求老师“自己去发现

① 当时最流行的字体是圆体字。拉萨尔发明了奇形（Bastard hand）字体。

② 参见《基督教学校管理》，第二部分，第2章。

一些规律”。

自然地，祈祷和宗教练习在拉萨尔的学校里占有重要的位置：

“每个班总会抽出两三个人跪着，一个学生拨着念珠喃喃祈祷。”

“一定要确保学生们每天至少听到一次大弥撒。”

“每天半小时的时间用于教义问答。”

291. 兄弟会学校的教学方法

兄弟会学校常常因为其机械式教学特点而受到批判。弗雷尔·菲利普牧师在 1870 年版的《基督教学校管理》中明确认同这一批判。他写道：“初等教育在过去这些日子里表现出一个特点，让我们不得不重视。我们要以坚持培养学生判断力为主的教育目标，从今以后不再强调记忆力的培养。我们要采取特别的教育方法，激发学生智力，引导学生思考，关注事实，从语言领域进入思想领域。”这些明智的建议也反映了当时存在的错误传统。这些错误传统应该被改正，但已根深蒂固。读过《基督教学校管理》的人对兄弟会学校教育特点的第一印象，就是机械常规的记忆训练，缺乏活力。

292. 兄弟会学校的礼貌教育 270

拉萨尔为年级较高的学生编写了一本名为《礼仪守则和基督文明》(*Rules of Decorum and Christian Civility*) 的阅读书，是用歌特字体打印的。① 这不仅是一本礼仪手册，而且是一本道德文献，“它包含了儿童对上帝和父母的全部责任”。但是，我们发现这本书其实根本没有达到这一评价的高度，书中只是肤浅地讨论了外在的行为举止。今天再评价这本书已经没有太大的意义，书中的内容或许会让我们发笑。拉萨尔的目的当然是值得赞扬的，虽然这个目的太宽泛了。在序言中，他说：“我们的一举一动都要受到纯粹的基督教动机的控

---

① 我们手中有《基督教学校管理》第六版，鲁昂，1729 年。大概是拉萨尔在 1703 年左右写的。

制。”因此，他对于日常生活中的每一个简单动作都做了详细的规定。[①]

下面是这些基本道德规范的几个例子：

“躺下的时候不适宜讲话，床是用来休息的。”

“睡觉的时候，尽量不要发出噪音或打呼噜；也不要在床上辗转反侧，好像焦躁不安，不知道躺在哪一边好。”

“在别人面前脱鞋子是不礼貌的。”

271 “用木棒或鞭子抽打地面或石头玩是不礼貌的，等等。”

如果拉萨尔的规则都是金科玉律的话，那么，我们每天会犯多少不礼貌的错误啊！

293. 体罚

基督教学校兄弟会在两个世纪中显著地改善了体罚制度。1870年，弗雷尔·菲利普牧师说：“迫于必要的形势，我们不能再容忍学校使用体罚措施。”早在1811年，完全取缔或至少修改体罚措施的思想就出现了，改善了体罚工具。“我们减少了沉重的铁戒尺的使用，早就感觉到使用铁戒尺的不便，取而代之的是一条小皮鞭，大约一英尺长、一英寸宽，一头有分叉。但是，我们依然希望，在上帝的帮助下，我们尊敬的老师们有温和性情，这些工具只能在极端必要的情况下使用，并且每次只能用它抽打学生手掌一下。在未经许可的情况下，任何人都不能使用。”

但是，最初在《基督教学校管理》的第一版[②]中，体罚是允许的，但有严格的规定。拉萨尔区分了五种惩罚措施：斥责、忏悔、戒尺、教鞭、开除。

---

① 例如，在下面几章中，可以看到对更多对动作的规定：关于鼻子、打喷嚏和用手绢（第7章）；关于背部、肩膀、胳膊和眉毛（第8章）；关于如何有礼貌地吃骨头、调料和水果（第二部分，第6章）；关于在大街上走路、旅行、坐车和骑马（第10章）。

② 参见《基督教学校管理》1720年版本，第140—180页。

294. 斥责

我们看到，静默是拉萨尔学校的基本规则。“要尽可能少说话。因此，用说话的方式进行惩罚或纠正错误是很少见的。”《基督教学校管理》还指出：“最好不要使用斥责方法。”

这真是一个奇怪的纪律制度，竟然禁止使用警告、严厉的斥责、 272
运用语言打动学生的理智和情感。因此，在这种制度下，教师也没有道德权威性，只能借助于暴力的戒尺和木棍！

295. 忏悔

拉萨尔推荐体罚，同时也推荐忏悔。忏悔的惩罚措施包括：在学校里罚跪；背诵几段教义问答；手举课本放在眼前坚持半小时；双手紧握且眼睛低垂着罚站，等等。

296. 戒尺

在这里，我们不讨论如何使用戒尺。基督教兄弟会学校本身也不喜欢使用戒尺，老师只在迫不得已的情况下才使用。如果单纯从历史的角度来看，我们可以发现一些有趣的事，例如，拉萨尔是如何详尽地规定戒尺的使用的。

《基督教学校管理》首先这样描述戒尺：“一种由两根皮子缝起来的工具，大约 10～12 英寸长，包括柄长。掌的形状是椭圆形的，直径两英寸，掌中间有内衬，不是完全平坦的，而是鼓起来的，能适合手掌使用。”我们发现，这里的描述非常详细。戒尺的外表有了明确的界定。但是，让我们更为吃惊的是，他规定犯了哪些错误才能使用戒尺惩戒：“（1）逃课旷课、擅自玩耍；（2）上学迟到；（3）不遵守教师的要求（通过体态表达）。”当然，拉萨尔一直非常重视书写，因此，他要求戒尺只能打在左手上，不能打右手。此外，孩子在被打的 273
时候不能哭，如果孩子哭，那他还要被继续惩罚。

297. 教鞭

在拉萨尔的惩罚准则中，值得惩罚的错误行为都有明确的界定。

教鞭可以在学生犯下列错误时使用：（1）不遵守命令；（2）经常上课不专心听讲；（3）不在纸上认真写字，而是涂污点；（4）与同学打架；（5）忘记去教堂做祈祷；（6）在做弥撒和教义问答时表现不谦虚；（7）逃课、不做弥撒、不做教义问答。

尽管使用教鞭在理论上是可行的，但是，我们还是要谴责拉萨尔制定的教鞭使用规定，很显然用教鞭来惩罚这些小错误有些过分。

我非常清楚，拉萨尔的《基督教学校管理》中要求老师只能在迫不得已的时候使用体罚，但是，老师们手中几乎没有其他纪律措施，他们能够遵守这个规定吗？

到此为止，我们还没有完全发现拉萨尔对儿童自尊心的忽视，他把儿童完全当成机器来对待，丝毫不关心儿童敏感的内心情感，也不在乎他的人性。接下来，我们还要读一段对惩罚措施的奇怪规定。拉萨尔的小心谨慎反而让这些惩罚措施更加不恰当：

“当老师要用教鞭惩罚一个学生的时候，他要用一个手势让全体学生都注意。然后用手势说明学生违反了什么纪律，并让学生去那个
274 经常接受惩罚的地方。学生自己马上站到惩罚地点，准备接受惩罚，这个地方要保证不会被人看到。让学生自己准备接受惩罚，老师不需要动一下手指头，这个规定一定要严格遵守。”

“当学生准备好接受惩罚时，老师要做好内心准备，以爱的名义和上帝的名义去惩罚学生。然后，他要庄严肃穆地走过去。”

“当老师走到惩罚地点的时候（再次强调，这里是学校最偏僻隐蔽的地方，任何人都不会看到受罚者裸露身体），老师要先跟学生说几句话，让学生准备好带着羞耻之心、臣服之心和改正之心接受惩罚。然后他像往常一样打学生三下，如果打五下则需要院长的特殊许可。老师要当心不要用手推学生，如果学生还没有准备好，那么他可以一言不发地回到座位上，等他再回来的时候，老师可以不经过院长批准动用最严厉的惩罚，即打五下。”

“如果老师不得不强迫学生接受惩罚时，在惩罚的时候要用一些办法让学生认识到自己的错误，尽量让学生自愿接受惩罚，并且让学

生有真切的悔改之心，保证不会再犯这种错误。”

这时，或许不应该做布道或违背基督学校的沉默守则。 275

“学生接受惩罚之后，要谦虚地跪在房间中央老师的跟前，两只胳膊相互交叉，感谢老师对他的惩罚，然后再面向十字架感谢上帝，并向上帝保证下次绝不再犯同样错误。学生只能小声地说这些话，说完之后老师会示意他回到自己的座位上。”

拉萨尔对人性的误解、对儿童自尊心和内心情感的伤害可谓达到极端，而且还在这令人厌恶的、不体面的惩罚中掺杂宗教情感的表达。

康德说：“要孩子亲吻我们的手并感谢我们对他的惩罚确实是荒谬的。这其实是在驯养他们的奴性。”

为了给拉萨尔辩护，我们再看看他著作中的一些比较公正的段落：

“为了上帝的爱，不要打孩子的手，尽量不要打孩子。”

但是，我们很难理解拉萨尔在《基督教学校管理》中表达的准确意思，下面这段话做出了解释：

“除了学校中规定的惩罚措施外，老师不能私自动用其他任何惩罚措施。因此，绝对不能对学生拳脚相加。”

换句话说，老师只能使用规定的工具，依据学校的惩罚规则去惩罚学生。

298. 相互监督 276

我们可以毫不夸张地说《基督教学校管理》鼓励学生相互监督：

“学校督导可以委任一个最严谨的学生监视在集会时制造噪音的学生，然后在别人都不知道的情况下把发生的事情告诉老师。”

299. 奖励

拉萨尔用40页讲述他的惩罚措施，但是，讲述奖励制度却只有两小页。

应该“时不时地”奖励学生。奖励包括三种：对虔诚的奖励、对能力的奖励、对勤奋的奖励。奖励的物品包括书本、图画、石膏模型、十字架和圣女、念珠、雕刻的经文等。

300. 总结

上面我们对基督教学校兄弟会教育机构的状况做了完整的介绍。兄弟会学校有明显的缺点，我们不能赞同他们的基本治学精神。学生们“吃饭的时候不准说笑”；不准给任何同学任何东西；学生要小心翼翼、安安静静走进教室，不能发出脚步声；老师不准与学生混在一起，“如果老师屈尊降到与学生一样的位置，这会是一个大笑话……”但是，不管学校的阴郁氛围与我们现代的理想学校——快乐、积极、充满活力的学校——相差多远，我们依然要公正地评价拉萨尔，宽容
277 他在那个历史时代进行的教育实践，欣赏他的独特优点。正确的评价就是要既看到优点也看到缺点。①

301. 分析性总结

(1) 这一章讲述了天主教会在致力于贫困儿童教育方面所表现的热情。他们的动机与耶稣会不同，不是为了统治，而是真正致力于人类事业。

(2) 师资力量整体水平低劣，这也从侧面证明当时学校数量大增，新的教育精神迅速传播。必须设立学校，尽管其水平不高。

(3) 社会需要有能力的教师，这推动了师范学校的建立，也就是当今师范院校的前身。师范专业教育的两个基本要素是：一是掌握一门所教的学科知识，二是掌握组织和纪律的方法。

---

① 关于当时国家开展的很多教会学校和拉萨尔的基督教学校兄弟会进行的民众教育的影响，可以参见梅尼尔（Meunier）：《教育的宗教原则与世俗原则的斗争》(*Lutte du Principe Clerical et du Principe Laique dans L'Enseignement*)，巴黎，1861年。其中也有关于拉萨尔的有趣资料信息。尤其参见导言和第1章、第2章的内容。——佩恩注

(4) 拉萨尔学校中的严厉纪律和静默制度，也从侧面反映了当时其他学校存在的混乱无序状态。对这种状态的反动却走向极端，但考虑到时代背景，这种极端也有其优点。

(5) 师资匮乏以及学生数量的迅猛增长，促进了相互教育和同步教学等教学方法的产生，而这种教学方法利弊皆有。

(6) 职业学校的建立要归功于拉萨尔的仁慈之心和创新精神。

第十三章　卢梭与《爱弥儿》

278 302. 18 世纪的教育

首先，18 世纪法国教育最显著的特征是世俗精神与宗教精神的殊死碰撞。17 世纪牧师身份的教师和 18 世纪哲学家身份的教师之间形成鲜明对比。耶稣会在路易十六时期权力显赫，但自 18 世纪起开始遭受谴责，最终在 1762 年被完全驱逐。非宗教的世俗人士开始在教育理论和教育实践方面占据首席地位。卢梭在写他的《爱弥儿》。达朗贝尔（D'Alembert）[①] 和狄德罗成为沙俄皇后的教育咨询师。国会议员拉夏洛泰（La Chalotais）和罗兰（Rolland）正在努力尝试用国
279 家法案取代耶稣会的条规，以确保国家立法的权利。最后，通过法国大革命，世俗精神大获全胜。

其次，18 世纪法国教育学的突出特点在于其批评和改革的倾向。路易十六时期的时代精神是自我满足，而伏尔泰时期的时代精神则是自我批评。

再次，哲学精神也发挥了重要的作用。哲学精神把教育理论与人文精神相结合，它不满足于细枝末节的教育改良，而是创立了一般原理，致力于尽善尽美。哲学精神有优点也有缺点，启发了《爱弥儿》和这一时期其他著作的创作。

最后，18 世纪教育学的最后一个特点是上述几个特点共同导致的一个结果，即教育向国民性和人文方向发展。教育不再是为了死亡和来世，而是为了生命和现世。在整个 18 世纪，特别是经历了法国大革命之后，一种理念变得越来越清晰，即公共教育和国民教育。这一

① 达朗贝尔（1717—1783），法国数学家、启蒙思想家和哲学家。——译者注

教育理念旨在培养为国家和现实生活做贡献的公民。

303. 卢梭的先辈们

在耶稣会士遭到驱逐和法国大革命爆发之前，18 世纪法国最重大的教育事件莫过于《爱弥儿》的出版。毫无疑问，卢梭在法国教育学先驱中独占鳌头，他的影响力甚至波及国外，特别是德国。然而，尽管《爱弥儿》的作者有其独特的思想性，但是，他的思想体系的形成并非完全来自于天赋，也借鉴了先辈的思想。卢梭深受一些先辈教育家的启发，从先辈们的著作中受益匪浅。本笃会信徒约瑟夫·凯杰特大师（Dom Joseph Cajet）著有《卢梭的剽窃》（*Plagiarisms of J.* 280
J. Rousseau）一书。① 我们并不认为卢梭是一个抄袭者，因为卢梭有独特的思想和大胆的创新；然而，不管卢梭是一个多么伟大的创新者，一个不可否认的事实是：他深受蒙田、洛克和其他一些伟大教育家的启发。卢梭的许多思想与这些先辈教育家相一致。

304. 圣皮埃尔神父

对卢梭思想产生重要影响的人物中，居于首位的非圣皮埃尔（Saint Pierre，1658—1743）神父莫属。圣皮埃尔神父有着天马行空般的狂想精神，我们更容易对他产生好奇，接着便是崇敬，卢梭称他为“一个有伟大计划却没有伟大见解的人”。他有许多重大的计划，例如，“让布道变得更实用；让道路变得更通畅”等，夹杂在众多著作中还有一些完善教育的计划，特别是女子教育方面。

圣皮埃尔神父的核心思想，在于对道德教育的焦虑。随着我们一步步向自由时代迈进，我们会注意到人们对美德的培养和重视也逐步增强。

圣皮埃尔神父要求一个人拥有四种基本品质：公正、仁慈、美德或判断力、传授知识。知识是位居最末位的品质。由此可见，美德比

① 卡吉特（Dom Joseph Cajet）：《对德热内夫教育的剽窃》（*Les Plagiats de J. J. R. de Geneve sur l'education*），1768 年。

懂得拉丁语更有价值。

“学习拉丁语并不是一件坏事，但是，学习拉丁语往往耗费大量的时间，还不如把这些时间用于培养虔诚谨慎的品质上。有的教育家
281 主张花费大量时间学习拉丁语，而花费极少时间培养谨慎的品质，这样的做法是十分不妥的。”①

那么，圣皮埃尔神父主张的做法是什么呢？他设计的致力于培养社会美德的教育，仅仅是要求学生阅读一些有教育启发性的故事、排练道德戏剧、让学生们在学校的日常交往中养成行善的美德习惯。老师要求学生背诵课文，检查修改学生的书面作业。在完成这些任务之后，老师就会对学生说：“给我说说能够代表谨慎、公正和仁慈美德的事例。”可是，凡事说起来容易，做起来困难。学校的生活环境很难让学生有机会把这些社会美德付诸实践。

但是，圣皮埃尔神父的良好意图还是应该值得肯定的。他是法国第一个致力于专业教育的思想家。机械学、实证科学、各类技术学习——他把这些学科的学习置于语言学习之上。在他的学校和学校周围，有磨房、印刷厂、各种农耕和园林工具等。

建立一种长效的公共教育部门、一种常任议会，负责教育方法改革、统一规划全国学校教育，这是一个新颖和明智的想法。

282 最后，我们要称赞圣皮埃尔神父为女子教育做出了不懈努力。1680—1730年间，女子教育取得长足进展。在读到下段话的时候，我们仿佛依稀听到了孔多塞的声音：

“教育的目的是让女子学习日常交谈涉及的各种科学和艺术，甚至涉及男性从事的各种职业，例如，历史、地理、警务规定、主要的民法条例等。通过学习这些知识，女子可以欣然倾听和理解男性朋友的谈话，提出相关问题，以及与自己的丈夫轻松谈论日常工作中发生的事情。”

为了尽快实现这一目的，圣皮埃尔神父走在时代的前面，要求建立全国性的女子教育机构和中等教育学校。他毫不迟疑地主张，把年

①《多样的使命》(*Oeuvres diverses*)，第1卷，第12页。

幼的女孩送进没有假期的寄宿制学校学习。他请求政府要为“在家庭和社会中支撑半边天的女子”开设公共教育课程。

305. 对卢梭产生重要影响的其他人物

从18世纪开始，现代思想在教育方面和其他方面崭露头角。这是一个显现全球关系的时代，是一个相互模仿和借鉴的时代，也是人与人之间互动和相互反应的时代。17世纪的法国人几乎完全忽视了夸美纽斯。卢梭知道洛克和克鲁萨（Hollander Crousaz），① 他曾鄙夷地称后者为“农夫克鲁萨”。

然而，克鲁萨也展现了一些有价值的思想。他批评“拉丁语和希 283
腊语学习占据主要位置”的传统教育方法，并且开设科学和道德教育课程。

在《自然奇观》（*Spectacle of Nature*）一书中——此书至今依然畅销——普吕什神父（Abbe Pluche）同样要求缩减古典语言教育：②

“德国、芬兰、荷兰的学校都可怜地受控于拉丁语教育。世界各地重视拉丁语教育的习俗和经历妨碍了年轻人良好地掌握本国语言，这足以让我们抛弃这个陈规旧习。”

普吕什神父还要求从拉丁语学习中节省下来的时间和精力用于学习现代语言。另一方面，他坚持早期教育，在这一方面他对他的老师罗林的思想进行了补充和完善，他认为罗林的写作“关注了教育的终点，而不是教育的起点”。

还有一些作家对卢梭创作《爱弥儿》具有启发作用。在卢梭之前，拉孔达米纳（La Condamine）认为拉封丹的《寓言集》（*Fables*）超出了儿童的能力水平。③ 在卢梭之前，波尼瓦（Bonneval）对体育

---

① 《幼儿教育》（*De l'education des enfants*），拉海伊，1722年；《公共教育中的自由思想》（Pensees libres sur les instructions publiques），阿姆斯特丹，1727年。

② 《自然奇观》（*Spectacle de la nature*），巴黎，1732年，第6卷，“教育对话”（*Entretien sur l'education*）。

③ 拉孔达米纳；《教育批判的书信》（*Lettre critique sur l'education*），巴黎，1751年。

有非常浓厚的兴趣，他强烈批判有关衣着长袍的规定，要求对儿童开展感官教育。此外，他还要求在早期教育中，教师要努力保护儿童心理免受邪恶势力的影响，要求学生学习并信仰宗教真理。

我们会在《爱弥儿》的大纲中发现上述所有思想。在《爱弥儿》中，卢梭运用自己的天赋有力地复活了这些思想，时而表现为睿智的悖论，时而表现为无懈可击的永恒真理。

284 306.《爱弥儿》的出版

卢梭几乎列举了教育中出现的全部问题，并用智慧和创新精神解决这些问题。

《爱弥儿》出版于 1762 年，恰恰是耶稣会在法国遭到议会驱逐的时期。《爱弥儿》恰逢革除陈规陋习、迎接人文主义崭新希望的历史机遇。它宣告了哲学理性在人的教育领域的到来。但是，卢梭在创作《爱弥儿》时并没有想到耶稣会，他很少提及耶稣会教育。他的创作不仅仅是为了那个时代的人，而是为了人文主义的未来。他创作的《爱弥儿》一书蕴含无限的生机和活力。该书中，一半是小说，一半是散文，是人类关于教育主题的最重要的著作。《爱弥儿》不是一场短暂的辩论，也不是一本简单的教育学实践指南手册，而是一个宏大的教育体系，是关于心理学和德育的著作，是对人性的深刻剖析。

307. 卢梭是否做好当老师的准备？

在分析《爱弥儿》之前，我们最好先研究一下卢梭在性格方面和生活方式上是怎样为成为一位教师做准备的。在法国人文发展史上，没有比卢梭更加璀璨夺目的人物了。这个不幸的划时代人物一生遭遇了各种奇怪的事情。卢梭在青年时期犯过严重的错误，但在后来的人生阶段，他简直就是一个圣人，一个拥有自我美德和公民勇气的英雄。他经历过各种磨难，从事过各种行业。工人、仆人、江湖医生、教师，这些职业他都做过。可以说，他曾经住在一个由法国旧铜币建
285 造的阁楼上，也经历过买不起面包的日子。历经了无数的悲惨和苦难，一颗敏感和充满想象力的心灵慢慢成长起来。

卢梭的敏感有些极端。在《忏悔录》（*Les Confessions*）中，他形象地描写了一个孩子受到不公平的对待，内心经历一场剧烈的情感风暴，整个晚上在床上辗转反侧，痛喊“刽子手，刽子手！”这样的孩子绝不是一个普通的孩子。“我对各种事物一无所知，但我能感受到各种情感。我一无所知，但我能感觉到一切。”即便是一场拙劣的悲剧表演，也能让他不知所措；他拒绝观看悲剧表演，因为担心看完悲剧会大病一场。

卢梭自小受到自然情感的启发，那仿佛是一种无法扑灭的激情之火。他的哲学乐观主义和对天命的信仰不能被遗忘。卢梭的精神世界还有一些纯洁、慷慨的情感。研究普鲁塔克，启发了他对共和国美德和对自由的热情追求。他害怕弄虚作假。他有一种高贵的平等情感。后来，卢梭痛恨不公正，内心强烈痛恨政府对民众的压迫。早在他从巴黎到里昂的徒步旅行中，疾恶如仇、痛恨压迫的种子就深深地埋在心底。旅行中，他走进一个贫苦农民的小木屋，呈现在他眼前的是民不聊生的悲惨画面。

同时，卢梭还是一个永不厌倦的读者。他从古代诗人、历史学家和哲学家的著作中汲取精神食粮，他还学习算术和星相学。正像有人所说的：“阅读和劳累的生活，再加上时不时的浪漫奇遇和冒险经历，
让卢梭的想象力得到了飞翔，这些经历是普莱西斯学院的课程所无法 286
给予的。”

卢梭的文学天赋和教育学天赋就是这样逐渐形成的。我们不必在卢梭一生的经历中寻找他为创作《爱弥儿》所作的直接准备。的确，卢梭曾在1739年担任过马布里（Mably）一家的家庭教师，但他很快就辞去这一职务，教学成果也并不显著。1740年完成的一篇著作，①也没有展现出任何独特的才华。另一方面，如果说卢梭喜欢观察孩子，可他观察的都是别人的孩子。《忏悔录》中最悲伤的场景是，卢梭描写到他怎样经常透过窗子看放学时的孩子们，躲起来不让孩子们看到，鬼鬼祟祟地偷听孩子们的谈话。

---

①《德斯特-梅尔的教育计划》（*Projet pour l'education de M. de Ste-Marie*）。

因此，《爱弥儿》并不是耐心教育和真实实践的结晶，而是灵感和天赋迸发的火花。

308.《爱弥儿》所体现的一般理论

《爱弥儿》整本书蕴含着许多基本原则，呈现出体系化框架和积极的特点。

其中，首要的原则是认为儿童的思想是纯洁的，儿童生性纯真无邪。《爱弥儿》开篇有一段严肃的宣言：

“出自造物主之手的一切事物都是美好的，而一旦到人的手中就变得堕落了。”在另一个地方他又说；“我们要像相信至理名言一般相信一切初始的自然举动都是正确的，人类内心不存在原始的邪恶。”

287 毋庸置疑，卢梭反对人性本恶的悲观主义信仰，这一观点是值得肯定的。可是，他反过来却误入歧途，认为人性中没有邪恶的种子。

他说，社会是邪恶腐败的，一切的邪恶都是从社会中产生的；正是在社会的邪恶影响下，儿童的心灵才遭受玷污和堕落。但是，我们要问，社会自身是怎么变得肮脏邪恶、堕落不堪的呢？社会不过是人的聚集，如果个体是纯洁的，为什么个体的聚集体会变得邪恶和肮脏呢？这里，暂且搁置卢梭表现出的自相矛盾。我们要注意的一件重要的事情是：他的乐观主义信仰催生了《爱弥儿》中最重要的教育特点。这种教育同时拥有自然的和被动的双重特征。

格雷亚尔说：“爱弥儿是大自然的孩子，依照自然规律，由大自然培养成人，满足大自然的需求。这种诡辩不仅出现在卷首语中，而且是贯穿本书的重要精神。这种诡辩脱离了主体的反思和箴言，使卢梭的教育计划成为危险的妄想。”

社会建立的一切都被卢梭整体批判为虚伪造作。他蔑视传统教育，把爱弥儿安置在大自然的课堂中，让他像未开化人一样成长。

另一方面，爱弥儿的教育是被动的，至少在他 12 岁之前。卢梭任凭大自然自行其是。对于那些认为人性本恶的人来说，教育应该是强迫的、压制性的。但是，对于卢梭来说，人性本善，因此，教育仅

仅在于任凭天性自由发展。保护儿童远离偏见的影响，及时保护孩子 288
的心灵，确保不让儿童的自由发展受到任何外在影响——这就是卢梭主张的教育目的。

《爱弥儿》的另外一个基本原则和真理，也很快被卢梭的悖论观发展为谬误，即年龄分期的思想：

“每个年龄段，人生的每个阶段，都有其适当的完美形式，有其自己的一种成熟状态。人们经常听到‘一个长大的人’。但是，让我们想想‘一个长大的孩子’吧。这个概念或许对我们来说很新颖，但并不难接受。”

“我们不了解儿童。错误的认知只会让我们走得越远越偏离正确目标。一些有学问的人经常注重让孩子们掌握成人的知识，而不考虑儿童的理解力和水平。他们习惯在儿童身上寻找成人的影子，而不想想一个人在长大之前也曾是个孩子。”

“目前为止一切进展顺利，从这些观察中开始了循序渐进的教育，教育逐个目标的实现与人类机能的不断发展保持完全一致。但是，卢梭并没有就此为止，他跨出循序渐进式教育的范畴，而主张分离式的教育，换句话说，即把人类的各项机能进行割裂并逐一进行训练和发展，确立不同年龄段之间明确的分水线，其结果是出现心智发展的四个明确阶段。卢梭在这一点上的错误，在于他忘记了儿童教育的目的是为青年人教育打好基础。他没有认识到不同年龄阶段的教育都是教育这一长链条上的相互联系的各个环节，而是把这些环节割裂开了。他不承认人类精神的完美统一性之所以在人的身上表现得如此坚定，正是因为上帝把这个坚定的纽带赋予了儿童，而且从一开始就固定下来了。”（格雷亚尔）

309.《爱弥儿》的浪漫主义色彩 289

在深入研究《爱弥儿》之前，还有必要注意的一点就是其浪漫主义色彩。在《爱弥儿》和其他著作中，卢梭表现出了大胆的独特性以及对传统观点的刻意挑战。我们同意一些评论家的观点，他们认为《爱弥儿》表现了伟大的创作机智，而非严肃的深刻思想。卢梭自己也在前言中说："读者会感觉读的不是教育学著作，而是空想家的奇思妙想。"爱弥儿其实是卢梭虚构的一个有许多奇特经历的人物。卢梭设想爱弥儿没有父母，从小在乡村教师的培养下长大，远离复杂的社会环境。爱弥儿是浪漫小说中的人物，而不是现实生活中的人物。

310.《爱弥儿》的结构

毫无疑问，《爱弥儿》一书中有许多离题的长篇段落，这使得阅读更加愉悦，但却让剖析变得更加困难。但是，尽管如此，作者还是尽量以一种系统方法框定写作，至少本书是按照时间顺序进展的。爱弥儿的不同年龄段成为划分该书的主要线索。前两卷，主要讲述婴幼儿时期和 12 岁之前的早期人生经历。这里主要讨论的问题只有一个，即体育和感官训练。第三卷，关注的是智力教育阶段，从 12 岁到 15 岁。在第四卷中，卢梭研究了道德教育，从 15 岁到 20 岁。最后，第五卷是关于女子教育的，其中的浪漫主义精神表现得尤为张扬。

311.《爱弥儿》前两卷

想要从前两卷中寻找到关于思想和心灵教育的基本理论是不可能
290 的。卢梭特意让孩子们在 12 岁之前不接触任何与智育和道德教育相关的活动。12 岁的爱弥儿会跑、会跳、会判断距离；但是，这时的他还完全处于无知的状态。卢梭的想法是爱弥儿在 12 岁之前不学习任何知识，甚至"不知道如何分辨左手和右手"。

爱弥儿的教育在第一阶段具有排他性特征，即教育只关注体质发展和感官训练。

尽管错误观点很多，但是，我们也能从中看到一些智慧的光芒以及自然教育所启迪的伟大真理。

312. 遵循自然方式的发展

自然要求的是什么？它要求儿童有活动的自由，不要让任何事妨碍儿童四肢的初期活动。然而与之相反，我们是怎么做的呢？我们把儿童包裹在襁褓之中，我们囚禁了他。过紧的衣服使他的身体变成畸形——人在一生中处于形形色色的枷锁囚禁下，而衣服就是人们的第一个枷锁。关于这一点，卢梭的调侃略显拙劣，他的情感爆发有时很睿智，但有时却很荒诞。

他说："我们似乎害怕看到儿童展现活力。""人从出生到死亡，一生都处于受奴役的状态。人一出生就被塞到襁褓里包裹着，死了之后又被塞到棺材里，只要身体的形状还存在，人就要受到人为规制的囚禁。"

我们没必要认同卢梭把棺材和孩子的襁褓上升为囚禁的偏激言 291
论。卢梭的抗议为教育改革做出了贡献。但是，即便在这一点上，卢梭坚持一切遵循自然方式的发展，由于相信自然之手能够做好一切，卢梭再次走向了误区。自然对于身体和思想教育来说都不够充分，它还需要小心得力的扶助。它需要坚强的后盾支持，避免身体从事过于激烈或危险的活动。这就像我们需要严厉的道德权威来掌控情感和弱化激情一样。

313. 母亲亲自抚养自己的孩子

卢梭还有一点值得我们称赞，这一点我们可以完全接受，那就是，他强烈反对雇佣保姆照料孩子，并极力劝说母亲们承担起抚养自己子女的责任。卢梭说，没有母亲就无所谓孩子，没有母亲也就无所谓家庭。"你能唤醒每个人的责任意识吗？从母亲开始吧！你会为你所带来的改变感到震惊！"在这里列举卢梭和其他教育家推荐的由母亲照料孩子的原因，似乎显得有点陈词滥调。我们注意到，卢梭之所以坚持这个观点主要基于道德立场。这不仅仅关系到孩子的健康，而且更重要的是关系到家庭的美德或道德。卢梭希望守护的是家庭的尊严。实际上，母亲担负抚养义务使得许多其他方面的责任和义务变得更容易落实了。

314. 强健身体

至此，卢梭坚持的是自然教育。他希望爱弥儿的身体强健而不得 292
疾病，从小养成不怕疼痛的习惯，并学会如何忍受痛苦。他的这些想法是正确的，但是，他很快从禁欲主义者转变为愤世嫉俗者。对疼痛的蔑视让位于对财产的蔑视。爱弥儿成了第欧根尼（Diogenes）[①] 一般的人物，赤脚走路。洛克要求学生穿单薄的鞋子，可是，卢梭却超过了洛克，完全不让学生穿鞋。他也同样蔑视其他一些文明产物。因此，爱弥儿养成了不用蜡烛在黑夜里行走的习惯。“我宁愿让爱弥儿走在伸手不见五指的黑暗中，也不愿看见他在蜡烛店里逗留。”所有这些都让人忍俊不禁，但接下来的错误就更严重了。卢梭反对打疫苗，严禁用药。爱弥儿一定要身体健康，否则只有病入膏肓时才会得到医生的医治。还有，卢梭禁止用酒对新生儿进行洗礼，因为酒是发酵的液体，而大自然中诞生的任何事物都不是发酵的。孩子们不能玩手工制作的任何玩具，一根树枝或一朵罂粟花就足够了。正如我们所见的，卢梭在坚持让爱弥儿接受自然教育的同时，把爱弥儿如同野人一般地培养，让他养成一些未开化的习性。

315. 被动教育

很明显，在人生的第一个阶段中，被动教育的应用是最安全也是最容易被人接受的。一般说来，爱弥儿的老师只是无所作为的旁观者，老师只是坐在一旁观看自然对孩子进行的教育。如果卢梭再进一步发展他的教育体系的话，那么，恐怕他连这个消极的老师也要废除掉，这样孩子就能完全按照他自己的方式成长。但是，在容许老师存在的情况下，老师也不能直接教育爱弥儿。在这里，老师并不承担起真正的教育职责，去传授爱弥儿作为一个儿童应该知道的重要知识，
293 而是简单地把他放置在辽阔的自然界中，让孩子自己从中探索发现事物。老师要综合安排艺术和体力活动，用自然场景中的观察和实践取代普通的课堂教学。例如，通过观看变戏法，爱弥儿能够同时获得一些物理概念和伦理概念。又如，通过与园丁罗伯特（Robert）的对

① 最著名的犬儒主义者第欧根尼（Diogenes）是安提西尼（Antisthenes）的学生。据说，他住在一个桶里，除了一件斗篷、一根拐棍和一个放面包的口袋之外别无所有。——译者注

话，爱弥儿知道了财产的概念。老师不再是老师，而是技师。真正的教师是自然界，是老师精心准备的那些可以完成我们教育目的的自然界。卢梭只承认实物教学：

“不要滔滔不绝地给学生上课，学生应该从实践经验中获得知识。”“在所有形式的教育中，最重要也是最有用的一条原则就是不要节省时间，而是要给予充足的时间。”

老师最多只能小心翼翼、谨言慎行地指导学生，帮助他理解自然课堂。“向学生提出他理解范围之内的问题，然后要学生自己寻找问题的答案。学生获得知识的途径应该是他自己的感悟和理解，而不是老师的间接告知。”

“我们要任凭孩子自己的身体和心灵自由地发展。”

“让他到处跑，嬉戏玩耍，一天摔倒一百次也没关系，因为这样会帮助他更快地学会摔倒后怎么爬起来。用身体的淤青换来美好的自由是值得的。”

卢梭惧怕的是那种被他称为的“学术式教学狂热症”，他甚至不 294
允许学生养成学习习惯，“孩子可以培养的唯一习惯就是不养成任何习惯”。

316. 孩子的快乐权利

卢梭不止一次地要求我们应该尊重孩子的童心，考虑到孩子的兴趣爱好和性格倾向。他用美妙的语言表达了孩子要求快乐的权利！

“热爱童年。让孩子们尽情享受童年的玩耍和快乐。我们经常怀念那些美好的童年时光，那时的我们嘴角总是挂着笑意，心中总是无忧无虑。为什么我们不能让孩子们也尽情享受这转瞬即逝的快乐时光呢？为什么我们一定要让孩子们的童年充满痛苦和忧伤呢？短暂的童年可是一去不复返啊！做父亲的人们，你们难道不知道死亡也在等待着孩子吗？你不让孩子享受童年的天真快乐，难道你有一天不会为此感到后悔吗？如果孩子们能够享受到生命的快乐，那么，我们就要努力让他们尽情地去享受。只有这样生活，那么不管上帝什么时候带走他们，我们都可以无怨无悔地说，我们的孩子没有白活，至少他们品尝到了生命的幸福和甜蜜。”

317. 禁止智力训练

卢梭不允许在爱弥儿的教育中包含任何常见的智力训练活动。卢梭认为，爱弥儿不能理解事情之间的关系，因此，他不允许爱弥儿学习历史。对此，他引用了一个例子——一个小孩是怎么理解他所听到的亚历山大和他的医生的故事的：

“我发现，这个孩子对亚历山大有莫名的崇拜之情，他非常崇拜亚历山大的勇气。但是，你知道他所看到的勇气是什么吗？只不过是因为亚历山大一口喝下那杯苦药。”

295 从这个事例中，卢梭得出一个结论：儿童的智力达不到理解历史事件的水平，因此，儿童不应该学习历史。其中，有很明显的矛盾，比如爱弥儿有时会做出错误的判断，但一定要因此剥夺他做判断的权利吗？同样，卢梭也不允许爱弥儿学习外语。爱弥儿在 12 岁之前只懂得一种语言，因为 12 岁之前的爱弥儿没有足够的判断能力和理解能力，不能对比母语和外语。之后，12 岁到 15 岁期间，卢梭也能找到其他理由不让爱弥儿学习古典语言。卢梭不仅仅禁止爱弥儿学习历史和语言，他其实禁止整体意义上的文学教育。爱弥儿手中没有任何书籍，甚至连拉封丹的《寓言集》都不可以。可见，卢梭对《乌鸦和狐狸》（*The crow and the fox*）的评论是带有明显的主观意图的。

318. 感官教育

卢梭关注的重点之一，就是学生的感官训练和发展。实物教学的全部理论，甚至我们今天所说的直观教学法，都可以在《爱弥儿》中找到其来源：

“人类身上首先形成并得以完善的机能就是感官。因此，感官也是第一个需要进行培养的机能；但是，感官也是我们经常遗忘或忽视的机能。”

卢梭并不认为感官是完全由自然先天塑造的，他采用一种特殊方法研究教育是如何帮助塑造和完善感官的。

“让感官得到训练，换句话说，就是学会去感觉。我们必须通过学习，才能学会摸、看、听等各种感觉。”

只是，卢梭把所有事情都归结为感官教育是有失妥当的。他严厉 296
批判了洛克最喜爱的一句名言：“我们必须让孩子们学会推理。”卢梭推迟判断和理性教育，他宣称：“要求一个 8 岁的孩子学习推理就像要求他身高达到 5 英尺一样。”

319.《爱弥儿》第三卷

从 12 岁到 15 岁，是卢梭要求爱弥儿学习知识并适当发展智力的时期。卢梭把爱弥儿比作强壮矫健的雄狍。在爱弥儿接受了 12 年被动的自然教育之后，有必要用 3 年时间把他培养成一个有文化的、有才智的人。三年时间并不长，卢梭安排的时间显得捉襟见肘。此外，爱弥儿并没有做好迅速接受智育的准备。12 岁之前的童年，爱弥儿没有养成勤于思考的习惯，生活在一个完全依靠感官的世界里，想要在几个月的时间里激发智力存在着很大困难。

暂且把爱弥儿在智育上的困难和不利放在一边，下面我们看看他的智育包括哪些方面。

320. 教学内容的选择

在为爱弥儿选择教学内容时，卢梭遵循的原则是整体性原则：

“如何选择适当的知识和适当的时机进行教学，是很有讲究的。我们所掌握的知识有些是虚假的，有些是无用的，还有一些让人变得骄傲自大，只有少数真正有益的知识才值得智者关注，这些知识能帮助我们培养孩子。教育的问题不是学习一般知识，而是学习有价值的知识。”

321. 卢梭和圣皮埃尔神父 297

有些教育家希望教育包容一切，有些教育家则希望教育有所选择，只需保留必要的教学内容。圣皮埃尔神父属于前者。他要求学校里的学习者无所不知、无所不晓，课程设计可谓包罗万象，例如，医学、算术、装饰、法律、德语、意大利语、舞蹈、演讲、政治、伦理、星相学、解剖学、化学、绘画、小提琴以及其他 20 多门课程。卢梭更聪明一点，他对这些层层累积的教学障碍感到不满，他持有相反的思想倾向，并列举了必要课程的清单。

322. 爱弥儿的学习课程

下面我们列举的是爱弥儿学习的课程。首先是物理学；其次是星相学；然后是地理，地理教学中不使用地图，而是通过旅行的方式进行：

“你想要地球仪和地图这些工具，可是为什么要用这些间接的表现工具呢？为什么不能让学生亲眼去观察这个世界呢？”

与其他方面一样，卢梭在这里更倾向于完美，但在现实中这种完美可能根本是无法实现的；而他不喜欢那些不完美的东西，但这种不完美在现实中却是可行的。

但是，卢梭并不希望他的学生像拉伯雷的学生一样，坠入“知识的深渊”。

“当我看到一个满腹经纶的人徜徉在知识的海洋里，被知识的光环所吸引，从一个领域跨越到另一个领域流连忘返，这时我想到在海边捡贝壳的孩子，他捡了很多贝壳，可是后来又看到更漂亮的贝壳，于是丢掉之前捡的贝壳，去寻找新的贝壳，直到面对太多的贝壳他再
298 也不知道如何选择时，于是丢掉所有的贝壳，空着手回了家。”

卢梭在爱弥儿的教育计划中，没有提及文法和古典语言。更严重的是，他禁止学习历史。卢梭的教育体系自始至终都排斥历史。卢梭让爱弥儿在乡村中生活，并且是一个孤儿，这是为了更好地让他独立生存。如果为爱弥儿开设历史课，那就会把他重新抛回到他已经远离的那个社会中了。

323.《鲁滨逊漂流记》是唯一的书籍

自然教育和被动教育所导致的必然结果之一就是书籍遭禁。卢梭经常走极端，他不会满足于对滥用书籍的口头批评。他决定在爱弥儿 5 岁之前不让他知道什么是书籍。

他宣称说："我痛恨书籍，书籍只会教我们如何对我们不了解的事物夸夸其谈。"

一个以写作为职业的人会说出如此痛恨书籍的话，真是相当的滑稽。除此之外，卢梭还时常抱怨书籍在教育中的不当使用。

但是，有一本书却得到卢梭的赏识，这就是《鲁滨逊漂流记》(*Robinson Crusoe*)①。这本书在很长一段时间里就是爱弥儿全部的文学世界。我们不难理解，卢梭之所以对《鲁滨逊漂流记》有如此好感，是因为此书与《爱弥儿》一样也是采用小说的形式，并且主题也与自然教育相符合。爱弥儿和鲁滨逊两个虚构人物非常相像，两人都远离社会，而依靠自己生存。

324. 经典的教学方法

卢梭主张的教学方法在一定程度上弥补了他在教育计划上的不足之处：

"不要让学生阅读他不能理解的文章。没有描写、没有文采、没 299
有修辞，只要把适当的物体展示在他眼前就足够了。让我们把感觉和知觉转化成思想和概念，但是，不要从感觉物体一下跳跃到抽象事物。我们要慢慢地从一个感官概念过渡到另一个感官概念。一般情况下，不要用符号代替事物，除非无法展示实物时才能用符号表示。"

"我不喜欢任何形式的语言解释和对话。实物！实物！我对强调我们赋予语言过度的重要性表示厌烦。因为喋喋不休的教育方式，只会培养出喋喋不休的人。"

《爱弥儿》整体上是值得肯定的。卢梭关于教学方法的所有主张几乎都蕴含着真理，只需要细微地修改就无可挑剔了。

325. 独特的行为动机

在儿童教育中，最主要的问题是要知道我们的动机是什么。这里，卢梭有关动机的主张也具有独一性和排他性。12岁之前，爱弥儿

---

①《鲁滨逊漂流记》，17世纪英国著名作家笛福（daniel Defoe）的小说。——译者注

会受到自身需求的制约，他的生存依赖于生活必需品，而不是依赖于人。他受到各种可能性和非可行性的引导，面对这些因素他不是被当做一个有感知、有智力的人来对待，而是当做自然界中与其他力量相互作用的一种力量而对待。这种状况要一直保持到12岁之后才能改变。这时，爱弥儿具有了判断能力，智力动机开始对规范自身行为发挥作用。动机就是有实际效用。在孤立个体的教育环境中，效法意识
300 是不能有的。最后，到15岁时，可以启发唤醒爱弥儿的内心情感，鼓励他做一些值得称赞的事情，这时的行为不仅仅源自必要性或有用性，而且源自高贵、善良、慷慨的情感。卢梭的错误，在于把20岁之前的人生划分成三个清晰的年龄阶段，每个年龄阶段都遵从各自的指导原则。其实，在每个年龄段，各种动机都会作用于我们的意志，在每个年龄段，必要性、利益驱使、感情、责任意识（卢梭经常忽视责任意识这一行为动机和其他一些源自理性的行为动机）——所有这些动机都会不同程度地作用于人的教育活动。

326. 爱弥儿学习一门技艺

15岁的爱弥儿不懂历史、人文、艺术、文学，甚至不懂上帝和宗教。但是，他学会了一技之长，一门手工技艺。这样，即便大革命爆发后他所有财产都被剥夺，他也能有糊口活命的本领。

卢梭以惊人的洞察力说："我们正在迈向一个革命的时代。谁能保证革命爆发后你会变成什么样子？我相信，欧洲那些著名的专制君主们辉煌的日子也不长了。他们的荣耀时代就要结束了，那些耀眼的国家正在走向衰败。"

前面在介绍洛克的教育思想时，我们也提到过卢梭为什么让爱弥儿学习木工。

327. 15岁时的爱弥儿

卢梭享受着创作过程中的苦思冥想，在分析和演绎中，他时常停下笔来去刻画一番爱弥儿。下面就是他所刻画的15岁时的爱弥儿：

301 "爱弥儿的知识不多，但是，他的知识都是他完全理解的，而没

有一知半解的知识。在他所知道的为数不多的事情中，最重要的是，他知道自己要学的东西还很多。他知道世界上还有很多不为人知的奥秘，他可能永远也弄不明白；他知道在浩渺的宇宙里人类是多么无知。他有一个包容世界的头脑，不是说他对世界无所不知，而是他有能力去探究任何事物。他思想开放、头脑聪慧，做好各种准备，就像蒙田所说的：即使没有学问，但也有能力变得有学问。对我来说，只要他能够明白自己的所作所为有何价值以及为什么这么做，这就足够了。再说一遍，我的目的根本不在于向爱弥儿传授知识，而是教他如何获得自己需要的知识，如何正确评价知识的价值，如何热爱真理胜于一切。通过这种方法，进步会比较缓慢，但我们是一步一步脚踏实地走过来的，也不会面临走错路而返程的危险。”

所有这些思想都是很好的，但是，我们必须补充一点，《爱弥儿》也有错误，甚至是严重的错误。这里我们只讲述其中一个但也是占据主导地位的一个错误，那就是卢梭只从整体统一的角度看问题，以致他会毫不犹豫地“为了一小口馅饼而放弃整个科学知识宝库”。

328. 情感教育

事实上，卢梭最终还是决定把爱弥儿培养成一个有情感的理智的人。他说：“我们已经塑造了他的身体、感官和判断力，只需要再给他一颗心就好了。”卢梭幻想着像魔法师一样，挥挥彩带，变变戏法，就能在一天之内把爱弥儿培养成最有感情、最有道德和最有宗教精神 302
的人。

329.《爱弥儿》第四卷

如何培养挚爱情感、道德情感和宗教情感成为《爱弥儿》第四卷的主题。对这些高深莫测问题的探讨，使第四卷成为《爱弥儿》整部书中最光彩夺目的一卷。

330. 挚爱情感的萌芽

在这里，卢梭完全采用了虚构的手法。爱弥儿独自一人生活，没有家人，没有朋友，也没有伙伴，极有可能形成自私自利的性格，不管卢梭用什么方式温暖他的内心都会无济于事。假如我们想要培养孩子内心的挚爱和温情，那么，就要给孩子一个家庭，让他感受到来自家庭和社会的影响，这样孩子的情感自然而然就得到发展。卢梭让爱弥儿的内心空白了 15 年，然后幻想一下子去填满那个空白，这简直是天方夜谭！在教育儿童时，母亲只需要轻轻拍打就能唤醒儿童内心的温柔和情感。卢梭的错误在于，他没有认识到教孩子去爱与教孩子去读书写字是非常不同的两件事，他错误地认为可以用上几何课的方式给爱弥儿上情感课、教他去爱。

331. 德育

卢梭更值得肯定的方面，是他对于道德教育的看法。他认为，道德是非观的源泉是同情感和社会仁慈，并且假定他的教育体系能够培养出爱弥儿的同情心和仁慈心。

303 他说："我们最后进入道德领域。在这里，我要揭示内心情感是如何演变为良知话语的，内心的爱恨是如何转变为善恶认知的。我要证明'正义'和'善'不仅仅是抽象概念，存在于抽象的思维中，而且是理性启蒙下真实的内心情感。"

的确如此，儿童在理性的守护下，在内心柔情的滋润下，慢慢走向严肃的道德，没有比这更好的途径了。但是，要做到这点有一个条件：我们不能半途而废，朦胧模糊的情感启蒙有待进一步发展为准确清晰的理性规范。我们知道，卢梭认为，美德只不过是内心的情感。卢梭的伦理学完全是情感的伦理学。

332. 宗教教育

我们知道卢梭把宗教教育推迟到 16 岁或 18 岁，其原因是：儿童的想象力丰富而敏感，所有儿童很容易盲目崇拜。如果我们跟孩子说上帝，那他的脑海里只会产生对上帝迷信的认识。卢梭简洁地说："儿童一旦运用想象力幻想出上帝，那么，我们就很难让他再凭借理性的理解力去认识上帝了。为了宗教目的，我们必须等到儿童有了足够成熟的理性和思想时，第一次把上帝的概念告诉儿童，让他去发掘其中的真理，运用各种感官去感知上帝。”

这里，我们很难替卢梭辩护。首先，如果儿童到 18 岁时对上帝 304
还一无所知，恐怕他会误以为不知道上帝也是理所当然的，他还会时常跟老师争辩，怀疑上帝而不是信仰上帝。即使他说服自己去相信上帝，但是，宗教思想被灌输得太迟了，恐怕在儿童的心中无法根深蒂固。其次，儿童都有强烈的好奇心，难道他会一直等到 18 岁才思索世界是怎样产生的吗？难道他的脑海里不会幻想出一个上帝的形象吗？

维尔曼说：“有人可能读过几年前一个作家的内心独白，他就是德国哲学家森特尼斯（Sentenis），他的父亲按照卢梭《爱弥儿》中的叙述以他做了一次实验。这位父亲是一个有知识、有思想的人，在经受了丧妻的伤心和孤苦之后，带着他的儿子来到一个与世隔绝的乡村；他不许儿子与任何人来往，通过让儿子观察自然事物以及学习语言的方式培养智力，但学习中没有任何书籍，这位父亲还特意对儿子隐瞒上帝的概念。儿子一直到 10 岁都没有听过‘上帝’这一名字。但是，他却用自己的思维发现了那隐藏的秘密。他看到每天早上升起的太阳，感觉太阳就是他需要的万能的救世主。很快，他形成了每天清晨去花园供奉他心目中的太阳神的习惯。有一天早上，父亲突然来了，并告诉他宇宙中有很多像太阳一样的恒星，崇拜太阳的做法是错误的，其实天堂和人间——世间万物都是由一个神创造的，这个神就是上帝。可是，他儿子自己崇拜的神被剥夺了，在得知真正的上帝之后，儿子内心却被无尽的失望和痛苦所笼罩。”①

333.《萨瓦亚牧师的信仰告白》

卢梭至少努力尝试用庄重的语言和上帝存在的激烈论证，来弥补对爱弥儿因开展过迟而欠缺的宗教教育。

---

①《维尔曼关于古拉德著作的报告》（*Report of Villemain on the work of the Pere Girard*），1844 年。

《萨瓦亚牧师的信仰告白》（*The Savoyard Vicar's Profession of Faith*）是一篇关于自然神教的、文采飞扬的教义问答书，是一个真挚而虔诚的自然神论者的忠实告白。显而易见，自然神教（religion of nature）是卢梭的教育体系中应当传授给学生的宗教，因为孩子完
305 全是自然的学生。如果爱弥儿想要超越自然神教，并寻求一种积极的宗教，那么，他自己也可以再去选择。

334. 索菲亚和女子教育

《爱弥儿》最薄弱之处是探讨女子教育的部分。这不仅是因为坚定的浪漫主义倾向，使卢梭笔下的爱弥儿和他的同伴经历了无数奇特非凡的冒险，而且特别是因为卢梭误解了女子的适当尊严。索菲亚（Sophie）是一个完美的女子，接受教育的目的仅仅是为了使爱弥儿的幸福更加完整。她的教育完全受身为人妻的命运所制约。

"女子接受的一切教育都要与男性相关；女子受教育的目的是取悦男性，侍奉男性，得到男性的尊敬和爱，教育子女，照顾老人，劝说安慰男性，让他们的生活更安然甜蜜。这就是女子一生的责任。"

306 格雷亚尔说："索菲亚的美德都是第二种美德，是婚姻教育的美德。"有人说，婚姻是男人的第二次生命，男人选择什么样的妻子决定了他以后的生活。依据卢梭的有关理论，婚姻对于女子而言就是真正生命的开始。米歇莱特用一句典型的话总结了这条规律："丈夫造就了妻子。"索菲亚在结婚之前，并没有真正的生活。她一无所知，也就读过"偶然得到的《伯雷姆》（*Bareme*）和《泰勒玛克》（*Telemaque*）两本小书"。她经常听到这样的斥责："男人是明智的，每个有文化的女子都应该保持女子的德性！"索菲亚唯一的老师就是丈夫爱弥儿，他教育她，并从自己的个人利益出发，把她培养成自己心目中的完美妻子。

爱弥儿在青年时期才开始学习宗教信条和宗教情感，但是，索菲亚却必须从小开始就遵从宗教，这是为了让她更早地养成谦卑顺从的习性。丈夫发令，妻子遵守，妻子的首要责任就是要温顺。如果说青年时期的索菲亚可以自由地参加各种舞会、看戏剧等娱乐活动，她还

有个严厉的母亲在一旁监管，确保她不会沉溺于空虚的享乐；而一旦结婚，她就更加属于家庭和丈夫了。她要站在丈夫的身边，她要依赖于他，通过他实现自己的行动，这就是她的一切。”

简而言之，索菲亚是一个不完整的人，卢梭没有为她精心设计一个教育计划。

处于从属和次要地位的索菲亚，生活最大的重心就是照顾家庭。 307
她裁剪缝制自己的衣服：

“索菲亚最拿手的、也是学得最多的，就是女人的活。没有她不会做的针线活。”

卢梭没有反对，甚至鼓励索菲亚在做这些女人活的时候表现出适当的妩媚。

“她最喜爱的工作是做饰带，因为没有比做饰带更让她感到愉快的了，她那双纤纤细手做起饰带来显得更优雅、更灵活。”

但是，她的娇气表现得有些过度：

“她不喜欢做饭，做饭的有些步骤让她感到厌恶。她宁愿把整个厨房都烧掉，也不愿弄脏衣袖。”

这就是家庭主妇的真实写照啊！我们感到，索菲亚这个人物像是小说中不食人间烟火的人。在圣西尔修道院，索菲亚肯定不受欢迎，因为德曼特农夫人非常严厉地斥责那些过分挑剔讲究的女生们，“她们害怕烟雾、灰尘和臭气，甚至经常自以为是，大惊小怪地抱怨。”

335. 对《爱弥儿》的总的评价

为了对《爱弥儿》做出公正的评价，我们必须先把最后几页的不良印象放在一边。我们必须整体评价《爱弥儿》，而不是过于关注细枝末节。不管怎样，《爱弥儿》是一本值得称赞、颇有深度的教育著
作。通过透彻分析，我们指出了它的不足之处，但是，我们必须用全 308
面的观点评价《爱弥儿》，才能领悟到它的价值所在。在阅读过程中，我们被卢梭笔下的激情所温暖。字里行间透露出的真挚情感和真知灼见，弥补了卢梭的错误和不足之处。我们必须考虑到卢梭生活的时代背景和《爱弥儿》的创作背景。如果卢梭晚 30 年写《爱弥儿》的话，

那《爱弥儿》就会是另外一番模样了，在大革命爆发前夕，卢梭要为自由的民众和渴望自由的民众而写作。假如卢梭为建立共和国而奋斗，或者为渴望建立共和国的那个社会而奋斗的话，他或许就不会因为痛恨现实而创作出这番近似荒诞奇特的教育体系。假如他是大革命时期的公共教育立法者的话，他会有什么作为呢？我们从他的《关于波兰政府的建议》（*Considerations on the Government of Poland*）节选段中，或许可以猜测一二：

“国家教育只属于自由的民众。……国家教育是能够给予人们民族士气的教育，旨在指导民众的思想和品位，使人们通过性情、激情和必要性（我们将增加通过责任）而成为爱国主义者。”“一个孩子睁开眼睛的那一刻应该看到的就是祖国，只有他的祖国。每一个真正的共和国公民在吸吮着母乳的同时，也积淀了对祖国、对法律和对自由的热爱，这种热爱构成了他全部的生命。他的眼中只有祖国，他为祖国而生。孤单一人，他是沧海一粟。没有祖国，他的生命也就没有意义。……在学习阅读的时候，我要求波兰的孩子阅读有关波兰的书；在10岁时，我要求孩子知道波兰盛产的各类物产；在12岁时，孩子要知道国家的所有省份、道路和城市；在15岁时，孩子要知道波兰的全部历史；在16岁时，孩子要知道国家的全部法律。在整个波兰曾经发生过的著名事迹和出现过的光辉人物，都会永存在他的记忆中和他的心里。”

336.《爱弥儿》所产生的影响

309 比任何赞美之声更能证明《爱弥儿》的崇高价值的，是它所取得的成功以及在法国国内外产生的深远影响。它的持久盛名吸引了其他著作的关注，有的著作批判它、指正它，而有的著作支持它、宣扬它的教育理论。《爱弥儿》出版后的25年间，法文版教育著作的数量是18世纪前60年中出版著作数量的两倍。卢梭对教育的贡献不仅仅在于他所发表一些公正的、新颖的个人思想，而且更重要的在于他刺激了人们的思维，在他的启发下，教育领域在过去一百年间取得了巨大的成就。

要证明这一点，我们只需要读读康德的评价：

“一个既不是为了虚荣炫耀、也不是为了消磨时间的读者，阅读卢梭著作的第一印象往往是，这位作家把惊人的洞察天赋、崇高的灵感和丰富情感的心灵世界这三者做到完美统一。而这在任何时代、任何国家都是很少见的。接下来的印象就是震惊，为他天马行空、充满悖论的思想而震惊。……我应该反复阅读卢梭，直到我完全对他美妙的文章感到无动于衷时才停下来。只有到那时，我才能运用我的理性去评价卢梭。”

337. 分析性总结

(1) 通过对《爱弥儿》的研究分析，我们用一种非常鲜明的方式表现了在教育过程中发挥作用的两个对立因素，即自然和人为。此外，我们还讲述了情感的力量如何推动思想的形成。

(2) 卢梭对“自然原则的滥用”，表明他在虚伪的 18 世纪法国社会境况面前的退却。在政治、宗教和哲学领域，有一种权威力量占据
着统治地位，但是，在边缘与空隙中依然存在着自由、灵活和个性创 310
新；而教育管理更像是机械生产的过程，而不是自然生长的过程。

(3) 从儿童自身的体质来看，儿童与植物和动物一样，必须经历一个独立于任何外界援助的进化发展时期。这种概念很容易引发一种错误的观点，即典型的教育是一个自发的生长过程。

(4) 这一观点的错误在于其过度夸大和过度缩小。教育既不完全是一本自然的著作，也不完全是一种人类的艺术，而是在人类艺术的补充、控制和改善下的自然发展过程。完全依赖于自然的教育，就会像未开化生长的植物一样凌乱不堪。

(5) 人类区别于其他生物的特点在于：人类不是环境的受害者，人类被赋予掌控自然甚至改造自然的能力，因此，人类高于自然。这种能力造就了人类的艺术，人类艺术与自然因素相互合作和共同完成教育的过程。

(6) 这部关于“自然主义”的小说，在作者的构思中是完美无瑕的教育指南，但却带来了数不清的错误教育理论和观点。西尔 (E.

R. Sill）小姐对之作了公正的评价："如果把带有'自然'一词的文章都清除，那么，可能有十分之九的教育论文都会被清除。"①

（7）尽管《爱弥儿》有其自相矛盾、夸大事实、情感过度和夸夸其谈等不足之处，但就它的总体精神来看，《爱弥儿》是一部无与伦比的经典著作，并具有永恒的重要价值。

① 《大西洋月刊》（*Atlantic Monthly*），1883 年 2 月号，第 178 页。

第十四章　18 世纪哲学家的教育思想

338. 18 世纪的哲学家 311

如果说 18 世纪的教育取得了巨大的进步，那么，这在很大程度上要归功于那个时代的哲学家的努力。关心教育的不仅仅是那些投身于教育事业的教育者，18 世纪几乎所有著名的思想家都或多或少地讨论过教育问题。卢梭的研究远没有对教育问题做出完整的论述。除了
《爱弥儿》引发的教育思潮，那个时期的其他一些思想家们以其独立 312
的姿态脱离了最初的路线。尽管他们对教育问题的一些想法和初步设想中存在着谬误，但也显露出一些新颖的观点和确定的真理。

339. 孔狄亚克

作为一个敏锐而有独创精神的心理学家，孔狄亚克（Condillac，1715—1780）在哲学上是洛克的一个竞争者和对手，而在教育问题上他的权威性却远远不如洛克。尽管如此，阅读他的《学习教程》（*Course of Study*）仍然让人受益匪浅。这部著作共包括 13 卷，其中收集了他为幼年时期的费迪南（Ferdinand）——路易十五（Louis XV）的孙子、也是帕尔玛（Parma）公爵的继承人——所设计的课程。1757 年，孔狄亚克成了费迪南的老师。

340. 哲学思想的误用

哲学思想越来越多地渗透到教育理论中，这当然是一件值得庆贺的事情。孔狄亚克主张教育学一定是心理学的演绎，我们当然赞同这一主张。但是，令人遗憾的是，他却没有满足于这一主张。他轻率而又随意地将一些并不适合教育者使用的哲学原理移植到教育中。因

此，在建立人类历史进程中科学艺术发展的自然顺序之后，孔狄亚克妄想将同样的发展规律强加给儿童。

“我所遵循的方法不同于一般的教育方法，但是，它却正是人类创造艺术和科学所采用的方法。”①

313 换句话说，儿童的教育实际上是一个从自身规律出发的再现过程；用孔狄亚克的话来讲，就是“像一个种族进化的过程”。他必须在长期的摸索中，一步一步地学习整个种族所取得的进步。②

毫无疑问，孔狄亚克的错误中也有合理的成分。科学和艺术开始于对个别事物的观察，然后又逐渐地上升到一般的原理。因此，直到今天，仍没有人愿意否定这种方法在教育中的必要性。的确，一开始我们要将事实展现给孩子，引导他们通过一个个的观察发现隐藏在背后的指导规律。但是，归纳与实验方法的实际运用和孔狄亚克的夸张表述之间存在着很大的差距。当然，没有人真心想摒弃这种综合展示的方法。只是，我们的教育吸取了几个世纪以来的研究成果，建立起了已经获知的真理根基。如果强迫孩子去痛苦地重复整个民族的劳苦，这无疑是荒唐的。③

314 更为严重的是，孔狄亚克对哲学方法的运用非常痴迷。在最初的研究中，他曾试图对儿童进行心理分析。

“首先要让孩子熟悉自己心灵的力量，并让他感受到运用这些力量的必要性。”

---

①《文法导论》(*Discourse preliminaire sur la grammaire*,)，《孔狄亚克全集》(*Oeuvres completes of Condillac*)，第 6 卷，第 264 页。

② 这也是斯宾塞教育哲学中的主要原理。“从历史的角度来讲，儿童的教育模式和管理必须与整个人类的教育相一致。换言之，个体的知识形成必须遵循与民族的知识形成相同的过程。”——《教育论》，第 122 页。

③ 人类进步的一般规律是“继承加个体获得的补充”。我们用符号 i 和 a 分别表示继承和个体获得，民族的进步，经过各代的努力，可以用下面的级数来表示：i；i＋a；i (2a) ＋a；i (3a) ＋a；i (4a) ＋a。如果像孔狄亚克和斯宾塞所建议的，继承的因素可以消除，这个级数就会变为：a'；a''；a'''；……获得的连续增加源于继承而来的能力的连续增加。幸运的是，继承的规律不能被废除，因此，为了让后代避免西西弗蒂斯 (Sisyphtis) 的命运，哲学家们开始著书立说。——佩恩注

换句话说，他把心灵分析放在儿童思维训练的第一位。他不让儿童去集中注意力，而是教他知道什么是集中注意力。

一个人怎么能够想到让儿童成为心理学家？怎么能想到将最难懂的科学、同时也是他为之而加冕的研究作为教育的首要内容？

341. 我们必须让儿童学会推理吗？

卢梭曾经尖锐地批判过洛克的名言：“我们必须让儿童学会推理。”而孔狄亚克则尽力去为洛克正名，为此他用肤浅而又不够准确的心理学理论作了所谓的论证。

他说：“研究证明，推理的能力与各种官能的发展是同步的。而且，我们最初之所以能够运用各种官能只是因为我们开始进行逻辑推理。”然而，最基本的事实观察证明，这一陈述是不正确的。在这里，孔狄亚克重在强调他的感觉心理学，试图抹杀各种智能的特殊性质，而将他们的来源统一视为感觉，因此，也就忽视了一般感觉与微妙而抽象的思考过程——推理之间的区别。儿童和成人的理解能力不可能像他说的那样“是相同的”。不可否认，儿童也有逻辑推理能力的初 315
步表现，但这是一种本能的逻辑，幼儿时期的推理仅限于那些熟悉的可以感知的、具体的对象，不能将其与一般的抽象思维相提并论。

342. 初级课程

不加任何评论，我们在此引用孔狄亚克在《初级课程》（*Lecons preliminaires*）中提出的一些基本课程内容：(1) 观念的本质；(2) 心灵的活动过程；(3) 习惯；(4) 心灵和身体的区别；(5) 上帝的知识。

我们怎么也想不出，孔狄亚克为什么将这些高度哲学化的思考列为一个甚至还没有学习过自己母语的7岁儿童的学习课程。一些寓言故事和历史传奇应该能更好地满足儿童的需要啊！

然而，孔狄亚克的主张并不只是这些。当学生对精神的运作过程获得系统的了解，当他知道观念的起源之后，总之，在他8～10岁时，他就会和老师一样通晓哲学，甚至能够写出诸如《感觉论》

(*Teatise on Sensations*) 一样的著作，那么接下来他该学什么呢？学一些类似历史学的知识：

“让儿童回顾自己的孩童时代，我认为，对他来说，早期的世界是最有趣的，同时也是最简单的学习课程。”

343. 思考的艺术

孔狄亚克认为，只有当学生对心理分析获得充分了解，对人类进步有了大体回顾之后，才开始带学生进入一般的学习课程。此时，系
316 统的精神消失了，取而代之的是更加明智而实际的观念。因而，孔狄亚克说：“文法学习如果进行得太早，将会是乏味而无用的。”我们多么希望这个理论能应用于心理学的学习！因此，在学习文法之前，孔狄亚克的学生要读诗歌——当然是法国的诗歌，最好是剧作家的，尤其是他曾经读过不下 12 遍的拉辛的著作。真正了解语言应该先于抽象规则的学习。孔狄亚克自己曾编写了一本文法书，题为《说话的艺术》(*Art of Speaking*)。在这本书中，他模仿波特·诺亚尔学校的教育家们，他认为他们是“第一批为创造有才智的计划而写作的教育家”。继《说话的艺术》之后，他让学生们关注其他三本著作：《写作的艺术》(*Art of Writing*)，或称为修辞学 (rhetoric)；《推理的艺术》(*Art of Reasoning*)，或称为逻辑学 (logic)；以及《思考的艺术》(*Art of Thinking*)。这里，我们不再对这些已经过时的著作多作赘述，尽管其中有些价值是不可否认的。这些著作的一个共同特征是，作者关注的是思想观念之间的关系而不是外部的文体结构，作者关心的是思想的发展而不是语言的华丽：

“正如身体需要养分一样，智力尤其需要营养的供给。我们必须给予知识以健康的精神补品，而观点的错误则是有毒的食物。同时，智力还必须是积极的，因为被动的或非主动的智力会导致愚笨而混乱的思想。”

344.《学习教程》的其他部分

孔狄亚克似乎只是为了实现一个目的——让他的学生成为思想

家。要让学生的智力得到充分的发展，当他发现学习语言的唯一困难 317
是学习单词时，学生才可学习拉丁文。孔狄亚克对于古代语言的学习并没有太大的兴趣。他将拉丁文的学习放在第二位，甚至完全忽略希腊文。但是，他却十分重视历史知识的学习。

“在学会思考之后，王子将历史学习作为他接下来六年里的主要学习科目。”

十三卷的《学习教程》向我们传达了孔狄亚克的历史课程。在这部著作里，他并没有像罗林那样乐于长篇大论，而是分析和扩展他的思考，浓缩事实，他将历史哲学化而不是简单地罗列历史事实。

345. 个人反思

前面我们对孔狄亚克的《学习教程》的论述，足以证明他的一个弟子对他的教育学的评价是正确的。热朗多（Gerando）写道：“孔狄亚克对人类思维方式，也就是观念在心灵中的形成过程作了详细而彻底的研究，但是，却没有掌握如何将这些思想转化为学生智力的技巧。”

然而，除了批评之外，我们还应该给予他应得的赞扬，否则这对孔狄亚克是不公平的，尤其要考虑到他对个人反思重要性的认识以及他的判断优于记忆的观点。几段引语就可以重建孔狄亚克的教育思想在我们读者心中的重要地位。

最为重要的肯定是个人反思：

“我承认，只有培养记忆能力的教育才可能培养出天才，而且事实上也已经培养出这样的天才。但是，这类天才仅限于幼年时期。……只知道死记硬背的人什么也学不会。……没有学会反思的人是没有真正受过教育的，或者更严重地说，是受劣质教育的人。”

“真正的教育在于反思，同时也源于反思，而不是记忆，记忆只 318
能保存知识。那些我们能够重新发现的事物，远比那些我们仅凭记忆记住的事物理解和掌握得更好。因此，仅仅给学生传授知识是不够的，必须让他们通过自己寻求知识来教育自己，即‘授人以渔’，关键是要恰当地给予指导。如果学生得到恰当的引导，那他就会获得正确的思想观念，并且掌握这些观念之间的因果关系。之后，他就可以自行回忆，加以复习，同时将这些观念与之前的观念相对照，最后做出决定，选择出自己想要研究的对象。反思总是能够帮助学生再现已知，因为它知道知识当时是如何获得的；而记忆却不能再现知识的过程，因为它不知道当初知识是如何学来的。”

这就是为什么孔狄亚克认为自我教育远远胜于被动教育的原因：

“先生，从此以后，你要自己教自己了。或许你认为你已经完成这项任务了，但事实上已经完成任务的是我。你将重新开始学习！”

346. 对过度宗教礼拜的批评

孔狄亚克的教育将他的学生从宗教教育中解放出来。下面是一个修道士所写的一段话，证明世俗思想在18世纪的新地位：

“您不可能过于虔诚，先生。但是，如果你的虔诚没有被激发，你将会忘记自己的责任，而痴迷地投入到一些小事中。因为祈祷是必需的，所以你会认为，你应该一直祈祷，却忘记真正的虔诚首先是完
319 成生活中一些基本的责任；不能像修道士一样清心寡欲地生活，这并不是你的错。你周围云集着各种虚伪小人，修道士也走出修道院。牧师为了学习你的神圣著作，也放弃圣坛前的宗教仪式。盲目的王子，你觉察不到他们的言行是多么不一致。你甚至没有想到，那些总是赞扬你、总是待在圣坛边上的人们，他们自己都忘记了这就是他们自己的责任！不知不觉中你走进他们的位置，同时将自己的位置留给他们。你一贯地祈祷，而且你相信你会被拯救。他们却不再祈祷，而你还错误地认为他们保留着跟你一样的信仰。多么奇怪的矛盾！真正的牧师不在教堂里，留给政府的却是一些伪牧师。”①

347. 狄德罗

对狄德罗（1713—1784）不太熟悉的人，往往认为狄德罗的著作是一些充满想象的、出格的著作。看到这位爱幻想的作家的名字出现

---

①《学习教程》(*Cours d'etudes*)，第10卷，导言。

在教育家名单中，这无疑会让人感到惊讶。但是，想一想这个思想巨人多么会变换思考主题，如何由愉悦转变为严肃，尤其是他曾经以极大的热情与人合作创作《百科全书》(*Encyclopedie*) 并为此做出孜孜不倦的贡献，我们就不会再感到惊讶了。

348. 狄德罗的教育学著作

这一点是毫无疑问的。狄德罗创作了至少两本关于教育学史的论集：一是 1773 年出版的《对爱尔维修〈论人〉一书的反驳》(*Refutation of the Book of Helvetius on Man*)，对爱尔维修学说中的自相矛盾和错误进行了深刻尖锐的批评；二是《大学计划》(*Plan of
a University*)，它写于 1776 年，完全是一个教育设计方案，应俄国女 320
王凯瑟琳二世 (Catherine II) 的要求而作。①

349. 狄德罗作为教育家的优点

显然，狄德罗既没有优秀教育家应具备的性格特征，也没有足够明确的教育观念。但是，他先天以及后天习得的思想品质帮他弥补了这一不足，从而使他赢得凯瑟琳二世对他的信任。凯瑟琳二世委托他至少在理论上能够组织构建俄国民众的教育。首先，他具备一般思想家的一个优点，"精通各种科学并了解其价值，同时又不偏袒任何一门科学"。一方面，他投身于科学运动，这是他的《百科全书》所关注的焦点；另一方面，他又对文学充满热情。他很崇拜莎士比亚 (Shakespeare)② 并热衷现代诗歌，同时又痴迷于古代经典。他说："他视阅读荷马史诗为一种宗教责任，就像一个虔诚的牧师每日都诵读祈祷书一样。"

350. 教育的必要性

值得称颂的是，狄德罗不同于同时代的其他人，尤其不同于卢

---

① 参见特纳克斯 (Tourneux) 编：《狄德罗全集》(*Oeuvre completes of Diderot*)，1876—1877 年，第 2 卷、第 3 卷。

② 莎士比亚 (1564—1616)，英国文艺复兴时期戏剧家、诗人。——译者注

梭，因为他十分强调教育的道德功用：

“教育不仅不会败坏人的性格，而且会美化人的性格，并使其变得令人愉悦，突出人的责任，弱化、阻止或者是隐藏人的缺点。……我敢说，人类道德的美化过程与人类服饰的进化过程一样，道德的发展与从动物毛皮到丝织品的发展演变是同步的。”

因此，他认为民众教育是必需的：

“上到最高统治者、下到最底层农民，都应该学习阅读、书写和计算。”

321 狄德罗还把德国高度体系化的初等教育系统作为法国人教育的典范。他主张，学校教育应面向所有的儿童，“学习阅读、书写、算术和宗教”；同时，学校还应该进行道德和政治教育。这样的学校教育是必需的。为了实现强迫教育，狄德罗还要求政府对教育实行资助。他甚至还让学生在学校里就餐，这样学习书本知识可以成为他们真正的食物。

351. 公共教育观念

像所有真正渴望高度体系化教育的人一样，狄德罗认为，应该由政府来组织教育。他理想中的俄国大学和 1808 年的法国大学极为相似。他主张，在教育领导层中，应该由一位政治家来统管与教育有关的各项事宜。他甚至委托这位政治家，即大学校长，掌管各院系院长的任免、违纪学生的开除以及教授和助教的罢免等各项工作。

352. 对法国学院的批评

中等教育在当时被称为文学院（Faculty of Arts），是狄德罗思考的主要对象。他强烈批评传统的教育系统，尽管他的控诉有时被认为是不公平的，但还是值得人们引用的：

“只有现今的文学院里还在开设两种只有很少人使用的、即将死亡的语言，并被冠以‘纯文学’的名义；也只有在这里，这两种语言才被毫无效果地学习六七年。在修辞学习中，说话的艺术要先于思考
322 的艺术；在逻辑学习中，学习的是亚里士多德的雄辩术以及他的崇高

而又常常被误用的三段论。用四页的篇幅就能陈述清楚的事情，按照他的方法却得用上百页晦涩的语言来说明；至于伦理学，我甚至不知道都在讲些什么，但我知道，其中没有只言片语是涉及思想品质或者心灵美德的；形而上学讨论的尽是些琐碎而又棘手的问题；物理学则是关于物质成分和世界系统的无休止的争论；而对于自然历史、实际的化学问题却没有一点阐述，天体的运行和陨落涉及也不多；很少有实验；解剖学则更少，根本就没有几何学。”①

353. 狄德罗所倡导的改革

在进行猛烈抨击之后，狄德罗开始提出一些坚定而激进的改革措施，但是，并非他提出的所有改革措施都是值得赞扬的。

首先，我们来看看孔德（Auguste Comte）和实证主义学派重新提倡的思想。他们认为，各种学科之间存在着必不可少的联系以及从属关系，并根据各个学科之间的预设关系或者对接下来的科学研究的促进作用以及实用价值的衡量，对科学进行不同种类的划分。② 狄德罗指出，学科的实用价值取决于学校的需求，而不是取决于各个学科之间的逻辑规律。之后，狄德罗根据科学的实用价值，对学校教育进行分类：

“学科与学科之间的关系是定义类属的一种方法，而实用主义原则则提出另外一种划分类属的方法。”

但是，狄德罗忘记了在分类研究学科时，不仅要考虑功用原则， 323
而且重要的是让研究规律适合儿童年龄段和智力的发展过程。

354. 狄德罗对科学的偏爱

尽管狄德罗对人文教育和科学教育投入了同样的热情，他却不知道如何在人文教育和科学教育之间保持平衡。在孔多塞和孔德之前，

① 《狄德罗著作选》（*Oeures*），第 3 卷，第 459 页。

② 关于康德对科学的分类，参见斯宾塞的著作《宇宙进步论证》（*Illustrations of Universal Progress*），第 3 章。——佩恩注

狄德罗就改变了教育的中心，以科学取代人文。在他的人文学院八种课程中，前五种分别是数学、机械学、天文学、物理学和化学。文法和古代语言则被列为最后三年的学习科目，就像在我们学院中所称的“二级课程和修辞学”①。

从这一点讲，我们不仅要批评狄德罗对人文学科学习做了不合理的限制，而且要指责他对学习科学所作的不恰当的分类，即他将数学学习列在物理之前。他自己宣称“几何比阅读容易学”，这是没有用的，也没有让我们信服。更为严重的错误是，他让儿童首先学习抽象的数学概念，而不去发展他们的各种官能，并且一再推迟自然、历史和实验物理的学习。殊不知，这些科学正是专门为儿童而存在的，因为正如狄德罗自己所说：“学习这些学科，要求儿童不断地运用视觉、嗅觉、味觉以及记忆力。”

我们没有充分的理由去原谅狄德罗的错误，他的学生直到 12 岁时才进入人文学院，到时也将只是学习阅读、书写和书法。此外，儿
324 童早年的初等教育并没有得到充分合理的运用。显然，即使到 12 岁年龄时，儿童的思想也没有充分成熟。枯燥无味的算术演绎对于 12 岁的儿童来说有些不合时宜。

355. 狄德罗对人文学科范围的片面观点

狄德罗对学习人文经典的矛盾态度着实令人惊讶。一方面，他将学生学习经典的年龄推迟到 19 岁或 20 岁；另一方面，他又以极大热情谈论人文经典，尤其是荷马（Homeros）② 的经典著作。

“如果说我有什么优点的话，那么，这要完全归功于大师荷马。不学习希腊文和拉丁文，是很难获得卓越品位的。早年时期，我一方面从荷马、维吉尔、贺拉斯、特伦斯（Terence）、阿那克里翁（Anacreon）③、

---

① 参见本书英文本第 131 页注释。

② 荷马（约公元前 900—前 800），古希腊诗人，西方文学的鼻祖。他的《荷马史诗》是研究古希腊人风俗习惯的原始资料。——译者注

③ 阿那克里翁（公元前 570—?），公元前 6 世纪古希腊抒情诗人。——译者注

柏拉图（Plato）[1] 和欧里庇得斯（Euripides）[2] 那里汲取精神营养，同时又向摩西（Moses）[3] 和其他先知学习。”

狄德罗极力赞扬人文学科，同时又为人文学科的教育处处设限，甚至想取消对这类人文学科的学习。我们如何来解释这样一个缺乏一致性、无视传统的人文主义者的矛盾行为呢？按照狄德罗的观点，这是因为纯人文经典只是对演说家和诗人的培养有用，而对于思想的发展毫无意义。因此，尽管人文学科是优秀的学科，但是，它只适用于少部分学生，而民众教育是为大众所享用的，因此，没有理由把人文学科列入民众教育的首要地位。不过，狄德罗并没有弄明白一件事：教育是一种高贵的权利，是一种令人羡慕的智力训练，是获得公正、严谨、开朗等优秀品质的可靠而便捷的途径，而这些是所有人都需要 325
的，同时也适用于各个生活阶层。[4]

356. 马蒙泰尔的观点

狄德罗似乎将文学的功能归纳为一种仅靠记忆来学习单词的行为，从这一点来看，他应该向他同时代的马蒙泰尔学习。马蒙泰尔（Marmontel）[5] 或许不如狄德罗有智慧，但比他更公正，这也是他从早期学习语言的规律中获得的一个优点：

---

① 柏拉图（公元前427—前347），古希腊著名哲学家，代表作《理想国》。与苏格拉底和亚里士多德并称“古希腊三贤”。——译者注

② 欧里庇得斯（约公元前480—前406），古希腊悲剧大师。——译者注

③ 摩西，公元前13世纪希伯来人的领袖。——译者注

④ 这一思想可以扩展为下面的引文：“我所反对的推理方法源于这样一个假设：教育只是因为实用而存在。举例来讲，那些按照自己的社会地位并不运用智力文化的人便不需要这种文化。从这个角度来讲，文学只对文人具有实用价值，科学只对科学家有用，优雅的行为举止只对一些重要人物有用。穷人就应该无知，因为教育和知识于他而言毫无用处。这尽是些亵渎神明的观点！思想文化和精神文化是每个人都必须学习的内容，它们不是简单的修饰，而是像宗教一样的神圣。”勒南：《家庭和教育》（*Famille et Etat*），第3页。这段文字足以回应斯宾塞的设想（《教育论》，第84页）——最好指导的学习，同时也是最好的学科。参见杜格尔德·斯图尔特（Dugald Stewart）《基础课本》（*Elements*），第12页。——佩恩注

⑤ 马蒙泰尔（1723—1799），法国诗人、剧作家和评论家。——译者注

“在翻译时，我对遣词造句以及结构的优美很感兴趣。这一活动总是伴随着对思想观念的分析，同时也强化着记忆。我发现，词语的意义决定它的存在。通过不断思考，我觉得学习语言同时也是一门辨析思想与思想之间细微差别的艺术，准确把握思想的实质及其相互关
326 系。在学习词语的同时，青年人的头脑中也形成了不同的新观点。[①]同样，在我们抱怨在学院中除了拉丁文我们什么也没学到时，我们其实不知道早期的课程还包括基础哲学，这门学科远比我们想象得更丰富、更广泛、更有实用价值。”[②]

357. 狄德罗教育计划的其他新颖之处

在深入探讨狄德罗《俄国大学计划》详细结构之前，我们先来看看他的教育计划新颖性在其他方面的表现：

(1) 将课程划分为一系列的平行结构：首先是科学和文学课程系列，然后是宗教、伦理、历史课程系列，最后是绘画、音乐等课程系列。

(2) 以一种倒叙的方法教授历史，即先教授近代史，然后逐步追溯到古代史。

(3) 高度重视阅读的艺术：“让教阅读课的老师和教绘画的老师多
327 些联系，因为知道如何阅读的人太少了，甚至连最有知识的人也知之不多，而阅读是一种非常惬意而必备的能力。”

---

① 这一想法解释了现代教育的一句格言：“先有观点，然后才有术语。”而在实际生活中，其顺序往往恰好是反过来的。术语和观点之间的关系与句子和意义之间的关系是相同的。那我们应该说“先有意义，再有句子”或者“先有意义，后有章节或者书本”吗？

翻译的科学价值也得到了详细的论证。尽管对于学校能否提供较好的“智力训练”仍有疑义，但是，在实际的翻译中，我们已经取得了以下三方面的智力成就：(1) 将意义从词语的最初形式中分离出来；(2) 将意义理解视为精神获得；(3) 以一种新的形式来体现意义。阅读的多样性也是一个与此极为类似的过程，可以称为“学生要用自己的语言来表达段落的意义”。——佩恩注

② 马蒙泰尔（Marmontel）：《一个父亲对孩子的教育记录》（*Memoire d'un pere opour servir a l'instruction de ses enfants*），第1卷，第19页。

（4）特别重视艺术的学习以及美学教育，这对于创作出《巴黎美术沙龙》（*Salons*）的艺术批评家来说是必不可少的。

（5）改革助教体系。[1] 狄德罗主张，院系应该设置负责监管的教育人士，即助教；而且助理人员在一定的场合可以代替教授的位置。为了确定助教的职责，他认为，助教应该发挥谦逊而实际的作用，同时应该得到足够的尊重。助教是一种编外人员或“准教授”，他不时地代理教授工作，最终将坐到教授的位置上。

358. 爱尔维修

要研究爱尔维修（Helvetius，1715—1771）的教育思想，在迅速分析他的《论人》（*Treatise on Man*）时，我们不可能略过狄德罗，因为作为同时代的杰出人物，他曾经对爱尔维修的著作作出评价和批评。正是狄德罗的《对爱尔维修〈论人〉一书的反驳》使得我们阅读爱尔维修的枯燥乏味的论文成为一种简单而惬意的活动，因为狄德罗通过这本著作对《论人》进行了辛辣而有力的批评。

359.《论人》

这本著作的原标题有点长，《论人，人的理智及教育》（*De l'homme，de ses facultes intellectuelles et de son education*）。经过15年的精心思考，爱尔维修才创作出这本巨著。直到1772年他去世以
后，该著作才得以问世。实际上，除了在第一章和最后一章（第一、 328
第十部分），教育并不是作者所直接关注的问题。包括这两章在内，整本著作都是围绕他所钟爱的哲学原理展开论述的，例如，人类的智力平等、追求幸福的热情以及一些诸如法律如何影响人类幸福、无知如何引发罪恶等。

360. 教育的作用

当跳出那些老生常谈的论述时，爱尔维修往往会落入自以为是和

[1] “在中学、大学或学院里的老师要随时监管学生，不论在上课时间还是娱乐时间。”——利特

系统性的矛盾之中。他的惯常行为就是炫耀学问，而这往往又不是事实。举例来讲，他认为教育是万能的，教育是造成人与人之间心智差异的唯一原因。儿童的心灵只不过是一个未定的空容器，没有任何倾向性。感觉印象是构成智力的唯一因素，因此，五种官能的习得是唯一的、最重要的；“人类所拥有的不过是各种官能。”感觉论不可能比这走得再远了。

因此，爱尔维修认为，感觉印象是人性的基础。由于感觉印象随着环境的变化而变化，他便得出这样一个结论：机缘是影响人的心灵和性格的主要因素。于是，他试图随意地创造天才，或者至少是有才能的人。要实现这一目的，必须通过反复观察确定机缘所采用的创造杰出人物的方法。一旦发现这些方法，接下来就只剩下人为地让它们发生作用，并将其组合起来，以便产生同样的功用。

“天才是一种偶然的产物。像无数的杰出人物一样，卢梭可能也被视为偶然的杰作之一。”

329 ### 361. 狄德罗对爱尔维修的驳斥

教育界从来不乏对爱尔维修批评的声音。如果他当初请教一下老师和家长，如果他当初认真观察一下自己，如果他真正思考过自己的两个女儿——虽然接受完全相同的教育，得到的却是完全不同的结果，那么爱尔维修无疑会认识到教育的局限性；他也会理解智力迟钝的孩子是不可能被培养成想象力丰富的人，同样思想懒惰的孩子也不会被培养出热情而敏感性格的人。因此，他也会意识到，即使在最有利的环境中，爱尔维修也不会成为像孟德斯鸠和伏尔泰一样著名的思想家。

虽然说我们常常驳斥爱尔维修，但是，在众多的批判声中，狄德罗的批评更雄辩有力。他重新建立了自然、先天等不可抗拒的倾向在教育中应有的地位和作用，而这些影响恰恰是爱尔维修所忽视的因素！

狄德罗说：“爱尔维修所谓的机缘，就像一个火花引燃了一桶酒，然后又熄灭在一桶水中。”

“因为千万年以来，天堂里的露珠降落到岩石上，却没有带给它们所需的营养。”播了种的田地等待着露珠的浇灌以提高产量，然而殊不知，露珠并不能在田地上撒播种子。机缘本身并不能创造出东西，只有找到一个挖掘矿产资源的工人，才能使钻石显露出来。

拉布吕耶尔（La Bruyere）[①] 这样归纳教育的作用：“教育仅仅影响到精神表层。”显然，教育的影响作用远大于拉布吕耶尔的总结。当然，教育的作用虽然很大，但并不是万能的。好的教育可以美化道德，而坏的教育可以扼杀甚至败坏人的思想；但是，教育绝不可能消除天资的缺陷，也绝不会取代人性自然的东西。

362. 教育的世俗化 330

爱尔维修教育体系的其他方面与狄德罗的观点是一致的。与狄德罗一样，他也认为，教育要发展就必须世俗化，即教育应该面向平民大众。教育的缺陷源于指导它的两种对立力量：宗教的和世俗的。教会和政府之间存在着利益和观点的对立。政府希望塑造更勇敢、更勤劳、更文明的民族，而教会则希望民众盲目顺从、一味信仰精神的力量。因此，教育规则便出现矛盾，教育不得不采用多种方式，一种踟蹰不前的教育模式便形成了，教育不时地被拉到两种对立的发展方向上，不知走向何方，甚至迷失方向，在摸索中艰难地前行。

但是，爱尔维修得出的结论却不像我们所期望的那样：在教育问题上，教会和政府应该相分离，就像法国近代法律中所规定的那样。不！爱尔维修主张政府吸收教会的力量，让政府统治者同时掌握宗教和世俗的权力。这种混淆权力控制的做法，必然会压制人们的意识觉醒。

尽管爱尔维修确实在其他方面可能作出很大贡献，但是，他在教育界的权威地位主要是因为他主张智育和德育中遵循的所有原则都归

① 拉布吕耶尔（1645—1696），法国作家。——译者注

为一条：发展和满足人身体的感官能力。[①]

331 363. 百科全书派

鸿篇巨制《百科全书》收集了与18世纪的科学和哲学有关的很多方面，只是顺便涉及一些有关教育学的方面。准确地讲，《百科全书》并没有对教育学史做出系统的阐述。其中，最主要的篇章就是文法学家和拉丁文学者杜马塞斯（Dumarsais）的文章《教育》（*Education*）。

然而，这篇文章对于作者而言并没有重大意义，而对于《百科全书》则更没有多大意义。除了一些模糊而陈腐的一般原则之外，它几乎没有涉及任何教育问题，只是起到一定的补白和装饰作用。因此，伏尔泰如是说："你读到的都是些像杂志《发现》（*Trevoux*）所需要的文章。"然而，我们应该注意到，这篇文章强调物理和艺术实践的学习，甚至一些最普通的"从属性"知识的学习，并按照逻辑，或确切地讲按照心理顺序进行分类。例如，具体事物的学习总是先于抽象概念的学习。但是，在对人类的思想感情略作分析之后，作者完全忘记了自己的任务，竟然建议年轻人"阅读报纸"。

《百科全书》中其他有关教育学的文章也同样缺乏新颖性。如果说达朗贝尔和狄德罗的杰作对教育的发展作出巨大贡献的话，那么，这一贡献不在于其直接努力，而在于其结果对法国民众的思想产生了巨大影响。他们重视对科学开展理论研究，同时也强调科学在实践中的应用；他们传播科技知识、赞扬工艺美术，这为积极的科学教育模式奠定了基础，并取代了原有的单纯鼓吹人文学科学习的教育模式。

332 364. 康德

我们知道，一个多世纪以来，康德（Kant，1724—1804）对哲学

① 非常奇怪的一件事情是：在德国的教育学图书馆中，第一本法文的教育学著作竟然是爱尔维修的《论人》（*Traite de L'homme*）。这其实是把荣誉给了法国教育学著作中最普通的一本书。

的发展产生了重大影响。继笛卡儿之后，没有一位思想家对哲学问题产生过如此大的兴趣，也没有人如此积极地倡导人们关注理性。因此，这样的哲学家讨论教育学问题，同时对教育问题进行深入评价，对于教育科学来说，这绝对是一件幸事。他对卢梭的钦佩，他对《爱弥儿》的认真而热情洋溢的阅读，他对自己在共生兄弟会执行委员会（Collegium Fredericianum）——由牧师主持管理的小神学院——接受的修道院式教育，他为那些委托他教育孩子的家庭制定教育规则等经历，最重要的是，他对人性和道德哲学的深刻研究，为他以后对教育问题的探讨作了充分的准备。作为哥尼斯堡大学的教授，他多次对他所偏爱的教育学话题进行讨论。他的一位同事收集整理了他的有关讲义，这也就是接下来我们要分析的《论教育》（*Treatise on Pedagogy*）。[1]

365. 康德的教育观

在康德看来，人的教育和人的管理的艺术是最难的，同时也是最重要的一门艺术。他认为，只有通过教育，人性才能够得以发展和完善：

“通过教育，人性将总是向着好的方向发展，最后发展到一种最 333
恰当的形式，这显然是令人愉悦的。”

“要想知道万能的教育有多么大的作用，就必须让优秀的人士来承担教育的任务。”

但是，为了实现这一崇高目标，教育必须从传统的教育方法中解放出来。教育不是为了让儿童在现代人类社会中取得成功，而是为了让儿童“在将来更好的社会环境中，基于一种理想的人性观和更加全面的目的而获得成功”。

366. 乐观主义心理学

康德基本接受卢梭“人性本善”的观点。他认为，人一生下来就

---

① 参见书后面的法文译著，由巴尼（Monsieur Barni）先生翻译，书名为《道德学说的形而上学因素》（*Elements Metaphysiques de la doctrine de la vertu*），巴黎，1855 年。康德的著作于 1803 年在德国出版。

是单纯无知的。

“据说，在医学上，医生不过是自然的仆人。对于道德家来讲，情况也是如此。避开一些不良影响，自然之手完全可以成为一种良好的教育方式。”①

因此，康德不厌其烦地高度赞扬卢梭提出的“教育顺应自然”的观点，这为遭受人们诽谤的教育者们找回了他们应有的自信和应得的尊重。然而，我们必须注意的是，这位德国哲学家并不是简单地重复卢梭的观点，而是借鉴性地接受并加以改正。他认为，人在出生时既不好也不坏，因为人并不是生来就有道德的。一个人只有在能够理性地认识到自己的责任和法精神的时候，才能成为一个有道德的人。换句话说，在孩童时期，一切都处在萌芽阶段，婴儿只是一个处于准备时期的生命体。他将要通过受教育得到发展，只有将来的教育才能使
334 他变好或者变坏。一开始，他的性格是不确定的，罪恶不是来源于某一确定的自然倾向，而仅仅是因为我们不知如何指导，或者用康德的话来说，那是因为我们没有“遵循自然规律”。

367. 尊重儿童的自由

和卢梭一样，乐观主义心理学思想激发了康德的一种消极教育观点，他尊重孩子的自由：

“一般说来，最早期的教育应该是消极的，也就是说，除了保护孩子生来所具备的一些东西之外，什么都不用做。……最好在早期教育中，尽可能少地帮助孩子，而是让他们自学。人的大部分缺点往往是来自那些通过交流得来的错误印象，而不是因为没有受到教育。”

卢梭认为，一切与人类有关的事情都和秩序相关。与卢梭不同，康德则十分尊重学生的自由。他批评那些总是讨论“不能顺着孩子的意愿”的家长。他的主张并非毫无道理。他认为，如果我们一开始总是一看到孩子有什么闪失就跑去查看，一听到孩子的哭声就忙着去哄，那么，就没有必要总是反对孩子的要求。对于孩子来说，没有什

① 选自康德的《遗著片断》(*Fragments posthume*)。

么比一条让人恼火而又丢脸的纪律更糟糕的了。然而，就康德对自由的热情来讲，这位强调个人意志自由的理论家走得未免有点远了。例如，他害怕习惯的力量。他认为，必须阻止习惯的形成，而且孩子不应该习惯于任何事情。他或许也要求强制性的教育管理，因为教育正是一系列好习惯的习得过程。

368. 被禁止的故事 335

理智能力或才智的培养，被康德称为“心灵的实质教育”，它有别于被康德称为意志培养的“道德教育”。在这一点上，康德的观点也和卢梭相似。他主张禁止传奇文学和故事，“儿童本身有极其丰富的想象力，因此，完全没必要通过学习故事加以发展”。可能有人会说，寓言故事和虚构的小说在促进想象力发展的同时，还能以一种恰当的方式指导并校正想象力，甚至会给予其道德的力量。尽管卢梭曾经猛烈抨击拉封丹的《寓言集》，但卢梭本人也不能否认寓言故事的道德价值。

369. 能力的培养

康德作为教育者的特别之处，在于他对能力培养的关注远远超过知识积累。他仔细观察各种不同的智力和才能，他对这些能力的思考完全可以构成一门系统的教育心理学。比如说，他批评对记忆力的误用。

康德说：“那些除了记忆力之外一无所有的人不过是一本活词典，就像山上的骆驼。”

对于理解能力的培养，康德主张，“一定程度上来讲，先是被动地训练”，让儿童举例来证明一条规则，或者反过来，让儿童指出应用于具体事例中的规则。

至于推理能力，他借鉴苏格拉底的方法，总起来讲，就是培养儿童多方面的能力。他认为，最有效的方法就是鼓励儿童发挥积极主动性：

“理解的最好方式就是亲身实践。我们学得最扎实的，往往是那些我们通过自己亲身实践学习得来的知识。”

336 370. 不同的惩罚方式

康德对惩罚的不同方式进行了细致的分析。他对体罚和道德惩罚作了区分，当然后者是比较好的方式。道德惩罚具体包括：羞辱或冷淡学生，或者“鼓励孩子让他感受到尊重和被爱，这也是道德发展的一种辅助手段”。体罚的方式应该慎用，“这种方式最后可能不会获得预期的效果”。

另一种分类是自然惩罚和模拟惩罚。前者要比后者更受用，因为自然惩罚是犯错误的直接后果。“举例来说，当孩子吃得太多的时候，不消化便是对他的直接的自然惩罚”。康德还指出，自然惩罚的另外一个好处，就是“孩子一生都会记住这个惩罚”。①

最后，康德还将惩罚分为消极惩罚和积极惩罚。前者适用于一些小错误，而后者则用来惩罚那些极其恶劣的行为。

除外，康德提醒老师，不论采用什么样的惩罚方式，都要避免对学生的恶意惩罚：

“如果我们惩罚学生时表现得很生气，那么，就不会收到良好的效果。”

371. 宗教教育

337 乍一看，我们可能以为康德采纳卢梭的结论，以为康德像卢梭一样，反对对儿童进行早期宗教教育：

“宗教概念往往让人想到神学体系。那么，我们如何向一个远没有了解世界甚至还没有了解自己的年轻人讲述神学知识呢？一个还不知道什么是责任的年轻人，怎么能够理解上帝赋予他的责任呢?”

---

① 本书作者孔佩雷似乎非常赞成“后果法纪律”（Disciplino of Consequeces）。我认为，费奇（Fitch）很清楚地论证了这一纪律方法的缺陷。《讲演集》（*Lectures*），第117页。康德无疑是从卢梭那里借鉴这一观点的。卢梭把这一方法用在他的虚构学生爱弥儿的身上。（参见沃辛顿小姐翻译的《爱弥儿》版本，第66页）这一理论是斯宾塞《德育》（*Moral Education*）的基础。——佩恩注

因此，从逻辑上来讲，教育应该等到他们对上帝已经形成一个明确固定的概念时，再跟年轻人谈宗教。但是，康德认为，这是不可能的，因为年轻人生活在一个每时每刻都能听到上帝名字的环境里，一个不断进行虔诚的宗教活动的环境里。所以，最好在早期阶段就应该告诉儿童宗教概念，以防他从别人那里得到一些迷信的、错误的概念。实际上，康德和卢梭的不同，仅仅是因为他再现了真实的生活环境——将《爱弥儿》与真正的社会联系起来，而不再将其隔离在虚幻的社会环境里。此外，康德还为宗教教育提出一个明晰而高尚的方式。他认为，给儿童讲清楚上帝的概念的最好方法是找一个神似上帝的真正的神父。而且，责任的概念必须先于上帝的概念；道德教育在先，神学教育随后。没有道德的宗教只不过是迷信；没有道德的虚伪的宗教信仰者，不过是一个追求神的恩赐的谄媚者。

372. 道德教育

真正理解康德对道德的推崇程度，就不会对他对道德教育的重视感到惊讶。

康德说："我们的学校几乎都缺少一种有利于培养儿童的正直品 338
质的教育，我指的是责任的教育。普遍地看，它应该包括日常生活中的行为，并让儿童经常问他自己这样一个问题：这么做，对还是不对?"

同时，康德还写了一本相关的《德育教义问答书》(*Moral Catechism*)①，希望学校每天要拿出一个小时进行这种教育，从而"让学生知道并记住他们对于人类的责任，记住上帝的力量"。同时，他还强调，儿童应该学着让对内心良知的敬畏取代对人类和上帝惩罚的恐惧，让自己内心的尊严取代他人的观点，让内在的行动价值取代外在的语言，让平静而愉悦的虔诚代替消极而悲观的信仰。

---

① 爱尔维修对于德育问题并不是很在行，他的德育想法是《道德教义问答书》(*Catechism de probite*)。圣兰博尔特（Saint Lambert）1798 年发表了一篇名为《通用教义问答书》(*Catechisme universel*）的文章。

373. 分析性总结

(1) 本章揭示了哲学体系对教育的影响。对人类命运的新看法、人性因素的新理论、人在自然中的新地位，这些哲学思想决定着教育理论的相应变化。

(2) 孔狄亚克的假设或许是对这一时期教育理论的最概括的总结。他认为，个体教育应该是对历史文明的复演。在斯宾塞看来，这已经成为一条定律。

(3) 在理论上，教育的世俗化进程已经开始。教会将要失去它的历史特权，现代国家即将成为教育者。

339 (4) 爱尔维修是教育上可塑性理论（plastic theory）的代表。可塑性理论认为，老师如果明智的话，就会忽略学生天资上的差异。这种理论使人成为自然环境的受迫害者。事实上，人是唯一可以让自然服从于自我意志的生物。人类甚至有能力重塑环境，因此，人的地位绝对优越于自然。此外，尽管教育的作用是不可忽视的，但是，固有的天资差异也是不容忽视的。

(5) 马蒙泰尔的话揭示了人文学科的文化价值，尤其是阐释的训练价值。

(6) 康德完全认同教育的新目标，与以传授知识为目标的传统教育不同，教育的新目标是训练、培养和造就人才。

第十五章　世俗教育和国民教育的起源

374. 耶稣会和国会议员 340

到目前为止，我们讨论的 18 世纪教育者中，没有一个人真正直接践行公共教育，也没有一个人有力量将自己的教育学说应用于学院教育（college education）中。因此，我们讨论的仅仅是 18 世纪的教育理论学说而不是教育实践。

然而，在恳求国王放逐耶稣会士之后，从 1762 年到法国大革命
前夕，法国国会议员为了帮助那些曾经被放逐的教师恢复以前的地位 341
作出了巨大努力，并且极力纠正古代教育中的错误观点。在当时的主要思想家中，多数人推崇的适用于民众的国民教育开始发挥作用。他们是教育实践的组织者，为 19 世纪法国大学的建立奠定了基础，并且一再掀起已经中断了的詹森主义者与耶稣会士之间的斗争。

375. 耶稣会士的放逐

耶稣会士 1764 年被放逐的原因是极其复杂的，其中政治原因居于首位。国会希望通过攻击耶稣会来维护政府的利益，而政府是由试图控制所有基督教国家的权力集团组成的。国会谴责耶稣会士，这与当时耶稣会士的教育模式也有一定的关系。当时，在法国各地区，在设有耶稣会学校的城市里，市政官员和皇室成员在上奏的文章中都对教会的教育方法和实践大加抱怨。有力的改革措施迫在眉睫。

对耶稣会士错误教育的强烈谴责，并非仅仅出现在法国。1759 年，葡萄牙国王在驱逐耶稣会士的布告中这样写道："国家的人文教育开始衰落。显然，耶稣会士的教育是导致希腊语和拉丁语衰落的主要原因。"数年之后，1768 年，葡萄牙国王庆幸自己消除了"耶稣会

引入的道德败坏、盲目狂热和迷信无知”。

342 ### 376. 对耶稣会教育的普遍不满

直到 18 世纪中期，耶稣会仍然热衷于传统的教育规则，他们的错误也随着时间的推移而不断恶化。

在奥塞尔，学生在学校里学习的只不过是少数几位拉丁作家的著作，没有一位法国作家的著作被列为教学内容。

在莫林斯，每周要有一个小时的时间用来学习法国史，而事实上耶稣会总是拘泥于传统形式，根本就没考虑过历史知识的教学。

在奥尔良，要求开设法语课程的呼声一直没有间断过。

在蒙特布里松，人们希望学生能够学习一些地理知识，尤其是法国的地理知识。

然而，奥塞尔的教育事实上是这样的：哲学教育只不过是将时间花费在“抄写和学习一些笔记，其中全是模糊不清而又肤浅的问题”。

同时，在蒙特布里松，人们要求“用法语解释推理规则，并且要求停止那些只培养雄辩家而非哲学家的辩论”。

收集和研究 1762 年教育改革的真实记录报告，是一件很有趣的事情，内容全是公众反对耶稣会教育的批评。甚至在宗教学习上，耶稣会也因为以教父整理编写的文章取代宗教经典而遭到谴责。在法国西部城市普瓦蒂埃，完全被忽略的《新约》和《旧约》的学习再次得
343 到重视。耶稣会还经常因为将宗教问题与经典研究混淆，而且总是说教式的，所以也招致指责。“在奥塞尔学院，五、六年级的老师总是将他们教给学生的内容教条化。”最后，耶稣会提倡道德诡辩术的教育，鼓励学生的偏执和神秘的观点；同时认为，严格的纪律不仅不能使学生得到放松，而且还会激发那些曾经在学校里受到处罚的学生对学校进行激烈的反驳和指责。①

---

① 参见 1764 年出版的小册子，名为《詹森教派校正者的回忆录》（*Memoire historique sur Rorbilianisme et les correcteurs des Jesuites*）。

377. 为替代耶稣会而做的努力

可以说，国会对各地民众反对耶稣会的观点作了最为详细的记录。但是，在进行激烈批判的同时，他们还承担起制定新的教育法则的任务。他们说："如果我们不想着如何去建立新的规则的话，那破除错误的规则就没有多大意义。公众的利益和国家的荣誉要求我们必须建立一种面向公民的教育，从而使每一个时代的国家都能够在工作上取得成功。"米歇尔·格雷亚尔（Michel Breal）认为："一旦从耶稣会教育中解放出来，大学教育就可以在已经建立的规则中继续运行。"这一观点是不公正的。为了改革教育程序和方法，国会曾经做出不懈的努力。拉夏洛泰、德莫尔沃（Guyton de Morveau）、罗兰等人通过著书立说，并且可能的话，通过具体的实践活动，试图建立一个教育体系，并在罗林和詹森主义者的启发之下，尽力去完善这个体系。

378. 拉夏洛泰

18 世纪中期，在反对耶稣会教育运动的所有国会议员中，最负盛名同时也最值得一提的无疑是布列塔尼议会的首席司法官瑞内德·拉夏洛泰（Rene de La Chalotais，1701—1785）。拉夏洛泰是一个有勇气、有个性的人物。由于支持布列塔尼省的选举权，他被捕并被监禁 344
在圣马罗大本营。正是在监狱里，他于 1765 年为自己草拟了一份雄辩有力而充满激情的抗议书作为辩护。伏尔泰曾经对这份抗议书作过这样的评价："对于任何一个敏感的心灵来说，在阅读这份抗议书时，如果感受不到颤动的激情，那将是一件多么悲哀的事情!"

379. 拉夏洛泰的《论国民教育》

拉夏洛泰的论文集《论国民教育》（*Essay on National Education*）于 1763 年问世，比《爱弥儿》晚一年。当时，哲学家蔑视论辩法，哲学界也存在很多不同意见，有一位哲学家一心为人文学科和未来而写作。在这样的背景下，这本著作不失为恰当而及时的著作。作者试图对所处时代的教育目标和需要作出实际的努力。该书被翻译成多种语言，受到狄德罗的热情赞扬，伏尔泰也对此作了高度评价："这是一本反对耶稣会的极好的书，尤其是考虑到其写作的简洁性。"格林(Grimm)[①] 如此表达了他对本书的赞美："仅仅用150页的篇幅来表达如此明白、深刻而有价值的思考，这是很困难的，作者的确不失为一位杰出的地方法官、哲学家和政治家。"今天人们已经彻底忘记了这本书，因此，有必要重新出版。尽管有些偏见损害了该书的价值，但是，毫无疑问，该书洋溢着法国大革命的热情和精神。

380. 教育的世俗化

事实上，整个18世纪的教育都被教育世俗化的思想所主导。像
345 拉夏洛泰和罗兰等主张对教皇权力进行限制的思想家以及诸如狄德罗和爱尔维修等自由思想家，他们都坚信并宣称，公共教育是一项公共事务，是一项像伏尔泰所说的"政府的事业"。所有人都希望由世俗的教师取代牧师，希望在修道院学校的废墟上建立面向民众的学校。

在1708年的报告中，罗兰这样写道："普通的父亲能够体会到一些神职人员所不可能知道的情感，因此，有谁会相信普通父亲教育孩子的能力要比神职人员逊色?"

拉夏洛泰也提倡学校聘用平民教师。无论从国家利益还是从个人原则上来讲，他都反对那些将超自然世界置于祖国利益之上的教育者。

拉夏洛泰说："我并不是想排除神职人员，我只是反对将平民排除在外。我期望一种依靠政府的国民教育，因为这种教育首先应该是属于国家的；因为每一个国家都有不可剥夺的教育国民的权力；最后，因为国家的儿童应该由国家来教育。"这并不是说，拉夏洛泰没有宗教信仰，只不过他是在期望一种属于全民族的宗教，而不让国家

---

① 格林（1723—1807），德裔评论家，对18世纪法国文化在欧洲的传播起过重要的作用。——译者注

利益落入外国势力的掌控之中。他尤其希望教会只保留传授与上帝有关的真理的权利，除此之外，教会应该将道德教育的任务还给国家。同时，他还希望能够控制纯粹的人文知识的学习。拉夏洛泰和杜克洛(Duclos)的观点是一致的。杜克洛曾经这样说道：

“斯巴达教育的主要目的肯定是培养和训练斯巴达民众。因此，任何一个国家的教育目的都是为了点燃公民精神。就我们来讲，就是要训练法国民众，并培养出真正的、具有爱国精神的法国公民。”①

381. 教育的实践目的 346

拉夏洛泰对他所处时代的教育、大学教育以及耶稣会教育进行了批判，因为这些教育都没有为儿童的实际生活着想，没有为他们在国家中的生活作准备。“一个访问我们学院的陌生人会得出这样的结论：法国人认为自己生活在神学院、修道院或者拉丁语殖民地中。”试想，仅凭学习一门死去的语言和修道院的陈规戒律，我们怎么能培养出战士、地方法官以及国家领导者呢？

“在教育方面，最大的错误、或许也是最不可避免的错误，就在于教育缺乏对人的道德和政治能力的培养。就像古代教育一样，我们的教育并没有影响我们的习惯。”在完成繁重而枯燥乏味的学院教育之后，年轻人发现他们对所有人都应该知道的关于责任的知识还是一无所知。他们从未学习过关于行为、罪恶、观点和习俗的判断标准。他们应该学习一些重要的知识。他们学习的虔诚不过是一种宗教上的模仿，他们所谓的实践美德实际上不过是美德的影子而已。

382. 感觉论和自然教育

作为感觉论学派的追随者、洛克和孔狄亚克的门徒，拉夏洛泰很容易曲解个体发展过程中自然活动和内在倾向的作用。然而，对感觉论的偏爱使他认为，对可感知事物的认识应该先于智育，首先应该保

---

① 杜克洛(Duclos)：《对18世纪道德的思考》(*Considerations sur les moeurs de ce siècle*)，第2章，“教育的偏见”(*Sur l'education et les prejuges*)。

证感官教育。

347 “我希望，一个 7 岁的孩子，除了能用肉眼看到的事物之外，不应该给他传授任何其他知识，因为他还不是 30 岁的成年人。”

“教育儿童的原则应该是自然教育。自然是最好的老师。”

“任何从抽象的概念开始的教育方法，都不能被用来教育儿童。”

“让儿童看到尽可能多的不同物体，让他们看到事物的不同方面，见识不同的场合。能够在生活中得以运用的事实和观点不会造成儿童的记忆力和想象力的负担。”

这些就是拉夏洛泰组织教育计划时所遵循的一些原则。

383. 新的教育精神

新的教育思想的目的在于，废除修道院教育和教皇至上论的教育(这是拉夏洛泰使用的一个术语)，同时取消有限的教育以及开除学籍等严厉纪律，因为“它们只会贬低人的精神”；废除那种只会“让儿童终生痛恨学习”的单一而乏味的教育方式；废除只能让年轻人“养成诡辩的、一味吹毛求疵的习惯”的学究式学习；废除那些“无视个人身心健康的”禁欲主义的规章制度。目的是让儿童了解一些日常生活中最普通的事情，了解那些构成日常行为准则以及构成公众社会基础的东西。

“多数年轻人既不了解他们自己所居住的世界、养育他们的土地、满足他们需求的民众、为他们服务的生物，也不了解他们所雇佣的工人和公民。他们甚至从来没有想过要去了解这些事情。他们的好奇心
348 从来没有得到好好利用，更别说增强好奇心了。他们不知道如何惊叹于大自然和艺术所创造的奇迹。”

因此，这就是说，就目前情况而言，他们应该学习那些曾经被他们忽略的知识。

384. 第一阶段的学习

按照拉夏洛泰的观点，教育应该划分为两个阶段：第一阶段从 5

岁到 10 岁；第二阶段从 10 岁到 17 岁。

第一阶段的儿童没有任何经验，因为他们还没见识过任何事情；他们不能集中注意力，也没有判断力，因为没有一般的概念或观点。但是，作为儿童，他们有的是感觉能力、记忆力和一定的思考能力。因此，对这些年幼而敏感的孩子进行教育，有必要仔细选择一下学习的科目，拉夏洛泰认为，应该优先学习历史、地理、自然史以及具有再创造性的物理和数学等科目。

他说："以下是第一阶段的教育内容：学习阅读、书写、绘画，舞蹈和音乐也应该列为早期教育的内容。同时，每个国家、每个时期有关各行各业的历史故事和名人传记、地理、数学和体育以及拉封丹的寓言故事，不仅应该是第一阶段教育的主要内容，而且应该要求学生牢牢记住。此外，外出活动以及各种娱乐也应该列入其中。"

385. 对被动教育的批评

拉夏洛泰常常对卢梭的观点提出异议。例如，他曾经激烈地驳斥被动教育的乌托邦主义，因为这种教育任凭儿童的本性发挥作用，完
全否定以往各个时期教育所取得的成果。下面这段话就很好地体现了 349
他的这一思想：

"如果不教给儿童正确的知识，那么，他们必然会迷恋于一些错误的东西。因为他们的大脑不可能是空洞的。……当我们答应让儿童自己从亲身实践中获得真知时，实际上也剥夺了他人的经验对他们的帮助。"

386. 对卢梭摒弃历史知识的回应

拉夏洛泰对卢梭在历史问题上的诡辩进行了激烈的抨击。他认为，历史完全在儿童的理解能力之内，一个可以理解《大拇指汤姆》（*Tom Thumb*）和《蓝胡子》（*Blue Beard*）故事的儿童，肯定也能够

理解罗穆卢斯（Romulus）[①] 和克罗维（Clovis）[②] 的历史。另外，拉夏洛泰还特别强调近代历史知识的学习，在这一点上他的看法远远超过他的老师罗林：

“我认为，应该给儿童提供各个国家、各个时期，尤其是近代的历史知识，这些知识应该加以详细描述，应该先于那些年代较为久远的历史知识的学习。我希望能够记录各个生活阶层、各种条件下从事各种职业的名人的生平，把那些著名的英雄、学者、妇女和孩子的生活记录下来。”

387. 地理

在强调历史知识学习的同时，拉夏洛泰还提倡儿童学习地理知识。他指出，没有必要对这些知识做过分详细而枯燥乏味的解释，应该让儿童快乐地去各国旅游，同时应该重视“各个国家最为重要的、关乎其利益的东西，例如，一些最震惊的事件、重要人物的故乡、有名的战役以及一切值得注意的事情，无论是风俗习惯、自然、物产，还是艺术、商业等问题。”

388. 自然史

拉夏洛泰认为，自然史是可以为儿童设置的另外一门学习科目：“重要的是首先要如实地给儿童展示不同的物体，就像他们亲眼看到的那样。再现物体时，必须加以准确地描述。”

350 “但是，应该避免太多的细节，而且所选的物体应该是那些与生活最直接相关的、最需要的和最有用的事物。”

“比如说，我们通常要选择一些家养的动物而不是野生的动物，选择本土的动物而不是外国的动物。就植物来讲，应该选择那些直接为我们食用或药用的。”

---

① 罗慕卢斯，亦译罗慕洛，战神马尔斯之子，为罗马城的创建者和第一位国王，被尊为守护神。——译者注

② 克洛维（465 或 466—511 年），法兰克王国创立者。——译者注

总之，要提供具体的实物，这样观念才能更准确和形象，印象才能更持久。

389. 再创造的物理知识

这里，拉夏洛泰指的是对自然的观察、实验以及一些最简单的自然事实。儿童应该熟知我们常见的温度计、气压计、显微镜等物理工具。

390. 再创造的数学知识

在这一点上，拉夏洛泰完全进入了现代数学的领域。在“几何不能展示任何可感知的事实”的错误思想背景下，几何和数学列入儿童教育计划的观点仍然存在着争议。然而，我们想一想就会知道：“我们的眼睛很容易看到的实物、线条和角度，总比那些抽象的动词、词格变化、变位、宾格、离格、虚拟形式、动词不定式的概念或者连词‘that’的省略要容易理解得多。”

391. 第二阶段的学习 351

拉夏洛泰将古典语言的学习推迟到第二阶段，即10岁以后。这一阶段的学习科目包括：（1）法国文学和拉丁文学，或人文学科；（2）历史、地理、数学和自然史的继续学习；（3）评论、逻辑学和形而上学；（4）制造工艺；（5）伦理学。

拉夏洛泰指责同时代的教育家忽视对法国文学的学习，因为我们没有用法语创作的文学经典。在100个学生中，认为拉丁文写作有用的人连5个都找不出来；而且，在这5个人当中，没有一个人有机会说希腊语或者用希腊文写作，没有一个人能写拉丁文诗歌。所有人都应该学会自己的母语。因此，拉夏洛泰提出上午学习法语、下午学习拉丁语的计划，这样那些不需要古代语言的学生就可以只学法语课程。

392. 现代语言

拉夏洛泰认为，两种现代语言的学习是必需的，即“用以了解科

352 学知识的英语和了解战争的德语”。德国文学史上还没有出现过杰出的著作，因此，这一阶段德语的研究和学习的意义在于了解战争知识。无论结果怎样，我们都应该感谢拉夏洛泰在欣赏现代语言方面所作的努力。他说：“像我们对待同时代的人们那样冷漠地对待这些现代语言是不对的。没有希腊语和拉丁语这样的古代语言，就不会获得真正而牢固的知识。然而，没有现代语言，我们就不可能获得完整的知识。”

393. 其他方面的学习

在《论国民教育》中，仍然有很多值得我们学习的明智而正确的思想观点。例如，对学习古代语言的看法。然而，拉夏洛泰的错误在于将这一学习限制在短短几年时间之内；要求给学生开设写作课程，不要求学生进行一些不成熟的旁征博引，也不让他们就一些自己一无所知的问题发表看法，而是写一些他们熟知的、发生在自己身上的事情，写“他们自己的事情、他们自己的快乐或者他们自己的烦恼”；逻辑学和评论课程应该延迟到最后，就像我们今天的教育计划一样；他认为哲学是“18世纪的典型特征，就像知识是16世纪的特色、能力是17世纪所强调的内容一样!”拉夏洛泰仍然保留对伦理学的尊重，认为它是“所有学科中最为重要的，并且和其他学科一样，也是可以感受和展示的”。

394. 教科书问题

我们发现，拉夏洛泰的教育计划在很多方面具有创新性，同时他还考虑到在计划实施过程中可能会遇到的困难。因为当时既没有合格的老师，也没有现成的教科书。尤其是老师，他认为是很难培训出来的。然而，在等待师资力量的培训时，拉夏洛泰对初级教材投入了极大的精力。他认为，如果国王鼓励发行、学校之间展开竞争的话，两年之内教科书就可以编写出来。

“这些教科书将成为教师所能提供的最好的教育，而且将取代其他任何教育方式。无论我们学习什么课程，都不可能没有新的教科

书。一旦编写出这些教科书，教师就不是必要条件了，因此，也就没 353
必要去讨论他们的素质，也不用管他们是不是牧师，是已经结婚还是单身的问题。什么样的老师都是好老师，只要他们有宗教信仰、有道德、知道如何阅读，他们很快就可以在指导学生的过程中得到训练。”

这些话显然存在很多夸大的成分。我们知道，教科书并不能取代老师的作用。但是，拉夏洛泰的观点会不断地适应环境的改变。他之所以这么说，是因为他迫不及待地想实现自己的教育目标，他想尽力去弥补当时教育的困乏，希望通过一些应急措施来解决缺乏优秀教师的问题。为了实现这一目的，他不得不采取一些力所能及的方式。

395. 贵族化的偏见

我们不能接受的，可能是拉夏洛泰的著作中表达的他对初等教育的看法。一些无法解释的原因造成他对民众的不信任，再加上他贵族化的思想倾向，总之，拉夏洛泰不赞成提高教育水准。他认为，穷人的知识不应该超过他们所能接受的范围，他强烈抨击底层民众对知识的渴求，并且反对教育深入到底层民众中去。

“甚至连普通民众都可以学习。在一些小城市里，甚至普通劳动者和手工业者都将孩子送到学院中学习。……等这些孩子结束了他们的教育课程，他们就会藐视他们父母所从事的职业，于是他们慌忙逃进修道院，成为神职人员；或者，他们走进司法行业，往往会做出一些危害社会的行为。而信奉基督教义的所有同胞则将破坏行为不断地扩大，他们教那些应该只学绘画、驾驶飞机和运输车的人学习阅读和书写，实际上他们并不想学习这些内容。这样，他们最终成为耶稣会的对手或继承者。”

教育问题上的这种偏见，使得拉夏洛泰觉得基督教学校的教育有 354
点过分。

然而，为了帮拉夏洛泰免除罪责，我们也许可以这么说：他要攻击的并不是教育本身，而是教育所采取的方式。他谴责的是一些设计不当的教育，是那种引导人们偏离自己所属阶层的教育。从他的著作的其他篇章中，我们可以看到，他想在不同阶层的民众中散播一种新的教育。

“整个国家或者国家的大部分成员，才是教育的重点。2 000 万人应该比 1 000 万人受到的重视更多一些，法国的农民尽管不像瑞士农民那样是一个社会阶级，但也不应该在教育系统中被忽视。对于各行各业来讲，教育都是同样急需的。文化需要耕耘，就像田地也需要耕作一样；所有的科学和一切有用的艺术都应该不断地完善；正义应该得到伸张，宗教教育也应该得到提供；教育应该培养有文化和有能力的将军、地方官、神职人员以及技艺精湛的手工业者和公民；各行各业的人员应该比例适当。让每一个公民都满意于自己的状况并且不想逃离自己的环境，这才是国家的责任。”

让我们再来看下面一句引言，这是现代教育所体现的一条定理：

“一般来讲，我们认为，在目前欧洲所处的环境之下，与受教育程度较低的人相比，那些受教育程度较高的人总是更具有优势。”

396. 对拉夏洛泰的一般结论

尽管存在一些不伤大雅的缺陷，拉夏洛泰的著作仍然称得上是早
期法国教育学的一部杰作。格雷亚尔说：“拉夏洛泰属于卢梭学派，
355 但是，他却在很多方面和这位导师的教育观点不一致。他避免自相矛
盾的诱惑。相对来说，他是一位没有偏见的卓越教育家，敢于创新却
从不鲁莽行事。”

拉夏洛泰的书堪称一部优秀的辩证法著作，言词之间透露着战士般的热情，同时还饱含着从容和大度。下面的引文便可以证明我们的体会：

“让年轻人知道农夫以什么为食，一个普通劳动者或者手工业者以什么为食，接下来他便会看到这些人如何被剥夺了他们辛辛苦苦挣来的食物，他们就会知道一部分人是如何压榨他人、剥夺他人利益的。”

这些话饱含对世界上穷苦大众的深切同情，从中我们也可听到法国大革命要求社会改革的呼声。

397. 罗兰

在拉夏洛泰对旧的教育方式进行批判并提出新的方法之后，罗兰
(Rolland，1734—1794) 则努力将这些方法付诸实践。拉夏洛泰是一
个论辩者和理论家；而罗兰则是一个管理者和实践家。作为巴黎议会
的主席，罗兰于 1768 年向议会呈现了一份有关真正的教育体系报
告。[①] 重要的是，他对路易斯一勒格兰德学院的管理给予了特别关注。
作为耶稣会的激烈竞争对手，罗兰想尽一切办法实行公共教育。“他
思想高尚而明智，有耐心，有胆略。20 年来，甚至在自己被放逐、社
会濒临崩溃的时候，他一刻都没有放弃自己所从事的事业。相反，他 356
不断地完善并将其发展到革命的边缘。尽管自己并没有什么野心，他
却被民众的意愿、被国王内阁推到公共教育指挥官的位置上。不过，
他仍然潜心于自己平静的研究工作。”这是 19 世纪大学成员——师范
学校校长杜洛克对他的评价。

毫无疑问，罗兰是一位具有创新精神的教育家。他说：“从罗林的《论教育》中，每一个教师将会发现真正的教育规律。”此外，他还吸取拉夏洛泰的思想观点，同时借鉴学习 1763—1764 年巴黎大学应国会要求草拟的《备忘录》(*Memoires*)。因此，从他的著作中，我们不仅可以了解他的个人看法，而且更重要的是可以看到与之相关的大学环境的迹象以及自我改革的倾向。

398. 所有人都应该受教育

至少在一点上，罗兰要比拉夏洛泰更具有进步性，那就是，他大胆地提出初等教育的必要性，并且呼吁人类知识应该不断地进步和传播。

“教育传播得再广泛都不为过，教育的最终目的是让每一个公民有受教育的机会，而不受阶级的限制。让每一个公民仅仅接受一些适

---

① 参见巴黎议会议长罗兰 (Rolland) 的《著作选》(*Recueil*)，出版于 1783 年，由路易斯-勒格兰德学院的行政委员会下令出版。

应他需求的教育，只是一个权宜之计。”①

的确，罗兰也支持大学提出的减少学院数量的愿望。但是，这里的学院仅仅指的是那些高等教育的学院，罗兰并不是希望限制教育的发展，而是希望根据不同阶层人们的需要加以调整比例。

357 罗兰补充说：“每一个人都应该根据自己的需要享有一定的教育机会。……每一块土地所需要的养分以及所生产出来的产品都是不一样的。因此，不同的思想也需要接受不同的文化教育。每一个人的需求都是不同的，就像每一个人的才能是不一样的。因此，公共教育的任务在于，根据人们的需求和能力来调整对他们的教育。”

和拉夏洛泰一样，罗兰也不赞成“拉萨尔创立的新秩序”；尽管如此，他还是要求教育面向大众。

“阅读和书写的知识对其他所有科学都是很重要的，因此，它们应该广泛传播。没有这类知识，牧师的教育便毫无意义，因为记忆力总是不太可靠，持续的阅读可以帮我们永远地记住那些重要的知识。”因此，我们是否应该相信“受到一定教育的劳动者只不过更加勤奋、技术更加精湛”？

399. 师范学校

我们不应该仅仅停留在罗兰提出的教育方法和计划上。除了迫切要求学习民族历史和法国语言之外，我们从中找不出其他新颖的观点。然而，值得注意的是，他希望对公共教育的管理进行一些创新和改革。

首先就是创办高等师范学校的想法，即建立一些专门培养教师的大学。法国已经表达过应该创建这类学校的愿望。为了使人们相信早在1763年构想的高等师范学校类似于我们现在的师范学校，我们只需看下面的详细叙述。按照不同学科的学习，学校由不同院系的教授
358 来管理。通过竞争性的考试而招入的学生，按照分数的高低被分到三个不同的班级。在学校里，他们参与一系列的讨论，在一定时期之

① 参见罗兰：《著作选》，第25页。

后，他们再参加毕业考试，最后被分配到学院。这个方案真的不需要补充学习其他方面的知识吗？罗兰还要求，教学法课程应该在这些准教师的教育过程中占有一定的地位，而且就这门学科对他们进行明确而系统的教育也是非常重要的。

罗兰的观点不仅仅是这些。他还规定视导员或视察员每年到所有的学院进行考查。最后，他还将所有的学院都统一到一个权威——政府委员会的管理之下，并且还给这个机构一个很特别的名称——“通讯局”（Bureau of Correspondence）。

400. 中央集权思想

不管人们对绝对的中央集权有什么样的看法，当今时代，绝对的中央集权已经成为公共教育的一个准则，而且取消了地方特权。如果说 18 世纪的法国国会议员没有实现这一构想的话，那我们可以肯定地说，是他们首先提出这一构想的。在罗兰的计划中，巴黎成为公共教育的中心，分布在各省的地方大学相互协调并依赖于巴黎大学。

罗兰说：“我们期望，首都的好经验能够传播到法国最为偏远的地方；每一个法国人都能分享那里日积月累得来的宝贵知识；每一个具有法国国籍、效忠同一个国王和担负相同责任的年轻人都能接受同样的教育，信仰同样的箴言；当知识的光芒照射在一片国土上时，法 359
国的另一片土地就不应该处在无知的阴云密布下。总之，这样一个时代已经到来：外省的年轻人受到的教育不应该和首都的年轻人不同。”他还补充说：“要想实现这个令人愉悦的目标，唯一的方法就是让巴黎成为公共教育的中心。”

除了教育上获得的收获之外，罗兰还看到另外一个收获，即通过教育的一致化，我们可以实现习惯和法律的一致性。通过统一的教育，“各省的年轻人将会摆脱他们生来就有的偏见；他们将会养成同样的美德和正义；他们将会要求统一的法律，而这可能会冒犯他们的父辈”。

最后，通过这种方式将会形成一种民族精神、民族性格和民族法律，这是“给爱国主义注入活力的唯一方法”。从这个意义上来讲，

18 世纪末，这位著名的地方法官不是确实也为法国的统一做出了不可忽视的贡献吗？

401. 杜尔哥

在写给国王的《回忆录》（*Memoires*，1775）中，杜尔哥（Turgot，1727—1781）提出了和罗兰类似的观点。他也要求成立一个公共教育委员会。他热切地恳求建立一种能扩张到整个国家的国民教育。

“陛下，您的王国就是整个世界。对于已经提出的规则并进行阐述，有着更高目标的教育，我一点也不反对。我恳请您，一定要教育您的臣民明白他们对社会、对给予他们保护的您的崇高权力应该承担
360 的义务，知道这些义务带给他们的责任，以及在履行他们对公众以及自身的义务时享受到的利益。除此之外，没有什么比这更有意义的了。开展这种社会道德教育，不仅需要准备专门的教科书，而且需要在各个教区配备专门的老师来讲授，另外还要讲授书写、阅读、算术、测量以及机械原理知识。”

“学习身为公民的责任，应该是其他各种学习的基础。”

“我们有专门的方法和学校培养几何学家、物理学家和画家，但是，我们却没有专门的方法和学校去培养公民。”

总之，在教育问题上，拉夏洛泰、罗兰、杜尔哥和其他一些同时代的学者都是法国革命的先驱。教育改革开始于 1762 年，至少中等教育的改革是如此。那个时期的国会设计出了 19 世纪的大学教育规划，并且为拿破仑一世（Napoleon I）的工作做了一定的准备。不过，他们把发起初等教育改革的荣誉留给了法国大革命的革命者。

402. 分析性总结

(1) 本章剖析并展示了占有统治地位的教会在教育管理方面给国家带来的危害；同时，也阐述了国家为避免濒临的灾难所做出的努力——让国家成为主要的公共教育者。

361 (2) 国家自己承担起掌管和指导教育的权力，这是国家保障自己权利的有力辩护。因此，国家成了公共学校的资助者，国家要求教育

的产出是良好的公民。为了保证顺利获得这个成果，国家必须全部或部分地资助学校。

(3) 如本章所描述的，教育一旦落入拥有特殊利益和心怀野心的政治阶层手中，法国的境况就会恶化；在特定的情况下，国家需要参与进来以保护自身利益。

(4) 如果教育基本上被文人阶层所管理，那么，教育有可能不是最符合其他阶层需求的教育。

第十六章　法国大革命与教育

362 404. 法国大革命的争议性评价

法国教育史学家泰瑞（Thery）在其著作中写到法国大革命，开篇就做了如下评论："我们没必要研究缺乏现实价值的东西，也不需要去分析具有负面影响的方面。"[①] 另一位近代的公共教育史学家艾伯特·杜卢伊（Albert Duruy）在讨论孔多塞的著作（法国大革命时期
363 最为重要的教育史著作）时，毫不犹豫地做出下面这句坚定而具有总结性的评价："现在，我们不再脚踏实地、不再务实，我们走在一片虚幻的土地上，我们飘在高高的空中，我们只期待理想中的美好。"[②]

说出这样的话是多么容易！要相信这些评论家的话，要评价法国大革命对公共教育所作的努力，我们就绕不过"无所作为"和"虚幻的狮头羊身怪物"两种观点。一些人说，大革命时期的人们没有做出什么贡献；另外一些人说，他们是一群梦想家和理想主义者。

然而，这些说法都经不起推敲。对于任何一个客观公正的观察者来说，法国大革命开辟了教育的新时代，无事生非的反对者的批评言论和他们对实践精神的误解便是最好的证明。

405. 法国大革命时期教育的主要特征

我们并不是说，大革命时期的革命者是严格意义上的教育者。他

---

① 泰瑞（Thery）：《法国教育史》（*Histoire de l'education en France*），1861年版，第2卷，第188页。

② 杜卢伊（Albert Duruy）：《公共教育与法国大革命》（*L'instruction publique et la Revolution*），第80页。

们并没有给教育学带来新的教育方法。他们并没有完成洛克、卢梭和拉夏洛泰的教育使命，但是，他们却是第一批尝试对庞大的公共教育系统进行立法和管理的人。因此，把他们列为“教育政治家”的先驱，是完全公正的。无疑，他们没有足够的时间将自己的思想付诸实践，但是，他们至少构想出了这样的思想，并且将其体现在立法程序中，这对他们来讲也是一项巨大的成就。现今我们所宣扬的原则，正
是他们构想出来的。经过一个世纪的漫长等待之后，我们试图付诸实 364
践的计划也是他们颁布的。读者们如果仔细阅读关于法国大革命时期教育学著作的一系列报告和法令，自然就会认识法国国民教育的起源。

406. 初等教育状况

为了正确理解大革命时期的教育功绩，首先，我们有必要看一看当时初等教育的糟糕境况。1789 年的现实情况和革命家们的理想之间有着天壤之别！我非常理解，为什么古老的政体之下往往会出现一些不切实际的规划。人们经常卖弄当时学院的数量，但是，我们不知道在这些学院中，有多少学院没有老师，多少学院没有学生。中小学也存在同样的问题，各地都有学校，但是，却不知道学校里都在教些什么，或者说，学校是否确实传授知识。[①]

为了服务于自身的政治目标，政党作者们必然否认法国大革命对教育的积极影响。他们一般把一些陈旧的公共档案文件视为教育成就。他们总是引用一些想象的数据，例如，1718 年，在卢昂教区有 855 所男子学校、306 所女子学校，覆盖 1 159 个教区的地域。

我们有必要首先核查一下这些数据，因为它们的准确性还没有被证实过。只要教区中有教授阅读课程的牧师，哪怕只教三四个学生，也被计算为一所教区学校，这些数字就是这样统计来的。

法国大革命的诽谤者们指责革命者的空想主义。诽谤者们认为，

① J·西蒙（J. Simon）：《上帝、国家和自由》（*Dieu, patrie, et liberte*），第 11 页。

365 教育是在旧的政体之下发展起来的。他们还认为，法国大革命甚至对教育具有破坏作用，而不是创立教育。对此，我们也可以作出回应。就我们所听到的学校繁荣发展状况，我们有必要把展现的成果和文盲的真实数据做一个对比。1790 年，53％的男性和 73％的女子没有能力在结婚证上签名写字。

除此之外，我们必须调查一下这些冒牌的学校都在教些什么内容、有多少学生上课、指导学生的老师采用的是什么教材、老师的个人素质如何等问题。

407. 学校的教育内容

教育仅限于教义问答和读写，在这一点上没有什么可争议的。基督教学校的正统教育方案也不过如此。路易十四颁布的 1698 年法令曾经得到广泛执行。

"如果可能的话，我们将任命一些男教师与女教师到没有老师的教区教孩子，尤其是那些父母从事所谓的宗教改革事业的孩子，采用教义问答的方法，或者必要的话，做一些祈祷；每个工作日都带孩子去做弥撒；并且教需要这方面知识的孩子学习阅读和书写。"

这段引文不是恰好印证了君主政体和教会的主张吗？除了反对异端邪说所必需的知识之外，他们从不鼓励发展初等教育。法国大革命时期的革命者认为，旧政体之下的初等教育只不过是宗教统治的
366 工具。

在多数情况下，学校只是父母找人照看孩子的地方。书写并不是一门必需的教育课程。马恩河高地的女教师不允许教书写，"以免学生用学来的知识去写情书"。

408. 纪律

当时的纪律规范不仅仅是体罚措施。的确，早在 17 世纪末，蒙彼利埃（Montpellier）主教就提出，禁止棒打学生、踢学生或打学生的头。但是，他却批准老师使用教鞭和教杆，前提是不能让学生毫无遮掩地挨打。

409. 教师的条件

更为严肃的一个问题是，老师（我指的是世俗的老师，他们的数量也不多）本身的生活环境就比较简陋，物质上没有依靠，道德水平也不高。一般来说，他们没有固定的工资收入，工资从 40～200 法郎不等，由教区委员会或者是社区随意决定，而他们提供的教育服务是最广泛的，但同时受到的赞扬并不多。与其说校长是一位老师，不如说他们是教堂司事、唱诗班领唱、教区助理人员、敲钟人、钟表制造者，甚至是掘墓人。“出席结婚喜事和丧事的报酬分别是 15 个硬币和 20 个硬币。”艾尔伯特·杜卢伊对此总结道：学校老师在很多方面多才多艺，对于每一种情形来说，这些才艺都是非常重要的，而一些对此感兴趣的人也对老师的这些才艺表达不满。[1] 1789 年，勃艮第的教师如是抱怨说：“我们在社区里提供的服务越多，我们受到的羞辱也就越多。”[2] 学校老师几乎就是家家户户的仆人。

为了生存，老师们不仅要从事教堂里的事务，而且还承担鞋匠、 367
裁缝、旅店主人、磨坊主等职责。阿尔卑斯山盎格鲁社区的老师被称为“理发师”和“外科医生”。[3]

因此，当时的老师不仅得不到稳定的工资保障，而且也得不到道义上的重视。“在社区中，老师被视为外国人而不是本国公民；就像流浪汉一样，他们得不到社区议会的认可。”

410. 教师的招聘

没有地方开设专门培训老师的师范学校。一些学校首先便成为委托培训老师的场所。经过最简单的考察之后，主教便得到教学资格的许可。教学成了维持生计的一项工作任务，这项工作来得毫无征兆，

---

① 杜卢伊：《公共教育和法国大革命》，第 16 页。

② 勃艮第的乡村、城镇、城市里的老师们向国家官员诉说的《抱怨》(*Doleances*)。

③ 当时外科医生的社会地位十分低下，因而很多手术都是那些几乎没有经过任何训练的剃头匠做的。

也不用进行认真的上岗准备。在普罗旺斯，为了能够被聘用，老师要参加一些用于就职的“教师招聘会”。在阿尔卑斯山地区，老师的数量很多，但是，他们一般只在冬天教课。只有在严寒季节他们才逗留在平原和山谷，夏天他们就回家干活。

因此，多数学校只不过徒有其名而已。就我们所知，[①]“每年有四五个月的时间，学校都在放假”。每年有一半时间，老师可以自由地从事另一个职业，或者准确地说，更加彻底地投入到他们的日常职业中，而不受学校教学的影响。

411. 学校设施的状况

校舍通常不过是一些简陋的茅草屋、木板房以及一些狭窄的、光线暗淡的底层房间，同时老师及其家人的一些住所，被用作学生上课
368 的教室。桌椅很少见，学生一般都是站着书写。

总之，在 1789 年，法国初等教育开设之初的情况是这样的：不仅学校数量很少，而且学生也不多；世俗老师的数量不多，不仅没有接受过系统的教育，而且也没有人知道他们是如何接受教育的。像他们自己所说的那样，他们因自己低下的社会地位而“感到屈辱”；很少或者根本没有初级教材；待遇也只能满足生活的部分需要；最后，人们普遍漠视初级教育，伏尔泰、卢梭和拉夏洛泰等国会议员同样轻视初级教育。

412. 对大革命功绩的合理评价

我并不是说，法国大革命完成了使教育满足新社会需求的一切努力和任务，但它确实以此为己任。每当一个自由的部门决心为促进教育的发展而努力的时候，它就会提出一些计划；而这些计划正是后来公共行政当局作出巨大努力并力图付诸实践的目标。

413. 1789 年的报告

在 1789 年的那些报告中，公众强烈表达了他们赞同教育改革的

① 杜卢伊：《公共教育和法国大革命》，第 10 页。

呼声。“1789 年的那些报告，甚至包括牧师和贵族的会议记录，都要
求重新组织公共教育，制定一些综合性的计划。罗德兹和索米尔的报
告中要求：‘应该制定一项针对年轻人的国民教育的计划。’里昂的报
告中提出：‘教育工作者不可以轻易被开除，除非他们工作上有疏忽、
行为不端或者是能力不足；而且，教育不应该按照多种不同的原则随
意运作，所有的公共教育者应该统一采用国会制定的教育计划。’里
昂贵族的报告还坚持，对法国的男性和女子统一地进行‘民族品格’ 369
教育。巴黎的报告则要求：‘公共教育应该加以完善，而且应该扩展
到所有阶层的公民。’布瓦洛地区的报告提出：‘应该建立一个由首都
和各省最有文化的教育者和不同阶层的公民组成的议会，制定国民教
育计划，为社会各阶层所用，并发行一些初等教育文稿。’”①

414. 米拉波

从法国大革命之初，有关教育学的文献就开始大量涌现，这也证明公众对于教育问题的一贯兴趣。正如拉夏洛泰所说的，奥拉托利会会友“摆脱学校和修道院的偏见而成为了公民”，他们向国会呈现了一系列的教育计划。在这一点上，国会本身也开始教育领域的工作，塔列兰（Talleyrand）② 在准备他的重大报告，米拉波（Mirabeau，1749—1791）③ 在 4 篇具有雄辩力的论文中表达了自己的思想。

米拉波去世之后，他的论文由其好友卡巴尼斯（Cabanis）帮助出版，题目分别是：(1)《教育体系组织草案》(*Draft of a Law for the Organization of the Teaching Body*)；(2)《公共节日和军事性节日》(*Public and Military Festivals*)；(3)《国立中学的组织管理》(*Organization of a National Lycee*)；(4)《国王未来继承人的教育》(*The Education of the Heir Presumptive of the Crown*)。

① 参见《教育学词典》，“法兰西”条。

② 塔列兰（1758—1838），法国外交大臣。——译者注

③ 米拉波，18 世纪法国大革命时期立宪派领袖之一。——译者注

415. 缺乏教育所带来的危害

一位杰出的演说家雄辩地论述了教育的积极作用及其必要性：

“那些认为农民不应该学习阅读和书写的人无疑继承了先辈们的
370 无知，他们的动机是可以理解的；但是，他们不知道，在他们把人视为未开化动物的同时，他们自己也面临着见证这些人变成残忍的野兽的危险。没有智慧，就没有道德。但是，如果不对富人进行教育，那么应该赐予哪些人智慧才是最重要的呢？平民的道德不是富人享受生活的保护伞吗？通过法律的影响，通过每个人为改善其同胞的生活条件而做的努力，让你自己、让每一个公民在各个地方传播知识。你要相信，通过消除一个错误，通过传播一条真理，你就为人类幸福作出了一点贡献。而且，不论你是谁，出于什么社会地位，教育都无疑是你确保幸福、享受幸福的必不可少的途径。”

但是，由于我们所不能理解的怯懦思想，米拉波并没有从这些话中得出我们所期望的结论。他没有承认国家可以强加给公民上学的义务。

他说：“社会没有权力规定教育为一项义务。……对于各个社会团体成员来说，公共行政当局无权超越一定的权利限度，国家的权限是监管不公正行为和反对暴力。……”他补充说：“社会只能要求每一个成员为保护大众的自由和安全而必须做出贡献。”

米拉波忘记了送孩子上学的义务正是国家有权强加给父母的必要的义务之一。

因为反对义务观念，米拉波自然也对免费教育没有太多的代表性意见。

371 他说：“义务教育应该由所有人共同来承担费用，而义务教育的成果从直接意义上来讲却只被少数人享受。”

416. 教学的自由

和许多有包容思想的人一样，米拉波也怀有教育完全自由的梦想。①

他对教育者说："你们的唯一目标是教人们充分利用他们的各种能力，教他们享有自己的各项权利，在个人生活自由发展的基础上发 372
展一种共同的生活方式，在个人意志的基础上发展整个民族的意志。"

417. 教育权的分配

在米拉波的计划中，公共教育和国民教育所依赖的并不是那些执行机构，而是"真正代表民众、由民众选举和罢免的领导者"——换个术语来说，就是部门或地区的政府官员。教育机构不应该是一个联合机构。

最后，让我们看一下，与初等学校相对应，米拉波还设置了文学

---

① 从下面选自《教育学词典》的引文中，我们可以更好地理解"教学的自由"这一概念：

"在一个支持义务教育的国家中，教学的自由是一种和其他任何权力平等的权力，要求实行这种教学，并禁止任何一个垄断组织将受教育的权力仅仅赋予一些特权阶层，或者是让教育落入一些团体甚至是政府的手里而将其他的教育团体排除在外。"

"在旧的政体之下，公众教育由教会控制；在由神职人员管理的学院中，'教育徒有虚名，在那里只有记忆力得到了强化，理性也以推理的形式受到轻视'。"

"因此，大革命的最主要目的在于解放科学、保证自由学习的权利；将教育从教会统治者手中解放出来，从而确保每个公民都有获得人类所必需的知识的同等权利。一方面，他们要采取措施反对否定自由思想的政府滥用权力；另一方面，反对那些谴责人民无知的教义，他们要求政府建立面向所有公民的公共教育系统。"

"从这个角度来讲，我们才能正确理解立宪会议和立法会议所制定的一些计划。塔列兰和孔多塞所期望的，首先，在公共服务形式下组织一种所有人都可以参与的国民教育系统；其次，采取一些反对教会和皇室权力的措施，从而防止专制政府试图阻止真理的发展以及理论教育的进程的行为，因为在政府看来，这种发展和它自身的政策和利益是相对立的。对于革命者来说，教学的自由是反对宗教和世俗权威的哲学自由的要求。"——佩恩注

院。在巴黎，设立一所国立中学，“从而保证一少部分法国青年能够完成其教育”。对此，他还设立专门的教育方法讲座为初等教育提供指导。

总体来看，米拉波的著作还不是很完善，但他为新旧政体之间的教育构想了一座衔接的桥梁。

我们从中并没有看到激起人们热情的宏伟思想，而真正推动法国大革命中教育工作的是塔列兰的《报告》(*Rapport*)。

418. 立宪议会和塔列兰

1791 年 9 月 4 日的宪法做了如下规定：

“应该建立和组织为所有公民共享的公共教育系统，而且人们必修的教育科目应该是免费的。”

正是为了将宪法付诸实施，塔列兰才草拟了《报告》，并在 9 月 10 日到 11 日的会议上提交给法国立宪议会。整个法案包含 208 项条
373 款。由于议会本身处于一个困难时期，议会没有腾出时间讨论该法案，于是，在后悔“没有为教育重建基础”的同时，法国立宪议会将塔列兰提出的议案交给立法议会来审阅。

对于立宪议会遗留下来的任务，立法议会并没有表现太大的担忧。另一项由孔多塞提出的报告的出现，使得立法议会无暇顾及塔列兰的法案。因此，塔列兰的法案从没有成为议员们讨论的焦点。

419. 塔列兰

塔列兰是欧丹小城的前任主教，1789 年法国大革命时期成为一个革命者。在当上拿破仑一世的侍从和路易十八（Louis XVIII）的大臣之前，由于性格上的一些原因，塔列兰从未得到过特别的关注；而他的政治才能则是他的显著优点之一。至少就其敏锐的智慧以及丰富的思想来说，塔列兰就足以承担他所从事的各项任务，他的《报告》也是一本杰出的著作。

420. 一般原则

正如孟德斯鸠所说的：“教育的立法应该与政府的原则相关联。”

塔列兰对这一真理进行了长期的思考，并将其作为自己法案的序言。

限制国王的权力、号召全体民众参与到政治生活中来，在该议案
出现之后还有什么需要做的呢？如果没有合适的教育为该议案提供具
体佐证以使其获得通过，或者说注入到民族的血液之中，这一议案将
仍然是毫无成效的，将只是一条形同虚设的规定。这一新体制是如何
构成的呢？塔列兰对议员们说，你们已经将全体民众的意志或者指定 374
法律的权力从为国王拥有的行政权力中分离出来了。但是，这一公共
意志应该是公正的，为了确保其公正性，必须通过教育来达到启蒙的
目的。在赋予民众权力之后，应该传授给他们智慧。解放未开化而又
无意识的力量，赋予他们独立自主的权力。教育是自由的，是必不可
少的平衡体。因此，法律作为民众的成果，不应该受到那些无知群众
的混乱观点的支配。

421. 以自由和平等为取向的教育

塔列兰对自己的思想感到满意，并且反复思考大革命的两个基本思想：平等和自由。经过深入分析之后，他指出了教育的必要性：一方面，通过赋予个人良知和理性，创造出自由的个体；另一方面，通过减少个人智力上的不平等，使民众团结起来。

422. 公共教育制度

教育应该属于所有人。就像城市一样，在乡村必须设立学校。所有的地方都应该有教育，任何地方都不能有特权。最后，教育应该涵盖各门科目，一切能够教授的知识都应该被教授：

“在一个高度组织化的社会里，尽管没有人可以达到无所不知的水平，但是，应该让学习一切知识成为可能。”

423. 政治教育

每个教育系统都应该有一个处于主导地位的基本思想基础。在中
世纪（这一时期耶稣会学校依然存在），基本思想是拯救灵魂，即为 375
灵魂的来世做准备。17 世纪教育的主导思想，则是思想的正义和心灵

的正直，这也是波特·诺亚尔学校遁世者的理想。1792年，政治性几乎成为年轻教育者唯一关注的问题。其他一切问题——诸如宗教、准确的判断力、高尚的思想——都被放在次要位置：人不过是一种政治性的动物，人生来就是要了解、热爱并服从国家宪法的。

在塔列兰的教育系统中，《人权宣言》（*The Declaration of Rights of Man*）成了儿童的“教义手册”。的确，未来的公民有必要学会了解、热爱和服从祖国，并使其不断完善。我们不禁想到，塔列兰本人是多么热爱并服从于祖国的。不幸的是，这种情形并没有得到一贯性延续！

424. 普遍道德

在塔列兰的著作中，写得最精彩的主题之一是，他提倡传授普遍道德，强调自然法则的独立性，这跟其他一切积极的宗教教育都是不同的。

“我们必须学会给自己灌输道德，这是所有国家的第一需要。……道德必须作为一门真正的学科来讲授，应该向所有理性的、不同年龄的人展示它的原则。只有通过这种方法，我们才能抵抗得住各种考验。令人遗憾的是，长期以来，不同国家、不同宗教信仰的人们都把他们的道德标准建立在各自阶级、种族等观点上。由此便产生严重的错误，道德水准的不确定性，往往使道德变得荒唐，甚至达到道德沦丧的地步；道德标准也因此而多样和杂乱。因此，现在必须建立道
376 德的基础，同时向人们展示，如果分裂势力企图分裂他们，他们至少在道德上还有一个共同的聚集地，在这里他们能够得到保护。因此，有必要将道德与其他一切因素分离开来，使道德获得人们足够的赞成和敬畏。……这一改变比较简单，并对其他事物没有损害，而且最重要的是，这完全是可能的。我们完全可以看到，这一抽象概念可以从每一个系统或每一种观点中提取出来。只有充分地把人与人进行对比思考，他们才可以知道什么是好的、正义的，他们才会热爱这一道德，才会在有道德的行为中发现幸福，在那些不道德的行为中看到不幸。”

425. 教育的四个层级

在塔列兰的议案中，教育管理“和政府的管理相结合”，并设置不同的行政管理职能部门。《报告》将教育划分为四个层级。第一个层级与最下层议会相对应，每一个行政区都设立一所学校。第二个层级就是中间教育或者中等教育，这种教育如果不是面向所有人，至少是面向大多数人的，仅在一些行政区内较大城市里提供这种教育。第三个层级是分布在王国属地或在行政区内主要城镇设置一些专业学校，这些学校为年轻人将来从事不同行业工作而做准备，即专业教育。最后的第四个层级，则是一些精选的知识精英到巴黎的国立学院接受更高层次的教育，即高等教育。

这一教育系统的最大创新之处，在于分区设立学校，以满足农民、工人以及各种人的需要。

426. 初等教育的义务性

塔列兰对义务教育的渴望程度不如米拉波那样强烈。不过，依据 377
1791 年宪法，他提出免费初等教育的主张。社会有提供初等教育的义务，但却没有提供中等教育的强迫性义务；而对于专业教育和高等教育来说，社会的义务就更小了。最低层次的教育要免费，因为对于每一个文明的人来说，基础知识都是真正的道德需要；而对于一个追求自由职业的人来说，教育就不应该是免费的，因为他们生活很安逸，而生活安逸的人一般是富人。然而，塔列兰承认个人才能的差异。通过设立国家奖学金，学校为那些智力超群的学生打开大门，而如果社会不向他们伸出援助之手，他们的智力便得不到开发，他们的贫困环境将使他们的才华永远被埋没。

427. 初等教育大纲

初等教育应该包括：民族语言的起源、计算和测量的基本公式、宗教基础知识、基本道德准则、宪法原则以及德智体全面发展。

428. 教育手段

这里，我们不再对塔列兰所谓的“庞大教育机器”的不同部分进行详细探讨。我们仅仅看一下他著作的最后部分，在这部分中他以《论教育手段》（*Des Moyens d'instruction*）为题讨论了若干问题。老师等人员需要层层筛选，最终应该由国王挑选聘任。塔列兰并不认为老师是不能被免职的，而是要求对他们的生活工作环境提供各种可能的保障。各种形式的奖励和报酬，都应该用来鼓励年轻老师加倍努
378 力、投入更大的工作热情以探寻新的教育方法。塔列兰主张，依靠戏剧表演和公共假期等促进教育的发展。最后，需要补充的是，公共教育的最高管理机构的成员应该由国王任命，并且要撰写教育年度报告。

429. 女子教育

在塔列兰的议案里，并没有完全忘记女子，而且他对女子的看法具有一定的合理性。塔列兰讨论了妇女的政治权利。根据传统道德和基本常识，他得出这样的结论：女子的幸福、利益、女子的本性以及适合女子的人生目标，都应该禁止女子走进政治领域。对于她们而言，最适合的就是家庭教育。这是一种在家里进行的教育，同时也为妇女的家庭生活做准备。和米拉波一样，塔列兰希望妇女保持女人的特性。米拉波这位著名的演说家认为，妇女的任务就是繁衍后代，在孩子早期的阶段照看好孩子。虽然塔列兰在表达上不如米拉波辞藻华丽，但两人的思想是一致的。然而，塔列兰认为，为了保证一定适当性，国家应该建立一些公共教育机构，以取代女子修道院。

在塔列兰的议案中，他的上述愿望尽管是那么不合理，但却试图获得合法性：

“女孩 8 岁以后就不应该再上初等学校。国会应该建议父母，女孩到了这个年龄之后，父母应该对自己的女儿实施教育，并且提醒父母这是他们的基本责任。”

379 430. 立法议会和孔多塞

法国大革命时期，在教育事业中成绩最为显著的要数孔多塞。

1792 年 4 月 20 日到 21 日，他代表公共教育委员会向立法议会提交了报告，并于 1793 年应国会的要求而再次出版。虽然该议案没有成为公众讨论的焦点，但是，他提出的一些基本原则和建议在后来的教育实践和立法中都得到了继承和体现。在国会多年履行职责的过程中，这一法案一直是立法者，包括像罗姆（Romme）、布基耶（Bouquier）、拉卡纳尔（Lakanal）① 等人获取灵感的直接源泉。

431. 孔多塞

孔多塞（Condorcet，1743—1794）完全有资格承担立法议会交给他的管理公共教育的重任。在法国大革命最初的几年里，他将自己的空闲时间（他不是立宪议会的成员）都用在写作《有关公共教育的回忆录》（*Memoires*）上，后来在一份名为《公民丛书》（*Bibliotheque de l'homme public*）的杂志上发表。他向国会递交的报告则是他思想的总结。在报告中，孔多塞展示的不是一个教育者的即兴和随意的想象，而是一个有能力的思想家的权威观点。虽然他没有教育的亲身经历，但是至少他对教育问题进行过深入思考，并且理解其中的所有困难。此外，他以满腔热情投入到自己的工作中，他坚信宗教的进步，并且对公共利益充满热情。

432. 对教育的综合思考

所有的革命者都称颂教育的作用，他们是教育的热情的赞赏者。380
孔多塞则对教育进行深入的反思。他对教育的热爱并不比其他人多，但是，他却比别人对教育的理解更全面，能更好地阐述热爱教育的原因。他首先吸收塔列兰的观点，明确表示：没有教育，自由和平等将是奇思妄想。

“没有相应的普及教育，那么，自由的宪法在经历几次冲突之后就会遭到破坏。在一个无知和堕落的社会中，政府就会沦落为无法维

---

① 拉卡纳尔（1762—1854），法国教育家。1794 年，担任国民教育委员会主席。——译者注

持和平稳定的一个傀儡。”

没有受到启蒙的人们要实现民族的自由，其结果只有两种：或是无政府，或是专制政府。

至于平等，孔多塞并不期望对所有人进行相同的教育，也不幻想让所有人都达到同样的水平，他只是希望做一些可能的事情。他希望，最贫穷、最卑微的人也能够得到属于他们自己的足够的教育，而不受那些江湖骗子的操控。他也希望，这些人也能够履行自己的公民责任，成为有选举权的公民或陪审团的成员等。

433. 教育与道德

在孔多塞看来，教育除了作为推进自由和平等的手段外，它还是公众道德和人类进步的真正源泉。如果没有相应的知识上的进步，那么，自由而公平的宪法将会遭到破坏，而不利于良好的道德规范的形成。

“教育本身可以确保权力平等所必需的正义原则，而且不会与权力平等原则产生矛盾。正义原则要求赋予人们必要的权力，并且确保这些权力的实现不会危害社会。”

381 然而，教育道德性的根本不在于政治动机，而在于道德意义本身。孔多塞的聪明之处在于，他看到罪恶主要来源于人们的心智方面的愚昧。

他说：“这些罪恶源于人们空闲时间中的百无聊赖。人们往往通过一时感情冲动而宣泄无聊，而不是通过一些理性观念来摆脱无聊。”

以上这段话，所有教育家和人类道德学家都应该永远牢记在心。

使粗俗的本性经由感性生活发展到理智生活的层次，使学习符合这样一个目标：精神境界的更高享受，成功战胜对于物质需要的满足，用书本来取代生活的美酒，用图书馆来取代酒吧，总之，用思想来代替感情冲动——这就是国民教育的基本问题。

434. 教育与进步

孔多塞专心致力于人的发展问题。直到他生命的最后一刻，他仍然梦想着人类的进步、进步的条件和进步的规律。如今，推动进步的最有力的措施就是教育，教育对于他之所以如此重要，其主要原因如下：

“如果像我所相信的那样，人类的无止境的进步是普遍的自然法则，那么，人就不应该再将自己视为一个短暂而孤立的存在体，或注定在经受生命中的幸福或者灾难，经历偶然发生在自己身上的好事或坏事之后，将走向灭亡。然而，人类是整个宇宙中一个积极的组成部分，和其他生命体一起为了永恒的事业而努力。在生命的每一刻，在宇宙中每一个地方，人都可以通过自己的努力达到自己的目标，都可以将自己和所有的时代联系起来，并且在他的记忆从地球上消失以 382
后，他的影响仍然可以继续很多年代。”此外，“长久以来，我一直以为这些梦想只有在一个无限的未来，在一个我将不再存在的世界才会实现。一件令人欣喜的事情突然为人类开辟了希望和伟大的事业，可以将今天之人和未来之人之间的世纪距离转化为一瞬间。”

435. 孔多塞的开明态度

孔多塞被错误地冠以专制和绝对的思想和个性。相反，孔多塞做事审慎，能够洞穿个人的观点和尊重自由。实际上，他对教育和教化这两个词语认真地加以区分。教育涉及的是一些积极的、确定的知识、事实和计算的真理；而教化则与政治理念和宗教信仰有关。所以，如果国家是教化的传播者，那么在教育问题上，它就应该克制自己的行为，宣布自己的不作为。换句话说，国家不应该滥用自己的权力，强加给公民一些宗教信条和政治信念。

“公共行政当局不能建立一套专门为自己的利益服务的教化体系。任何一个公共权力机构都没有这种权力阻止新真理的发展，也不应该禁止传授和自己的政策或者短暂利益相冲突的理论。”

436. 教育的五个层级

孔多塞将教育划分为五个层级：（1）严格意义上的初级小学；（2）中等学校，即我们现在所说的高级小学；（3）学院（college），或者中等专门学校；(4) 国立学院，或者高等教育学院；(5) 全国科学与艺术学会 (National Society of Sciences and Arts)，相当于我们现在的大学。

383 这里，有两点特别值得注意：首先，孔多塞第一个提出在每个区以及每个居民人数达到 4 000 人的城镇建立一所中学；其次，对于严格意义上的小学，他将人口数量作为建立学校的标准，要求当地居民人数达到 400 人就要建立一所小学。①

437. 初等教育目的和计划

值得钦佩的是，孔多塞确立了初等教育目的：

“在初等学校里，学生学习一些必需的知识，指导自己的行为，充分享受自己的权利。”

教学大纲包括：阅读；书写；一些文法概念；算术规则；准确测量土地和房屋的简单方法；国家产品、农业和艺术进程的简单描述；最初的道德观念的发展以及源自这些思想的行为准则；最后，孩子可以理解维持社会秩序的原则。

438. 对于成人教育课程的看法

孔多塞留给我们的深刻印象是，他强调必须对离开学校后的工人和农民进行继续教育：

384 “我们已经认识到，对个人的教育不应该随着他们离开学校而停止；教育应该贯穿各个年龄阶段；人生的每一个时期都需要教育，而且也完全可能进行教育，那种补偿教育更有必要，因为儿童时期的教育仅限于狭小的范围。这里说明，那些贫穷的社会阶层陷入无知的主要原因，与其说是他们缺少接受初等教育的机会，不如说是他们缺少

---

① 现在法国的公共教育分为以下三个等级：“初等教育，提供一些诸如读、写和算的基础知识。中等教育，包括古代语言、修辞学的学习以及数学、物理和哲学的基础知识学习。这种教育在中学、专科学校以及小的学院里进行。高等教育，旨在全面提高学生的文学、语言、科学和哲学知识水平。这种教育由学院、法国的专科学校以及一些大学的院系提供。”——佩恩注

获得这种优势的机会。”

因此，孔多塞提议，如果没有为成人开设教育课程，至少要有一些与其极为类似的做法，例如，每周一次讲座，每个星期日由村里的老师讲授，就像一种世俗的布道。

“每个星期日教师应该给前来听课的各个年龄层次的公民开展公共教育。通过这样一种方式，我们找到了一种向年轻人提供他们需要的某些知识的途径，而这些知识恰好是他们在初等教育阶段所失去的。”

439. 职业技术教育

然而，当人们的智力获得解放时，孔多塞并不认为他对民众的责任就完成了。除此之外，他还非常希望在广大民众中间大量传播工艺和商业知识，帮助农民和工人的孩子战胜苦难。他完全有资格被列入职业教育和产业教育的专家行列。他要求，在学校里放一些“机器或者商业模型”；在不同的教育层次，他都特别推荐一些实用的工艺教育。

今天当我们建立学校博物馆的时候，我们认为在做一种新鲜的事情。孔多塞说：“每一所学校都应该有一个小图书馆，一个可以陈列 385
一些气象工具或自然历史标本的小博物馆。”

440. 女子教育

孔多塞可能被认为是女子教育的最热情的支持者。他希望教育是共享的、平等的。孔多塞在某些方面是不切实际的，包括他梦想的男女各有一个不同的教育体系；他忘记了当时女子教育的特殊目的，忽视了女子教育的特殊性。但是，当我们发现如此多的教育者都轻视女子教育时，我们很欣慰最终听到一个支持女子教育的声音，甚至是极力支持女子教育的声音。

然而，让我们回顾一下孔多塞为他的教育平等论题所提出的论证。妇女接受教育是完全有必要的：(1) 为了能够抚养孩子，因为她们是孩子的天然的指导者；(2) 为了成为一个相称的伴侣，为了和丈夫相配，为了能够对丈夫的追求感兴趣、分享丈夫的思想以及为了参与到丈夫的生活中去，这是婚姻生活幸福的前提条件；(3) 进一步说，由于类似的原因，为了她们不会因为自己的物质需求而浇灭丈夫通过之前学习得来的思想灵感，而是能够通过谈话和共同阅读来给这一思想火花提供营养；(4) 最后，女子教育是正当的，因为男女都享有平等的教育权利。

441. 对孔多塞的保留看法

386 对孔多塞著作的评价，并非全是正面的。一些错误和忽略的例子，都在一定程度上破坏了这本杰出的政治性的教育学著作的完美性。第一个错误，就是过分夸大自由和平等的思想。在孔多塞的教育计划中，他对自由的热情引发了严重的错误，即将教育体系发展成为国家之内一种独立国家，这一国家机构将从外部权威中解放出来，独立管理自己的内部事务，而国家仅仅作为一个财务人员而参与，为那些既不受它调节也不受它监管的服务付款。自由主义者多努(Daunou)[①] 在解释作者提出的这一体系时，对这一点提出了批评。[②]他说："孔多塞作为行政当局的反对者，在他的国民教育计划中提出一个体系，建立一个学术性团体。这是因为孔多塞——国王的憎恨者，为了平衡公共权力，给那残暴的皇室权力添加一种平衡力。在自由的国家，皇室权力的残暴已经通过自由民众的恐慌得到了证实。"

对平等的热情将孔多塞带入另一种狂想，即幻想各个等级的教育都能实现绝对的免费。

最后，在孔多塞的绝对完美的梦想中，他的思想发展到极端，想通过教育实现一种完全不可能实现的目标。按照他的观点，教育应该完全能够"消灭一切不平等，消除一切等级依赖"。

442. 数学家的偏见

从另一个角度来看，孔多塞对科学的偏爱使得他偏离了正道。他

① 多努（1761—1840），法国政治家、自由主义理论家和历史学家。——译者注

② 参见多努（Daunou）向法国国民议会提出的报告。

完全忘记自己还是法兰西学院的成员，只考虑自己作为一位数学家和科学研究院的一名成员的意愿。很自然，由于受长时期以来人文教育的过度影响，孔多塞低估了人文教育的影响，而对科学表达了极高的 387
推崇。他援引的用来证明自己偏好的理由并非都是可靠的。

443. 被忽略的方面

我们目前正在研究的方案中，仍然缺少义务教育的思想。可能让我们感到惊讶的是，像孔多塞这样一个如此明确提出普及教育必要性的人，并没有强调必需的入学率，而这正是推行普及教育的唯一途径。这是因为尽管早期的革命者充满热情，但是，并没有怀疑别人对他们的计划所取得的成就表示反对，这种反对源于大多数人的冷漠，正如孔多塞雄辩地指出的，源于这样的偏见，即“认为他们在服从上帝的同时也背叛了国家”。在他们看来，当光亮照射到整个国家的各个角落时，公民就会努力追逐理想，在一种自然的欲望驱使下自发地对启蒙思想产生一种强烈的渴望。他们受骗了。这些想当然的希望注定会被证明是不真实的。国民议会指出孔多塞计划中的一些不足，在少数情况下颁布实行在当时被称为“强迫”教育的法令。

在另一点上，孔多塞也不如他的后继者，因为在他的报告中并没有涉及师范学校的组织问题。对于教师团体的教育这一严肃而基本的问题，孔多塞仅仅满足于一些临时性权宜之计，其中包括委托较高一级教育层次的老师负责下一级老师的培训和准备工作。

444. 最后的结论 388

尽管存在这些不足，但孔多塞的成就仍然是值得称赞的。我们已经赞扬过其中的一些新颖而高尚的构想。他的准确而优美的布局以及精巧的风格都是值得称赞的。孔多塞的整篇文章的结构都很对称，表达准确而有力。当然，在简洁而有力背后必然会有点单调和呆板，不过不时地会有感情的迸发。孔多塞经常被同时代人比作“沉默的羔羊”或者“大雪覆盖下的火山”，而他的著作则为他的生活增光添彩。他的《报告》就像一尊美丽而精巧的大理石雕塑，摸起来很凉，但是手上却能感觉到一脉温暖而鲜活的血管在跳动。

445. 分析性总结

(1) 从本章研究中可以得到以下重要的知识：普及教育以及由国家管理教育的必要性；义务教育的必要性和在某些特定层次实行教育免费以及智育作为道德卫士的价值。

(2) 国家自我保护的权利必然伴随确立学校教育的特定内容和特定层次。这就是强迫教育的最初形式。

(3) 当国家规定的学校没有自愿的、普遍的出勤率时，国家就可以利用自己的权力强制要求学校达到一定的出勤率。这就是第二种强迫教育的形式。

(4) 免费教育是强迫教育的必然结果。如果国家可以要求所有儿童都接受一定程度的教育，那么，它就必须使这种教育成为免费的。

389 (5) 义务教育层次之上的教育还应该是免费的吗？这取决于国家是否需要一定数量的高层次文化以及学生自己的费用能否确保这一文化知识的获得。与孔多塞的观点不同（第 441 节），较高层次的学校教育不应该是免费的。而在法国，普遍的观点则是高等教育的费用应该由国家承担。

(6) 教育和道德的关系得到前所未有的、合理而准确的阐述（第 433 节）。这不仅是合理的解释，而且是可靠的哲学。

第十七章　法国国民议会与教育

446. 国民议会 390

立宪议会和立法议会主要是完成一些相关报告，起草了若干法令草案，既没有对这些报告和法令进行深入讨论，也没能将其投票表决。国民议会虽然推动将这些主题进行表决，却没来得及执行这些决定。由于政局的波动，国民议会不得不采取一些相互矛盾而又缺乏连贯的措施等解决办法。

447. 后续的措施

尽管国民议会对组织和管理初等教育表现出极大的热情，但是，
在法令的执行方式上并没有取得明显的成绩。首先，《兰瑟纳斯法案》 391
（*Bill of Lanthenas*）成功地表现出一些现代思想，该法案的首条条款于 1792 年 12 月 12 日被采用；后来，这些思想又再次出现在西哀士（Sieyes）①、多努和拉卡纳尔等所提的法案中。1793 年 6 月 26 日，议案问题被再次提出，经过激烈的讨论之后未能获得通过。但是，受到温和的吉伦特党派（The Girondists）② 影响，居于主导思想地位的是蒙塔格纳德人（Montagnards）③，他们的专制和暴力思想体现在：(1) 在《雷佩尔提法案》（*Bill of Lepelletier*）④ 中，通过罗伯斯庇尔

---

① 西哀士（1748—1836），18 世纪法国大革命的活动家。——译者注

② 在温和的共和派中，很多人原是吉伦特省人。在法国大革命期间，他们从 1791 年 10 月至 1792 年 9 月控制立法议会。——译者注

③ 这一术语用来指议会和国民议会中显著的革命者。

④《雷佩尔提法案》，法国大革命由接近雅各宾派的雷佩尔提提出的国民教育法案。——译者注

(Robespierre)[①] 的支持，于1793年8月13日被采用；(2) 以罗姆为代表的公共教育委员会起草的法案，于1793年10月20日正式提交，该法案在提交后的第二天便获得审查通过；(3) 最后，《布基耶法案》(*Bill of Bouquier*) 于1793年12月19日提出，12月26日得以颁布实施。接下来的反应导致了立法议会的立法行为。通过这些行为，国民议会结束了其教育工作。西哀士、多努和拉卡纳尔法案在重新审议后，于1793年11月17日被《布基耶法案》所取代。最后，当1794年宪法被1793年的宪法取代之后，一项新的公共教育法令于1795年10月27日在多努报告中得以通过。正是这一法令规定了由委员会 (The Directory) 负责主管学校的组织管理工作。

在众多法案和反法案的混乱状态之下，我们很难梳理出一种完全可靠的路径，也只能将我们的注意力集中在那些看起来很重要的问题上。[②]

392 因为急于完成自己的任务，国民议会1792年10月2日委任的公共教育委员会 (The Committee of Public Instruction) 做出决定，将公共教育的其他方面暂时搁置起来，以便立即集中解决小学教育的组织管理问题，以孔多塞曾经向立法议会提交的议案作为基础。几个星期之后，审议的结果就是兰瑟纳斯报告和另外一项被提议的法令。但是，纵观各个方面，这一成果不过是孔多塞观点的重现，它们提出的新观点并不多。尽管如此，但法案提出在教育过程中应该将学生和教师联系起来的思想，我们还是有必要探讨一下。

"老师可以让那些在智育方面取得显著进步的学生帮助开展教学活动。这样，他们将能够容易地促进全体学生的发展，因为这有利于把有效的帮助同时分配给不同层次的学生。同时，那些能够将自己所知道的知识讲授给同学的学生，他们所作的努力本身就远比从老师那

---

① 罗伯斯庇尔 (1758—1794)，18世纪法国大革命时期雅各宾派领袖。——译者注

② 由于受工作本身性质和计划的限制，因此不可能深入细节，详细列出国民议会就公共教育问题所提出的所有的法案和反法案。要想详细了解这一混乱状态，必须阅读纪尧姆 (Guillaume) 在《教育学词典》中的一篇文章：《国民议会》。

里听来的知识更有教育的意义。”

进一步说，我们看一下提议的法令中的第三条款，其中涉及为了强制使用法语、消除晦涩术语或者一些特殊的名言警句而采取的一些措施。法案还规定，男老师的最低工资定为 600 法郎。教师职位是由家长代表委员会任命，而家长代表委员会要从由社区理事会（Councils-General）和教育委员会（Directories of department）指定的“知识分子委员会”（commission of educated persons）名单中选取教师。

448.《兰瑟纳斯法案》

对《兰瑟纳斯法案》的讨论开始于 1792 年 12 月 12 日，但是，只有该法案的第一条款获得通过，法案本身并没有成为正式法律。

1792 年 12 月 20 日，国民议会的另一个成员、数学家罗姆（来自 393
多姆山的代表），宣读了一项关于公共教育的新报告。

449.《罗姆议案》

《兰瑟纳斯议案》只是针对初等教育的，而《罗姆议案》（*Bill of Romme*）则涵盖四个层级的教育，不仅仅是对孔多塞计划的重现。但是，他的议案宣读之后，并没有进入相应的立法程序。直到 1793 年 5 月 30 日，除了拉班·圣爱提那（Raband Saint-Etienne）关于公共节日的议案和阿伯加斯特（Arbogast）关于基础教材的报告，国民议会仍然没有提出值得关注的教育法案。

450. 法定假日

很难想象，这一时期的人们是怎样认识到法定假日对教育具有重要影响的。尽管在许多问题上存在分歧，但是，他们一致认同，只有通过建立一些公共正式制度，法国民众才能够得到教育和启蒙。

罗伯斯庇尔说：“这是一种公共制度，应该作为公共教育的一个必要的组成部分。这里，我指的是公共假日。”

多努也坚持将公共假日视为一种最可靠、最容易理解的公共教育手段。他请求通过法令，建立七种法定假日：共和国成立纪念日、青年节、丈夫节、感恩节、农业节、自由纪念日和老人节。

451. 基础教材

法国大革命时期，教育学的一个主要关注点就是基础教材的编
394 写。国民议会曾经几次拿出一些合适的著作进行讨论，以便给父母或者老师的教育工作提供帮助。其中，当时最令人欣喜的一种观点就是，应该为父母提供一些指导如何抚养孩子的简单方法和编排合理的教材。可以理解，这种教材的编写是非常困难的。所以，不得不请求一些最优秀的作家提供帮助。贝尔纳丁·德圣皮埃尔（Bernardin de Saint Pierre）应邀参与了《道德要素》（*Elements of Morality*）的编写工作。

1792年12月24日，阿伯加斯特（Arbogast）向国会提交的法令草案中指出：

“只有那些在科学或人文领域已经探索到深奥知识并且研究到高峰的优秀人物，才能编写出令人愉悦的基础知识著作。”

452. 1793年5月30日法令

国民议会于1793年5月30日第一次通过了有关初等学校的法令。但是，这一简明的法律没有什么新的内容。此外，在第二天兴起的政治风暴中该法令就被人们遗忘了，这一风暴横扫吉伦特党派的势力，将政治最高权力让给蒙塔格纳德人。

453. 拉卡纳尔

1793年5月31日革命之后，在公共教育委员会和所有关注法国教育及其组建管理问题的议员中，我们应该将拉卡纳尔和多努列在首位。1793年6月26日，新宪法采用三天后，拉卡纳尔把与多努和西哀士联合草拟的法令提交给议会。

拉卡纳尔是法国大革命中最单纯、个性最鲜明的革命者之一。[1]马拉（Marat）[2]对一个曾经谴责拉卡纳尔的人说："拉卡纳尔太专注于工作了，因此，他不可能搞阴谋。"拉卡纳尔工作勤奋、善于思考。 395
他曾经和"教条主义者"（Doctrinaires）（他本人也是教条主义的追随者）一起讲授哲学。之后，他成了继孔多塞之后第一个革命教育者。保罗·波特（Paul Bert）[3]说："他的外表总是让我特别着迷，文雅而又不乏魄力，平静中又充满活力。我们感觉这个在操行上一丝不苟的人心无杂念，一心向善。他除了履行自己的责任之外，从不期望或是得到过任何额外的回报。他厌恶语言暴力，更加痛恨行为暴力；因此，在法国，我们从不感觉他是像让一邦·圣安德烈（Jean-Bon Saint Andre）式的贵族，或是像富歇（Fouche）式的大臣，或是像一个普通的参议员。"

454. 多努

在多努（1761—1840）生平的早期阶段，他曾经在奥拉托利会会友学院教授哲学，而且他本人也是奥拉托利会的一名成员。1789年，他在《百科全书杂志》（*Journal Encyclopedique*）中提出了由奥拉托利会批准通过的国民教育计划，而且于1790年将该计划提交给立法议会。在国民议会中，他积极参与公共教育委员会的工作，并帮助准备拉卡纳尔的第一项法令。同年，他还发表了《论公共教育》（*Essay on Public Instruction*）。在五百人议会中，他被指定做一个关于组织管理特殊学校的报告。帝国时期，他接受了国家档案文件的管理工作。王朝复辟时期，他被任命为法兰西学院的历史老师。最后，1830年以后，我们发现他又回到了下议院，证明了他超群的精神和活力。为了反对公共教育部长，他提出了德蒙塔里瓦（de Montaliver）反对

---

① 参见保罗·勒让德（Paul Legendre）：《拉卡纳尔》（*Lakanal*），巴黎，1882年。

② 马拉（1743—1793），18世纪法国大革命活动家、政论家。——译者注

③ 保罗·波特（1833—1886），法国生理学家、政治家。——译者注

法案，主要目的在于赋予市政当局管理学校的权力，而政府则希望把这一权力给予教育视察员。

396 455. 拉卡纳尔、西哀士和多努联合提出的议案

以下是该议案中的一些主要条款：每 1 000 个居民拥有一所学校；男女学生分校；将老师的选举权委托给视察委员会，该委员会由 3 个成员组成，视察委员会设在各个区的政府中心；教学方法、规章制度以及校区的组织管理由中央委员会统一管理，该中央委员会处于立法议会的权威管理之下；全面发展教育，包括智力、体力、道德以及职业教育；阅读的初级课程由女老师教授给男生和女生；教学大纲应该包括数学、几何、物理和道德教育等学科；带领学生参观医院、监狱和工厂；个人拥有建立学校的自由。

“法律不能否定如下权利：所有的公民都有权针对各个等级的教育开设私人课程和学校，都有权采取最好的教育方式。”（第 61 条款）

这就将自由推到了更高远的层次。

这个法令另外一个具有价值的显著特征是，尊重教师的性格和作用。在公开场合，学校老师应该被授予这样一个奖章，上面有如下题词：“教师是再生父母。”虽然形式很做作，但所表达的感情却是很虔诚的。法案的其他条款不值得受到同样的赞扬，尤其是有一条款提出，在每个行政区建立所有人都可以唱歌和跳舞的剧院。

拉卡纳尔的议案受到了国会一部分成员的极力反对，因此，没有被采纳。在罗伯斯庇尔的领导下，国会倾向于采用雷佩尔提·圣法高提出的一些专制而暴力的措施。

397 456. 雷佩尔提·圣法高

1793 年，雷佩尔提·圣法高（Lepelletier Saint-Fargeau）被暗杀。在他遗留下来的文件中，有一个被罗伯斯庇尔采纳的教育议案。这个教育议案是他于 1793 年 7 月 13 日向国会提出的。当时正就巴海赫（Barrere）的动机问题展开辩论。一个月后，这个教育议案获得国民议会通过，但尚未得以付诸实施，便被宣布无效。国民议会撤回了

改革举措，因为在改革中良好的意图并不能弥补恶意专制的措施所造成的危害。

457. 雷佩尔提的教育计划

雷佩尔提提出的教育计划简直不应该得到米歇莱特给予的高度评价，后者称赞这一计划是“早期的革命”，并且认为它的“精神是值得钦佩的，各方面来看都不是空想的”。但实际上，该计划不过是对莱克格斯的制度以及柏拉图理想国的一种模仿，基本上没有什么创新性，因此，他的计划不过是一种历史的好奇而已。

458. 雷佩尔提和孔多塞

雷佩尔提在教育的各个方面都接受了孔多塞计划提出的思想，包括初级中学、高级中学和学院，即高小教育、中等教育和高等教育。

他说：“在这三个阶段，我发现了一个聪明的构想计划。”

但是，雷佩尔提的设想只是更加关注建立一些寄宿学校，更多的是关于给童年时期的孩子进行军事化教育的构想。在这类学校中，他主张强制性地将孩子控制起来，让他们离开父母，并且由国家出资对他们进行道德教育以及提供物资支持。

459. 寄宿学校的必需性

在教育问题上，雷佩尔提代表的是雅各宾派（Jacobins）① 的学说。为了使法国成为共和国，他不惜采取一些激进的、绝对的措施。

他说：“让我们规定，所有的孩子，女孩从 5 岁到 11 岁，男孩从 398
5 岁到 12 岁，在 6 到 7 年的时间里都接受同样的教育，而且教育的费用完全由国家来承担。”

为了保证完全的平等，孩子的食物与他们所受的教育一样，也应该是相同的；甚至于他们的着装也应该是统一的。那么，雷佩尔提对平等的狂热追求是否使得他希望女孩也应该和男孩穿同样的衣服呢？

---

① 法国大革命时期的激进民主主义者。——译者注

460. 孩子是属于共和国的

雷佩尔提的观点是，孩子是国家的财产，是共和国的一项动产，因此，国家必须按照自己的形象来培养孩子。

雷佩尔提说："在我们的制度下，所有的孩子都属于我们，材料永远离不开模具。"他还补充说："构成共和国的所有材料，都应该投到共和国的模具里。"

雷佩尔提强加给所有的孩子，不论男女，同样的学习内容：阅读、书写、算术、自然道德以及家庭经济。这与孔多塞提出的大纲基本相同。但是，他还增加了体力劳动这一项。所有的孩子都应该到田地里工作。如果学校没有足够的、可以自行支配的土地来耕作，那孩子们就应该被带到公路上去捡石头或者撒石子。我们能否严肃地想象
399 出这么一个教育体系的画面：我们未来的辩护者和作家需要花 6 年的时间在公路上运输物资？

461. 彻底的义务性

雷佩尔提认为，所有庇护或聚集孩子的学院应该是完全免费的。为了支付学校的花费，他提出了三种措施：(1) 由条件好的父母支付学费；(2) 孩子去劳动；(3) 国家提供必要的平衡财政。但是，过分地依靠这一年龄段的孩子，让他们去劳动，不是有点荒诞吗？

462. 家庭的权利

雷佩尔提对家庭的权利考虑得很少。然而，必须注意一下，有一条被罗伯斯庇尔认为是"高尚的"思想，即在各个学院组织一个由家长组成的议会，并委托该议会负责监管老师以及孩子。

463. 圣茹斯特

在《共和国制度》(*Institutions republicaines*) 中，圣茹斯特 (Saint-

Just)[1] 持有和雷佩尔提类似的观点。他认为，5 岁之前孩子是属于他的母亲的，但是，从 5 岁直到死亡，他是属于共和国的。直到 16 岁，男孩都是由国家出资培养的。的确，他们的食物也不贵，包括葡萄、水果、蔬菜、牛奶、面包和水等。一年四季，他们的衣服都是棉布的。然而，圣茹斯特并没有将女孩放在同样的教育制度下。另外，圣茹斯特的观点比雷佩尔提的更自由，他允许孩子在家里接受教育。

464. 罗姆提出的法案

罗姆是公共教育委员会中最积极的成员之一。他是国民议会通过的 1793 年 10 月法案的主要起草者。该法案（1793 年 10 月 30 日）的主要条款如下：

“条款 1. 根据当地人口数量的比例，在整个共和国建立小学学校。”

“条款 2. 在这些学校里，孩子接受体、德、智等方面的教育，共和国的行为方式、爱国热情以及热爱劳动的思想都应该在孩子身上得到充分的发展。”

“条款 3. 学生应该学习说法语，阅读法语文章以及用法语写作。”

“应该教给学生一些自由人所引以为荣的道德行为，尤其是法国 400
大革命，因为这种革命行为很适合提高他们的思想觉悟，使他们更加重视自由和平等。”

“他们应该掌握一些法国地理的概念。”

“通过一些榜样以及自身的经历，让学生理解人类与公民的权利和义务的相关知识。”

“他们应该知道周围自然物体的最初概念，了解一些基本的行为知识。”

“他们应该练习使用数字、指南针、水准仪、砝码和量度器、杠

---

① 圣茹斯特（1767—1794），18 世纪法国大革命时期雅各宾派领袖之一。——译者注

杆、滑轮以及测量时间的方法。”

“他们应该经常被带去见证田地里和工厂里的劳动，他们应该在年龄允许的情况下参与这里的工作。”

但是，罗姆的法案并没有被付诸实施。不久之后，国民议会决定重新审查该议案通过的法令，布基耶的法案取代了罗姆的法案。

465. 布基耶提出的法案

布基耶是一个文人、多尔多涅省的代表，他也属于雅各宾（激进主义）派。他这样评价自己的议案：

“这是一个简单而自然的计划，而且易于执行；这是一个永远禁止学术团体、科学协会以及教育等级制度的计划；最后，这是一个与宪法、自由、平等、朴实有着相同基础的计划。”

布基耶的议案于 1793 年 12 月 19 日被采用，直到被拉卡纳尔提出的议案所取代为止，该法案一直在发挥效力。

其中的主要规定如下：

401 “人人都有教育别人的权利。”“享有教育权利的公民，不论男女，都必须获得公民证、具有良好的道德，必须履行一些规定的程序。”“老师应该被称为讲师。”他们应该置于“市政当局、父母和所有公民的直接监管之下”。“老师不允许讲授任何与法律和共和国道德相矛盾的内容。”另一方面，父母必须送孩子上小学。不遵守这一规定的父母将会受到判决，初犯需要交纳四分之一教育税的罚款。第二次触犯罚金加倍，孩子暂缓 10 年行使自己的公民权利。最后，小学毕业后的年轻人“如果不从事田间劳动的话，就必须学习一种对社会有用的行业”。

强迫性的学校出勤率，以及另外一件完全不同的事情，即公民有劳动的义务，在布基耶的法律中得到确定。

需要补充的是，这一议案的起草者，和许多其他议案没有得到实施一样，在科学和教育问题上也有一些特别的想法。

布基耶说：“推理性的科学将那些发现这一科学的个人与社会隔离起来。……自由的民族并不需要深思熟虑的学者，他们的思想经常游走在一些被人遗弃的小道上。”

因此，在他的法案中没有科学教育。真正的学校，“最高尚的、最有用的、最简单的，是一些委员会会议。大革命通过设立一些国定假日、通过组织一些大众的协会和俱乐部，给各个区都带来了用之不竭的教育资源。所以，我们不要去取代这种组织，它就像那些创造它 402
的民众一样简单、一样崇高。建立在学术雕像基础之上的矫饰教育，不应该再去影响一个崭新的民族”。

466. 拉卡纳尔的法案

布基耶的法案尽管抛弃了共同教育的思想，但其中仍然有雷佩尔提的思想；而拉卡纳尔的法案公开地表达了与罗伯斯庇尔以及他的朋友们不同的思想观点。

这项基于拉卡纳尔报告的法案于 1794 年 11 月 17 日获得通过，在思想精神和主要条款的规定上，重现了在罗伯斯庇尔的影响下被废除的最初议案的思想。

下面就是这一法案中包含的教育大纲。

教师应该讲授以下内容：

“(1) 阅读和书写；(2)《人权宣言》和《宪法》；(3) 共和国的道德伦理；(4) 法语读写基本知识；(5) 简单的运算规则和研究规则；(6) 关于主要的自然现象和最常见的自然产品的知识；讲述英雄事迹、唱胜利歌曲。”

同时，该法案还要求将学校分为两部分：一部分给女孩，另一部分给男孩，分配的比例是每 1 000 个居民有一所学校。教师由民众提名，经过教育评判委员会批准，他们的工资情况如下：男老师 1 200 法郎，女老师 1 000 法郎。

467. 教育方法

拉卡纳尔曾经对教育方法问题进行深入的思考。他对学校内部的思考，远比他对学校的外部组织结构的关注要多得多。与同时代的大 403
多数人一样，他也是孔狄亚克学说的坚定支持者，他相信思想只有通过感官的思考才能被理解。因此，他推荐的教育方法包括："首先要吸引学生的眼球……通过感觉来理解……从敏锐的感受力中发展道德思想，从感觉中发展理解力。"如果我们对之加以矫正，如果我们还记得去激发智慧本身、去激发心灵的内部力量，这绝对是一个优秀的教育方法。

468. 基础教材

几段引言就足以证明拉卡纳尔对教育有着多么敏锐的感受力。① 他对撰写普及教育的著作非常感兴趣。他准确地将那些在儿童理解能力范围之内的基础教材和删节本区别开来，删节本就是对一部长篇著作的浓缩。他说："删节本正好是和基础教材相对立的。"没有人比他更能理解为儿童写一本有关道德教育的教科书的困难：

"这需要一种特殊的天分。形式简单，风格自然，同时还要求思想表达准确；既要有推理的艺术，还要有激发想象力的艺术；这样一项工作需要一个深刻的逻辑学家来构想，一个感受力较强的人来实行。可以这么说，里面既要有孔狄亚克的分析思维，还要有芬乃龙的精神。"

469. 地理

404 拉卡纳尔以同样的准确性定义了地理教育的方法。他说："首先，在每个学校向学生展示学校所在社区的平面图；然后，再让他们看一下他们的社区所在的地区的地图；接下来，就是省的地图；再就是法国地图；在此之后，就是欧洲的地图、世界其他地方的地图；最后是世界地图。"②

---

① 参见雅内（Mousieur Janet）：《政治与文学讽刺》（*Revue politique et litteraire*），1882年10月7日。

② 如果哲学观点的一致性值得信赖的话，那么，这种顺序就没有什么心理学基础。几乎所有的心理学家都证明，有机的思维顺序应该是从整体到部分；因此，如果展示方法应该和思维活动的有机模式一致的话，其顺序就应该是这样的：世界；东部大陆；欧洲；法国；行政区；县；社区。关于精神的顺序，参见汉密尔顿的《讲演集》（*Lecturs*），第1卷，第69—70、368—371、469、498—500、502—503页。——佩恩注

470. 文学和科学

拉卡纳尔比孔多塞更公正，他希望科学知识的学习不应该损害人文知识的学习：

“长期以来，我们一直都忽视了纯文学知识，甚至一些自认为知识渊博的人都觉得没有必要学习纯文学知识。然而，是文学给理性之光带来了智慧，给心灵留下了情感之影。他们用道德来取代利益，给学生带来优雅的举止，锻炼了他们的判断力，使得学生更加敏感，同时更服从法律，更有能力作出一些伟大的事迹。”

471. 师范学校的必要性

拉卡纳尔的最高荣誉就是他把自己的名字和建立师范学校联系起来。建立教育学院并不是一个全新的想法。早在 17 世纪和 18 世纪，①
教育学界的很多人都曾经提出过。如果之前没有培训出优秀的老师，
那么开办学校将毫无意义；但是，国民议会却是第一个使这一模糊的 405
愿望实行起来的机构。

法令于 1793 年 6 月 2 日颁布，建立师范学校是拉卡纳尔 1794 年 10 月 26 日报告的主要目标。可是，该法令的形式却不如其思想表达得那么完美，如果形式再稍微简单一点的话，那将会更有效。拉卡纳尔提出，在让老师教育学生之前，必须先对老师进行教育：

“在法国，在欧洲，在整个世界，有没有二三百个人（其实我们实际需要的要比这个数字还多）具备教授有用的艺术和必要的其他学科知识的能力？而且，他们所采取的方法还得能够使得学生的思想更加敏锐，使真理更加明确，即在教学生知道一件事情的同时，还能够教学生推理出其他所有的事情。答案是没有。无论我们所需要的那一类人的数量多么少，世界上都不存在这样的人。因此，有必要培训出这样的人。在第一个颁布建立师范学校的法令的同时，我们已经提前

---

① 杜曼斯提尔（Dumonstier）1645 年任巴黎大学校长。拉萨尔（La Salle）任 18 世纪库泰龙大主教。

决定要培养出大量的老师，这些老师要有能力执行一个旨在提高人类理解力的计划，在一个 2 500 万人口的共和国，民主决定平等。”

“师范学校”这一术语（源于拉丁语“norma”，意为规则）和事物本身一样新颖。拉卡纳尔解释说，这一表达旨在为所有的学校提供一个准确的典型和标准。

472. 巴黎师范学校

为了实现目的，拉卡纳尔提议，在一些著名大师，像拉格朗日(Lagrangne)[①]、贝托雷（Berthollet)[②] 和多邦东（Daubenton)[③] 等人的领导下，让大量的来自共和国各个地区的年轻人齐聚巴黎，这些年轻人被选派的基础是各自的才能，“就像重视他们的公民身份一样，
406 他们的才能也应该受到同等的重视”。在这个伟大的师范学校里，大师应该给学生“传授道德教育的艺术……并且要让他们把这种艺术应用到阅读和书写的教育、计算的基本知识、几何知识、历史和法语文法知识的传授中。基础课程中概述的教育方法由国民议会采用，并通过它的命令而公开。”一旦学习了“教授人类知识的艺术”，巴黎师范学校的学生就可以到共和国的各个地方去重复他们所听到的“精彩课程”。巴黎就成了各省师范学校的中心。因此，拉卡纳尔稍带夸张地说：“那个启迪智慧的喷泉，如此纯洁，如此丰富，因为它源于共和国各个阶层的杰出人物，从一个个蓄水池里倾泻而出，将从一个地方传播到另一个地方，直至传遍整个法国，而在传播的过程中，它的纯洁度一点都没有丢失。”

1794 年 10 月 30 日，国民议会采纳了拉卡纳尔的提议。巴黎师范学校开设于 1795 年 1 月 20 日。但是，学校的管理还不完善，缺乏一定的实践性。首先，学生人数太多，400 名年轻人没有经过竞争性考

① 拉格朗日（1736—1813），法国数学家、力学家。——译者注

② 贝托雷（1748—1822），法国化学家。——译者注

③ 多邦东（1716—1800），法国博物学家。比较解剖学与古生物学的先驱。——译者注

试便被许可入学，任由他们在巴黎发展；教师无疑是杰出的，但是，他们的文学才能或科学天分可能并不足以适应教育或者实践教育的师范课程的需要；课程数量不足，仅仅持续 4 个月的时间，而且，正如多努所说的，课程的教育目标“与其说是教学的艺术，不如说是科学知识的提高”。因此，这一实验于 1795 年 5 月 6 日结束，没有实现预期的目标：在各省建立师范学校的思想并没有付诸实践。但是，它确实树立了一个值得记忆的榜样，而且，建立师范学校的原则迈出了现实实践的、富有成效的第一步。

473. 中心学校 407

中心学校（central school）用来代替中等教育的学院的位置，在拉卡纳尔的报告中，由 1795 年 2 月 25 日的法令确立。在 1795 年 10 月 25 日的法令中，多努对其作了修改。虽然并没有取得较大成功，但法令一直持续到 1802 年 5 月 1 日，中心学校才被废除。

474. 中心学校的缺陷

拉卡纳尔提倡的中心学校，就其特征来看，与孔多塞的学院极为类似。然而，我们必须承认，这种模仿并不是我们想要的。拉卡纳尔的错误在于：他借鉴了孔多塞建立的一些缺乏严谨定义的学校计划，在这样的学校里，教育的范围太过于宽泛，教学大纲也太多。在这里，学生似乎在泛泛地学习和讨论。孔多塞甚至将助产术作为一门教育课程引入学院！在中心学校里，教育的内容是一个大杂烩，这些课程轻率地呈送给一个短暂的听证会，这种学校既没有给组织他们的国民议会带来荣誉，也没有给最初对其进行描绘的孔多塞带来荣誉。

475. 积极的实践精神

然而，主张建立中心学校的思想本身也存在一些合理的因素。在数学家拉克鲁瓦（Lacroix）的《论教育》（*Essays on Instruction*）中，我们可以看到这样的表述。作者在文中提醒我们关注这样一个事实：科学的发展和学习更多新知识的需求，迫使教育者必须考虑空间因素，或许可以这么说，考虑精简学习的内容。与拉丁文一样，这一直以来都是教育的一个特色且是唯一的目标。[①]

408 事实上，在中心学校里，古典语言仅占第二位。数学、科学以及学生可以直接受益的其他学科知识被列为经典，但这些古典语言也应该受到人们的偏爱。在那些组织这类学校的人看来，生活中的积极的、实践的思想应该取代那种追求精神发展的善于思考的、无私的思想。而在现实生活中，这两种思想应该是相互促进、相互补充的，而不是相互排斥的。理想的教育应该找到一个可以兼容两种思想的系统。但是，在中心学校里，第一种观点同化了第二种观点。这类学校和我们今天的工业学校相似。但是，与这一缺陷相伴随的是，其涵盖所有的内容以及给新知识的学习应有的空间，同时又不牺牲原有知识的学习。提供实践和特定教育的学院应该建立，没有什么能比这更好地满足现代社会的需求。但是，任何人都不应强迫在同一个屋檐下进行人文知识的学习和工业技术的学习。

476. 国民议会创立的重要机构

在其存在的最初几年里，国民议会只关注初级小学。似乎教文盲识字是社会的唯一需要。最终，国民议会超越了它自己原先的狭隘和排他的观点，将注意力投向了中等教育和高等教育。尤其是通过建立几所提供高等教育的特殊学校，国民议会证明了自己的才能和智慧。

很快，国民议会颁布法令并相继建立了以下学校：技术学校，当时名为“公共工程中心学校”(Central School of Public Works)(1794
409 年 3 月 11 日)；师范学校（1794 年 10 月 30 日）；军事学校（1794 年 6 月 1 日）；文科和贸易学院（1794 年 9 月 29 日）。第二年，国民议会又组织成立了协调办公室（Bureau of Longitude），最后，还成立了国家研究院（National Institute）。国民议会为修复政治混乱造成的破坏作出了巨大的努力，或者说，它补充了一些在旧政体之下被忽略的机构，而旧政体恰恰是因为这种忽略备受痛苦。国民议会创立的这些机

---

① 《教育论文集》(*Essais sur l'enseignement*)，巴黎，1805 年。

构，大多数还仍然存在，并且仍然在繁荣发展。

477. 1795 年 10 月 27 日的法令

让我们看一下 1795 年 10 月 27 日法令的内容：“国民议会在教育问题上的主要工作；国民议会以往工作和提案的综合；大革命的主要贡献。”① 这些人显然提出了一个自相矛盾的问题。简单几笔就画去了教育问题上的主要革命原则：教育的免费、义务和普及问题。拉卡纳尔和他的朋友当然会否定这一法令的。

公共教育的命运和宪法的命运是联系在一起的。政策上的变化相应地必然会要求类似的教育组织管理上的变化。稍微有点倒退的 1793 年宪法催生了 1794 年的教育立法。对于这一立法，可以这么说，“它自己表现出反抗精神，同时又痛苦地感受到了这种反抗”。

多努是这一法令的主要起草者，毫无疑问，他在公共教育问题上是很有能力的，但由于他自己性格的影响，他还是向时代的潮流屈服了。他自愿地屈从于一个怯懦、老化而又陈腐的国民议会，而国民议会早已因为一系列的自毁行为而精疲力竭，几乎没有什么优秀的思想了。

478. 多努计划的不足之处 410

多努计划是不完善的。初级小学的数量被削减，同时也不再提倡根据人口数量按比例设置学校。多努回到了塔列兰提出的县级学校层次上：“应该在共和国的每一个县建立一所或者多所小学。”我们已经远远落后于曾经要求每 400 人建立一所学校的孔多赛，也远远落后于要求每 1 000 名居民建立一所学校的拉卡纳尔。另一方面，国家也不再给老师发工资，而仅仅给他们提供教室、住宅以及一个花园。“同时，还应该给老师提供一个花园，而且花园应该和其他的前提条件（教室和住宅）离得很近。”除了学生每年交给老师的学费，老师再没有其他的报酬。同时，老师还成了学生的雇工，免费教育被取消了。

---

① 杜卢伊：《公共教育和法国大革命》，第 137 页。

只有占总人口数量四分之一的贫困学生才能得到市政当局的批准，不需支付学校的费用。最后，学习的课程也被减少到最小的范围：阅读、书写、计算以及共和国基本道德知识。

在众多崇高而内涵丰富的抱负之后，在众多支持初等教育的热情洋溢的宣言之后，在为提高老师的物质和道德条件以使教育传播到社会组织的每一个细小成分而做出的许多值得赞扬的努力之后，国民议会以一个微不足道的构想结束了它的工作。这一构想减少了学校的数量，削弱了各种教育大纲的力度，再次将老师投入到了一个不稳定的
411 生存状态之下，使得老师处在学生的支配之下，从不考虑对老师的恩惠，对老师唯一的补偿就是防止老师没有学生可教，赋予他在花园耕作的权利，如果学校附近的确有这么一个花园的话。如果 1795 年的法令被作为国民议会的教育决定，那么，真的是只有在那些决定被不恰当地曲解之后，一个人通过临别遗赠而回顾自己以往的行为，才发现自己并没有一直笃信自己一生的抱负吗?

不是从多努那里，而是从塔列兰、孔多塞、拉卡纳尔那里，我们应该寻找大革命的真正教育思想。毫无疑问，多努的措施和以前的措施相比是有优势的，他的措施被付诸实践了，而不再是一条僵死法律。然而，我们不应该因为当时的环境阻碍了计划的执行就无视早期革命者的荣誉，而且，社会必须有一百年的时间才能实现自己所勾画的理想。他们首先提出了每个公民都有受教育的权利和义务。我们不得不永远钦佩历史，尊重我们的先辈的功绩。我们一点都不反对这一观点，但是，大革命本身就是构成那段历史的一部分。我们很遗憾地看到，那些鼓吹崇拜传统、尊敬先辈的人恰好就是苛刻地蔑视大革命追求的人。

479. 分析性总结

(1) 法国大革命的教育立法显然是未经深思熟虑、犹豫不决和缺乏结果的。它背离了一个处境危险的国家的本能感受，即国家重建的唯一的合法手段就是普及教育，包括智育和德育。

(2) 出于同样的本质追求，教育改革的出发点是对民众的教育和

启发。师范学校是国家安全和繁荣昌盛的重要基础。 412

(3) 大革命时期的教育立法未能取得应有结果，这再次证明了这样一个普遍的事实：任何的改革都是行不通的，同时也在一定程度上预示了公共观念的存在。能不能有一个理想的教育？人类社会能不能缓慢地、毫无觉察地就发展到这样的理想境地？既然只有通过一定的预见才能获得合理的发展，那么，最好的做法也许就是使那些教育家具备那种预感。

第十八章　裴斯泰洛齐的教育思想

413 480. 德国教育学

两个世纪以来，德国一直是教育学的圣地。全面详细地论述德国在教育学领域做出的贡献，可能需要几卷书的篇幅。

迪特斯（Dittes）曾说，从18世纪初开始发生了积极的变化，一些观点变成了现实。教育的重要性越来越受到认同，教育学抖落了学校与现实生活利益的古代尘埃。教育不再希望承担教堂的辅助职责，而开始成为一门独立的科学和艺术。有些神学家依然赋予教育学重要的职责，但他们一般是在教堂外面进行，其目的有时甚至是有针对性地反对某些教会。

414 在裴斯泰洛齐的伟大教育成就显现之前，教育学史中至少需要提一下虔信派，“他们的教育机构为创建新的教育方法奠定了基础”。虔信派之后是慈善主义者，其最著名的代表是巴泽多（Basedow）。

481. 虔信派和佛兰克

佛兰克（Francke，1663—1727）在德国教育界的贡献，相当于拉萨尔对法国教育的影响。他在哈勒建立了两个教育机构，即贫民教养院（Pedagogium）和孤儿院（Orphan Asylum），1727年招收了两千多名学生。他是虔信派教徒的一员，信奉坚持严明道德规范的路德教会。与教会的教规相一致，他十分虔诚地信仰教育的崇高目标。

佛兰克与众不同的优点，在于他的组织天赋。他十分关心学校的物质条件和设备供应，这样做是正确的。贫民教养院成立于1715年，坐落在优雅的街区，教养院周围有植物园、自然历史博物馆、健身器材、化学和解剖实验室，还有一个玻璃器材店。

佛兰克的门徒尼迈耶（Niemeyer）、席姆勒（Zemmler）①、赫克（Hecker）② 继承了他的工作和事业，并在某些方面做了改革。他们建立了德国第一批真正的学校。他们坚持佛兰克的务实精神和专业教育，确保这些教育机构的发展，这些学校至今还以“佛兰克学校”的名称而存在。

482. 慈善主义者和巴泽多

巴泽多（1723—1790）是一个更具有自由博爱精神的人，在很大程度上借鉴了卢梭的观点，他在德国教育学中占有一席之地。巴泽多 415
在德绍建立了一所学校，受到哲学家康德和奥柏尔林（Oberlin）③ 牧师的大力称赞。他为学校取了一个能够表现他的人文主义精神的名字：“泛爱学校”（Philanthropinum）。在这所学校中，他采用的教育方法谨遵卢梭的教诲：“实物！实物！话说得太多了！”直观教学法或者说实物教学法，是这所学校坚持的方法。

巴泽多的主要著作是他的《基础读本》（*Elementary Book*），这部著作只不过是运用卢梭的教育理念对夸美纽斯的《世界图解》进行重新的编排。在德绍的学校里，他们设想在 6 个月内完成一门语言的教学。巴泽多说：“使用我们的教学方法，教学时间减少为原来的三分之一，教学乐趣是原来的三倍。”机械训练被广泛应用。学生们在老师的看管下，都开始模仿裁缝如何缝制衣服或修鞋匠如何使用锥子。更为大胆的做法是，巴泽多如此广泛应用实物教学，甚至向孩子们展示病房里面的情景，目的是为了教育孩子们承担照顾母亲的责任和义务。④

483. 民众学校

18 世纪，德国的天主教和新教在普及大众教育方面做出了重大努

---

① 席姆勒（1669—1740），德国新教虔信派牧师、教育家。——译者注

② 赫克（1707—1768），德国新教虔信派牧师、教育家。——译者注

③ 奥柏尔林（1740—1826），法国泛爱主义者、教育家。——译者注

④ 除了巴泽多（Basedow），在德国受到重视的教育家兼慈善家还有萨尔兹南（Salznan，1744—1811）和坎柏（Campe，1746—1818）。

力。玛丽娅·特利莎（Maria Theresa）和弗雷德里克二世（Frederick II）认为，公共教育是国家的一项事务。与政府共同努力的还有一些私人企业。在普鲁士，一个叫罗乔（Rochow，1734—1805）的贵族建
416 立了许多乡村学校；在奥地利，菲尔比格（Felbiger，1724—1788）和金德曼（Kindermann，1740—1801）两位牧师也投身于教育活动、改革学校。

然而，这些努力并没有取得显著的成效。公共学校尤其是乡村学校，依然处于落后的状态。

迪特斯说："几乎所有的学校都雇佣了这样的老师，例如，家仆、堕落的工匠、被开除的军人、降级的学生等，总之，聘用了一些存在道德问题和学习问题的人。这些老师拿着微薄的工资，也没有什么权威。学校中学生的出勤率一般说来都很不确定，而在夏季几乎所有的学校都完全停课。很多乡村没有学校，孩子们没有学校读书。在许多乡村，大部分孩子，特别是女孩，几乎都是文盲。人们都把上学当做一种负担，特别是农民。一些牧师认为自己是学校的庇护者，可是，他们总体上为学校所作的努力很少，甚至妨碍学校的进步。贵族阶级大都不希望对民众开展智力文化教育。……教学呆板，学校纪律严厉和残酷。据报道，一位死于 1782 年的苏比安校长，在任教期间杖打过学生 911 527 次，鞭打过学生 124 010 次，扭耳朵 10 235 次，打头 1 115 800次。此外，他还让学生在三角木板上下跪 777 次，让学生戴傻瓜帽 5 001 次，[①] 让学生高举棍子 1 707 次。他曾经说过 3 000 句左右的脏话。……"

417 484. 裴斯泰洛齐

在瑞士，初等教育的情况也好不到哪里去。老师都是从四处随意招来的，工资很低，一般都没有自己的住房，因此，被迫在乡村中的

① 数字计算得如此精确，该是多么劳神费力的一件事情啊！毫无疑问，他非常肯定地预测到他的书以后肯定会出版。这些数字记录得如此确切，让人难免心生疑虑。——佩恩注

有钱人家帮忙做家务，寄人篱下，混口饭吃。教育受狭隘的等级观念的束缚，下层穷困民众依然处于愚昧无知的状态。

18世纪末期，就在这凄惨黯淡的困境中，最著名的现代教育家裴斯泰洛齐（Pestalozzi，1746—1827）诞生了。我们可以说，他有缺点，他的思想也有瑕疵和漏洞，我们不会刻意包庇他的不足之处，也不会对他大肆赞扬、盲目崇拜。但是，裴斯泰洛齐确实是一个伟大的人，因为他热爱民众、勇于奉献、有教育天赋。80年的坎坷人生，裴斯泰洛齐从没有片刻停止过儿童教育的工作，他把一生都奉献给了伟大的教育事业。战争和村民的恶意摧毁了他的学校，但是，他从不悲观绝望，他很快又在更远的地方把学校重新建立起来。他的成功也在一定程度上要感谢他充满激情的演讲天赋，他的口才有利于他把教育的热情传播给周围的人。他收留四处流浪的儿童和孤儿，仿佛是专门寻找孤苦儿童似的。做慈善的时候，他忘了自己的贫穷；上课的时候，他忘了自己的病痛。最后，以一种不可战胜的力量，历经无数的艰难困苦，他一路追寻，成为一名教育使徒。裴斯泰洛齐写道："要么死亡，要么成功！我要实现我一生的梦想，这种激情能够让我上刀山、下火海都在所不惜，能够带我登上阿尔卑斯山的顶峰！"

485. 裴斯泰洛齐的学习经历 418

裴斯泰洛齐的一生与他的教育事业密切相关。要理解这位教育家，首先必须熟悉他的生平。

裴斯泰洛齐1746年出生在苏黎世，1827年死在布鲁克。这位不幸的伟大人物，一直受到母亲对他充满情感、不切实际的教育方式的影响。1751年，他的母亲成了寡妇，带着三个孩子。他很小就养成用心去感受的习惯，喜欢充满感情的抚摸，而不喜欢推理和反思。他成了伙伴们的笑柄，他的尴尬经常受到嘲笑，于是，这个苏黎世的小学者开始习惯独居，并成为一个空想者。后来，在1760年，他的政治热情和革命胆识让他在学校中脱颖而出。他在青少年时期就深刻体会到民众的悲惨处境和物质的匮乏，并确立了人生的目标就是医治社会疾病。同时，他的内心渐渐萌生一种对简单平凡甚至隐居禁欲的生活的向往。抑制欲望成为他的最重要的行为准则，并付诸实践，他强迫自己睡在木板上，一日三餐只吃面包和蔬菜。户外生活对他来说特别有吸引力。他每年都会去乡村的爷爷家度假，他的爷爷是洪恩格地区的牧师。

486. 作为农业专家的裴斯泰洛齐

裴斯泰洛齐对于从事教师职业，最初只是表现出了热情，但目标还没有清晰化。从他青年时期的著作以及 20 岁时在苏黎世一份学生报上发表的文章中，我们可以很容易地看出这一点。尝试神学和法律
419 工作失败后，他成了一位农业专家（1765—1775）。他在涅伊霍夫成立了一个农场，当时他的想法不是为了自己积累财富，而是为了组织新的企业以提高瑞士农民的物质生活水平。尽管他的意图是好的，1769 年与他结婚的妻子安娜·斯库苔丝（Anna Schultess）也给予他很大帮助；但是，具有企业进取精神但缺少企业经营方法的裴斯泰洛齐最终还是经营失败了。1775 年，他耗尽所有的财物，也正是在这时，他立下雄心壮志，展现出非同一般的慷慨胸怀。此时，穷困潦倒的他虽然只能勉强维持自己的生活，但是，却毅然在他的农场上建起一所收养贫困儿童的救济院。

487. 裴斯泰洛齐是怎样成为一位教育家的

在涅伊霍夫成立贫困儿童救济院（1775—1780），可以说是裴斯泰洛齐迈向教育事业的第一步。之后，他又建立斯坦兹孤儿救济院（1798—1799）、布格多夫初等学校（1799）以及后来的布格多夫学校（1801—1804）。最后，他在伊弗东建立了学院（1805—1825）。

我们在研究教育体系时，遇到的第一个问题是，这些体系的建立者是如何成为教师的。或许，他们转变为老师的最佳途径，就是对人类的博爱和对孩子的关爱。裴斯泰洛齐就是这样的。这是因为他从青年时期起就满怀改善民众道德品质的梦想；因为他慈爱的目光看到了他的儿子雅各（Jocob）蹒跚走路的样子。他最终成为一位伟大的教师。

488. 对儿子雅各的教育

裴斯泰洛齐在他的《父亲的日记》(*Father's Journal*)[1] 中，记
录了儿子一天天成长的经历。日记中的记叙表明，他采用卢梭的教育 420
理论培养儿子。11 岁时，雅各像爱弥儿一样还不会阅读和书写。事物先于语言，感官事物的直觉，极少的价值判断训练，尊重孩子的各种能力，担心孩子自由受到束缚的同时，还担心孩子不够温顺，努力让教育变得充满愉快和乐趣——这些就是裴斯泰洛齐教育儿子的主要特点。这是一场真正的教育实验，孩子从中可能受到很多折磨，但是，从中得到的人文精神会让他受益匪浅。在这一时期，裴斯泰洛齐产生了一些思想，并在后来发展成为他的教学法的重要理论。他从父亲成长为教育家。裴斯泰洛齐超越卢梭的地方在于，他爱自己的孩子，教育的对象也是自己的孩子。

489. 涅伊霍夫贫困儿童救济院

斯塔尔夫人 (Madame de Stael)[2] 的说法是正确的。她说："我们必须知道，裴斯泰洛齐建立的学校都只是为了儿童。学校只为普通民众提供教育。"事实上，裴斯泰洛齐建立的第一所学校和最后一所学校都是教育低龄儿童。在他的晚年，他不得不离开伊弗东学院，回到涅伊霍夫，在那里为贫困儿童建立了一所学校。

在裴斯泰洛齐的设想中，涅伊霍夫学校的首要特点是通过劳动、秩序和教育进行道德实验和物质生产。大量的语言练习、唱歌、读《圣经》——这些构成智育。但是，更多的时间要用来进行农业劳动、种植茜草。

尽管裴斯泰洛齐付出的努力值得我们敬佩，但是，他的慈善计划

---

① 关于《父亲的日记》中更多有趣的引文，参见罗杰·德·古普斯 (Roger de Guimps) 编的《裴斯泰洛齐自传》。

② 斯塔尔夫人 (1766—1817)，法国女作家、积极浪漫主义的先驱。——译者注

获得的成功并没有持续下去。他需要克服来自家长的偏见和学生的忘
421 恩负义。他收留的那些小乞丐经常在得到新衣服后就跑掉，重新过他们的流浪生活。此外，他缺乏物资，变得穷困潦倒、债台高筑。他的朋友们刚开始的时候还给他资助，但是，后来开始警告他早晚会死在医院或疯人院里。

裴斯泰洛齐对自己说："我人生的 30 年都在与可怕的贫穷进行着绝望的斗争。……我被迫忍饥挨饿过一千多次，在中午，即使最穷的人也能坐在饭桌边，而我却只能在公路边吃一口面包……我过着这样的生活，只是希望能够实现我的理想，让穷人们不再受苦。"

490. 作为作家的裴斯泰洛齐

在涅伊霍夫遭受到的失败和打击，让裴斯泰洛齐一度放弃全部实践活动。1780 年到 1787 年间，他通过写作来表达自己对教育工作的热情。

1780 年，裴斯泰洛齐出版了《隐士的黄昏》（*Evening Hours of a Recluse*），收集了一系列关于教育能使人自立的格言。他在书中尖锐地批判了学校的虚假教学法，并强调发展内在心灵的必要性——内在教育：

"学校到处都把语言放在自由的自然之前。"

"家是人的教育的根基。"

"人，促成你进步的自然工具就存在于你的自身，存在于你的内心感知能力。"

491.《林哈德和葛笃德》

1781 年，裴斯泰洛齐出版了《林哈德和葛笃德》（*Leonard and Gertrude*）第一卷。他在一本老账簿的空白处写出了这本书，这也许
422 是裴斯泰洛齐最著名的一部著作。它是一部通俗小说，书中作者讲述了一个劳动家庭的故事。葛笃德在这里代表了作者对儿童教育的思想。另外三卷（1783、1785、1787）讲述了通过立法、行政、宗教和学校的综合治理——特别是学校，"学校是一切活动的中心"——村

庄获得了新生。

《林哈德和葛笃德》是德国教育家第斯多惠（Diesterweg）[①] 向任教的教师推荐的唯一一部裴斯泰洛齐的著作。

裴斯泰洛齐说："这是我第一次与穷人和没有土地的人说的交心话。"

他书中的主人公是葛笃德，通过这个人物，他希望突出一个基本观点，那就是，要把民众的教育放在母亲的手上。

492. 新的农业实验

1787 年到 1797 年，裴斯泰洛齐重新从事农业。也正是在这一时期，他结识了著名的农业学院创始人费伦伯格（Fellenberg）和哲学家费希特（Fichte）。通过费希特，他得知自己的一些思想与康德的理论有共通之处。裴斯泰洛齐的名气越来越大，1792 年，法国立法议会宣布他与华盛顿（Washington）[②] 和克洛普史多克（Klopstock）[③] 一起成为法国公民。

在从事农业劳动的这一时期，裴斯泰洛齐构思完成了几部著作，并在 1797 年出版。

493. 裴斯泰洛齐的其他著作

裴斯泰洛齐的文学著作中始终贯穿着他的教育思想。因此，他的
短篇散文体的《寓言集》（*Fables*）具有一种道德和教育倾向。此外， 423
在他的《人类发展的自然进程研究》（*Research on the Course of Nature in the Development of the Human Race*）中，他试图证明自然在人的教育中的优势和影响力。但是，裴斯泰洛齐在哲学著作方面并不成功。

---

① 参见《林哈德和葛笃德》，第 19 章。

② 华盛顿（1732—1799），美国第一任总统。——译者注

③ 克洛普史多克（1724—1803），德国诗人，狂飙运动先驱者之一。——译者注

裴斯泰洛齐对自己说："这本书对我来说只不过再次证明我的能力不够。它只是想象力转移的结果，是一本比较欠缺思想的书。……"他又补充说："没有人能读懂我，这表明整本书充满无意义的话。"

他对自己的评价过于严厉，但并未有失公正。裴斯泰洛齐对真理有一种直觉，但是，他却缺乏理论论证的能力。他的思想熠熠生辉，他的语言富有想象，不肯屈服于简洁直白地对抽象真理的理论剖析。

494. 斯坦茨孤儿院（1798—1799）

1798年以前，裴斯泰洛齐几乎没有机会把他的理论和梦想付诸实践。直到瑞士革命，才终于为他提供了一个把理论用于实践的机会，建立了斯坦兹孤儿院。他热情赞美这场革命，认为这是瑞士建立新社会的信号。可是造化弄人，他的理论在他亲手实践之前已经被别人先实践了。

瑞士政府的态度与裴斯泰洛齐的民主态度相一致，任命他负责管理一所师范学校，但他拒绝了，因为他想继续做一位老师。他按照他自己的计划组织建立一所学校，但是，这时他却不得不回到斯坦茨管理他的孤儿院。

495. 斯坦茨孤儿院的教育方法

每天早上6点到8点，下午4点到8点，裴斯泰洛齐都要听学生
424 的课。剩余时间都用来做体力劳动。即使在课堂上，斯坦茨的学生也要"绘画、写字、做手工活"。要在一个80人的学校中建立秩序，裴斯泰洛齐想到用音乐的办法。他说："我们发现，有节奏韵律感的发音能够加强课堂印象。"因为收留的学生都是彻底的文盲，他就让学生用更长时间去打好基础；要求学生从最基础的知识开始学起，直到完全掌握后再进入下一步学习。他简化教学方法，在每个教学班级中寻找适合孩子最初学习水平的起点。教学同步进行，全体学生大声重复老师的表述，也有同学之间相互教学。

"学生教学生，他们自己尝试教学，我只需在一旁提出建议。在

这里，我还是坚持必要性原则。我没有一个助教，我的想法是在两个差生中间安排一个优生。”

阅读和书写交互进行。自然历史和地理是通过对话教学的形式为学生讲解的。

但是，裴斯泰洛齐最为关注的是如何提高学生的道德情操、增强学生内心的良知力量。他希望能够受到学生的喜爱，在与他们的日常交往中唤醒学生的感情；他希望不用讲解理论概念就能让学生内心产生美德；他希望学生们能够在周围自然因素的影响下和日常活动的熏陶下受到道德教育。

裴斯泰洛齐在组织斯坦茨孤儿院时，幻想把家庭生活植入学校。他幻想成为 100 个孩子的父亲。

“我相信，我的心能够神奇地改变孩子们的境况，就像春天的太 425
阳能够复苏冬天僵冷的大地一样。”

“我的孩子们从清晨到黄昏，在一天之内的任何时刻，都能够从我的眉眼和嘴角看到我对他们坚定的爱，我必须要让他们知道：他们的快乐就是我的快乐，他们的幸福就是我的幸福。”

“对于我的孩子们来说，我就是一切。从早到晚陪伴他们的是我。……他们的手握着我的手，他们的眼睛看着我的眼睛。”

496. 裴斯泰洛齐收获的成果

没有计划，也没有明确的规定；只有行动，只有一颗热忱的心灵给予无知的贫困儿童不懈的关怀；他只剩下一间房子，在家里他是“家仆、管家、门卫，一个人承担起所有家仆的活”，就这样，裴斯泰洛齐取得了令人惊喜的成就。

他说：“我在斯坦茨看到了人类的潜能。……我的学生们进步飞快，就像另外一个人似的。……孩子们很快感觉到他们身上隐藏着他们不曾察觉的力量，尤其是得到秩序和美的高尚情操。他们寻找到了自我，在我的课堂上学海无涯苦作舟的印象烟消云散。学生们有意愿、有能力、坚持不懈，换来了成功和喜悦。他们不是苦学的学习者，而是感受到身体里有一股莫名冲劲的孩子们，他们知道这股力量

426 能够并且一定会带领他们前进，这种感觉让他们的心灵获得升华。”

罗杰·德古普斯（Roger de Guimps）说：“斯坦茨孤儿院是19世纪小学的最初模式。”学校繁荣，学生发展，而老师却因为工作过度而病倒了。当因为战争而关闭孤儿院时，裴斯泰洛齐也失去了健康，只剩下了最后一点力气。

497. 布格多夫学校（1799—1802）

裴斯泰洛齐一恢复健康，就马上重新投身于教育实验事业。他历经波折，终于在布格多夫的一所小学获得管理一个小班级的职务。裴斯泰洛齐被当做一个不学无术的人。

“我听见他们悄声说我既不会书写也不会算术，甚至不会朗读。”对此，裴斯泰洛齐并没有为自己做任何辩解，而是承认自己没有能力，甚至认为这样对他有好处。

“我认为，在这些方面的能力欠缺是非常必要的，因为这样有利于我发现最简单的教学方法。”

在布格多夫学校，最让他感到头痛的是“遵守各种规章制度”。“我一生中从来没有受到如此束缚。我感到灰心，在学校的规章枷锁下我畏缩了。”

然而，裴斯泰洛齐在他的小学校中获得惊人的成功。之后，有更多的优秀学生交给他，但是这里他的成就却不大。他经常不按计划进行，其实稍微有点计划，他就会更轻松地获得自己期望的教育成果。错误、无序、异想天开这些不足，消解了他用心良苦的努力。要明白这一点，我们只要读读他在这个时期出版的书籍就可以了，其中最著名的就是我们下面会简要分析的这本书。

498.《葛笃德如何教育她的子女》

427 裴斯泰洛齐以此笔名发表了他有关理论学说的论文，即《葛笃德如何教育她的子女》(*How Gertrude Teaches Her Children*)[①]。他的一位传记作家这样写道:“这是他的教育学著作中最重要也是最深刻的一本。”对此,我们不做争辩。但是,这本书也证明裴斯泰洛齐的思维远远低于他的情感,他身为作家的价值远远低于身为教师的价值。这本书是书信体,由写给盖茨纳(Gessner)[②]的信构成,裴斯泰洛齐的书中往往有相互交织的论点、散乱的思想和个人抱怨。这本书是他在大脑处于狂热状态、内心情感汹涌澎湃的情况下创作的。思想极为庞杂,语言极为重复。因此,当我们读到裴斯泰洛齐下面这句自白时,我们大可不必为他欠缺的文学功底而感到惊讶,他说:“我30年没有读过任何书,我已经不能读书了。”

499. 裴斯泰洛齐的风格

裴斯泰洛齐的风格犹如其人:散漫、晦涩、迷惑,但又时而闪现智慧的光芒和内心的温暖。他的书中往往有很多对比,想象力淹没了思想性。他可以用几页纸的篇幅把自己比作“丢失了鱼叉而试着用钩子去捕鲸鱼的水手”,来说明他手中的资源与他想要实现的目标之间存在着多大的差距;然后,他又把自己比作猫都抓不住的一根稻草,以此说明他是何等渺小;又把自己比作猫头鹰,用来表达他的孤单;把自己比作芦苇,表现他的脆弱;把自己比作害怕猫的老鼠,表现他的胆小。

500. 对《葛笃德如何教育她的子女》的分析 428

分析裴斯泰洛齐的这本书并不难。首先,《葛笃德如何教育她的子女》这个题目取得不好,因为葛笃德在书中根本没有提到子女教育的问题。这个名字变成裴斯泰洛齐用来形象化自己的一种寓意式

① 《葛笃德如何教育她的子女》一书的第二版在作者在世的时候就出版了,出版于1820年;第二版做了很多重要的修改。法文版出版于1882年,是由达林(Darin)博士基于第一版文本翻译的。

② 盖茨纳,瑞士苏黎世的出版商。——译者注

名称。

前三封信其实是自传回忆，而不是理论剖析。裴斯泰洛齐讲述了自己的首次教育实验，让我们认识他在布格多夫的助手克鲁塞（Krusi）、托布勒（Tobler）和巴斯（Buss）。在后面的信件中，作者讲述他的教学方法的一般理论。第七封信探讨了语言问题；第八封信探讨了书写、绘画和雕塑的感受能力问题；第九封信探讨了数字和计算能力问题；第十封至第十二封信探讨了总体上的直觉能力问题。对于裴斯泰洛齐来说，直觉能力正如我们所了解的是一种直接的、体验性的认知，不论是在感官知觉领域，还是在内心意识领域。最后一封信探讨了道德和宗教教育问题。

我们不会顺着裴斯泰洛齐的灵活跳跃的思路，去探索书中那些繁杂的叙述；我们要做的是，从这本繁杂的书中整理出一些基本思想。

501. 简化教学方法

裴斯泰洛齐的目的，其实正如他的一位朋友所说的那样，是推动教育机械式程式化。实际上，他希望把教学方法简化并固定到一定程度，让最普通的老师和最无知的父母都能掌握。总之，他希望组建一个完美的、能自己运转的教育机器。

裴斯泰洛齐说：“我相信，我们无法实现发展民众教育的梦想，除非我们能找到一种缔造老师的教育形式。至少在初等教育阶段，简
429 单的、机械式的教学方法能否取得良好的教学成果，并不取决于教师的能力，而是取决于方法运行的过程。我认为，教科书并没有多大价值，除非教科书既能供受过教育的老师使用，也能供没有受过教育的老师使用。”

这确实有些夸张，对老师的个人努力和成绩的评价太低。按照他的说法，建立师范学校也没有什么意义。然而，裴斯泰洛齐的自身经历却恰恰反驳了他的这一奇怪论断，因为他之所以成为一名成功的教师，要归功于他出色的讲演口才、热情的人际交流和内心的激情，而不是归功于从未收获有效成绩的机械式教学过程。

502. 裴斯泰洛齐对苏格拉底教学法的看法

裴斯泰洛齐推崇苏格拉底教学法，他精确表达在一些情况下使用苏格拉底教学法是非常必要的。他首先发现使用苏格拉底教学法对教师的能力有很高的要求。

他说："肤浅无知的头脑，没有足够的深度去激发智慧和真理的源泉。"

此外，苏格拉底教学法只能应用于已经具有一定知识水平的学生。有些学生既没有掌握出发点，即基本概念，又没有掌握概念的表达方式，即语言知识，对这样的学生应用苏格拉底教学法是行不通的。裴斯泰洛齐总是习惯用修辞和比喻来表达他的思想，这里他补充说：

"苍鹰能够从其他鸟类的巢中抢夺鸟蛋的必要前提是，后者把蛋 430
放在了鸟巢中。"

503. 语言、形状和数字

裴斯泰洛齐最喜欢的一个观点——也是伊弗东和布格多夫的学校一直坚持的教育理念——所有的基础知识可以归结为三个要素：语言、形状和数字。语言不必多说，形状包括书写和绘画，数字是指算术。

他说："这就像我的研究中的一束光，像神灵闪现！"对于这种热情，我们很难认可。显而易见，裴斯泰洛齐的分类不仅缺乏实践价值，而且从理论的角度来看也是站不住脚的。首先，三个要素之一的语言其实包含了另外两个要素；其次，许多领域的知识，比如物理知识，不允许这种明确的分类，他却对此如此痴迷。

504. 直觉训练

更有价值的一点是，裴斯泰洛齐赋予直觉的重要性。有一件值得注意的事情是：不是裴斯泰洛齐自己，而是他的一个学生促使他想到在课堂上用直接观察实物取代阅读课本。有一天，像往常一样，他正在长篇大论地给学生们描述一幅画着窗子的画，这时他发现有个学生在听讲的时候并不是盯着那幅画，而是若有所思地盯着教室里的窗户看。

从那时起，裴斯泰洛齐就把所有的画丢到一边，而是把实物搬到课堂上让学生们观察。他说："孩子不希望在自然和自己之间存在着第三者。"

431 拉姆绍尔（Ramsauer）是布格多夫地区的学生，他或许用不够准确的语言描述了裴斯泰洛齐让学生们做的直觉训练：

"在语言练习时，我们做过最好的练习，特别是与教室里的护墙板有关的语言练习。我们花好几个小时在古老破旧的护墙板前面，忙着观察它上面的洞和裂缝，描述数量、形状、位置和颜色，然后，他［裴斯塔洛齐］要我们逐渐用复杂的句子去描述我们所观察到的结果。裴斯泰洛齐会这样问我们，男孩们，你们看到了什么？（他从来不提问女孩）

学生：我看到护墙板上有个洞。

裴斯泰洛齐：很好。跟我说——

我看到护墙板上有个洞。

我看到护墙板上有个大洞。

透过洞我看到了墙，等等。"

505.《献给母亲的书》

1803年，裴斯泰洛齐出版了一本尚未创作完毕的关于初等教育的书，名为《献给母亲的书》（*The Book for Mothers*）。这是另外一本没有插图的《世界图解》。裴斯泰洛齐出版这本书的目的，是向孩子们介绍他们生活中可能观察到的各种自然物和艺术品。书中，他用大量的篇幅描述身体器官以及器官的功能。法国评论家迪索（Dussault）针对这一点曾说道：

"裴斯泰洛齐不厌其烦地跟孩子们解释鼻子长在脸中间。"对简单
432 性和基础性的过度担忧，使裴斯泰洛齐的教育充满孩子气。另一方面，吉拉德（Pere Girard）抱怨说：《献给母亲的书》中的语言练习

题“编排得很好，就是太枯燥无味了”。

506. 1793 年在瑞士担任教师

要公正评价裴斯泰洛齐及其助手为教育所作的贡献，我们必须考虑到他们的教学方法改革是在当时相当落后的教育状况下进行的。克鲁塞是裴斯泰洛齐的第一个助手，或许也是他最贴心的助手，曾经讲述过自己成为一位教师的经历。他 18 岁的时候还没有任何工作，只是跟父亲当小贩。有一天，他正要背着沉重的货物出去做买卖，在路上他遇见了一个地方官员，然后开始交谈。那个官员对他说：“你知道吗？盖斯（Gais）老师要离开学校了。你想去顶替他的职位吗?”克鲁塞说：“对我来说，这不是想不想的问题，老师应该有文化知识，而我什么都不懂。”那个官员说：“你现在还小，你有足够的时间学习做老师应该知道的知识。”克鲁塞想了想，打算试一试。他买了一本字帖，照着抄写了 100 多遍，这就是他所做的唯一的备考工作。他报名参加考试，考试的日子到了。

克鲁塞说：“参加考试的只有我们两个人。主要的考试包括写‘对上帝的祈祷’，我认真做完这一部分。我注意到德语中经常有大写字母，但是，我不知道大写字母的应用规则，以为它们就是用来装饰的。于是，我就把大写字母均匀地写在文章中，有的词的中间的字母甚至都是大写的。事实上，我们两个人都没有文化。”

“考试结束后，我被叫去了。校长斯科伯菲尔（Schoepfer）告诉 433
我，通过考试他发现我们两人都不合格。我的竞争对手阅读能力好一些，而我书写能力好一些；……此外，我的房间比他的大一些，能在里面更好地给孩子们上课。最后，我被录用了。”

“校长是在路上遇到我们的，录用我们这些连字都不会写的人来当老师，这样的草率其实也没什么奇怪的。”

507. 布格多夫学校（1802）

裴斯泰洛齐出版《葛笃德如何教育她的子女》和《献给母亲的书》的时候，他并不仅仅是布格多夫的一个小学老师，他还负责管理一所高级小学、一所寄宿制学校。在那里，他同样运用自然教学法，“引导孩子们从直觉出发，通过自己的努力，一步一步理解抽象概念”。他在这里的教育活动获得了成功。布格多夫的学生们出类拔萃，特别是他们的绘画能力和心算能力。参观者为学校的快乐气氛感到吃惊。唱歌和体操备受尊重，自然历史课在户外的田野里和在路上进行。温暖和自由是其内部管理的主要特点。有个参观者[①]说：“这不是学校，而是一个家。”

508. 去巴黎旅行

就在这个时期，裴斯泰洛齐前往巴黎，并作为国民议会代表的一员，被波拿巴（Bonaparte）[②] 召集前去决定瑞士的命运。他希望，利用在法国的日子传播他的教育思想。但是，波拿巴拒绝接见他，说他除了想要讨论 ABC 的问题外，还有其他的目的。理工学校的创立者
434 蒙日（Monge）对他更和善，耐心地听他讲述瑞士的教育。但是，蒙日最后的结论却是：“这对我们来说太多了！”更令他沮丧的是，塔列兰说：“这对于民众来说太多了！”

另一方面，在同一时期，哲学家曼恩·德·比朗（Maine de Biran）委任裴斯泰洛齐的弟子巴鲁德（Barraud）在多尔多涅地区建立学校，他用自己的影响力把裴斯泰洛齐的教育方法应用于实践。

509. 伊弗东学院（1805—1825）

1803 年，裴斯泰洛齐不得不离开布格多夫的城堡。瑞士政府任命他管理慕尼黑女子修道院（Munchen-Buchsee）。裴斯泰洛齐把他的学院转移到这里，但维持的时间较短。1805 年，他在伊弗东、在纽沙特尔湖边以及在瑞士的法语社区站稳了脚。在这里，在几个同事的帮助下，他继续推广和创新教学方法，起初获得了耀眼的成就，但后来却经历了各种波折和艰难困境。

① 这位参观者就是德国教育家赫尔巴特。——译者注

② 波拿巴（1775—1840），拿破仑一世之弟，曾任国民会议议长。——译者注

伊弗东学院其实是一所中等教育学校，开设中学班级，而不是小学班级。学生来自周围各地。然而，办学特色却不够明确，在这所新学校中裴斯泰洛齐发现自己有些茫然不知所措，因为他只擅长初等教育和低龄儿童教育工作。

510. 学院的成功

伊弗东学院吸引了无数的参观者来访，有的参观者只是出于喜欢四处闲逛。可以说，伊弗东学院成为瑞士人感到好奇的事物之一。来看湖水和冰川的人们，都会去拜访一下裴斯泰洛齐。每当有重要人物来访时，裴斯泰洛齐就会叫来他的最好的老师拉姆绍尔（Ramsauer），
并对他说："带上你的最好的学生，领着王子看看我们的学校。他有 435
很多奴隶，只要能说服他，他的奴隶就能来接受教育。"

这些频繁的参观浪费了大量的时间，教学变得没有秩序。裴斯泰洛齐手下的年轻教师们承担繁重的工作，往往没有足够的时间和精力备课。裴斯泰洛齐越来越老了，他没能成功完成他的教学方法改革的理想。

511. 裴斯泰洛齐的尝试

裴斯泰洛齐的教学其实是一个长期探索、不断创新、不断试验的过程。我们不能要求他有精确的思想阐述和明确定型的方法。他一直全神贯注、精益求精，他那令人钦佩的教育天赋永远不会满足于现状。他的成就在于他对真理的不懈追求。他总是试验在先，理论在后。直觉大于理性的他，在做事之前不会考虑他自己在做什么。裴斯泰洛齐的优点是他进行了许多创新，但是，他的缺点是不征询他人的意见，只考虑他自己和自己的感受。他说："我们不应该读书，而应该去探索一切。"裴斯泰洛齐不知道如何借鉴别人的经验。

裴斯泰洛齐无法精确阐释自己的理论和方法。他抱怨别人不能理解他的意思，的确如此。伊弗东的一个叫瓦列门（Vulliemin）的学生这样说：

"裴斯泰洛齐的方法对于我们来说就是一个谜，对于老师们来说

436 也是一个谜。每个老师都按照自己的方式理解裴斯泰洛齐的理论。但是，这些不同的理解并没有产生不和谐。我们认为，只有校长一个人理解裴斯泰洛齐的意思，可是校长最后却说他也搞不明白，说只有施密德（Schmid）和尼德罗（Niederer）能理解裴斯泰洛齐。”

512. 伊弗东学院的教育方法

关于裴斯泰洛齐在伊弗东学院所采取的教育方法，下面这些引文能为我们提供宝贵的信息——

“教育的目的是提高智力，而不是强化记忆力。裴斯泰洛齐曾经对他的同事说：不要像驯狗一样教育学生。”

“依据直觉能力学习语言；我们学会正确的观察，通过这个过程，我们能够在脑海中形成事物之间的联系概念。只要能够理解，我们就能轻而易举地表达出来。”

“地理课的基础知识是在户外教授的。之后，我们很轻松地用泥土制作我们刚刚学习的山谷形状。”

“我们学习几何是通过确定终点，然后画出路线的方式进行的。算术课也采用同样的方式；我们用脑子算，不需要纸和笔。”

513. 伊弗东学院的衰落

伊弗东学院在几年的时间里就衰落了。教学方法的缺陷越来越明显。内部的混乱，以及两位同事“理论哲学家”尼德罗和数学家施密德对裴斯泰洛齐的误解加速了学校的衰败。事实上，这所学校是缺乏
437 秩序和纪律的。裴斯泰洛齐越来越不适合管理事务。他把学校交给助手和学生全权负责。在伊弗东，学生可以随意称呼老师。裴斯泰洛齐想用父爱来感化伊弗东的学生。在他最初建立的学校中，学生数量不多，父爱取得了成功；可是伊弗东学生众多，年龄不一，性情各异，他最终以失败告终。

514. 佩雷·吉拉德的评价

1809 年，佩雷·吉拉德受瑞士政府委任去检查伊弗东学院，结果

并不令人满意，尽管佩雷·吉拉德[1]承认通过研究裴斯泰洛齐的教学方法，他构思出自己的教育思想。

佩雷·吉拉德主要批评数学的泛滥倾向。在施密德的影响下，数学越来越成为老师和学生的主要任务。

佩雷·吉拉德说："我对我的老朋友裴斯泰洛齐说，在他的学校里数学占据太重要的地位，我担心这样会对教育效果不利。可是，他却理直气壮地回答说：'这是因为我希望我的学生不要相信任何事，除非这件事像 2+2=4 这样明确。'我也同样理直气壮地回应说：'这样的话，如果我有 30 个儿子，我一个也不交给你来教育。因为虽然你能证明 2+2=4，但是，你却说不清楚为什么我是他的父亲，为什么我有权利让他听我的话。'"

显而易见，裴斯泰洛齐太倾向于自己的兴趣。他的教育学的一般 438
特征就是避免抽象，把所有事情都变得具体化、直觉化。即使在宗教上，他也刻意避免教条式的说教和准确的经文形式，他只是希望唤醒学生心中真挚深沉的宗教情感。佩雷·吉拉德告诉裴斯泰洛齐，他的宗教教育太模糊不定了，学生的热情缺乏理论形式。但裴斯泰洛齐说："我也在寻找形式呢！"

515. 裴斯泰洛齐的晚年

伊弗东学院的衰败让裴斯泰洛齐倍感沮丧，他在 1824 年离开伊弗东，回到涅伊霍夫，回到他初次开展教育实验的农场。在这里，他完成了最后两本著作：《天鹅之歌》（*The Swan's Song*）和《我的命运》（*My Desitinies*）。1827 年 1 月 25 日，他被带往布鲁克治病。2 月 17 日，他死于布鲁克，两天之后埋葬于比尔。1846 年，阿尔高州行政官决定在裴斯泰洛齐的墓地上为他树立一座墓碑，上面刻着：

"裴斯泰洛齐之墓。裴斯泰洛齐，1746 年 1 月 12 日生于苏黎世，1827 年 2 月 17 日死于布鲁克。他是涅伊霍夫穷人们的救世主，是《林哈德和葛笃德》书中人物的牧师，是斯坦茨孤儿们的父亲，是布

① 参见下面一章。

格多夫新民众学校的创立者，是伊弗东的人文主义教育家。他是一个伟人、一个基督教徒、一个公民：一切为人，毫不利己。愿上帝保佑他。”

516. 裴斯泰洛齐教育思想的基本原则

裴斯泰洛齐从来不花心思梳理他的教育思想的基本原则。由于无
439 法承受任何抽象思考的脑力劳动，所以他经常从朋友那里借来人家对他的教育理论的逻辑阐述。在他写给盖茨纳的第一封信中，他非常高兴地重述了慈善家费舍尔（Fischer）的观察结论，费舍尔分析归纳了裴斯泰洛齐教育系统中的五条基本原则：

（1）为心智提供的文化不仅要泛，而且要精；要形成思想，而不要仅仅满足于灌输思想。

（2）使各科教学与语言学习相联系。

（3）为思维的运作提供基础资料和基础概念。

（4）使教学和学习的过程简单化。

（5）普及科学。

其实，裴斯泰洛齐也发现费舍尔对他的教育思想的解释存在不当之处。但是，尽管存在不足，裴斯泰洛齐自己没有抽象总结的能力，最后也就只能接受费舍尔对他的理论的阐释了。

后来，裴斯泰洛齐生活的另外一位见证者莫夫（Morf）也简练地归纳了他的几条教育名言：

（1）直觉是教育的基础。

（2）语言应该与直觉相互联系。

（3）学习不等同于判断和评论。

（4）在每个班级中，教育应该从最基础的知识开始，根据学生的发展循序渐进，也就是说，要经历一个连贯的心理过程。

（5）我们要保证每一部分的讲解都能让所有学生彻底理解。

（6）教育应该依照自然发展的顺序，而不是依照人为分析的顺序。

440 （7）尊重学生的个性。

（8）初等教育的主要目的不是引导学生获得知识和天赋，而是发

展提高学生的智力水平。

(9) 智慧离不开力量，理论知识也离不开实践技能。

(10) 师生关系应该建立在爱的基础上。

(11) 适当的教育应该服从于教育的最高目标。

上面每一条教育格言都值得深入评论。然而，把它们作为一个整体看待，我们不难发现，裴斯泰洛齐的教育思想是建立在心理学理论上的真正的人文主义教育学。

克鲁塞这样评价他的老师："裴斯泰洛齐尊重普通知识和学校实践活动，他可能远远不是一位好的乡村教师，但是，他有一种比任何教育过程都高贵的东西。他看到了很多老师看不到的一点：人的心灵及其发展成长的自然规律，人的内心以及让内心焕发生机和活力的方法。"

517. 教育过程

裴斯泰洛齐的教育过程也与他的教育理论一样不够牢靠。这里，我们不会罗列全部内容，只是有选择地列出裴斯泰洛齐推荐并应用的几条教育信条——

儿童要先学习说话，再学习认字。

教认字的时候，要用可以移动并且可以粘贴在黑板上的字母。学习写字之前，先要学习绘画。写字训练的第一步可以在石板上写字。

在学习语言时，要遵守自然进展的顺序，首先学习名词，然后学 441
习修饰词，最后学习介词。

学习数学时，要利用那些作为单元的物品，或者在黑板上绘画。口头计算要练习得最多。

为了形成精确明晰的数字概念，学生应该经常把抽象的数字想象成一捆具体的事物。4 块木板组成的小桌子能够用来教学生加减乘除四则运算。

在布格多夫学校里，没有书本和笔记本。

学生们不需要死记硬背，他们只需要大声重复老师的话。每节课一个小时，下课有较短的休息时间。

脑力劳动与体力劳动相结合，例如，糊纸盒、照料花园、做体操等。每天最后一节课是选择性的劳动课，学生们说：“我们为自己干活。”

每周有几个小时的时间用来军事训练。

当然，我们并不能完全赞成上面的做法。例如，我们没有必要要求儿童一定要把数字想象为具体的事物。裴斯泰洛齐有时把直觉感觉运用得太泛滥。他把分析，特别是巧妙细致的分析，转变成完全的自然直觉教育。他说：“我的方法只不过是对自然过程的精炼。”但他精炼得过头了。

442 518. 裴斯泰洛齐与卢梭

裴斯泰洛齐经常说他很感谢卢梭。“我的奇思妙想和不切实际的思维，完全沉浸在卢梭的书里。……卢梭所建立的那个完全自由的体系，唤起我内心对更广阔、更宽泛的活动的向往。”

裴斯泰洛齐超越卢梭的地方，在于他是为了民众而奋斗的。他把教育理论应用于无数的孩子，而卢梭的理论却只用于私人的贵族教育。爱弥儿毕竟属于贵族阶层。他拥有财富和良好的家世背景，并且天资聪慧，是命运的宠儿。一般来说，真实的学生是不会通过送老师物品来表现乖巧顺从的。而裴斯泰洛齐只关心普通民众的孩子们，他们所有的知识都要在学校里学习，因为家里或忙忙碌碌或漠不关心的父母根本不会鼓励他们学习——这些父母大多从小就是文盲。教育这些心智麻木的孩子，裴斯泰洛齐运用各种必要的练习，这些练习或许对于别的学生来说是多余的。在批判或嘲笑裴斯泰洛齐这些琐碎的教育手段以及他学校里面的老师之前，我们应该考虑到，这些教育手段对于那些特殊的孩子具有特殊的作用。裴斯泰洛齐是一位真正的儿童教育家和民众教育家，所有关心民众未来的人都应该为他喝彩。

519. 结论

我们不要自以为通过分析裴斯泰洛齐的教育方法，就能理解他为
443 教育所作的贡献。他有超越常人的温暖和慈善之心，他有奉献教育和

传播智慧的激情，他还有比这更伟大的人格魅力。裴斯泰洛齐仿佛一名伟大的演员，坟墓带走的不仅仅是他的生命，更是他心中永恒的艺术秘密。

裴斯泰洛齐有一颗伟大的心，心中充满伟大的爱。阅读他的著作时，我们时常情不自禁地说：他或许并没有我们期望中的高超智慧，但是，他内心的一种高尚情感不得不让我们敬佩！

裴斯泰洛齐热爱民众。他知道民众遭受的苦难，没有什么能够阻止他拯救民众的渴望。看到美丽的大山，他无法欣赏眼前的自然美景，因为他想到这美丽的大山里居住着很多穷人，想到他们过的悲惨生活。

崇高的人生目标赋予裴斯泰洛齐永恒的荣耀——通过教育使人类重获新生。可是，现实的努力结果和理想之间存在着很大的差距。他说："我应该做的和我能够做的事情之间存在着天壤之别。"甚至连法国大革命都没有在教育上获得成功，理想和现实差距太大。

裴斯泰洛齐永远受到所有教育界友人的爱戴和钦佩。他是近代教育家中最有启发性和建设性的一位。如果说他没有机会在法国教育界大展拳脚的话，他却是德国民众教育改革的先驱。在受到波拿巴的蔑视后，他于1802年却得到德国哲学家费希特（Fichte）的赞美："我从裴斯泰洛齐的学校中看到德国重获新生的希望。"

520. 分析性总结 444

（1）教育改革家包括两类人：第一类人，明确目标，看清未来的路；第二类人，心怀激情，探索未来的路。有的人用理性和反思之光看到了目标，然后铺设了一条通往目标的逻辑道路，他们或许不一定亲自踏上征途，但最终会有人去实践。而有的人则从强烈的内心情感出发，在感情的迷雾中，他们看不清目标的位置和轮廓，但他们依然摸索前行。前者的动力是理智，而后者的动力则是情感。这两种天赋的最高表现形式是互不相容的。

（2）裴斯泰洛齐属于杰出的情感主义改革家。他情感热烈，但道路似乎不是很清晰。他的激情是人类心灵最高尚、最崇高的感情，但是，他在事业之路上的每一步成功都因他无力看清事物的本来面目而受损。他知道自己没有能力建立自己的理论框架，他很乐意借助别人的哲学洞察力；但是，他却无法忍受他的同事质疑他的理论逻辑。

(3) 用最简单的三条原则：秩序、均衡、简约，去评判裴斯泰洛齐的学校，那他是失败的；但是，用高尚的人性、无私的奉献、创立者的自我牺牲和他的教育事业创造的新生活去评价裴斯泰洛齐的话，那他则获得了史无前例的成功。在现代标准下，裴斯泰洛齐不是一个好老师，但却是一个卓越的教育家。

(4) 裴斯泰洛齐身上散发着温暖的人文主义精神，他把一种概念转变成了一种动机：真正的教育是成长，是精神生活向外发展的进化
445 过程。这个概念其实像大卫和苏格拉底的思想一样古老，但却很久没有焕发永恒真理的活力了。

(5) 在人类思想史中，曾经有一种把形式与内容、语言和意义相分离的倾向，即对形式和语言的偏爱以及对内容和意义的忽视。教育改革的核心任务就是要改变这种状况。这也是裴斯泰洛齐作为一位教育家的任务。他一生所作的奉献和遭受的苦难是教育史上最令人怜悯的篇章。

第十九章　裴斯泰洛齐的继承者——福禄培尔和佩雷·吉拉德

521. 19 世纪的教育学 446

考虑到裴斯泰洛齐晚期教育事业的辉煌，尤其是他去世后获得的盛名，我们也可以把他划归到 19 世纪教育学史之中。但是，福禄培尔和佩雷·吉拉德就完全是 19 世纪的教育家了。他们在不同程度上继承和发展了裴斯泰洛齐的思想，同时又具有自己的特色。

522. 福禄培尔 447

可以说，福禄培尔（Froebel，1782—1852）与裴斯泰洛齐一样，享有很高的声望，但是，人们对他的研究却不多，至少在法国是这样的。我们研究福禄培尔也是从过去 20 年才开始的。我们对他真挚的钦佩之情，似乎弥补了研究的滞后。作为幼儿园（Kindergarten）的创始者，他名声远扬，但他的著作却无人知晓。

对福禄培尔的著作进行客观的、透彻的研究之后，我们对他的热切敬佩之情或许会减弱，而不是增强。当然，福禄培尔作为一名教师有很多优良品质，但是，他身上缺乏深厚的古典文化素养。与 19 世纪很多德国人一样，他探索朦胧模糊的哲学世界，并跟随黑格尔（Hegel）[①] 的步伐，他经常脱离观察和实验，而是大踏步迈向形而上学的歧途。福禄培尔凭借想象力对一切事物进行夸大和扭曲。他看不清事物的真实面目，赋予事物一种象征意义，晦涩的思维方式走向先

① 黑格尔（1770—1831），德国哲学家。德国古典唯心主义的集大成者。——译者注

验主义的迷途。但是，他的实践工作比他的著作更有价值，不可否认，在早期教育领域他是一个勇敢而快乐的创新者。

523. 福禄培尔的青年时期

福禄培尔 1782 年出生于德国的图林根州，母亲在分娩时去世，他从小由父亲和叔叔抚养，他们都是乡村牧师。裴斯泰洛齐的命运则相反，是由母亲抚养长大的。小时候，福禄培尔就表现出非同寻常的性格特点和有些怪异的思维倾向。他爱空想，具有深厚的宗教情感。
448 因此，有一天，他断然推理并相信自己不会受到永恒烈火的惩罚，这改变了他的人生。他非常热爱自然，并认为自然能启发人性的真正灵感。这也是裴斯泰洛齐和卢梭的思想，但这种思想在福禄培尔身上表现得更有力量。

我们很难理解福禄培尔夸张的思想。他说：通过仔细观察，我们发现自然是人生最高志向的象征。

“整个自然界，甚至水晶和宝石世界，都能教育我们区分善恶；但是，没有比花草树木世界更具有活力、更宁静、更清新、更有明确的教育意义的了。”

福禄培尔理解的道德概念有些模糊。不可否认，平静的乡间生活确实能带给我们纯真、健康和高尚的情操，但一个必要前提是：一个人必须对自然怀有独特的情感，相信自然能够赐予我们“最清澈、最明确”的道德教育。

524. 不同的职业经历

福禄培尔早年的人生经历，造就了他思维的不确定性。他的兴趣经常变化，不能安定于一种生活方式。他与裴斯泰洛齐一样贫穷，依次做过护林人、监督官、建筑师、教师；在职业生涯中，他一路摸爬滚打，直到最后忽然成为一名教师。此外，他学习各个领域的知识：法律、矿物学、农业和数学等。

525. 从事教育事业

1805 年，在法兰克福，福禄培尔开始了他的教师生涯，他那时

23 岁。格吕纳（Gruner）校长给福禄培尔提供了一个职位，在他的示 449
范学校里当老师。福禄培尔接受了这一职位，但他是属于那种想法太多的人：

"忽然发生的一件事，使我做了决定。我得知，我的证书全都丢了（他把证书寄给一位建筑师，想谋取一个职位）。于是，我想这就是上天的安排吧，这件事让我再也没有后路可走了。"

几天后，福禄培尔写信给他的哥哥克里斯多夫（Christopher）：

"我的工作让我出奇的愉快。上完第一节课，我仿佛感觉以前的所有工作都没有任何意义，我就是为当老师而生的。我以前的想法是做什么职业都可以，就是不能做老师，但是，我现在再也不这样想了。确实，我以前从来没想过要做老师。"

526. 福禄培尔与裴斯泰洛齐

在法兰克福的学校里，福禄培尔在教学技巧上还是一个新手，他只是把裴斯泰洛齐的理论大量应用到他的教学实践中。

在很多方面，福禄培尔自始至终都是裴斯泰洛齐的忠实追随者。直觉是他的教学方法的基本原则。可以说，他对教育的贡献主要在于：他把裴斯泰洛齐提出的杂乱无章的感官直觉教育进行了系统的梳理。

福禄培尔与裴斯泰洛齐也直接打过交道。1808 年，他带领三个学生来到伊弗东，并在那里度过了两年的时间。其间，他参与学院的工作，并熟悉了裴斯泰洛齐的教学方法。他说，那是他一生中的"决定性"时期。

但是，我们还要注意到，裴斯泰洛齐和福禄培尔性格有不同之
处。裴斯泰洛齐会非常谦卑地做自我批评，但福禄培尔则总是认为自 450
己没错，他从不把失败归结于自己的能力缺陷，而是指责命运或者他人的恶意。裴斯泰洛齐从来不关心自我，以至于经常衣着不雅，为他写传记的作者说："他从来不知道怎么穿衣服。""他漫不经心，不是忘记打领结，就是忘记穿袜子。"福禄培尔则相反，衣着打扮优雅庄

重，外表讲究，甚至有时还穿战士靴，头戴插着高羽毛的蒂罗尔帽子。

527.《论球体》

1811 年前后，福禄培尔展现出了独特的创新精神。他的创新精神是通过一篇名为《论球体》(*The Treatise on Sphericity*) 的出版而表现出来的。

裴斯泰洛齐曾经写过这样一句话："如果我的人生有什么意义的话，那我希望能够搭建一个方形广场，支撑起属于民众的直觉教育。"① 裴斯泰洛齐说出这句话让我们感到惊奇，但是，至少他所说的方形广场是一个正确的几何形状或画图形式。但是，当福禄培尔对我们说球体是教育的根基的时候，情况就完全不一样了。

阅读《论球体》，我们有时会很想问：作者是一个正常思维的人，还是一个想象力太丰富而脱离实际的人?

按照福禄培尔的说法，球体是一种理想形式：

451 "球体仿佛是一切形体和形状的原型或单位。球体没有棱、没有角、没有面，但又包含所有的点和面。"

除了这一点，球体还与精神事物有着神秘的关系。它可以教育和启发我们获得完美的道德生活。

"有意识地发展一个人的球体式性格，有利于促进人的教育。"

这里，还要讲讲福禄培尔身上发生过的一件小事。1812 年，他与朗格塔尔 (Langethal) 和米登多夫 (Mindendorf) 一起加入志愿军，并且参加了 1812—1813 年的战役，他们成了同事。战争结束后，他穿越整个德国，回到了柏林。在漫长的旅途中，他说："我在寻找一个东西，但是，心中又不确定想要寻找的东西到底是什么，什么东西都不能让我满意。我沉浸在这样的迷茫之中。有一天，我来到一个漂亮的花园，里面开满了各种各样的花草。我欣赏着它们，可是内心依

---

① 裴斯泰洛齐：《葛笃德如何教育她的子女》(*Comment Gertrude instruit ses enfants*)，达林 (Darin) 译，第 204 页

然得不到宽慰。”

“我一边走，一边看这些花草，忽然灵光一现，我发现这些花草里面唯独没有百合。然后，我就知道花园里面缺少什么，知道我自己在寻找什么。内心的情感秘密还能有更完美的表露方式吗？我对自己说，从平静、简单、纯洁的百合花的意象里，你要寻找的是内心的平静、生命的和谐和心灵的纯洁。花园里面百花齐放，可是没有百合，这座花园对我来说就像是缺乏和谐统一的、躁动不安的生命。”

528. 新的研究

1814年，福禄培尔回到柏林，并且在矿物博物馆里得到一个助手 452
的职务。在那里，他利用闲暇时间研究水晶的几何形状，重新思考它们的象征意义。或许从这些研究中他产生了一些天才般的想法，后来运用到他的幼儿园中。直到两年之后，他才下定决心投身于教育事业（1816年）。他首先在格里斯海姆站稳了脚，然后在卡伊尔霍（距离鲁道城一英里）开办了一所学校，里面5个学生都是他的侄子，他为这所学校取了一个夸张的名字：“德国普通教养院”（General German Insititute of Education）。在与朗格塔尔和米登多夫两位同事的合作下，福禄培尔获得了成功。因为物资缺乏，学校最初的规模很小，但是，它逐渐发展壮大起来。到1826年时，学生人数已经超过50人。

529. 卡伊尔霍学校

设立在卡伊尔霍的德国普通教养院贯彻裴斯泰洛齐的教育理论。在福禄培尔的指导下，朗格塔尔和米登多夫掌握了裴斯泰洛齐的教学方法。这三位老师在大厅里面谈话，经常传来这些字词的回音：“直觉”、“个人创新”、“从已知到未知”。听到他们谈话的学生说：“他们在研究教育方法。”

在卡伊尔霍学校，德育、智育、体育三者并驾齐驱。老师要努力洞察每个学生的个性，以此促进每个个体的自由发展。学校管理严格，饮食节俭。强化体育锻炼达到一定的极致。不论冬天还是夏天，

453 学生都穿一件上衣和一条棉布裤。学校安排大量时间进行宗教练习。福禄培尔一直属于路德教会，尽管人们经常怀疑他的宗教正统性，但是，他一直认为教育在本质上应该具有宗教性。

“缺乏宗教土壤的教育之花是不会结果的。”他补充说：“一切不建立在基督教之上的教育都是有缺陷的和不完整的。”[①]

530.《人的教育》

1826年，就是在卡伊尔霍学校，福禄培尔出版了他的主要著作《人的教育》(*The Education of Man*)。[②]

那时，福禄培尔的脑海中还没有产生关于幼儿园的思想。《人的教育》的主要内容并不是福禄培尔的教育实践方法，而是形而上学理论的繁杂论述。很少有人读这本书，我们不得不承认，这本书简直晦涩难懂。我们胆大妄为地说过裴斯泰洛齐的书语句啰嗦，那么对于福禄培尔的神秘梦境我们该如何评价呢？德国的教育学与德国的哲学一样，在长达一个世纪里深陷于各种奇异的理论，完全超出法国人的理解范围。从对普遍本质的大量而又晦涩的思考中，我们费劲地精选出一些确凿的思想论点。然而，由于书的编排形式，福禄培尔的晦涩思想更是让人难以琢磨。在《人的教育》第一版中，福禄培尔没有划分
454 章节和段落。阅读这种通篇没有分段的著作肯定相当费力。虽然后来的版本进行了简单划分，《人的教育》一书依然很难阅读和分析。

531. 对《人的教育》的分析

《人的教育》的引言部分是最有趣的一部分。我们可以把书中庞杂的思想归纳为三个基本点：哲学基本思想、心理学基本思想、教育学基本思想。

哲学基本思想是：“世间万物都来自上帝。上帝是一切事物的唯

---

① 参见福禄培尔于1821年出版的《格言集》(*Aphorisms*)。

② 参见克鲁姆布勒赫夫人(Madame de Crombrugghe)翻译的法文本，巴黎，1881年；约瑟芬·贾维斯(Josephine Jarvis)翻译的英文本，纽约，1885年。

一的理论来源。”

这里蕴含着朦胧的泛神论思想，因为相信所有自然物体都是神的作为的直接表现。

“一切事物的最终命运就是要向外展现生命，一切事物都是展现生命中的神性以及神性与事物合一的方式。”依照这些假定的逻辑，福禄培尔得出了他的心理学观点：人的一切都是好的，因为人是受上帝支配的。他如此乐观，甚至说出这样的话：

“儿童一出生就有令人称奇的本领去遵守正义，因为我们很少看到儿童故意违背正义。”教育学的结论也很好猜测：教育在本质上应该是自由的、自发的，应该是宽容、灵活、多变的，应该保护和监管。

“人是有理性和智力的，表现人性就是表现支配人性的上帝旨意，把上帝的光芒散发出来，去探寻自我命运的真理，在自由和自发中获得生命的真谛。”

福禄培尔重复强调了“自由”和“自发”这两个词。他甚至说， 455
教育没有一种一般形式可以强加于或应用于所有人，因为教育必须考虑到每个儿童的天性和特质，要引导儿童按照自己的个性做事，发展每个儿童的个性。教育的外在形式可以由教育家自主选择，有多少个儿童，就有多少种教育方法，要根据他们的天性因材施教，促进个体的发展。

532. 热爱儿童

福禄培尔最大的优点或许就是他非常热爱儿童。他模仿不同的口音跟儿童说话，但却难免习惯性地把他的象征主义方法掺杂在对儿童的感情之中。儿童在他眼中不仅仅是一个简单的小孩，他透过神秘的面纱去看儿童，为儿童带上满是光环的王冠：

“我们要永远把儿童看做上帝的化身，他们象征着上帝的慈善和爱。”

533. 教育的整体性

福禄培尔经常抱怨，普通教育缺乏完整性和连贯性。他梦想让教育具有整体性。在这一方面，他与卢梭截然相反。人生的不同阶段组成了一条相互连接的链条。“人生是由不同的阶段构成的一个完整的整体。”

534. 人的发展的不同阶段

福禄培尔在《人的教育》中依次讨论人发展的各个不同阶段。前
456 三章是人的发展的初期——婴幼儿、儿童、青少年。这里，他精彩讲述了母亲对孩子的教育以及各种能力的发展；但是，有些自以为是的观点或异想天开的解释会经常破坏他的心理学体系。

他说：“儿童从不知道自己为什么喜欢花朵，是因为花朵的芬芳令他愉快……还是因为花朵能够让他朦胧地感受到上帝的气息?”

之后，福禄培尔讲述教儿童识别颜色，通过这个练习他很快得出道德教育的结论：儿童喜欢颜色，因为他通过颜色“获得内在统一的真知”。

535. 福禄培尔的自然主义教育

福禄培尔认为，构成教育的因素除了宗教外，还包括艺术、数学、语言以及最重要的自然。“老师们每周必须带孩子们去一次乡村。老师不能像放羊一样让孩子走在前面，而是要走在孩子们中间，就像子女们中间的父亲，或者兄弟们中间的大哥。老师要让孩子们去观察和欣赏一年四季呈现在他们眼前的自然美景。”

536. 教育的新实验

卡伊尔霍学校没有长久繁荣下去。1829 年，因缺少学生而被迫关闭。福禄培尔缺少管理者的务实作风。1831 年，他想在瑞士的瓦顿西开办一所新学校，但最终失败了。牧师和教会的攻击迫使他放弃该计划。做了几次其他尝试之后，福禄培尔被选为布格多夫一个孤儿院的院长。也就是在这里，他确定了奋斗的方向，决定致力于幼儿教育。

457 从此，布格多夫这个小村庄也获得它的声誉。因为在 35 年的时间里，这里有裴斯泰洛齐的孤儿院和福禄培尔的孤儿院，这里是他们

进行教育实验的地方。

537. 幼儿园

福禄培尔的主要思想体现在创办幼儿园上，这一思想是在他头脑中慢慢形成的。直到 1840 年，他才创造了“幼儿园”这个概念。当然，鉴于福禄培尔的想象力和象征主义倾向，我们应该考虑到“幼儿园”一词的寓意。儿童是花草树木，学校是花园，福禄培尔称老师为“儿童的园丁”。①

但是，在“幼儿园”的名字尚未取好之前，福禄培尔早就有创办幼儿学校的想法了。1835 年，他想在布格多夫实现这个想法；1837 年，在鲁道尔施塔特附近的勃兰根堡，他创办了第一所幼儿学校。

538. 幼儿园的起源

这里并不是为了削弱这一创举的新颖性，但福禄培尔的思想确实受到夸美纽斯的启发。哲学家克劳泽（Krause）跟他说过夸美纽斯的教育著作的重要性。他认真研读了夸美纽斯的著作，“幼儿园”思想就来源于夸美纽斯。但是，夸美纽斯和福禄培尔的思想有个重要的不同点——夸美纽斯把照顾孩子的责任交给母亲，而福禄培尔则交给幼儿园中的老师们。

有人说，福禄培尔看到一个小孩在玩球，于是产生了幼儿园体系 458
的第一个想法。我们知道他非常重视球体和游戏，于是，幼儿园的第一条原则就是儿童要玩游戏，而且要玩球类游戏。

但是，这个简单的思想却来源于福禄培尔那冗长奇特的理论。他推荐球类游戏，并非出于积极的理由，也不是因为球类游戏比较温和，适合儿童的运动需求，而是因为球是统一性的象征。之后接替球类的正方体，则象征着统一性中的多样性。此外，还因为球（ball）

---

① 因此，从“幼儿园”的名称简单推断福禄培尔想要在每所学校修建一个花园，培育草坪、树木和花圃，这种想法是错误的。参见格雷亚尔：《巴黎的初等教育》（*l'instruction primaire a Paris*），1877 年，第 73 页。

这个词本身有象征意义，构成这一单词的四个字母来源于德语“Bild von all”，意思是“统一的画面”（Picture of the whole）。

福禄培尔为组成词语的每一个字母赋予一种神秘意义。1836 年，他第一次使用“幼儿园”这一概念，于是，他认为 1836 年这个特殊的数字是人类走向新纪元的日子。在一篇名为《1836 年呼唤生命的复苏》（*The Year* 1836 *requires a Renovation of Life*）的文章中，他这样表达了自己的想法：“婚姻（德语 Ehe）这个词中有两个元音字母‘E－e’，代表生命；两个元音字母中间是一个辅音字母‘h’，象征着连接两个生命的心灵；此外，这样连接起来的两边看起来相似而且平衡：‘e－h－e。’”接下来他又说：“德语（Deutsch）这个词象征着什么呢？它是由‘deuten’演化而来的（象征着表现），也就是说，潜意识的思想通过语言明确地表达出来。……一个德国人就是指一个完整的个体，通过清晰地表达自己而成为有明确的自我意识的人。”

539. 福禄培尔的恩物

459 “恩物”（gifts）是一个美好的字眼。福禄培尔用发恩物的方式，分给孩子们一些物品作为练习的工具。他在一个盒子里放了 5 种恩物，让孩子们依次从里面拿一种。按照他的最初计划，这些恩物如下：（1）球；（2）球体和正方体；（3）分成 8 个同等大小的小正方体；（4）分成 8 个砖块形状的小长方体的正方体，让孩子们用来堆积木；（5）把正方体从每个层面切开，即分成 27 个同等大小的小正方体；把其中三个继续切分为两个小棱柱，把其中另外三个切分为四个小棱柱。[1] 除了这些恩物之外，还有用来搭建各种形状的薄木板和小棍棒以及用来编织、折叠、打点的纸张等。

福禄培尔的思想并没有停滞在交替运用这些物品来发展学生各种能力的层面。他的兴趣点根本不在于此。他所采用的交替顺序来源于

---

① 福禄培尔的学生们后来对他的恩物做了一些改动。参见戈达麦（Goldammer）的《幼儿园》（*Jardin d'enfants*），路易斯·福尼尔（Louis Fournier）翻译的法译本出版于 1877 年。

另外一个理论。在他看来，一切物体形状都与宇宙中的一般规律有密切关系。因此，依照事物自身的内在属性，为了让孩子理解球体、正方体和圆柱体等几何体中所蕴含的神圣规律，就要遵守渐进的方法。有些学者看不明白福禄培尔“恩物”中蕴含的哲学意义，他们认为那就是单纯的游戏，对此福禄培尔感到不高兴。他说：“如果我的教学工具有某种统一性，那么，这种统一性不在于其外表，外表没有什么独特的创新，而在于我应用这些工具的方法以及方法背后的哲学规律。我的教育体系的正当性完全取决于这条规律。如果规律被否定， 460
那么这个体系就随之倒塌；如果规律被认可，那么这个体系就会继续发挥作用。除了规律，剩下的只是没有任何价值的物质。”

然而，后人看待福禄培尔的教育方法时，往往只重视他所说的那些“没有任何价值的物质”，却不再关注其中所蕴含的意义。

540. 强调儿童的直觉

尽管福禄培尔的思想颇为奇特，但是，他的功绩以及人们一直钦佩他的理由，在于他创立了幼儿学校，并且在那里实现了裴斯泰洛齐想在自己的小学中实现的梦想。他知道如何唤醒孩子的直觉。他建立了一个综合的训练体系，训练手的能力、进行感官教育、满足孩子从一出生就有的运动和活动需求，最后，让孩子成为创造者和勤劳的小艺术家。

福禄培尔称旧的教育方式为“一种热屋教育”（a hot-house education），这种教育运用人为手段去加强儿童的记忆力和判断力，过早的语言教育往往从根本上扼杀了儿童的自然能力。他用一种自由和愉悦的教育取代旧的教育方式，尝试用爱去培养儿童的各种能力，对儿童的天性做出正确判断。没有书本，没有课堂，儿童在游戏中自由成长。

541. 游戏的重要性

对于福禄培尔来说，游戏成为教育的一个重要因素。这位天才般的老师知道，如何把游戏变成一门艺术，让游戏成为促进儿童能力发 461

展的工具。

他说："游戏其实是儿童未来整个人生的萌芽。在游戏中，整个人得以发展和表现；在游戏中，儿童表现出最高贵的天赋和最深层的自我。儿童的游戏时期，就是他整个人生的起步。人类是光明的还是悲伤的，是平静的还是躁动的，是建立丰功伟业的还是默默无闻的，是面临战争还是享受和平，这一切或都取决于人的童年。"

542. 儿童的基本需求

格雷亚尔在研究福禄培尔的教育活动之后，总结出福禄培尔强调的儿童天性的三个主要特点。

（1）喜欢观察：

"儿童身上的全部感觉细胞都处于警觉状态，他看到的和摸到的任何物品都会引起他的兴趣，让他感到高兴。"

（2）需要活动，喜欢玩建造游戏：

"我们只让儿童去观察还不够，必须要儿童去触摸，去摆弄，让他自己随心所欲地玩。……儿童喜欢建造游戏，他们是天生的几何学家和艺术家。"

（3）个性情感：

"儿童希望拥有自己的房间、自己的消遣、自己的老师。"

可见，福禄培尔的教育方法很好地满足了儿童不同方面的需求。

格雷亚尔说："让儿童坐在桌子前，给他一把固定的椅子和一个固定的位置，这样他就会感觉拥有自己的一个小空间；用游戏唤起他
462 内心最初的善念；向他依次展示5种恩物的神奇：首先，教他用眼睛去观察具体的事物，通过看不同颜色织成的球体和其他的固体几何物，儿童们就能学会区分颜色、形状、材料、物体的不同组成部分，这样引导他们去看，去捕捉事物的外表、数字、相似处、不同处以及事物与事物之间的关系；其次，把这些玩具放到儿童的手里，教他们用眼睛看着舒适的颜色去搭配不同的颜色，用不同形状的球体、软木塞、正方体、三角形等搭建起十字架形或金字塔形的造型，等等；然后，把彩色的纸条按照不同的方向摆置，相互交织，编织成一定的图

案，或者用彩色蜡笔，让儿童去创造，去生产，去设计不同的几何形状，这样在不断创造的过程中，儿童善于观察的习惯也就慢慢养成了；最后，当儿童的手和脑一起活动的时候，当他们需要活动的愿望得到满足的时候，把握好他们发散而满足的注意力，适当地问一些关于事物属性和应用的问题，给他们讲讲一般的事物规律，伴随着切实观察和动手实践，一些简单而又有用的自然规律就在学校活动中自然而然地被他们掌握了——这种自然进展和正常发展就是福禄培尔的教育理论。”

543. 福禄培尔教育方法的不足

福禄培尔的教育方法有些复杂、矫饰，有时甚至与儿童的自然习 463
性背道而驰。这样说，并非毫无根据。福禄培尔说，儿童的心灵不可能在最初的发展阶段就能认识自我、理解自我，这时的心灵只能掌握一些用具体方式呈现的外在世界的最简单的形状。既然大自然不能为儿童提供最基本的形式，那么，就有必要从无限的万千事物中提取出最基本的形式。福禄培尔认为，球体、正方体和圆柱体是自然世界中最基本的三种形式。

但是，我们认为，这三种形式都是事物的抽象。说正方体和球体是物质的、可以触摸的，这是远远不够的——它们还是这一描述的抽象产物；大自然没有呈现这些简单的几何形状；大自然中的一切事物都是复杂的。最初阶段的思维关注真实的事物，关注活的动物、不规则形状的蔬菜等。在这种情况下，心灵遵循从复杂到简单、从具体到抽象的自然发展过程。然而，福禄培尔的教育理念却恰恰相反，他是从抽象的简单开始，最终到达具体的复杂。

在福禄培尔的学校中，他的教育思想的缺陷越来越明显。模仿和创造的活动被滥用。儿童要制造不同的造型，耗费大量的时间和精力。福禄培尔忘记了这些活动本应该是为教育做准备的、是教育的方法，而不是教育的目的。

544. 福禄培尔最后的学校

1840 年，福禄培尔的学说开始流行起来，他的教育方法得到人们的广泛关注。于是，他想把勃兰根堡的学校改造成一所示范学校。他向德国议会提出了一份请愿信，希望获得支持，但是，他仅仅取得略
464 微的成果。1844 年，由于物质缺乏，他不得不关闭学校。福禄培尔还是坚持周游德国，传播他的教育方法。然而，周游德国并没有获得他想要的结果。倍感失望的他再一次回到卡伊尔霍，在这里他开创了一门教学课程或者说师范课程，目的是培养年轻女子以教育婴幼儿。福禄培尔一直住在这所女子师范学校中，直到他去世为止。这个机构也对他的教育体系的发展产生深刻的影响。在这里，他把注意力更多地放在实践活动上，而数学不再重要了。

1850 年，在他的忠实追随者比洛伯爵夫人（Baroness Von Marenholtz Bulow）的干预下，福禄培尔得到玛丽安托城堡的租约，并把学校搬迁到那里。他的人生似乎充满着挑战。他亲自指导学生游戏，亲自培训老师。但是，他的去世却来得如此突然。1852 年，福禄培尔离开了人世。

545. 福禄培尔和第斯多惠

然而，福禄培尔去世之前有幸见证了自己的成功。他得到人们的大力支持，比如第斯多惠（Diesterweg）①。第斯多惠是著名的柏林师范学校的校长，通过比洛伯爵夫人认识了福禄培尔。第斯多惠有一种坚定的务实主义精神，他为普鲁士的教育发展做出了杰出的贡献。起初，他轻视福禄培尔，认为福禄培尔是个吹牛者，但在一次交谈之
465 后，他改变了对福禄培尔的看法。他去参观福禄培尔的课堂，可是，福禄培尔在全神贯注地讲课，根本没有见到第斯多惠。第斯多惠看到这位老人给小学生们认真上课的场景，对他的偏见马上消失了。他在一定程度上成为福禄培尔思想的传播者。他赞同福禄培尔关于儿童需求的看法以及女子是儿童的启蒙教师的思想。

546. 福禄培尔工作的成功

福禄培尔还有很多的追随者。与裴斯泰洛齐一样，他通过写作的

---

① 参见《教育学词典》中的“第斯多惠”条。

方式启发很多人。在比洛伯爵夫人和其他追随者的热情帮助下，他的实践工作也得到繁荣发展。幼儿园在各地兴办起来，尤其是在奥地利。

547. 佩雷·吉拉德

佩雷·吉拉德（Pere Girard，1765—1850）是瑞士最伟大的现代教育家之一。虽然他没有裴斯泰洛齐和福禄培尔有名，但是，他也有超越这两人的优点，例如，他为成为一位教育家做了更充分的准备。他研修过完整透彻的古典文学研究课程，之后他在母校担任很长时间的古典文学老师，并获得大量的教学经验；在形成完整的思想后，用现代语言写出他的论文。在他的《论母语的系统教学》（*On the Systematic Teaching of the Mother Tongue*）出版的时候，他已经79岁了。这本著作思想成熟，是作者一生实践的结晶。他虽然没有像裴斯泰洛齐和福禄培尔那样重视教育系统，但却大量运用了一条原则，即使每个教育环节都体现道德教育的因素。

548. 吉拉德的生平经历

吉拉德1765年出生于弗里堡。他从小就表现出教育的天赋。在 466
很小的时候，他就帮助母亲一起教育他的14个弟弟妹妹。与福禄培尔一样，他非常喜欢研究宗教问题。有一天，他听老师说罗马教会是世界上唯一的救世主，便流着眼泪去找母亲并问她，每天来给他们送水果的那个信仰新教的人会不会下地狱。母亲打消了他的疑虑，他一直都深信“他的母亲的神学”——母亲宽容、包容的神学让他对耶稣教士们感到反感。

他16岁成为一名灰衣修士，并在卢塞恩完成见习期。后来，他先后在几个修道院担任老师，特别是在维尔兹堡当了4年老师（1785—1788）。1789年，他回到弗里堡，在之后10年中几乎完全致力于宗教工作。

但是，他在那个时期写的一些文章也预示着他未来的教师生涯。1798年，在康德思想的影响下，他潜心钻研康德的哲学理论；他发表了《瑞士民众教育计划》(*A Scheme of Education for all Helvetia*)，寄给瑞士大臣施塔普费尔（Stapfer)，这个人也是裴斯泰洛齐的庇护人。

直到1804年，吉拉德才开始完全投身于教育；也是在这一年，福禄培尔开始了他的教育事业。他受委任前去管理弗里堡的一所小学，这所学校刚刚交由灰衣修士管理。1805年到1823年，他以“学务长”的名衔当了19年教师。学校最初规模很小，但发展迅速，后来甚至增建了一所女子学校。起初，吉拉德让灰衣修士的同事们担任教师，但是，没过多久就辞退了他们，招募了非教会老师。这些新老
467 师更听从他的命令，也能更好地奉献于教学。教绘画的老师就是一个新教教徒。

549. 弗里堡小学的成功

纳维尔（Naville）牧师是吉拉德的学生和崇拜者。在他所著的《公共教育》(*Public Education*)[①] 一书中，他讲述了吉拉德在弗里堡小学中取得的丰硕成果。

“他培养了一批优秀的青年，像这样的青年在世界上的任何城市都很少见。持人文主义立场的朋友们经常充满深情地回想起这些如此全新、如此感人的场景。弗里堡小学不同于其他学校，在这里，没有迂腐无知的课堂，也没有偏见和歧视。青少年的仪态优雅，语气、用词和行为举止没有瑕疵。看到一群衣着破旧的孩子走来，你走上前去想着他们肯定是一群小无赖，但是，你会吃惊地看到他们对你彬彬有礼，说话有想法，说话的语气证实了优雅的仪态和良好的教养。你会在学校里寻找到合理的解释：孩子们以游戏的方式先后进行判断力和良知训练。每天3～4个小时的训练，使孩子们拥有了智慧、情感和让人喜爱的优雅举止。”

---

① 纳维尔：《公共教育》(*De l'education publique*)，巴黎，1833年，第158页。纳维尔（Naville，1784—1846）于1817年在日内瓦附近的沃尼尔发现该书。在这里，纳维尔成功地实践了吉拉德的教学方法。

550. 吉拉德的晚年

尽管吉拉德在弗里堡的教育很成功，但是，1823 年他不得不离开学校。耶稣会学校在 1818 年重新建立，他们的阴谋使吉拉德丢掉了 468
工作。他带着遗憾和悔恨离开弗里堡，回到卢塞恩并在那里教哲学，一直到 1834 年；之后，他回到家乡，并在那里过起隐居生活。就是在那里，他完成了他的教育学著作。但是，在他的学生尤其是纳维尔牧师的帮助下，吉拉德的教育方法在他的著作出版之前就已经被人们所了解。

551.《论母语的系统教学》

现在，我们看一下吉拉德的一般教育精神。1844 年，他出版了一本理论著作《论母语的系统教学》，该书同年获得法国研究院（French Academy）的褒奖，因此，我们必须从这本书中探寻吉拉德教学方法的一些原理。“选择一门知识，这门知识可以说是所有社会阶层的普通教育的重要组成部分，然而，也可以说是一切智力教育的基础。”这门知识就是母语，吉拉德通过母语教学对学生开展道德和宗教教育。

维尔曼在他对吉拉德著作的书评中，明确界定了吉拉德的普通学校的目标：

“在教学时间短、教学内容有限的情况下，最重要的是选择明智的教学方法，因为教学方法的选择决定了教育本身。如果选择完全技术性的方法，教学内容仅仅是阅读、书写、文法和计算，那么，普通民众的孩子们根本得不到良好的教育，甚至得不到任何的教育。艰巨的教学任务只会增加记忆力的负担，而不能发展智力。为孩子开设别的新课程，让他学习新技术，可是，这样的教育留不下深刻的痕迹， 469
缺乏实践和练习往往导致教育效果微乎其微。这种教育也不会对道德和心灵有作用，因为其包含大量枯燥无味、令人过度疲劳的体力劳动。唯一真正的民众学校是所有教育都以心灵教育为目标的学校，在这里，学习的内容和学习的方式能够让孩子们更好地成长。”

552. 对《论母语的系统教学》的分析

吉拉德的著作《论母语的系统教学》的实质内容可以分为五个部分。第一部分的基本内容包括：母亲教育婴儿说话的方法、母语课程的教育目的、母语课程的构成因素。

第二部分名为《作为思维表达方式的母语及母语系统教学》。从语言自身的角度考虑语言的功用，吉拉德还希望把语言和思维相结合。文法教学不一定是简单的教授词汇，还应该致力于发展儿童的思维能力。

第三部分名为《作为智力教育工具的母语及母语系统教学》。在这一部分，吉拉德考虑到所有能够帮助儿童能力发展的因素。

第四部分名为《用于心灵教育的语言及语言系统教学》。这里，吉拉德展示了如何利用语言教育来辅助道德教育。

第五部分是《母语课程应用资料》。这是吉拉德整理的一些资料，也为另一本书列出了大纲，即《母语教育指南》（*Educative Course in the Mother Tongue*）[1]，这是一本具有实践价值的著名著作。

470

553. 作为文法学家、逻辑学家、教育家和文学家的吉拉德

换句话说，吉拉德依次从四个不同的角度研究了语言教学：

他说："在母语课程的构建中，有四个人应该相互帮助：文法学家、逻辑学家、教育家和文学家。"

文法学家的任务是提供语言知识和正确的语言形式。

逻辑学家告诉我们要培养儿童智力必须做的工作。

教育家永远从这条伟大真理中获得启迪，那就是："因为思想，所以有爱；因为有爱，所以行动。"教育家将努力把这条美丽而又伟大的真理深深地埋在孩子的心里，唤醒孩子心中纯洁而又高贵的

① 我知道"educatif"这一术语在最近的《韦伯斯特词典》中查不到，但我不知道还能用什么词去表达教育的力量，这个词似乎能够表达教育学的纪律性、文化性和价值所在。——佩恩注

情感。

最后，文学家在语言教学中也很重要。在开始学习语言的时候，孩子们先学习遣词造句，之后再学习写记叙文、写信、写对话等。

554. 富有思想的文法

初等教育的目标应该是发展儿童的思维和判断力。这不再是单纯地培养记忆力或背单词。吉拉德要求运用文法做思维练习。

他说："文法的用途就是教我们说话和写作的正确性。在文法的帮助下，我们终于能够避免一些文体和拼写错误。……这种教育成了单纯重视记忆力，学生养成了读书而不思其义的习惯。学生需要一种富有思想的文法。……我们的词汇文法让教育变得痛苦不堪。"

换句话说，最重要的是，让文法成为一种思维的训练，成为"童 471
年的逻辑"。

555. 规则的慎重运用

吉拉德没有制定规则。语言教学离不开规则，但是，他说："要运用合适的方式让学生知道规则。"

在教授文法时，我们必须按照文法学家建立文法体系的顺序进行："文法规则是建立在事实基础上的，因此，文法教学中必须引入大量例子，只有这样学生才能理解文法规则，而不是盲目地模仿规则。……少讲规则，多做练习。规则总是抽象枯燥的，因此，很难让学生感兴趣，即使学生能够理解。一般情况下，我们也应该尽量少用规则。"

因此，吉拉德特别推荐实践练习、口头教学、间歇使用黑板、全班同学的积极配合、快速问答、苏格拉底教学法等方法，但是，他也评判了对苏格拉底教学法的滥用情况。[①]

---

① 参见《论母语的系统教学》，第三部分，第 3 章，第一段话。

556. 寓道德教育于算术教学之中①

472 像大多数有创新思想的人一样，吉拉德喜欢把事物系统化。他相信，不仅语言，而且其他所有学科，都可以致力于道德教育。

纳维尔说：“他相信，为了促进社会情感，如家庭、社区和国家等情感的发展，我们可以借助于数学，数学不仅能够让孩子变得严谨、节俭，而且能够让儿童开阔思维、走出自私，能够培养儿童善良仁慈的品行。”②

557. 寓道德教育于地理教学之中

依据同样的思路，吉拉德又提出，通过学习地理也能促进儿童的道德品质。

“我坚信，每一门基础学科对儿童来说都是一种教育手段。如果只局限于传授知识或者发展学生各种能力的领域，那我也支持书本中的秩序和生命。但是我并不满意，当我看到一位单纯的语言老师、历史老师或地理老师的时候，我感到很不满，因为我期待的是一位更伟大的老师——他是青年人的导师，既是启迪思想的老师，也是启迪心灵的老师。地理可以出色地完成这个崇高任务，即使这是一个较小的具体领域。”③

558.《母语教育指南》

473 吉拉德并没有满足于在《论母语的系统教学》中陈述自己的理

① 下面是吉拉德关于算术题的一个例子：“有一位父亲喜欢每天晚上去酒吧喝酒，而他的家人却因此晚餐吃不到面包。在这位父亲如此度过的 5 年时间里，第一年他花了 197 法郎，第二年花了 204 法郎，第三年花了 212 法郎，第四年花了 129 法郎。如果这位父亲没有酗酒的恶习，那么，在这几年中他可能会节省多少钱?”——佩恩注

② 纳维尔：《公共教育》(*De l'Education Publique*)，第 411 页。

③ 吉拉德：《关于瑞士弗里堡计划的说明》(*Explication du plan de Fribourg en Suisse*)，1817 年。

论，而是在《母语教育指南》四卷本（1844—1846）中对其理论进行了实践应用。这本书中有很多新的进步观点，内容新颖，结构独特，甚至文法三段论都有创新之处。这本书是一个丰富的宝藏，我们可以从中挖掘到很多宝贵的东西，但最好不要全部挖走，因为有舍才有得。①

559. 对《母语教育指南》的分析

《母语教育指南》的书名表明了该书的基本特征。在该书中，吉拉德没有把教育和教学相互割裂开来。他的目的是培养儿童的道德和宗教情感，而不仅仅是母语教育。

文法的第一堂课应该是关于事物的课。让学生们说出他们知道的事物——人物、动物、物品——通过这一练习，他们能够掌握名词、普通名词和所属名词、名词的性和数等概念。然后，引导学生发现事物的各种特征，例如，物理特征、智力和道德特征等，这样，学生们就掌握了修饰性形容词。此外，还要注意，在学生们说出各种特征以及随后做出各种判断时，要问学生："对吗？对不对？"

通过练习掌握形容词和名词的搭配，让学生们用固定的形容词描述他能想到的名词；反之亦然。

掌握了命题的基本知识后，开始学习命题，最后学习动词。吉拉德坚持的原则之一，就是用命题的形式表达动词的词形变化。最初，简单的命题只有陈述句、不定式、命令式和分词等形式；他把虚拟语气和条件句放在后面学习。此外，我们还注意到，他同时把动词简单时态的情况都总结出来了。

吉拉德采取的顺序与普通文法的顺序有很大的不同。对此，他这 474
样解释：

"在文法书的第一部分，文法学家依次列出 9 种词性，然后逐个解释它们的定义、特性、变化形式，由此引出了大量的陌生概念。第二部分还是按照同样的顺序，用一种枯燥无味的方式解释每种词语在

---

① 参见拉法格（Lafargue）在 1882 年《中等教育教学杂志》（*Bulletin pedagogique de l'enseignement secondaire*）上发表的文章。

文法体系中的用法——枯燥乏味的文法体系让学生们感到厌烦。”

另外，他还解释了自己的教学：

“我的文法教学在本质上不同于学生们手中的文法书。编撰成人的文法书，我们可以加入定义、特性、规则、特例、总结正确用法的论述等内容。但是，编撰儿童的文法书，我们要从思维和心智教育的角度出发，在此基础上设计教学内容和形式。教学内容应该从简单到复杂，循序渐进，帮助他们最后形成自己的文法体系。”

“因此，不要归纳名词、动词、形容词等词性的概念和用法，也不要讲解与这些词性相关的文法规则。相反，我们必须关注语言的实质，一步一步从简单到复杂，教育学生如何思考，用这样的方式教育
475 他们理解和应用人类语言。细节问题在后来必要的情况下才会出现。因此，我们必须对文法学家们精心组织编写的文法资料按照顺序重新组织，并且要尽可能减少让学生感到厌烦的定义和抽象特性。”

560. 吉拉德对教育的影响

吉拉德对教育的影响，不仅传播于瑞士国内，而且波及国外。他的思想被兰姆布鲁斯兹尼（Lambruschini）主教和恩里克·迈尔（Enrico Mayer）传播到意大利。他们还创办了一份期刊，作为伊比利亚半岛“吉拉德主义者”的喉舌。在法国，米歇尔（Michel）发表在《实践教育期刊》（*Journal de l'education pratique*）中的文章以及拉伯特（Rapet）[①] 的一些著作，让法国民众开始关注这位瑞士教育家的教育理念。最后，《关于公共教育的意见》（*Conseil superieure de l'instruction publique*，1880）针对法国中小学教育提出了若干原则，这些原则很大一部分都是对吉拉德教育理念的借鉴。

561. 分析性总结

(1) 我们按照历史顺序依次讲解了卢梭、裴斯泰洛齐和福禄培尔，

---

① 拉伯特（Rapet）和米歇尔（Michel）合作出版的《母语教学课程》（*Cours educatif de la langue maternelle*）。

还讲了教育学中的自然理念。该理念可以总结为：世间万物像是一个充满活力的有机体，我们把这个有机体称为“自然”。一切生命——包括植物、动物和人类都是造物主的作品，造物主在自然中无处不在。一切生命都注定要经历进化发展的成长过程。这个成长过程是从内而外的。每一个个体，如儿童，在成形之后就进入发展阶段。就人 476
类而言，成长过程最好是自然的，也就是说，最好不要受到任何人为的外界干涉。发展过程是大自然的杰作，而它有个同义词，那就是“教育”。教育最好也是自然的，即人为的干涉越少越好。自然因素和人为因素在教育中各自扮演什么样的角色？这一问题引发了两个教育学派的诞生。

（2）在福禄培尔对这一学说的实践中，最初的概念受到三个因素影响：一是自然神论；二是神秘主义或象征主义；三是对人为工具的依赖，例如，“恩物”以及对抽象寓意的信仰。

（3）幼儿园使初等教育显著改善，它倾向于通过自主活动使儿童快乐生活。它的缺点是低估了间接知识的重要性，模糊了学习和游戏的界限，也许使小学生无力适应有难度的学习。①

（4）初等教育领域的新运动对教育学产生了深刻影响。它促进了对儿童天性的深入研究，并且引入同情和情感因素以支持初等教育， 477
小学的概念发生了深刻变化。

（5）幼儿园作为一种特殊的教育机构应该保持独立性，还是应该抛弃个性，把幼儿园精神融入小学呢？这是一个未来的问题。后一个结果很有可能发生。

（6）一个好的思想或许会受到滥用：佩雷·吉拉德试图使学校一切活动都具有道德价值。实践经验证明：把科学当做单纯的科学，这样的科学教育才有最大的道德价值。直接的道德教育应该在独立的领域中进行。

---

①“人的成长和力量主要来自于与困难作斗争的自我意志力，也就是我们所说的努力。轻松舒适的氛围不适合培养顽强的意志力，不能培养强大的内心力量，不能培养人学会忍耐和坚持，而缺少了坚持不懈的精神，人将一事无成。”——钱宁(Channing)博士

第二十章　19世纪女子教育家

478 562. 作为教育家的女性

19世纪教育的一个显著特征就是女子教育的不断进步。女子受到了更好的教育，与此同时也在教育中扮演了更为重要的角色。19世纪初期，法国还没有为女孩建立小学。福尔库瓦（Fourcroy）[①] 在1802年5月1日法案中提出："法律中没有与女孩相关的规定。"但是，七
479 月王朝的努力以及第二和第三共和国自由法律的颁布，让女子小学教育体现出普及的特性。1880年12月20日的法律宣布，创立女子中等公共教育。在政府立法和个人创新的共同影响下，男子和女子在教育方面的平等逐渐成为现实。

但是，女子通过她们的抽象思考和实践努力，也为推动教育的进步发挥了重要作用。在19世纪教育学史中，我们会看到许多女子教育家，她们有的是真正的哲学家和出色的作家，有的是充满热情的老师。

563. 金利斯夫人

虽然金利斯夫人（Madame de Genlis，1746—1830）的教育著作不能归属于19世纪，但是，她绝对有权利站在19世纪女子教育家之席的首列。她把教育职业推向高峰，并且为这个职业而狂热，同时耗尽了一切。金利斯夫人渴望一切知识，因为她想传授一切知识。圣伯沃说："她不仅是一个女作家，而且是一个女教师；她注定要成为一个教师。"

---

① 福尔库瓦（1755—1809），法国著名化学家，1801年担任公共教育总长。在后来的几年中，他起草了建立大学的相关法案。

一般的小女孩会抱着布娃娃扮演妈妈，但是，金利斯夫人从7岁起就开始扮演老师。

“我对教书有一种特别的兴趣，机缘巧合使我成了一位女教师……村庄里的小男孩们在我父母乡间邸宅的院子里玩耍。我非常开心地看着他们玩，很快有了给他们上课的想法。”

20年之后，这个乡村教师成为沙特尔（Chartres）伯爵和伯爵夫人子女们的家庭教师。 480

564. 教育著作

金利斯夫人的主要著作是《教育书信》（*Letters on Education*，1782），探讨王子教育以及“青年人教育和人的教育”问题。以《阿代勒和西奥多》（*Adele and Theodore*）为名，金利斯夫人想要与卢梭一比高低，她要培养出比爱弥儿和索菲亚更完美的人。

虽然金利斯夫人有根深蒂固的贵族天性，但是，在1789年法国大革命之后，她很快就融入这场声势浩荡的自由潮流。也就是在这时，她发表了《关于法国王子教育的建议》（*Counsels on the Education of the Dauphin*）以及一部分教育日记，名为《一个家庭女教师的课堂》（*Lessons of a Governes*）。她坚持不懈地教育统治者要热爱民众。我们必须公正评价，她的著作并非只为了皇室贵族。她坚定地说：“我是关心人的教育的第一位女作家，这份光荣对我来说是非常珍贵的。”她用行动证明了自己的宣言，完成《教育剧院》（*Threatre de Education*）四卷本。她说；“这完全是为小商人和小手工业者的孩子们而写的一本书；家仆和农民们会从中发现关于他们的责任和义务的详细阐述。”

565. 百科全书式教育

有人说金利斯夫人是百科全书式教育的化身，这种说法并不假。①

---

① 格雷亚尔：《关于女子中等教育的回忆》（*Memoire sur l'enseignement secondaire des filles*），第78页。

481 “她的教育规划没有任何界限。她喜欢拉丁语，但并不认为拉丁语是必不可少的。她给予现代语言很大的空间。在圣列伊，她的学生要学习德语、英语和意大利语。同时，她还发明了一些体育器材：滑轮、篮球、木床、铅鞋。她洞察一切、妙笔生花、无所不知、无所不晓。为了教育乡村儿童，她还编写了一份乡村学校建设蓝图。”

566. 对卢梭的效仿

金利斯夫人从来没有停止过对卢梭的批判，但是，在她的教育小说中，我们发现到处都是受卢梭启发的灵感。阿代勒和西奥多的父亲身上就有卢梭的影子。为了全心致力于对子女的教育，他离开巴黎，成为孩子们的“老师和朋友，让孩子们的童年远离邪恶的玷污”。卢梭发明的教学方法主张非主导的教育，即间接教育方式，使教育看起来不像教育——这也是金利斯夫人所追求的。最为有趣的，莫过于书中对阿代勒和西奥多的父亲阿玛纳（Almane）男爵的乡间别墅的描述。它不仅是一个别墅，而且是一所学校。墙壁不仅是墙壁，而且是历史图和地理图。

“我们按照时间顺序学习历史，首先从我的卧室开始，这里有神创造世界的历史；然后走进我的画廊，这里有古代历史；然后走进客厅，这里有罗马历史；最后走进阿玛纳的卧室，这里有法国历史。”

482 在金利斯夫人的教育童话世界中，她希望孩子们遇到的任何事物都能转化为教育工具。阿代勒和西奥多看到的所有手工织物上面都有完整的地理图片知识。纺织品的正面展示了一些历史场景的图片，背面是对图片内容的文字解释。如果你认为冬天房间里摆放的几个能够移动的屏风没有什么教育功用的话，那你就错了。在屏风上面画并写满了英国、西班牙、德国和土耳其等国家的历史。即使在餐厅的墙壁上也画满了神话故事，而“这经常成为吃饭时候谈论的话题”。在那个城堡中，可以说，在那个被历史精灵所蛊惑的城堡中，人们看到的每一件东西都是有价值的，每一分钟都是有教育意义的，每一个角落都不会让人在睡梦中浪费时间。历史像幽灵、像噩梦一样跟随着你，在走廊里、在楼梯上，甚至在你走的地毯上、在你的椅子上。让孩子对历史产生永远的满足之情，其最好的办法就是让他去金利斯夫人的城堡中过上 8 天。

567. 艾吉渥兹小姐

在苏格兰哲学以及里德（Reid）[①] 和斯图尔特（Dugald Steward）[②]心理学理论的启发下，19 世纪初英国教育界产生了两位杰出的女子——艾吉渥兹小姐（Miss Edgeworth，1767—1849）和汉密尔顿小姐（Miss Hamilton，1758—1816）。

在 1798 年出版的《实践教育》（*Practical Education*）中，[③] 艾吉 483
渥兹小姐并没有迷失于理论性论文。她的书中收集了各种事实资料、观察记录和格言警句。第一章讨论了玩具，作者开篇就说在教育中不存在小事情。艾吉渥兹小姐建议，首先通过对话，然后运用创造性、分析性和直觉性方法去教育儿童。她对智力教育的思考值得我们注意。在德育方面，艾吉渥兹小姐与洛克的思想一致，看起来非常重视学生的荣誉感和名誉感。在任何方面，她都没有提及宗教情感。她的教育体系的一个显著特点就是“宗教概念的完全抽象化”。

568. 汉密尔顿小姐

相比艾吉渥兹小姐，汉密尔顿小姐更有哲学深度和基督教精神。她从心理学家哈特利（Hartley）[④] 身上借鉴并形成了自己的基本理论，即认为联想是教育的基础。哈特利认为，这是一切智力发展的至上规律。但是，另一方面，她又宣称“她只跟随《福音书》的指导”。

汉密尔顿小姐的主要著作《关于教育基本理论的书信》（*Letters on the Elementary Principles of Education*，1801）[⑤] 与艾吉渥兹小姐的著作相比，更具有理论特征。对她来说，教育首先是一个理论问

---

① 里德（1710—1796），英国哲学家。——译者注

② 斯图尔特（1753—1828），英国哲学家。——译者注

③ 皮克迪特（Pictet）翻译的法文本出版于 1801 年。

④ 哈特利（1705—1757），英国哲学家。心理联想说创始人之一。——译者注

⑤ 谢隆（Cheron）翻译的法文本（两卷本）1804 年出版于巴黎。

题。她说，理论比规定更为重要。我们发现，该书中对教育实践的反思并不是很多。她引用了斯图尔特的话对教育目标进行了界定：

“教育最重要的目标如下：首先，培养我们天性中的各种理论，既包括思维理论，也包括活动性理论，让它们发展到最完美的境地；
484 第二，注意童年时期对儿童心灵产生影响或作用的各种因素，保护他们不受到外界错误思想的玷污；最后，尽可能让心灵站在真理的一边。”①

为了培养智力和道德能力，汉密尔顿小姐主要依据的是我们前面所说的联想理论。我们必须打破所有的错误联想——也就是所有的错误判断——或者说把所有的错误联想都扼杀在摇篮里。只要头脑中的各种思想建立了正确的秩序，正直的意志和品德端正的行为也会随之而来。换句话说，道德机能的发展要完全依赖或从属于智力机能的发展。

汉密尔顿小姐说；“很明显，我们渴望快乐、讨厌痛苦。”

接下来，她试图把快乐的思想与对孩子及人类有好处和有用的事物联系起来。

我们还注意到，汉密尔顿小姐对全人的教育的渴望：

“大部分教育家的著作似乎让我们感觉教育只是对有地位、有财富的人而言是重要的。……我的教育计划的目标是培养全人类共有的各种能力。”②

在这一点上，汉密尔顿小姐的思想与艾吉渥兹小姐相一致。艾吉渥兹小姐的父亲在 1799 年的爱尔兰议会中，推动了关于初等教育第一条法律的颁布。

485 569. 肯潘夫人

25 年的教育经验，在路易十五（Louis XV）的宫廷中，在她于大革命时期创办的圣日耳曼的学校中，或者在埃古昂学院中（1807

① 斯图尔特（Stewart）：《基础课本》（*Elements*），第 11 页。

② 汉密尔顿：《关于教育基本理论的书信》（*Letters*），第 1 卷，第 11 页。

年，拿破仑一世颁布命令任命她为这所学院的院长）——这就是肯潘夫人（Madame Campan，1752—1822）能够在教育领域建立权威的依据。[1] 此外，她还具有良好的感知、理论而谨慎的思维——总之，一些适当而非出色的品质——指导着她漫长的人生经历。

她说："我先观察，后思考，最后再写作。"

570. 家庭教育的颂词

或许，我们会认为一名教师或校长肯定会对寄宿制的公共教育有所偏爱。然而，肯潘夫人恰恰相反，她比任何人都更懂得欣赏母亲教育的好处。

她说："培养母亲——这就是女子教育的全部。"她认为，母亲是最高贵的职业，"晚上不熬夜，早上按时起床"，身为母亲和家庭女教师的她能够坚定地承担起自己的重要责任。

"管理得再好的寄宿制学校、制度再虔诚的女修道院所提供的教育，也无法与小女孩从有文化的母亲那里得到的教育相媲美，母亲教育女儿是天下最为幸福的职业，也是真正的光荣。"

对那些给自己的女儿当老师的母亲们，肯潘夫人提醒她们应该注
意的所有责任和义务。母亲往往渴望把女儿留在身边，但却不能教育 486
她，这种情况只是虚假的家庭教育。对此，肯潘夫人睿智地说："这不再是母亲教育，只不过是在家里的教育。"

571. 教育的进步

肯潘夫人最喜欢的作者是芬乃龙。同时，肯潘夫人的埃古昂学校和芬乃龙的圣西尔学校中的规定有很多相似之处。17 世纪的教育精神在 19 世纪的教育机构中重焕生机。肯潘夫人还发扬了德曼特农夫人的教育思想。

然而，教育的进步不止表现在一方面，教育变得更牢靠、更完整了。

---

① 参见巴里尔（Barriere）1824 年出版的《教育》（*Education*）两卷本。

肯潘夫人在写给国王的信中说："教育的目的应该是：(1) 培养家庭美德；(2) 培养智力，学习语言、计算、历史、写作、地理等，学生要完美地掌握这些知识，有能力在以后教育自己的女儿们。"

此外，肯潘夫人还希望拓展她的工作。她请求国王建立几所公共学校，"教育某些阶层的国家仆人的女儿们"。她希望，政府应该管理私立的学院，并且考虑为女子建立一所与男性一样的大学，"取代修道院和学院"。但是，拿破仑没有同意这些计划。拿破仑并不喜欢"女逻辑学家"的学校，他恢复了教育教会，更好地满足了自己的目的。

487 572. 对民众教育的兴趣

肯潘夫人一开始就是国王路易十五 3 个女儿的老师，她接触的人都是王公贵族、家财万贯的人，有人可能会由此推断她一定没有兴趣、也没有时间思考民众教育的问题。但是，这种推断是不正确的，她在《给女孩的一些建议：为初等学校而作》(*Counsels to Young Girls, a work intended for Elementary Schools*) 中写道：

"我们完全不必担心有钱家庭的女孩会缺少教育书本或指导老师。可是，对于那些不太富裕的家庭来说，情况就完全不同了。……我曾经亲眼目睹乡村民众的女孩教育是多么的不完整、不受重视。……正是为了她们，我创作了这本小书。"

该书本身或许并没有呈现出作者想要的风格和简约。但是，我们要感谢肯潘夫人的良苦用心。她有一个值得让后人尊敬的崇高宣言，至少在书中是这样说的。她说，在她老年的时候，要成为一个简单的学校女教师和乡村教师。

573. 雷米萨特夫人

雷米萨特夫人 (Madame de Rémusat, 1780—1821) 只为女子而写作。她自己也是一个女子，作为约瑟芬帝王宫廷中的贵族夫人，她完全没有个人教学经验。她唯一的教学实践就是照看两个儿子的学习，其中一个儿子成为哲学家和出色的政治家，他就是查尔斯·德·

雷米萨特（Charles de Rémusat）。雷米萨特夫人的杰出著作《女子教育文集》（*Essay on the Education of Women*）一书的闪光点，不在于其细致的规范和学术方法，而在于其崇高的反思和一般理论。[①]

574. 对女子心理的描写 488

我们先来看一看作者在几个地方对女子心理的刻画以及对女子生活的界定：

“在尘世间，女人是男人的伴侣，但是，女人也要为自己而存在。女人是较低等的人，但不是附庸品。”

这个表述背叛了作者的原意，更准确的说法应该是：女人不低于男人，与男人是平等的；然而，在现存的社会条件下，女人不得不服从于男人。

但是，这位和蔼可亲的作者对女子一些独特品质的刻画简直太精确了！

“在探讨一般问题的时候，我们女人缺乏毅力和深度。上帝赋予我们敏锐的思维，我们耳聪目明，能像男人一样观察和猜测。然而，我们太容易感动，不能保持客观公正；太灵活善动，难以深刻渊博。长时间集中精力，会让我们感到疲倦；简而言之，我们性格温和，但缺乏耐性。女人比男人更加敏感和虔诚，女人没有那种向外界展示个人意志和力量的自私之心。如果你要让她做任何事，那你必须先要用别人的幸福为理由去打动她。她们的缺点是自身性格的结果。同样的原因可能会导致男子骄傲自大，而女子则虚荣浮华。”

575. 严肃的教育

雷米萨特夫人比肯潘夫人更具有现代教育家的特征。她希望，女子得到严肃而庄重的教育。

“我想不出为什么要用严肃的态度对待男性，而用不严肃的态度 489

---

① 雷米萨特夫人（Madame de Remusat）的著作出版于她去世后的1824年，是在她的儿子查尔斯·德·雷米萨特（Charles de Remusat）的监督下出版的。

对待女子。她们看到的真理是因偏见而扭曲的真理，她们看到的责任是披着迷信外衣的责任。想要用这种方式让她们接受真理和责任。”

她不赞同礼貌过头的道德家儒贝尔（Joubert）的观点，儒贝尔对女人的评价过于殷勤，但却有失尊重。他说：“年轻女士不应该做过于世俗或过于物质化的事情；她们的手上只能摆弄精致的事物。……她们就像想象力一样轻盈，因此，只能触及事物的表面。”①

雷米萨特夫人接纳了时代的新精神，虽然她对路易十四时代心怀敬仰之情，但是，她没有忘记自己属于这个经历了政治变革的伟大的新社会。

“我们正在向人人平等的时代迈进，每个法国人都将是平等的公民。与此同时，女人的命运也将归纳为：公民的妻子和母亲。‘公民’这个词具有浓重、严肃、感人的道德意义。除了宗教之外，我不知道还有什么动机比爱国精神更为强大，能够指导青年人向善发展。”

因此，这时的教育已经不再是为了男人和女人自身或者自我命运的问题。人的教育是为了公共的利益，为了个人在社会中担负的责任。雷米萨特夫人不是一个胆小怕事的女人，她并不缅怀历史、惧怕当下。她自由而勇敢，英勇地接受了新的秩序。她宣布了新秩序的优点，与其说她像17世纪的女人，至少像她的偶像塞维尼夫人一样精准地写作，不如说她更像大革命的女儿一样思考问题。

490 576. 哲学精神

还有引人注目的一点是，雷米萨特夫人的思想带有哲学特色。她相信自由和良知。她希望能够用良知作为道德规范，以“取代暴虐、肤浅的善变”。母亲在教育女儿的时候，用“你应该”代替“你必须”。

“母亲在任何时候的对话中，都要经常运用‘我应该’这种表达。”

这就是说，孩子们应该被当做自由的个体去对待。教育的目的，

① 儒贝尔（Joubert）：《思想集》（*Pensees*）。

也是教育的最佳方法，就是明智地运用自由。在照看孩子的时候，让孩子自己照顾自己，经常顺着他的意愿做事。通过这种方式，孩子的意志力得到了锻炼，性格得到了发展。在雷米萨特夫人看来，这是很重要的一点。

她说："如果路易十四时代对女子的智力教育是严肃而实质的，那么女子的性格教育依然是不完美的。"

577. 基佐夫人

基佐夫人（Madame Guizot，1773—1827）起初成名的时候还没有结婚，她未婚时的姓名是波林・德・默兰（Pauline de Meulan）。在18世纪末期，她创作了7部小说，并在期刊《公共法学家》（*Publiciste*）上发表文章。1812年，她与基佐结婚，而基佐也正是1833年法令的起草者，在他们结婚前刚刚创办了《教育年鉴》（*Annals of Education*）。[①] 从这一时期起，基佐夫人的所有思想和著作几乎全都是关于道德和教育的。她依次发表了《儿童》（*Children*， 491
1812）、《拉乌尔和牧师》（*Laoul and Victor*，1821）以及她最后的杰作《关于教育的家书》（*Family letters on Education*，1826）。

578.《关于教育的家书》

我们引用圣伯沃（Sainte-Beuve）的一段话，让大家了解这本书的功绩：[②]

"基佐夫人的这本书比《爱弥儿》更胜一筹。这本书记载了我们时代的声音、性情和理性的进步，超越了敢于冒险的天才卢梭，或者

---

①《教育年鉴》（*Annales de l'education*）出现于1811—1814年间。这是一本有趣的参考书目。在书中，基佐（Guizot）发表了他的一些教育学方面的著作，包括他对拉伯雷和蒙田教育思想的研究，这些文章后来被收集在《道德教育》（*Etudes Morales*）一卷中。

②《关于教育的家书》（*Education domestique ou Lettres de famille sur l'education*），两卷本，巴黎，1826年。

说，就如同在政治领域托克维尔（Alexis de Tocqueville）[1] 的《美国的民主》（*Democratic*）超越了《社会契约论》（*Contrat Social*）一样。在这本书中，她对教育问题进行了深刻思考，并为培养适应现代社会各种困难的强人提出了教育方面的建议。本书还深刻剖析了高尚道德的问题，句句至理名言，令人信服，从对茹弗鲁瓦的简单讲解过渡到对我们当今时代哲学的解读，这些都体现了她的精神理性主义理论。”

579. 心理乐观主义

《关于教育的家书》一书并不缺乏哲学精神。整个第七封信就是代表相对比较单纯的儿童而写的一份请愿书。作者说其中那些混乱无序的倾向，或许不是倾向，而只是混乱：

“一个有感情的人的倾向本来就应该是这样的。有人说，要克服自身的倾向才能成为一个有品德的好人。因此，人的倾向是邪恶的。这是一个错误。如果在修剪树木的时候，没有控制无序的树液流动，那么，树木就不会再结出好的果实。但是，这能证明树液本身对树木是有害的吗？”

492 这些理论证明纪律不能过于严厉。

基佐夫人宣称：“教育在过去的几个世纪中都对人性充满敌意，难道你不觉得这很奇怪吗？‘改正’和‘惩罚’成了同义词；我们只听到要改变品格、克服天性，仿佛教育的目的就是要去掉上帝赋予儿童的天性、让老师们给予孩子另外一种他们想要的性格似的。”

580. 儿童的天性

除了一般性思考和哲学反思外，基佐夫人的著作的重要价值还在于大量的情景实验和细致的观察，这对于一篇教育学论文来说是非常重要的。例如，要描述儿童的心理，教育学的前几章至少应该是在摇篮边上进行构思和创作的。基佐夫人十分强调儿童幼年时期的重要

---

① 托克维尔（1805—1859），法国政治学家、历史学家和政治家。——译者注

性，这段时期往往决定儿童未来的命运：“尚未完全发育的身体器官和尚未完善发展的心智，自一成形起就包含着向善或向恶发展的萌芽。在人的一生中，没有任何冲动不是源于那个本性的，而本性的所有特征早在幼儿时期就表现出来了。留在儿童心中的每一个印象，无论深刻持久还是细微渺小，总之，不论是何种印象，都会对他的未来产生深远的影响。”

基佐夫人不仅从儿童身上看到成年人的模糊雏形，而且她用敏锐
的心理感知发现了儿童天性中一个独特的特点：不假思索、不顾别 493
人。还有比这更为准确的观察吗？

“我们在解释儿童的行为时经常自欺欺人，认为儿童的行为与我们的行为是类似的，儿童的行为动机与我们的行为动机也是相同的。”

基佐夫人用一个绝妙的例子，证明了她上面的论点：

“路易丝（Louise）在一股莫名的冲动下忽然丢下玩具，扑过来抱住我的脖子，不停地亲我。看起来，我用内心全部的母爱都无法充分回应她对我的热情亲吻。但是，在同样一股轻率善变的冲动下，她放开了我，开始去亲她忽然看到的布娃娃或者椅子扶手。”

581. 哲学理性主义

基佐夫人对哲学理性主义的发展比雷米萨特夫人和索绪尔夫人（Madame de Saussure，1765—1841）更深远。她首先是一个哲学家，其次是一个基督教徒，更为接近卢梭。她首先让孩子的脑海中形成对上帝的普遍概念，然后再把他们带入特殊的宗教教条中。她把道德建立在责任的基础上，认为责任是“完整的教育的唯一基础”。

她说：“我希望孩子的每一个行为都受到一种思想或一种道德情感的保护。”

杜邦·德内穆尔（Dupont de Nemours）对“父命”和“军令”做了区分，遵从父命需要借助于理性，而遵从军令则必须绝对服从、不得反抗。基佐夫人没有掩饰自己对前者的偏爱，因为她希望女人也能像男人一样拥有理智和自由的精神。她坚决禁止个人私欲，并宣称：“奖励制度似乎与真正的教育理论背道而驰。”

494 最后，我们要说，基佐夫人的著作值得认真阅读，尽管在这里我们无法深入分析。你会从书中发现她对教育进行了很多反思，这些出色的反思都具有实质性，而非泛泛而谈。她不反对阅读小说，也不反对戏剧。她批评简化的方法，几乎对所有的教育问题都进行了思考。①

582. 尼克尔·德·索绪尔夫人

教育史上有些独具光芒的时代，这些时代取得了丰硕的教育成果。就是这样，在短短几年时间里，一部部教育著作相继出现，先是雷米萨特夫人的著作，然后是基佐夫人的著作，最后，也是最重要的，是尼克尔·德·索绪尔夫人（Madame Necker de Saussure，1765—1841）的《进步教育》（*Progressive Education*）。②

与卢梭一样，索绪尔夫人是日内瓦人，她为法国文学宝库增添了一部教育经典著作。该书崇高的视角和高贵的灵感可以与《爱弥儿》相媲美。尽管索绪尔夫人可能有时过于理性和严肃，缺乏幽默感，往往透过悲伤的面纱看待人生，但是，她在教育领域确实是一个无与伦比的指导者。她以惊人的睿智和洞察力以及严肃的态度对教育问题进行了研究。她用严肃的态度对待生命，致力于培养人类心灵的高贵品德。她有深厚的宗教情怀，让“大胆的哲学服从于宗教信仰”。在一定程度上，可以说索绪尔夫人是一个信仰基督教的卢梭。

495
583. 索绪尔夫人和斯塔尔夫人

索绪尔夫人的第一本著作《斯塔尔夫人的性情和著作》（*Notice of the Character and the Writings of Madame de Stael*）已经展现了她对教育的兴趣。在这本书中，索绪尔夫人认真研究了她的女主人公

---

① 参见《教育学杂志》（*Revue pedagogique*），1883 年，第 6 期。伯纳德·佩雷斯（Bernard Perez）对基佐夫人的一个有趣研究。

②《教育进步：对人类天性发展的研究》（*L'education progressive ou Etude du cours de la nature humaine*）三卷本，1836—1838 年。

斯塔尔夫人（Madame de Stael）的教育和教学思想。显而易见，在这本书中，她对德国的深刻反思使她受益匪浅，特别是对卢梭和裴斯泰洛齐改进教育方法的观点：

“卢梭循序渐进地让儿童做各种活动。他允许儿童自己做任何力所能及的事情，丝毫不强迫发展儿童的智力；他不会为了实现目标而拔苗助长，希望儿童在身体机能发育完善之后再进行文化教育。”

“让儿童们进行跳跃式的学习，跳过中间的部分，不知道学了什么，也不知道前进的方向，这会让他们感到厌烦。在裴斯泰洛齐的学校中，不存在这些难题，孩子们喜爱学习，因为他们从小就品尝到了成长的快乐，他们能够理解并完善自己学到的知识。”

此外，索绪尔夫人还表达了自己的教育思想，她偏爱严厉、痛苦的教育方式。在下面这段引文中，斯塔尔夫人强烈批判了轻松有趣的教育方式：

“寓教于乐会消散思想；有些辛苦对于天性来说是最好的帮助；儿童的大脑应该适应学习的辛苦，就像我们的心灵要学会承受痛苦一样。你可以用图画和卡片教儿童学会很多知识，但这样是教不会他如何学习的。”

584. 进步教育和卢梭 496

毋庸置疑，索绪尔夫人从卢梭那里借鉴了很多，但是，这并不意味着她与卢梭的思想完全一致。卢梭认为人性本善，而她则认为人性本恶。教师的首要责任就是改造天性，使他远离堕落。生活的目的不是享受幸福，而是不断改善自我。教育的基础应该是宗教。

虽然索绪尔夫人深受卢梭的启发，但是，她很快就与卢梭分道扬镳了。可以说，她从卢梭那里获得了创作的基本思想，即人体机能不断发展的思想，与之相对应的就是循序渐进的教育方法。与《爱弥儿》的作者一样，她考察了儿童各种感知的觉醒过程。她认为，儿童就是“只有感觉和欲望”的生物。她也认为，幼年时期是一个特殊的人生阶段，幼年教育要遵循特殊的规则。但是，共同点到此为止。因为索绪尔夫人很快就补充说，从5岁开始，儿童的智力机能就获得了全面发育。儿童不再是一个只有感觉、像爱弥儿一样活蹦乱跳的动物，而是一个有心灵、有躯体的完整的人。因此，教育要关注儿童的双重本性，德育和体育应该共同进行，教育不会为时过早。

“天性不是按照卢梭设想的体系顺序而发展的。我们分辨不清天性发展的开始，我们看到天性在不断地创造和发展。”

因此，在教育中，我们必须知道如何尽早地同时关注各种不同的动机，包括直觉动机或反思动机、自私动机或情感动机，这些都会影响一个人的意志力。

497 然而，在实践中，两位教育家则比较接近。尽管索绪尔夫人经常反对卢梭的一些观点，但是，她却保留了卢梭的基本精神。因此，她不希望教育是完全消极的，一切都依赖于自然的。老师不应该允许学生任其发展，而应该给予指导。但是，同时她还要求加强意志力，这样教育就能获得意志力的支持，性格得到锻炼，也能培养儿童一定的独立能力。“在可以的情况下，让儿童自己做决定，避免半命令、半强迫、巧妙的请求和暗示。”这其实正是保留了卢梭的理论中正确务实的观点，即在教育中运用儿童身上特殊的自发能力的必要性。索绪尔夫人采取了一个中间态度，她既不赞成教师给予太多指导的积极教育，也不赞成学生给予太多自由的消极教育。她非常赞同福禄培尔的这句名言：“老师们永远不要忘记这条真理：必须永远同时做到给予和索取、在前面带路和在后面跟随、自己行动和让学生行动。”

585. 尼克尔·德·索绪尔夫人的创新

虽然索绪尔夫人深刻思考了前人的教育思想，但是，她最好的思想还是来源于她的个人经验和创新性研究。她自己采纳了她给母亲们提出的这条建议：“观察孩子的成长，在日记中记录下每一次进步和身心健康成长所经历的每一次风风雨雨。”《进步教育》的力量和完
498 美，就在于它的丰富的心理观察和对完美的不断追求。索绪尔夫人以惊人的洞察力指出了研究儿童的困难和魅力：

“凝视童年这个易逝的意象是一件令人愉快的事情。我们可以沉浸在思考童年的无限幸福之中，这些可爱的小精灵啊！可是，当我们

还在享受怀抱孩子的幸福时，我们却发现，孩子们总是一天天在长大，并挣脱我们的怀抱。”

“我们必须用爱心去理解儿童，我们应该用更多的爱心而不是头脑去猜想儿童的世界。”

《进步教育》一书融合了对儿童天性的研究兴趣、精妙确切的心理观察以及适当的教育理论，可以说，“这本书几乎是一本有一定理论内容的家庭教育日记。”

586.《进步教育》的结构

《进步教育》出版于1836年到1838年间，分为3卷。前三册探讨了幼儿的心理历史；第四册分析了教育的一般理论，不考虑儿童的年龄因素；第五册研究了5～7岁的儿童；第六册研究了8～10岁的儿童；第七册展现了“临近青春期的男孩及其不同的性格和智力发展特点”。最后四册是一个整体，探讨了女子整个人生的教育。

587. 各种机能的发展

在这里，我们不可能对这本思想内容如此丰富的著作进行细致分 499
析，我们只是指出索绪尔夫人教育体系中的几个重点。首先，索绪尔夫人关注的重点是培养意志力，这一点经常被老师们所忽视，但却是指导人生的一个重要因素。她在一章中对这一点进行了强调：

“服从法律是对自我意志的拘束而非麻木，但服从他人则是对自我意志的伤害或摧残。”

“最重要的是，要把内在的心灵教育置于肤浅的形式教育之上。”

“教育儿童要教育他的内心，要帮助他成长为一个人。”

588. 想象力培育

尽管索绪尔夫人赋予了积极活动能力以很大的重要性，但是，她一点都没有忽视思考能力。她最为关注的精神能力，除了意志力之外，就是想象力。

一位杰出作家曾说过：“她［索绪尔夫人］向我们展示了这种不

可战胜的力量，当我们相信我们已经征服了它时，它又变幻为多种多样的其他形式；它伪装了自己的力量，用一种神秘的火焰在我们内心燃起最痛苦的激情。如果你不让它拥有空间和自由，它就会深深地陷入自私的深渊，在低俗的外衣下展现出贪婪、怯懦和虚荣。”

“因此，我们有必要看看索绪尔夫人是如何担忧地观察儿童心灵的最初活动的。她运用智慧和关爱，让心灵从一诞生起就与真理为伴。她把心灵置于一个良好的熏陶环境之中。拓展智力水平的学习、自然天性各种变化多端的表现、情感的艺术——所有这些在索绪尔夫
500 人看来，都是有利于促进想象力的良好发展的。她担心由于缺乏足够强烈的乐趣，想象力会逃往另外一个方向发展。”①

换句话说，索绪尔夫人不主张压抑想象力，更不主张摧毁想象力，而是给予想象力温柔的引导，让想象力与理性和美德相融合，唤醒想象力对美好事物的追求和对大自然的热爱。

“带他去看美丽的日落，这样他就不会对美丽的事物熟视无睹。”

589. 女子教育

索绪尔夫人在著作中有时会模糊地提出一些不恰当的原理，有时对细节的实践过程不够重视，但是，在这一部分对女子教育的特别研究中，她有两个突出的优点：一是为女子命运刻画了一个崇高的理想化形式；二是精确地阐述了实现这种理想化命运的途径和方法。她抱怨说，我们过于依赖卢梭提出的女子教育大纲，把女子教育完全局限为女子的婚姻责任教育。她建议，年轻女孩应该推迟结婚年龄，这样，她们就有时间成长为“有思想、有文化的人”；这样，她们得到的教育就不会是“一些琐碎的知识”，而是牢靠坚实的教育。这种教育能够让她们承担起社会和母亲的责任，让她们有能力成为子女的启蒙教师，总之，能够让她们踏上完善自我的征途，而她们必须付出一

① 加尼尔（Garnier）：《进步教育》（*Progressive Education*）第五版（巴黎）的前言。

生的努力，否则很难实现自我完善。[①]

590. 卡朋蒂埃夫人 501

从卡朋蒂埃夫人（Madame Pape-Carpentier，1815—1878）开始，我们从理论领域进入了事实领域；我们现在分析的是一位实践性的老师。1846年，在她的家乡弗莱士和曼斯担任过几次老师之后，她发表了《关于幼儿学校管理的建议》（*Counsels on the Management of Infant Schools*）。1847年，她在巴黎建立了一所"母亲师范学校"（Mothers' Normal School）；次年，在卡诺（H. Carnot）[②] 担任部长时期转成为一所公立学校；1852年，在福图尔（Fortoul）[③] 担任部长时期该学校更换了一个特别的名称："婴儿教育实践学校"（Practical Courses on Infant School）。卡朋蒂埃夫人在这里工作了27年，把她的教育方法付诸实践，培养了一大批学生，大约有1 500多人，这些学生又将她的教育思想和方法传播到了法国国内外。1847年，在他人的阴谋陷害下，她失去了师范学校的管理职位。不久，她又被任命为幼儿学校的总监。

591. 卡朋蒂埃夫人著作的主要特点

可以说，卡朋蒂埃夫人是裴斯泰洛齐和福禄培尔的学生。初等教育是她的主要研究领域，她的著作呈现出一种简约的风格。我们不能强求她阐述宏大的普遍规律或抽象的形而上学观点，但是，她拥有超越前人的实践智慧，并且她对幼儿语言的表述和分析几乎达到了完美的境界。

---

① 我们必须在尼克尔·德·索绪尔夫人的学校中提到一位她的同乡，即著名的维内特（Vinet，1799—1847）。在他的杰出著作《教育家庭和社会》（*L'Education, la famille et la societe*）（巴黎，1855年）中，他对一些教育问题展开热烈的讨论。

② H·卡诺，第二共和国（1848—1852）的法国教育部长。——译者注

③ 福图尔，第二帝国（1852—1870）的法国教育部长，接替H·卡诺。——译者注

592. 卡朋蒂埃夫人的主要著作

在卡朋蒂埃夫人的著作中，我特别推荐以下几本：

(1)《幼儿学校管理的建议》(*Advice on the Management of Infant Schools*, 1845)。在前言中，作者请求读者原谅她探讨“如此重要的
一个话题”。但是，她接着说，“在贫困儿童教育方面，老师得到的指
502 导太少”，并且她请求容许她用个人经验来阐述这个问题。这本书后
来反复出版，书名变成《幼儿学校的教育实践》(*Enseignement pratique dans les salles d'asile*)。①

(2)《陈述与实物教学》(*Narratives and Lessons on Objects*, 1858)。这本书是一本短小故事集，“像童年一样单纯”。它先在学生中试行和检验，后再编撰成书。卡朋蒂埃夫人教育儿童学习一些美好的东西，她说：“我的意思是真正美好的东西。”

(3)《索邦教育学论坛》(*Pedagogical Discussions held at the Sorbonne*, 1867)。在1867年举行的博览会上，杜卢伊召集了一些教师在巴黎举行论坛，其中包括教育学分论坛。卡朋蒂埃夫人承担的任务，就是为大家介绍如何将幼儿学校的教育方法引入小学教育中。

(4)《孩子与母亲的阅读和作业》(*Reading and Work for Children and Mothers*, 1873)。这里，卡朋蒂埃夫人的主要目的是推广福禄培尔的教育方法。她建议，让孩子们做一些促使心灵手巧的练习，以锻炼他们灵活的手指技能，启发他们热爱秩序和匀称等品性。

(5)《完整的教育课程》(*Complete Course of Education*, 1874)。作者试图通过这本书完整地表达自己的教育学思想和理论学说，但是，却未能完成这一计划，只出版3卷，我们可以引用其中一些段落以了解她的基本精神。

“教育者的任务就是，依据自然原则开展教学活动，促进儿童自然本质的展现。当儿童不能沿着正确轨道发展的时候，就去纠正它。在各级教育中，都应该遵循自然的原则。”

---

① 参见《幼儿学校管理的建议》第六版，巴黎，阿谢特，1877年。

“儿童应生活在清新宜人的氛围之中；学校提供给他们的环境应 503
该是幽雅和愉悦的。”

“苏格拉底曾经说过：‘教育的责任是催生观念，而不是灌输观念。’”

(6)《感觉经验教育笔记及其教育学应用》(*Note on the Education of the Senses, and some Pedagogical Appliances*, 1878)。卡朋蒂埃夫人对教育中的感觉经验非常感兴趣，她指出：“因为每个来到这个世上的孩子都是一个有前途的劳动者，是一个未来某一职业领域的能手。”因此，有必要让孩子在幼年时期就完善和发展他们所拥有的自然机能，以使他们有能力顺利完成未来所承担的任务。依据感官的教育在将来的某一天必然会拥有自己的地位，会被列入正式的教育计划。就感官训练而言，工具和书本对于培养儿童的智力具有同样重要的作用。

593. 关于实物教学

应该说，“实物教学是卡朋蒂埃夫人实践她的教育学标准的新大陆”。在她撰写的很多著作中，都包含实物教学的范例；在 1867 年举办的教育论坛上，她阐述了实物教学理论。一些人认为她对实物教学的应用已经过了头，这种观点并非空穴来风。因为在她看来，实物教学是一个具有普遍性的教育方法，可以应用于所有的学科，例如，化学、物理、文法、地理和道德教育等。

不论怎样，她认为实物教学是必须遵行的教育规律，因为认知概念就是沿着这一秩序而依次进行的。儿童的注意力首先被颜色所吸引，然后会区别物体的形状，进而知道它的用途、材料和制作方法。实物教学就应该依照儿童的好奇心而自然地发生和进行。

此外，实物教学可以利用一切事物。卡朋蒂埃夫人承认她所说的 504
“随机教学”；但是，她也承认实物教学可以按照计划或特定项目规程进行。

在初等教育方面，卡朋蒂埃夫人无疑是一个具有丰富经验的导师。但是，令我们更加钦佩的，不仅是她的专业能力和教育学学识，而且更有她对教师角色的新观念，她对儿童的奉献精神和热爱等崇高境界具有重要的启发意义。她指出，对于教师来说，合理地教育孩子是教师职业的次要任务而首要任务也是最困难的任务就是完善自我。”

“我们能够为孩子们做些什么呢？其衡量尺度就是看我们对孩子们的关爱程度。”

594. 其他女子教育家

如果说我们今天女子教育已经取得了重要发展，那么，这很大程度上要归功于那些表现出自己的才华和价值的女教师和女教育家们。我们上面讲述了教育史上的一些重要人物，但这是很不完整的。除了这些著名的女作家及其著作之外，我们还要提及索旺小姐（Mademoiselle Sauvan）。1811 年，她在夏洛特建立了一个教育机构，并在那里一直工作到 1830 年才离开；后来，她去了巴黎的一所女子学校担任智育和德育指导工作。① 迈松纳夫夫人（Madame de Maisonneuve）是《女子教育文集》（*Essay on the Instruction of*
505 *Women*）② 一书的作者，她在书中总结了在一所私立寄宿制学校长期从事管理工作的经验和成果。

但是，一些男性通过他们的理论研究和实践工作也为女子教育进步做出了贡献。比较有价值的研究包括：卢蒙德（Lourmand）的《中等教育课程》（*Courses in Secondary Instruction*，1834）和莱维·阿尔瓦莱斯（Levi Alvares）的《母亲启蒙教程》（*Courses in Maternal Education*，1820）。格雷亚尔说：“莱维先生把母语和历史作为教育的基础。他用这个进步教育的规则总结了自己的教育方法：事实、比较事实、事实的道德或哲学结果，也就是观察、比较、判断。这就是自然发展的顺序。”此外，我们还要提及埃梅·马丁（Aime Martin）

---

① 参见 E· 戈索（E. Gossot）：《索旺，巴黎学校的主要视导员》（*Sauvan, Premiere inspectrice de ecoles de Paris*），巴黎，1880 年。

② 迈松纳夫：《女子教育文集》（*Essai sur l'instruction des femmes*），图尔，1841 年。

的著作《对母亲的教育》(*The Education of Mothers*)，[①] 这本书享有几年的盛名，对此我们很难认同。

595. 迪庞卢和女子教育

在敏感的女子教育问题上，19 世纪一位名为迪庞卢 (Dupanloup) 的大主教想要与芬乃龙一比高低。他撰写了多本著作，这些著作证明了他在女子教育问题研究上所取得的成就。其中，特别值得推崇的一本是《关于女孩教育的书信》(*Letters on the Education of Girls*)，在他去世之后的 1879 年出版，其大部分书信都是真实的，是他当时写给一些妇女的书信。尽管书信形式繁杂自由，但这本书可以大致分为三个部分：(1) 教育理论；(2) 对年轻女子的教育；(3) 个人在世上的自由学习。我们应该感谢迪庞卢对女子实施智力文化教育，而不是满足于“扼杀或麻痹”女子的各种能力。通过展示大量的女子忏悔和精 506
神指导，他确切地认识到，不完整的心智教育会让她们的灵魂极为空虚。他非常乐于承认只有虔诚是不够的。他以大胆的精神批判了教皇专制主义者的压迫，并建议对女子开展严肃的教育。然而，他的建议只是针对那些中等阶级的女子提出的，向那些“住在巴黎别墅三楼”的女子提出的。迪庞卢的书其实是对 17 世纪行为方式和思维习惯的缅怀，而不是为了满足现代社会的一部充满活力的现代论著。

596. 分析性总结

(1) 一些女子对女子教育问题展开正式讨论，这是教育史上一个重要时期的标志。如果男子教育完全或主要由女子去研究探讨的话，那么，这样的研究探讨无疑多少会带有偏见和不足。

(2) 女子对幼儿教育的正式讨论也是同样重要的，因为没有什么比母爱和母性能更好地预言儿童的天性和需要了。

(3) 对女子教育问题的研究让人们知道，需要用严肃的态度而不是浮华修饰的态度去对待女子教育。柏拉图主张男女享有平等的教

---

① 该书第一版于 1834 年出版；第九版于 1873 年问世。

育，他的理由是男女公民职责的平等。在现代思想中，平等权利和平等能力的概念推动了男女平等的智力教育的发展。

507 (4) 艾吉渥兹和汉密尔顿这两位英国小姐的著作值得认真学习。前者有非凡的实践智慧，后者有卓绝的哲学洞察力。

(5) 尼克尔·德·索绪尔夫人的《进步教育》是一本经典教育著作，可以与卢梭的《爱弥儿》以及赫伯特·斯宾塞的《教育论》相媲美。

第二十一章 19世纪教育理论和实践

597. 19世纪的教育学 508

19世纪教育学更倾向于在心理学和科学的基础之上认识教育，力求使教学方法走上理性的轨道。在这个时期，教育由教会管辖逐步转变为由国家和社会管理，更好地帮助家长管理儿童。因此，教育学对学校等教育机构的功用持有更乐观的态度，教育坚持不懈的目标是使
更多的人受益于教育事业。这就是19世纪教育学的一些基本特点。 509
教育似乎越来越成为一个社会问题，变成一件事关全人类的大事，它已经不再只是为少数幸运儿进行正规教育的简单事情。科学知识已经变成所有人都可以触及的东西。通过方法的简化和知识的普遍传播，教育成为新社会用来宣扬民主精神的一条重要途径。

我们并非想追溯19世纪教育学的每一个细枝末节。因为它的多样性，19世纪教育所掀起的潮涌直到现在还没有结束，但是，我们更应该关注对现代教育发展至关重要的东西。

598. 1801年议会法案 510

19世纪上半期，因为无法承受法国大革命的压力，公共教育远未兴盛起来，所以教育改革迫在眉睫。1801年，法国国民议会召开会议讨论研究教育体制改革问题。在1801年的国民议会会议上，政府报告中最让人关注的是各部门就建立一所国立大学达成一致。议会发言人抱怨说，教授们已经不像以前教授传统宗教礼仪的教职人员那样团结和坚定，他们行动散漫，缺乏一致性和统一指导。因此，国民议会提出统一管理教育的要求，甚至还构想建立一个专门的政府机构负责管理教育。

599. 福尔库瓦与《1802 年法案》

我们没有足够的时间研究《福尔库瓦议案》（Bill of Fourcroy），即后来的《1802 年法案》。据说，在这个议案在被递交到立法机构之前，已经做过 23 次修改。

福尔库瓦没有充分认识到国家的权力。毫无疑问，他和亚当·史密斯（Adam Smith）并不认为教育应该放手给私人部门管理。但是，他认为，建设小学的事务应该放给社区去做。在他看来，国家强调的教育统一性阻碍了教育的成功。他号召由负责当地的市长或者议会选拔和聘用当地学校的老师。小学教育是民众共同需要的，因此，小学办学也是民众的事情。但是，福尔库瓦的观点并没有得到理解。在法国，直到国家开始积极参与教育之时，小学教育才成为现实。

从某种程度上讲，《1802 年法案》为拿破仑体制的诞生铺平了道路，例如，该法案第一次给予第一行政官任命大学教授的权力，还有在省一级的领导监督下建设小学的权力。

600. 帝国大学的建立

1806 年 11 月颁布的法案，对帝国大学（the University）的建立做了相应的规定，并且通过 1808 年与 1811 年的法令又进行了补充。
511 这些法令规定，帝国大学是一个独特而完全依附于国家的教学与管理机构，“通过建立这样的体系，对整个帝国的公共教育和教学进行统一管理”。

教育管理成为国家的专门职能，就像国家对司法和军队等公共组织的管理一样。

在失去自治和独立性的同时，帝国大学获得了直接管辖公共教育的特权。

“除非是国立大学的一员或者从国立大学分支机构毕业的，任何人都没有权力兴办学校或开展公开教学活动。”“没有帝国大学的批准或帝国大学校长的授权，不得创办任何学校。”

我们知道，帝国大学这所垄断性大学的成立，从一开始就引发激烈的抗议。夏多布里昂说："教育只对家长有吸引力是不够的，如何吸引孩子也是很重要的。母亲们一直试图逃离极端的帝国教育，她们满含泪水向政府索要被他们从身边夺走的孩子。"在对宗教复兴者进行大肆恭维的同时，他接着说："孩子们来到学校，在鼓乐声中，他们学会了反对宗教、学会了堕落放纵、学会了蔑视家庭美德。"约瑟夫·德梅斯特（Joseph de Maistre）的观点似乎更中肯，他认为："丰塔纳（Fontanes）① 具有真知灼见。帝国大学的建设计划是非常巨大而复杂的。大学应该是很崇高的地方，只有精神境界达到了才能实至名归。非宗教影响下的禁欲、服从、奉献精神是必需的，但谁又可以使其达到这个境界呢？"②

601. 帝国大学的组织 512

帝国大学的组织结构，就像今天的大学一样，由学院、国立高等学校和研究院等办学机构组成。学院是仅次于大学的教育机构，类似于国立高等学校，但是不够完整。在每个学术中心设有人文学院和科学学院，但是，这些学院的设备很简陋，每年最多只有 5 000～10 000 法郎的科研经费，学院的教师也只有几个而已。而相邻的中学的老师（修辞学和数学老师）也成了学院的组成部分。每个学院设有最多 2～3 个其他职位。

拉丁语和数学是中学教育的基础学科。法国大革命并非毫无成效，自大革命发生以来，法国教育领域的强烈改革愿望已经实现了，科学和古典语言的教育得到了均衡发展。

602. 统治者的痴迷

帝国大学的建立者们关注的不是教育规划，而是痴迷于如何培育新一代公民的意识形态。从这个角度来讲，统治者的想法是显而易见

---

① 丰塔纳（1757—1821）是帝国大学的第一任大校长。

② 德梅斯特：《约瑟夫·德梅斯特政治生涯的回忆》(*Memoire politique of Joseph de Maitre*)，巴黎，1858 年，第 30 页。

的，他们并没有掩饰自己的想法。上帝和统治者是必须被嵌入人类心灵深处的。

“所有帝国大学的学校都必须以下面几点作为教育的原则：(1) 遵守天主教信条；(2) 忠于统治者和专政统治，捍卫民众幸福和拿破仑王朝，维护法国统一和拥护国会的决议。”

正如基佐所说的，“拿破仑试图把作为启蒙之光中心的学校变成他的专制统治中心”。

513 ### 603. 小学教育被忽视

小学教育一直没有得到拿破仑一世的重视。1805 年颁布的法令具有明显的进步，提出了一些颇有前景的措施，例如，保证教师等人员的招聘、特别是在学院和国立高等学校开设一门或多门师范课程等。此外，大校长（Grand Master）鼓励设立基督教学校，并为其办理资格证书，监督学校的建设。最后，创办学校的权力落到家庭和宗教机构的手里，帝国的经费里没有任何部分是用来发展民众教育的。

复辟王朝时期的政府对教育也并不慷慨。直到 1815 年 2 月 29 日法令颁布之后，小学才得到 5 万法郎的发展经费。这种讽刺性的慷慨，难道会比沉默或者忽略更好吗？一个更重要的措施，就是成立负责管理小学的县级委员会。这些县级委员会，有的归牧师管理，有的归大主教管理，管理体制随着政局的变动而变动。被认可的教众只要出示简单的许可信件，便可以获得合格的教师证。可想而知，在这种招聘方式下，教师群体会是怎么样的状况。

七月王朝的到来，似乎为大众教育带来了更自由的氛围，教育得到更多的尊重。在复辟王朝时期，个人创办教育机构的尝试以“初等教育协会”（Society for Elementary Instruction）的成立为开端。同时，对于办学的鼓励政策，还包括对相互教学法（mutual instruction）的首次尝试。

604. 相互教学法的起源

据说，相互教学法是由两个英国人——贝尔（Bell，1753—1832）

和兰喀斯特（Lancaster，1778—1838）① 创立的。事实上，他们并非是这种教育模式的发明者，他们只是推动着这种教育模式流行了起来。我们在印度或者法国可以追溯到相互教学法的起源。我们发现，曼特德农夫人、罗林、拉萨尔、裴斯泰洛齐都是这种教育模式的践行者，并在某种程度上推动了它的发展。18 世纪，赫伯特（Herbault）把这种教育方法用在拉皮特医院（1747 年）和万森的舍瓦利耶·博莱（1774 年）。最后，1792 年，一位叫戈尔捷（Gaultier）② 的法国大主教把这种方法介绍到英国伦敦。这比贝尔把它从印度引入英国要早几年。 514

605. 贝尔与兰喀斯特

贝尔和兰喀斯特是相互教学法的传播者，这已经得到人们的公认，而这种教学模式被英国人称作导生制（monitorial system）。在马德拉斯，贝尔模仿和学习印度老师的教学组织形式，1798 年他将其引入英国。但是，在同一时期，一位年轻的英国教师——兰喀斯特，像现在看到的一样，通过自己的创新成功地应用这一方法。兰喀斯特是贵格会（Quaker）教徒，③ 而贝尔是国教会（Churchman）教徒，所以，民众的意愿在两个对手之间也产生了分歧。事实上，他们同时采用同一种教育方法，而这种方法早在他们之前就已经被人所知。这种方法很自然地被那些给很多孩子上课的老师所掌握，来弥补教育资源不足或者师资力量不够的问题。

606. 相互教学法在法国的成功 515

相互教学法在巴黎一些学校的应用一直持续到 1867 年，在很长

---

① 兰喀斯特（1778—1838），英国教育家。——译者注

② 戈尔捷大主教（Abbe Gaultler，1746—1818）撰著有多本关于基础教育的著作，是有一定影响力的改革家。他采用视觉教学法（teaching by sight），并推荐多种多样的练习活动。以游戏为例，他引进以彩票为中心的计数器、票据、调查等游戏。

③ 贵格会，又称教友派或者公谊会，是基督教新教的一个派别。该派成立于 17 世纪，创始人为乔治·福克斯，因一名早期领袖的号诫“听到上帝的话而发抖”而得名“Quaker”，中文意译为“震颤者”，音译贵格会。——译者注

一段时间内享有盛誉。在复辟王朝时期，相互教学法取得如此巨大的成功，因此，它已经成为一种时尚，甚至达到狂热的程度。相互教学法受到许多名人的青睐，例如，科拉德（Royer Collard）、莱丝妮（Laisne）、迪卡兹伯爵（Duke Decazes）、帕斯奎伯爵（Duke Pasquier）等。相互教学法成为自由派在教育方面的一面旗帜，也大大激发了人们的政治热情。新的教育方法开始冲击传统基督教学校的教育。与此同时，新的方法也受到守旧派卫道士的谩骂和诋毁，认为它是不道德的。“相互教学法被指控破坏了社会秩序的根基，他们认为这种教育方法把成年人才可以享有的权利给了孩子……人们或反对、或赞成相互教学法。相互教学法引发完全对立的观点，仿佛它是宪章的规定一样。”①

607. 道德优势

那些支持相互教学法的朋友们为了公正地映衬他们的热情，努力找出很多道德方面的论据。他们问，还有什么比看到孩子之间相互交流自己学到的知识更让人感动的吗？互动课堂是多么好的教育孩子友善和互助的课堂啊！耶稣曾经说过互爱，这难道不是对互助互爱的一种很好的阐释吗？与此同时，这种相互性也被试图用在学校纪律和如何减少学生错误等方面。学校在一些严肃的场合中成为审判罪犯的法庭。“这件事做得非常严肃。从一般的孩子到一般的成人都能从中深受启发，这种做法能够帮助社会形成真正的、有用的基督教友爱精神。”

516 608. 经济优势

确实，在罗林看来，上面我们所说的相互教学法只不过是一个有

① 参见吉拉德：《巴黎小学教育，1867—1877》（*l'enseignment primaire a Paris de* 1867 *a* 1877），第75—90页。该书是一本回忆录，出版于1877年。也可参见有关E·德尚（E. Deschamps）个人回忆的有趣研究：《小学的相互教学法》（*L'enseignement mutual*），图卢兹，1883年。

用的权宜之计。在教室稀缺的时候，在公共教育预算几乎不存在的情况下，面对忽略教师、忽略教育经费等问题，零支出和很经济的教育体系当然应该被热情赞扬。除此之外，书本支出也讲究经济性，因为“两个学生仅需要一本书而已，而且这本书会保存得很新，基本上没怎么用过，能用上好几年”。

若马尔（Jomard）对教育经费进行了估算。假如有 300 万名儿童需要指导，那在一般的教育系统，这需要至少 4 500 万法郎的费用。①

现今，根据拉伯德（Comte de Laborde）② 伯爵的估算，采用相互教学法制度，一位老师能够教 1 000 名小学生，这比在旧的教育系统下教 30 个学生容易得多。国家每年给予 1 万法郎，足以在 12 年内教育一代贫穷的孩子。③

609. 相互教学法与学校组织

贝尔把相互教学法定义为“在一个校长的监督下，整个学校可能实现自我教育的方法”。

下面是格雷亚尔描述的一所采用相互教学法的学校图景：

“乍一看，那是一个引人注目的景象——整个学校是一个又大又 517
长的建筑结构，就像我们老一代教师在记忆中的哈勒学校所看到的那幅景象。在教室中间，横跨整个教室的是一排排桌子，最右边是导生的桌子；黑板上有写字的模板，通过简易读法和笔画规律来指导学生书写；在教室的边上，桌子沿墙摆成半圆形，学生分组坐在这里；在墙上，与眼齐平的地方有一块演示计算练习的黑板，上面还张贴着关于阅读和文法的图表；在黑板旁边，双手能及的范围内，是一根教师用来教课的教鞭；最后，在教室更低的部分，是又宽又高的讲台，讲

① 若马尔（Jomard，1777—1862）是初等教育协会（Society for Elementary Instruction）的成员，其主要著作是《初等学校叙事》（*Tableau des ecoles elementaires*）。

② 拉伯德伯爵（Comte de Laborde，1771—1842），其主要著作是《儿童教育计划》（*Plan d'education pour les enfants*）。

③ 在其他相互教学法的传播中，应该提及戈尔捷大主教（Abbe Gaultier）、拉罗什富科（Larochefoucauld—Liancourt）、德拉斯泰里（De Lasteyrie）等人。

台上被栏杆围起来的是教师的椅子，教师根据固定的规则、声音或口哨，不断地鼓励、更正和指导那些成排坐、按小组坐的学生，俨然一位站立在甲板上的船长，指挥着整艘船的运行。”

就系统运作和外部秩序而言，没有什么比一所运用相互教学法计划的学校更吸引人了。它不断问自己，获得了什么教育成果；不断问自己，相互教学法之所以受欢迎是否具有真正的优势。

610. 相互教学法的劣势

导生是相互教学法的关键主体。但是，什么是导生？一个比他的
518 同伴更聪明、更坚定的孩子，但同时他又是一个接受的指导太少、难以肩负重任的孩子。互动教室从 10 点钟才开始上课。早上 8 点到 10 点之间是给导生上课的时间。这时，他们需要快速了解自己的任务是什么，然后在剩下的一天时间中教给其他的孩子。教师的目的是尽快地培养出好助手，他们用最快的方法让学生适应自己的任务。

“什么样的教师可以培养出助手般的学生？教学意味着学习两遍。这句话说得很对，但前提是要在对已知的知识和未知的知识进行反思的情况下进行。为了把光明和智慧传递给另一个人，首先在自己身上孕育光明，这是首先的必要条件。这种光明是启迪人心的，它是成熟的、受过训练的思想，需要敏锐和坚韧的行动。在一个由小学生组成的班级里，老师挥一挥魔杖就教会导生，然后导生就把原封不动的内容教给整个班级。”（吉拉德）

因此，这种指导变得特别机械。导生忠诚地重复着他被教授的内容，所有的一切都降低为机械操作的过程。

让我们观察一下，除此之外，从道德的观点来看，相互教学法体系还有很多不尽如人意的地方。我们所称的导生并没有逃离骄傲的美梦。他们甚至在家里都变得异常专制，家长们抱怨他们的专制习惯和权威者的语调。

然而，可能多亏了像索旺小姐和沙拉林（Monsieur Sarazin）先
519 生这样的老师的热情支持，相互教学法发挥了不可否认的功用；但

是，它的声誉在逐渐衰减，因为国家变得越来越有奉献精神，并且加大扶持教育的力度。①

611. 初等教育的状况

洛雷恩（P. Lorain）是帝国大学的一名成员。1837 年，在基佐的要求下，发表了一篇以《法国初等教育的展示》（*Exhibit of Primary Instruction in France*）为标题的调查报告。这份调查报告是 1833 年 400 多名调查人员对全法国进行调查而获得的成果。调查报告显示出一些令人遗憾的结果：不是所有的老师都懂得如何书写；很多人采用三个基本规则等方法，但是却给不出任何解释这些方法的理论根据，“文盲是普遍存在的”。

正如旧的教育体系一样，教师经历了各种行业，他曾经可能是零工、修鞋匠、旅馆老板。

“他去田野里打猎时，让妻子替他上课。”

教师的职业很少得到赞扬，教师所面临的风险是极少的教育时机，完全感受不到被重视的氛围。

“在社区中，教师同以往一样，经常被认为是乞丐。在牧人和教师之间，牧人或更受欢迎。”

因此，只有那些弱势的、残疾的、不适合做任何工作的人才最想当教师。

“从缺胳膊少腿的老师到患有癫痫病的老师，老师队伍中到底有多少残弱人士!”

612. 基佐和 1833 年 6 月 28 日法案

法国大革命时期，尽管颁布了有关初等教育的法令，但并没有真 520
正组建起小学教育体系，直到 1833 年 6 月 28 日法令的出台，小学教

① 皮兰斯（Pillans）：《规训的思想基础》（*The Rationale of Discipline*，1852）；边沁（Bentham）：《边沁文选》（*Chrestomathia*，1816）。这两本书都致力于传播和普及导生制。

育才逐渐成形。这一特殊成就应该归功于时任法国公共教育部长的基佐先生。①

小学教育被划分为两个等级——初级小学和高级小学。从那时起，每个社区都有一所小学，或者几个社区拥有一所小学。国家有权招聘老师并决定他们的薪水，在某些地区，老师的工资一般不会超过200法郎。贫困家庭的孩子也可以免费上学。

613. 高级小学

《1833年法案》值得赞扬的方面，就是它提出建立高级小学（Higher Primary Schools）体系。

“除了初级小学教育的全部课程外，高级小学还必须包括：几何基础、基本几何应用，特别是线性画法和测量；物理科学、自然史及其在生活中的应用；声乐；基础历史、地理知识，特别是法国的地理和历史。根据当地的资源和需求，小学教育可以进行适当的地域化发展。”

人口数量超过6 000人的城镇和社区必须建立一所小学，这条法律规定逐步得到执行。1841年，161所小学建成。但是，政府渐渐开始忽视这些学校。最重要的是，一些爱慕虚名的家长宁愿他们的孩子学那些毫无用处的拉丁语，也不愿意他们接受这种良好的完整的教
521 育。这两方面的原因逐渐挫伤了许多人的努力和积极性。

1833年立法者或许有充足的理由认为一件新马甲要比一件破夹克更有价值。但是，他们却错误地认为，人们会为了得到新马甲而扔掉破夹克。② 各地的高级小学都并入中学。夺去了高级小学的独立性和特性，就等于抹杀了它们。给予高级小学最沉重一击的是《1850年法案》。该法案禁止高级小学使用自己的名称，这样一来，这些学校就

---

① 正是在1832年这一时期，基佐发表了《师范学校课程》（*Cours normal des instituteur*）。

② 库诺（Cournot）：《公共教育机构》（*Des institutions d'instruction publique*），第315页。

陷入沉寂之中。

614. 基佐通告

在向教师传达1833年6月28日法令时，基佐宣读了一份著名的通告。该通告恰如其分地阐述了教师的办公职责、权利和义务。以下是这份通告的节选：

“先生们，不要在这里犯错误。虽然小学教育的职业不是被加冕的，但是，它的职责却深受社会的关注。与其他公共服务事务一样，教育事业非常重要。小学教育是维护社会治安和稳定的坚强捍卫者。”

接下来，该通告讨论了新法律赋予教师的物质保证，它是这样说的：“尽管如此，先生们，据我所知，不管是民众政府制定的法律条文还是民众政府支配的公共财产，这两方面的前景都不可能让社区教师这一职务变得富有吸引力，尽管这个职务相当重要。社会不可能奖励那些一生为教育做贡献的人。教育无利可图，老师也不能从教育的艰难任务中得到好的声誉。注定把自己的一生都投入到这么单调的职业，甚至有时候会受到不公正的待遇，收获忘恩负义的无知，老师也 522
会时常感觉泄气。如果不去从其他地方寻找力量和鼓励，而是单纯考虑自我利益的话，他可能会一蹶不振。他必须有一种强烈的职业道德感，激发和维持自己的热情，必须有一种为民众服务和为社会默默奉献的精神。他们只能从自己的良心深处才能获得应有的高尚回报。他们甘于默默无闻，甘于忍辱负重，可是，那些从中受益的人却认为他们所做的一切都不值一提。总之，他为人类工作，却只能从上帝那里获得回报。”

615. 民众教育的发展

从《1833年法案》至今，细数法国教育发展的历史是一件非常有趣的事情。1848年共和国法案的发布、卡诺（Carnot）与圣伊莱尔（Barthelemy Saint-Hilaire）职位的解放、1850年3月15日法令的倒退、法兰西第二帝国初期的状况、杜卢伊做出的值得称赞的不懈努力，最后，第三共和国成功建立，所有这些历史都为世人所知。但是，这段历史离我们太近了，以至于不能确定对其评价是否能够公正。

523 想要成功地将法国大革命中宣扬的免费、义务和世俗化的原则融入到法律中，需要上百年的时间。特别是义务教育的观念，只能慢慢被一些先进人士逐渐接受。尽管如此，在 1833 年，库辛（Cousin，1792—1868）这个曾经报道过基佐原则的人，陈述了自己的观点：

“法律规定小学教育为义务教育，在我看来，这并没有超出立法机构的权利范围。义务教育法就像国土安全法一样，是为了公共利益而颁布的强制性法律。如果说私人财产法的颁布是因为它的有用性，那为什么不可以为了更高层次的有用性而颁布义务教育法呢？要求孩子们去接受对每个人来说都必不可少的教育，把孩子培养成为不会危害自己和社会的合格公民。这难道不是更有用吗？”

库辛还宣布他任职主席的那个委员会，不会放弃采取合理措施推进义务教育法的制定。但是，他也担心遇到的一些困难会导致义务教育法的拖延，而人们对义务教育法的等待已经有些不耐烦了。教育民众的必要性、社会利益、家庭和个人利益，这些因素不自觉地熄灭了虚假自由的幻想。今天，我们已经不需要再重复卡诺在 1848 年法案中提出的有力呼吁以及杜卢伊和朱尔·西蒙（Jules Simon）[①] 的见解。

1873 年，基佐发表了他自己的见解：

“精神自由和家庭自由的权利应该得到尊重和保护。为了尊重和保护精神自由和家庭自由，国家和民众可能需要立法推进小学教育，
524 让教育成为合法的、义务的、必需的事情。这就是教育的现状，义务教育运动是真诚的、严肃的、全国性的。很多有力的例子支持鼓舞着它。在德国、瑞士、丹麦以及美国的大部分地方，小学教育都具有义务性。义务教育收获了硕果累累的文明和进步，而法国和它的政府没有理由拒绝它。”

616. 初等教育课程

初等教育在前所未有地发展壮大。同时，更多的人参与到初等教

① 朱尔·西蒙（1814—1896），法国哲学家。——译者注

育中来，初等教育课程也得到了发展。在这一方面，对规定这一时期教育内容的法律条文进行一番比较是很值得的。

《1833年法案》规定："入门的初等教育必须包括道德、宗教、阅读、书写、法语基础、计算以及度量衡等内容。"

1848年6月30日，教育部长卡诺提交的法案内容如下："初等教育包括：(1) 阅读、书写、法语词语、计算、度量系统、距离测量、自然现象的概念、农业和工业的主要事实、素描、歌唱，以及法国历史、地理的基本概念；(2) 有关职责的知识、公民的权利和义务、自由、平等、博爱的发展；(3) 卫生保健的基本规则，以及有益于身体健康的运动。"

"宗教教育由不同教派的牧师所主持。"

根据1849年4月10日的巴特米尔法案规定，男孩的初等教育必 525
须包括："道德、宗教和公民教育、阅读、书写、法语词语、计算法、度量衡规则系统、素描、农业、卫生保健的基本概念、歌唱和体育运动等。"

"根据各地的不同需要和资源，入门的初等教育应该包括任何合理的发展，特别应该包括法国历史和地理概念。"

最后，1850年3月15日的法令规定，"第23条：初等教育包括道德教育、阅读、书写、法语基础、计算以及度量衡系统。另外，也可以包括实际应用的算术、历史和地理基础知识、体育科学观念、可应用于正常生活的自然史观念、农业、贸易及卫生保健的基本知识、土地测量、水准测量、素描、歌唱和体操等。"

1850年以来，在将选修课程转为必修课程方面，进步尤其明显。例如，历史直到1867年才成为正式课程。

617. 教育理论家

沿着初等教育的发展历史，19世纪教育学史也开始关注和研究中等教育和高等教育问题，或许会讲到大学的历史、中学和学院中的教育改革以及学院和学科中前所未有的自由精神。但是，如果我们遵循这种顺序展开研究，详细了解当代教育史的细节，我们就应该突破传统的束缚。

526 这里，值得我们注意的是不同思想家的理论观点。19世纪，这些理论家探讨了教育的原则和法律。至少，我们应该关注一下那些因新颖观点而著名的理论家们。

618. 雅克托

在19世纪法国的教育家中，雅克托（Jacotot，1770—1840）也许是在国外最受欢迎的教育家，尤其是在德国。在他值得赞扬的成就中，可能首先是他的悖论。迪特斯博士说："雅克托激发了德国公共教育的长期发展，他对阅读教学的改革至关重要。他从一个整句开始，先朗读，再解释，用心教会儿童记忆，之后再分析构成句子的组成部分。"① 另一方面，一位法国的批评家佩雷斯（Bernard Perez）对雅克托进行了如下的描述：

"他［雅克托］是最好的、最受喜爱的人。他果断、有耐心、诚实、头脑聪明、性格坦率、心怀无尽的慈悲和善意。于是，他在每一封信的末尾都会这样写道：'我尤其赞扬你，穷苦的人。'虽然言辞古怪，不够公正，但是，他著作的字里行间渗透着热情的慈善之心和对教育的一腔热忱和激情。"②

619. 雅克托的悖论

在他的主要著作《普及教育》（*Universal Instruction*）③ 中，雅克托提出了他的原则，而这些原则都是悖论："所有人的智力都是平等的"；"每个人都能够教别人，甚至可以教连自己都不知道的知识"；
527 "一个人可以自己教自己"；"一切在一切之中"（All is in All）。

毋庸置疑，雅克托的悖论存在一定的真理成分。例如，最好的教

---

① 迪特斯：《教育和教学的历史》，第272页。

② 参见贝尔钠·佩雷（Bernard Perez）：《雅克托与他的智力发展方法》（*Jacotot et sa method d'emancipation intelletuelle*），巴黎，1883年。

③ 雅克托：《普及教育》（*Enseignement universel*），巴黎，1823年。

学就是鼓励年轻人自行思考，这句话非常正确。他还说，意志的不平等会毁坏智力的平等，这句话就有些夸大其辞。但是，猛烈而夸张的表达方式反而让他的思想成功地吸引民众。他的教育思想中真实有益的东西已被忘记，我们只记得他自娱自乐、异想天开的悖论。

620. 一切在一切之中

雅克托最为人熟知的悖论就是："一切在一切之中。"拉丁语的庞大体系存在于一页拉丁文中；音乐的庞大体系存在于一首乐曲之中；算术的庞大体系存在于一条运算法则之中。

在教学实践上，雅克托教他的学生学习《忒勒玛科斯》(*Telemachus*) 的前六本书。对于文章，学过以后一周背诵两次，布置各种类型的练习，这将足够学习法语的全部知识。他用同样的方法教学生学习，把书分发给学生，要求在两个月内学完，这就是学生学习拉丁语的全部工具书。实际上，除了言辞有些夸张外，雅克托的观点是正确的，他认为有必要"把某些知识学透彻，然后再联系其他的事物"。

621. 圣西门和傅立叶的追随者

20 世纪初，乌托邦思想家因其社会组织计划而著名，但是，他们的著作毫无实用价值，他们的体系充满幻想。他们当中，最具有虚幻想法的是卡贝 (Cabet)①，他要求全部的古典著作都要被烧毁，并且除了国家要求外，否则不得出版任何新书籍。另外，他还要学生自己制定学校规章制度。② 528

维克托·孔西德朗 (Victor Considerant)③ 贬损的不是书籍，而是纪律和权威。他说："孩子将不再叛逆，因为他们不会再被动接受

① 卡贝 (1788—1856)，法国空想社会主义者，傅立叶主义的信徒。——译者注

② 卡贝 (Cabet)：《伊加利亚旅行记》(*Voyage en Icarie*)，巴黎，1842 年。

③ 孔西德朗 (1808—1893)，法国空想社会主义者。——译者注

命令。”①

1816 年，圣西门向初等教育协会递交了一篇简短的文稿，这篇文稿显示了他对教育的兴趣。对于他和他的追随者来说，教育是“共同的努力，使每一代人适应社会规则，促进人类发展”，这体现了现代教育与古代教育的强烈对比。现代教育是为了追求至高无上的现世意义和社会意义，而古代教育则是为了追求盲目迷信和宗教顺从。美学情感、科学方法、职业培训——这是专门教育或专业教育应该考虑的三个要素。但是，除了这些，圣西门和他的追随者认为道德教育受到严重忽视，提出道德教育主要应该培养年轻人的同情心和情感能力。他们并不寄希望于科学和抽象原理的道德价值。在他们看来，情感才是真正的道德原则，而教育从根本上来说应该是心灵的教育。

622. 傅立叶

与圣西门一样，傅立叶（Fourier，1772—1837）② 也充满教育空想。他的《自然教育》（*Natural Education*）堪称教育学中一本最奇特的书。书中弥漫着荒诞不经的奇思妙想，时而有几缕正常思维混杂其中。

529 傅立叶不仅重现了柏拉图的理想国，并且主张把婴儿托付给公共护士。尽管他强调自然是完美的，但是，他还是看到儿童的多样性。他把“乳婴和婴儿”分为三个等级——“小天使、小坏蛋、小魔鬼”。这种做法似乎更有道理。

此外，傅立叶还努力鼓励学校开展手工活动，这一点我们必须表扬。他建议孩子参观各种工厂和商店，这对孩子来说是非常有价值的暗示。孩子们在看到这种或那种行业工作之后，心里就知道自己想去从事的职业。

在傅立叶看来，孩子们的直觉是神圣的，甚至包括那些最坏的直

---

① 孔西德朗（Consederant）：《十九世纪教育理论的理想与魅力》（*Theorie d'education rationnelle et attrayante du dixneuvieme siècle*），巴黎，1844 年。

② 傅立叶（1772—1837），法国空想社会主义者。——译者注

觉，例如，孩子们搞破坏的倾向或者藐视所有权的倾向。傅立叶不仅不反对孩子们的直觉倾向，而且还利用调皮捣蛋的和懒散的孩子们的不同倾向，使他们变为己用。例如，他让孩子们去抓爬行动物或者清理下水道。

但是，了解更多的细节是没有用的。傅立叶式的教育既不是纪律也不是生活准则，只不过是对孩子天生直觉的慵懒依赖或强烈刺激。教育不再是指导或训练，而是简单必要的个性解放或对个性的激发。

623. 孔德和实证主义者

实证主义学派及其著名的创始者奥古斯特·孔德（Aususte Comte，1798—1857），不可能在他的百科全书里忽略像教育如此重要的问题。作为《实证主义哲学课程》（*Course in Positive philosophy*）的作者，孔德特别发表了一篇关于教育学的文章。他说："教育这个伟大的主题，还没有得到充分系统的论述。"[①] 他的文章也没有实现这一宏伟目标。但是，从他著作的不同篇章中，我们可以提炼出孔德教 530
育理论的基本特征，重新构建孔德的教育思想体系。

孔德以人类进化论的自然特性和特殊性为指导依据。

"个人教育与群体进化的一致性，是合理评价个人教育的标准。"

在孔德看来，由于实证主义代表人类进化的最高程度，因此，新的教育应该是实证主义的。

"凡是思维正常的人都认为，有必要用一种理论的、形而上学的和人文的实证主义教育代替当今的欧洲教育。实证主义教育符合当今的时代精神，符合现代文明的需要。"

实证主义把科学看做教育的根基。但是，这种教育是否会有成果，取决于一个条件，即我们最终必须放弃"特殊的排外性和严重的孤立性，这是当今科学教育方式的两个特点"。《实证主义哲学课程》具有明确的目的，这就是通过建立各种科学之间的联系和结构关系，

① 孔德：《实证主义哲学课程》（*Cours de philosophie positive*）第二版，1864年，第6卷，第771页。

克服单科研究的劣势。孔德把数学作为科学教育的起点，这与现代教育的倾向正好相反。在现代教育中，科学的基础是具体的物理学。

在他的社会改革计划中，孔德要求实施普及教育。他严厉批判了贵族阶级对穷人阶级教育问题的漠不关心。

“当今专制政权的最深刻特点之一，就是上层阶级对待公共教育
531 的冷漠态度。如果继续这样肆无忌惮地发展下去，那人们未来的命运
将面临可怕的危险。”

然而，孔德并没有幻想人人平等的普及教育。他承认教育的等级性，他说：“相似或相同的教育体系允许不同程度的张弛。”

624. 迪庞卢

在19世纪宗教作家中，对教育研究最热情的作家无疑是迪庞卢（Dupanloup，1803—1878）大主教。这位能言善辩的高级神职人员，以自己的重要著作证明他对教育的激情。但是，这些著作的创作灵感更多地来自心灵，而不是智慧；更多地体现基督辩护者的宗教激情，而不是对真理的热爱。浮华的语言和夸张的思想，往往让读者无法感受到本应该感受到的道德、宗教灵感和热忱深刻的宗教信仰。书中讨论更多的是信仰，而不是慈善。尽管这些著作都是长篇巨著，但它们都是战争时期的宣传册。我们应该当心不要把它们当做科学著作。这些著作缺乏平静，从翻开书本的第一页开始，我们就感觉被卷入一场充满扰人的暴风雨之中。

625. 对迪庞卢教育主张的分析

迪庞卢的《教育》（*Education*）三卷本具有重要的阅读价值。第
532 一卷分析了一般教育，包括三册书。在第一册中，作者明确阐述了教
育的特点，教育目的就是要培养、训练、发展、强化并最终升华儿童
的各种能力。在接下来的著作里，作者研究了孩子的天性，时而温柔
的语言着实让人感动。他还分析了宗教、教学、纪律、体育等各种教
学方式。纪律包括遵守、阻止和抑制。纪律与教育的关系“就像树枝
与周围树干的关系一样，树枝保持水分，并且把水分输送给树心”。

第二卷的题目是《教育的权威和尊重》(*Authority and Respect in Education*)。在作者看来，权威和尊重是两个基本要素。从这一角度来说，他研究的是教育的不同角色，包括上帝、父母、老师、学生和同学。

第三卷为《教育者》(*Educational Men*)，分析了教育机构中的校长及同事等教职人员应该具有的品质。①

626. 迪庞卢著作的错误和偏见

尽管迪庞卢写过《尊重儿童的尊严和自由天性》(*Of the Respect due the Dignity of the Child and the Liberty of His Nature*)，但他更为关注的却是儿童的缺点和不足，而不是儿童的优点和美德。一想到儿童的无知、好奇、感官，特别是骄傲，他都会不寒而栗。因此，他非常质疑夸奖和奖励。

他对老师说："你表扬学生的时候，难道不担心他们会产生骄傲心理吗？学生的骄傲心理是一种可怕的罪恶；骄傲从'第三名'时开始萌芽，在'第二名'时成长；在学习'修辞学'时开花，在学习'哲学'时结果。"②

在怀疑人性的同时，迪庞卢还悲观地看待教师的职能。他说："我们发现，教师行业中有很多严重问题。如果我们能够胜任这个职 533
业，如果我们能全身心地奉献于这个职业，那我们或许有时能从中找到慰藉，但是却从来不可能从中找到乐趣！"

这个结论绝对可怕，但是，得出结论的人自己就是这个结论的反面论证。作为一个教育家，迪庞卢却宣称教育工作只有劳苦而没有甜蜜，认为青年教师过的是只有牺牲和痛苦的人生，对此我们怎么可以不怀疑呢？

---

① 迪庞卢的主要教育学著作是《教育》(*Education*)，出版于1851年，共3卷；《高等教育》(*De la haute education intellectuelle*)出版于1855年，共3卷；《关于女孩教育的信》(*Lettres sur l'education des filles*)出版于1879年，共1卷。

② 参见本书英文本第131页注释。

迪庞卢教育思想中最严重的错误在于，他没有跨越中等教育的界限。他的著作都是关于中学课堂的。他对民众教育没有兴趣，他不热爱世俗教师，他讨厌大学。最后，他是1850年5月15日法案的鼓动者。

627. 唯心主义学派和大学人士

法国唯心主义学派（spiritualistic school）的哲学家们大多都不重视教育理论。他们中最著名的是库辛（Cousin，1792—1868）。在帮助组织大学教育的同时，他细心研究了国外的教育机构，这主要体现在他的两本著作中：《荷兰公共教育》（*Public Instruction in Holland*，1837）和《德国公共教育》（*Public Instruction in Germany*，1840）。朱尔斯·西蒙也具有同样的务实主义精神，但他有一个明显的倾向：喜欢研究初等教育问题。他的《学校》（*School*，1864）一书是免费义
534 务教育的宣言。

19世纪的大学人士则更多在行动，而不仅仅是思考。他们关注的是培养更多的优秀学生，而不是创作更多的理论著作。然而，库诺（Cournot）① 和波索特（Bersot）② 的著作，特别是米歇尔·格雷亚尔③（Michel Breal）的著作，都蕴含着宝贵的真理。

628. 分析性总结

(1) 19世纪教育思想的一个主要特点，就是从一些基本理论出发来推断实践规律。大部分教育学理论都来自心理学，而另一部分教育理论则来自社会学甚至法学。

(2) 拿破仑的目的是通过帝国大学的影响力来确保其帝国的长

---

① 库诺（Cournot.）1864年出版了一本著名的著作，名为《公共教育机构》（*Des institutions d'instruction publique*）。

② 参见波索特（E. Bersot）的《道德哲学论文集》（*Essais de philosophie et de morale*），也可参见《学习与论文》（*Etudes et discours*），1879年。

③ 参见格雷亚尔（Breal）的一本著名的著作：《论法国公共教育》（*Quelques mots sur l'instruction pubilique en France*）。

存，这也证明他相信思想的力量，相信民众教育是增强国家实力的一个重要手段。

（3）相互教学法的历史表现出三个重要事实：一是在唤醒民众对教育问题的关注方面发挥了鼓动作用；二是在特殊情况下使用的权宜之计，没有绝对的评价标准；三是如果把这种权宜之计转变成适用于任何情况的万能的“教育制度”，这是具有风险的。

（4）夸美纽斯、裴斯泰洛齐和雅克托试图通过简化教育过程来普及教育，使每一位母亲都可以成为教师，使每一个家庭都可以成为学校。

（5）在孔德的思想中，我们看到了孔狄亚克理论的再现，即人类教育的历史在一定程度上是个体教育的历史。这种同样的假定将会在斯宾塞的教育思想中再次显现。

第二十二章　教育科学——赫伯特·斯宾塞与亚历山大·贝恩

535 629. 教育科学

今天，大量的重要著作使教育学不再是空洞的术语、哲学家的空想或智者的诡辩。毫无疑问，教育学远远没有建立完整的体系，但是，它不再隐姓埋名、遮掩主张；它明确了自己的目标和理论方法，并且在各个方面都展示出清新的活力。

直到当今时代，哲学家们很少思考过在理性的基础上构建教育学
536 体系。另一方面，与哲学家们的教育观点相比，教育实践则更为落后。在教育实践方面，我们经常顺应欠缺考虑的制度或模糊的直觉。教育实践体现着古老传统与现代观点的奇特结合，缺乏明确的定义，各种思想交融并存，矛盾丛生。正因如此，李希特（Richter）① 说："今天的教育就像意大利喜剧中的小丑，两只胳膊下夹着一卷纸走上舞台，有人问他：'你右胳膊下夹的是什么？'他说：'命令。''那你左胳膊下夹的是什么？''对抗命令！'"

19 世纪，很多哲学家试图运用科学精神解决这种矛盾冲突，努力对陷入经验主义或陈规旧俗的教育实践进行重新规范。下面我们会对这方面的探索作一简单的梳理。

630. 德国哲学家

自康德开始，大多数哲学家都开始效仿他，把教育理论与对人性

---

① 李希特（J. P. Richter）［德国教育家，1768—1825］，更为著名的是让·保罗（Jean Paul，1763—1825）这个名字，一本精彩的学术著作《教育学原理》（*Levana, or the Doctrine of Education*，1803）的作者。

的思考联系起来。

费希特（Fichte，1762—1814）[1] 在他的《对德意志民族的演讲》（*Discourse to the German Nation*）中，主张国民教育必须保障国家的振兴，恢复国家以前的地位。他倡导公共的民众教育，反对家庭生活 537
造成的自私自利；他通过富有说服力的主张试图恢复智育和德育的光辉，最终成就德国在物质方面的辉煌。

施莱尔马赫（Schleiermacher，1768—1834）[2] 所著的《教育理论》（*The Doctrine of Education*）一书，直到 1849 年才出版。他在书中提出一种观点，主张宗教教育不属于学校事务，而是家庭和教堂事务。

赫尔巴特（Herbart，1776—1841）[3] 著有一系列教育学著作，在教育哲学家中占有特殊的地位。我们特别关注的是他的《普通教育学》（*General Pedagogy*，1806）和《教育学讲授纲要》（*Outline of my Lessons on Pedagogy*，1840）。赫尔巴特最突出的成就在于，他把自己的心理学理论作为教育学的基础，并尝试把教育学的全部原理简化为一个体系。他在心理学领域创造了一种新方法——数学方法，但是，这种方法并没有获得预期的成果。他认为，心理学只是心灵活动的机制，通过数学计算方法我们可以度量观念的力量。心灵不具有各种内在能力，它是逐渐发展而形成的。

但是，想要了解赫尔巴特这一新思想的奥秘，并不是一件容易的事情。我们只需要说，他是裴斯泰洛齐的朋友，从小就深受裴斯泰洛齐思想的影响，从而创立了一个真正的教育学流派。

贝内克（Beneke，1798—1854）[4] 著有《教育和教学学说》（*Doctrine of Education and Instruction*）一书。迪特斯认为，该书是一本教育心理学巨著。贝内克很多观点与赫尔巴特一致，他的教育方

① 费希特，德国哲学家、教育家。——译者注

② 施莱尔马赫，德国哲学家、神学家。——译者注

③ 赫尔巴特，德国哲学家、教育家。——译者注

④ 贝内克，德国哲学家、教育家。——译者注

法在德雷斯勒（J. G. Dressler）的帮助下得以普及，德雷斯勒是布森师范学院的院长，1860 年去世。①

538 查尔斯·施密特（Charles Schmidt）于 1864 年去世，著有大量教育学著作，深受加尔（Gall）② 的颅相学以及各种狂想与假设的启发。显然，这种启发并非完全令人满意，施密特著作的价值不在于一般理论，而在于细节性的特殊思考。他的著作至少得出这条真理，即教育科学不仅要以心理学为基础，而且也要以生理学为基础，教育学是致力于培养身心健全的人的科学。

在所有的国家中，德国的教育学最具哲学思考的特征和深度。甚至有些伟大的诗人，例如，莱辛（Lessing）③、赫尔德（Herder）④、歌德（Goethe）⑤、席勒（Schiller）⑥ 等，都成为教育学大厦的重要奠基者。

631. 英国哲学家

英国哲学具有实验的和实践的特点，体现出实证主义和功利主义的倾向，对教育也产生了重大影响。德国观念主义哲学家们沉浸在假设和系统的建构之中，而英国哲学家们在不同程度上追随着洛克和贝恩，保留了谨慎观察和认真实验的习惯，与德国哲学家相比，英国哲学家能够给我们更多有关真理的启示。

当然，这也解释了为什么赫伯特·斯宾塞（Herbert Spencer）⑦

---

① 参见《心理学要素：贝内克的基本理论》（*Element of Psycholgy, on the Principles of Beneke*），伦敦，1871 年。

② 加尔（1758—1828），德国解剖学家、生理学家，颅相学创始人。——译者注

③ 莱辛（1729—1781），本名 Gotthold Ephraim，德国诗人、剧评家及批评家。——译者注

④ 赫尔德（1744—1803），德国哲学家，康德的学生。——译者注

⑤ 歌德（1749—1832），德国小说家、剧作家、诗人及思想家。——译者注

⑥ 席勒（1759—1805），德国诗人、剧作家——译者注

⑦ 赫伯特·斯宾塞（1820—1903），英国社会学家、哲学家和教育家。——译者注

和亚历山大·贝恩（Alexander Bain）[1] 的近期著作在法国获得如此巨大的成功。

632. 赫伯特·斯宾塞的著作

如果要明确教育目标并找出建构教育科学的真正方法，那么，斯宾塞的《教育论：德育、智育、体育》（*Education, Intellectual, Moral, and Physical*）[2] 应该是一本令人满意的著作。但是，认识心 539
理学是完整精确的教育学的唯一基础是一回事，而了解心理学的真正规律则是另外一回事。

斯宾塞说："直到科学发展完全达到理性心理学的水准，教育才能够真正系统化。"

这一天还没有到来，而斯宾塞是发现这个事实的第一人，他谦虚地认为自己的著作只是一篇随笔。如果说他著作中的教育理论还没有达到完美和系统的程度的话，那么，这位英国哲学家的随笔至少向理性教育和科学教育迈出了有力的一步，就像弗乔（Virchow）所说的："应该永远禁止无知的教育探索和缺乏创新的教育实验。"

633.《教育论》的结构

每个教育体系同时都会预设一种伦理标准——我是说，一种人生观或对人类命运的认识；以及一种心理学——即一种对我们自身的能力以及各种能力发展规律的认识。在教育中，有两个基本问题：一是在学习和教育中哪些科目更适合培养人的各种品质，让人成为受过良好教育的人；二是我们通过什么方法可以更快、更好地教育儿童学习适当的知识。也就是教育目的和方法问题。解决第一个问题的途径是道德，而解决第二个问题则需要心理学。

正是根据这些因素，斯宾塞构思了自己著作的结构。第一章名为

---

[1] 亚历山大·贝恩（1818—1903），英国心理学家、哲学家和教育家。——译者注

[2] 该书第一本法译本出版于1878年。

540 “什么知识最有价值?”(*What Knowledge is of Most Worth?*)这一章实质上是对教育的最终目的、人类活动的不同形式、构成完整教育体系的不同学科相对重要性和排序等进行的一系列反思。在另外三章《智育》、《德育》和《体育》中,作者斯宾塞依次分析了培养智力、完善道德、强健身体三方面的最好方法。

634. 对教育的定义

斯宾塞首先对教育进行了定义。

他说:“教育是我们对自己所做的一切,是别人为我们所做的一切,目的是让我们更接近完美的人性。……完美的教育要帮助人们做好一生的准备。……不要以牺牲其他知识为代价而过度重视某一门知识,不管这门知识多么重要。我们要把注意力放在整体上,把精力合理分配在每一门有价值的学科上。……一般说来,受教育者应该尽可能地学习各种对个人发展和社会生活有利的知识,而对于没有这方面帮助的学科,最多稍微了解就可以了。”①

这一定义不完全正确,有点虚张声势,并且没有关注到教育的形式。如果这个完美而完整的教育计划针对的是一部分有特权的人,那或许还是正确的,但是它不可能在民众教育中得以实施。它远远超越了人类处境和社会现实状况。

541 635. 人类的命运

在《教育论》的开始部分,斯宾塞提出的人类命运观具有明显的功利主义倾向。他对当代教育的第一个不满之处,就是教育为了趣味性而丧失有用性。在现在的教育中,心智装饰和炫耀的知识,优先于能够保证我们获得更好的生活和幸福的知识。就像服装的历史一样,在野蛮人时代,装饰性服饰的产生被证明是先于有用性服饰的。同样,在教育中,装饰性的知识比有用性的知识更加受到青睐,尤其是

① 这句引文与很多其他引文一样,是本书作者孔佩雷对原著意思的总结概括,而不是原文摘录。——佩恩注

对于女子而言，她们对纯粹装饰性的品质尤为喜爱。①

斯宾塞强烈反对浮华的教育。他认为古典教育可以被一种更为实用的教育而取代，他甚至说道：

“就像印第安人会画壁画、为自己文身一样，我们国家的儿童学习拉丁语只是因为拉丁语是绅士教育的一部分。”

然而，我们不能完全根据字面意思来作出推断。斯宾塞的意思并不是废除那些表面看起来浮华无用但其实非常重要的学科。他只是要求教育不要降低到无聊狭隘的古代语言和历史学习，例如，记忆战争的日期、王子的出生和死亡日期等知识。

636. 功利主义倾向

有用性，即对幸福的影响，这是评价人的教育的各种学科的标
准；依据这一标准来确定学科是允许开设还是禁止开设，并进行学科 542
的最终分类。然而，我们要知道，这里的幸福是广义的和崇高的幸福。幸福不在于原始冲动和需求的满足，而在于完满生活中的一切可能性。为我们做好开创完满生活的充分准备——这就是教育的功用。

637. 对人类活动的不同分类

完满生活意味着从事不同的活动，不同活动的重要性和高贵性也决定着活动的主次地位。斯宾塞根据渐进发展的水平对人类活动做了如下划分：

首先，保证自我生存的活动。如果不能生存，不管是显赫的学者、公民、爱国者或尽职的父亲都没有任何意义；或者说，如果一个人连自己的安全和性命都保全不了，那么，所有其他社会角色都不可能实现。

其次，与生存健康直接相关的一系列活动，即生产或获取维持生

① 按照斯宾塞先生的理论，既然从历史上来说，装饰物早于服饰，那么，女人就不必等到成熟以后才好好打扮。个人服饰的起源难道不应该与人类服饰的起源顺序保持一致吗？——佩恩注

存的必要物质资料，也就是工业和其他行业。

第三，人类家庭中有益的参与活动，如抚养子女。

第四，社会和政治生活中的活动，这一点要以家庭职责的完成为前提，正如家庭职责的完成要以个人生命的正常生存和发展为前提。

543 最后，人生的最高形式在于审美活动，享受履行责任和工作之外的闲暇时间，在文学和艺术中寻找满足。

638. 对这种人类活动分类方式的评价

斯宾塞关于完整而正常的人生中不同活动的精确、系统的划分，对此是否存在异议？有没有必要说明这里对幸福的理解相当于美德？斯宾塞提出五种活动，每一种活动都不容疏忽。如果忽视第一种活动，那么生命的物质存在就会遇到危险；忽视最后一种活动则有损高尚的道德。这五种活动在一定程度上是相互依存的，也就是说，最低级的活动——自私的活动——是完成人类其他责任的必要前提；最高级的活动——无私的活动——是对我们为了维持生存、满足自身物质需求而付出的辛劳汗水的肯定。

然而，我们还保留一条意见。斯宾塞在最后一种至高无上的活动中，融入了所有与个人道德发展相关的内容，这是错误的。在第二种和第三种活动中，我们认为应该加入另外一种活动形式，即个人道德生活，让每个人，即使最卑微、最贫穷的人，都能产生良心的理性和意志。斯宾塞的体系过于贵族化，仿佛道德生活只是属于贵族阶级的特权。在民主社会中，我们相信平等，但平等不只是一个空洞的术
544 语，我们必须做出努力，提高各个社会阶层的道德水平，把个人活动降低到维持身体存活和健康的层次是不正确的。

639. 教育的作用

现在，我们很容易理解教育的责任。教育要致力于发展天性，各门科目要按照人类活动的不同形式而进行教授。教育学生学习不同类别的知识，首先让学生成为健康的人，然后成为劳动者、工人——总之，一个能够维持生计的人；还要让他学习家庭和公民美德，把他培

养成为家庭和社会做贡献的人；最后，向他打开一切艺术形式的光辉殿堂。

640. 科学是教育的基础

当我们把人生划分为几个相互重叠的阶段之后，教育应该教我们如何从一个阶段上升到另一个阶段，因此，有必要知道每一个阶段对应哪些不同门类的知识。对这个问题，斯宾塞是这样回答的：在人类发展的一切阶段，科学是教育最重要的且不可或缺的基础。

641. 与健康和产业活动相关的科学

在教育的第一部分，也就是以自我生存为对象的教育部分，科学
的价值是最小的。在这里，教育或许大部分是消极的，因为我们在自
然的引导下走向目的地。孩子看到陌生人就哭，感到轻微的不悦就投 545
进母亲的怀抱。然而，随着人的慢慢成长，人对科学的需要也越来越
多，如果没有生理学和卫生学，那他将无法生活。通过学习这些科
学，他能避免一切不够谨慎的行为，避免一切可能缩短寿命的身体缺
陷，为长寿的人生做好准备。通过学习科学，他能尽量让短暂的人生
更加长久。这是一个明确的真理，但是经常不被人重视！

斯宾塞说："很多学者如果把'Iphigénia'错念成'Iphigenía'就会脸红，但是，他们却很坦然地承认自己不知道咽喉管在哪里，不知道骨髓的运作！"

斯宾塞先生重视实用性的活动以及与之相对应的教育，提出了科学的实用性。他知道，在当代社会中，有很大一股倾向鼓励发展职业和产业教育；但是，他理智地认为，为了实现这方面教育的完美和成功，我们不应该像现在这样实施教育。一切科学，从数学到与之相关的艺术，从机械到机器发挥重要作用的工业，从研究事物及其属性的物理和化学到运用政治分析各种商业关系的社会科学，总之，所有这些科学都有利于促进个人技巧和严谨个性的发展，不管他从事的是哪一种职业。

642. 家庭生活的科学

在斯宾塞的思想中有一个独特的创新点，他对这一点也做了透彻
546 的剖析，那就是，教育父母的必要性，尤其是教育母亲的重要性，让母亲知道自己的责任和义务，了解身心发展的自然规律，以此来指导孩子们的教育。他说："一个新生儿的命运决定于传统风俗、冲动、幻想，孩子的命运由无知的保姆和有偏见的祖母决定，难道这不残忍吗？在当今的情况下，即使在有财富的家庭中，最好的教育也只是培养禁欲者的教育。"我们一直说女子的职业是抚养子女，然而，我们却没有教育女子应该如何更好地完成这项伟大的任务。她对人生规律和心理活动一无所知，对道德情感和身体不适的本质一无所知，她插手儿童教育往往造成严重的后果，还不如什么都不做。

643. 审美教育的科学

斯宾塞还阐释了社会和政治活动也需要科学教育。只有了解国家的历史，一个人才能成为该国合格的公民。

我们比较难以认可斯宾塞的是，他认为审美教育也要以科学为基础。例如，他宣称，拙劣的作曲家之所以拙劣是因为他们缺乏真知，缺乏真知是因为他们缺乏科学。这种说法难道不是有点夸大其词吗？一个人在成为文学家和艺术家的同时，是不是也要成为几何学家呢？想要在文明花朵的艺术领域取得成就，我们不仅需要才智和自然天赋，我们还需要长期的锻炼和缓慢的尝试过程，总之，这远远超越了学习科学的范围。

644. 斯宾塞的夸张和偏见

我们与任何人一样深信科学对教育的功效和益处，我们也与斯宾
547 塞一样乐于承认科学史教育的基础作用。但是，我们必须警惕对科学的盲目信仰，可能发展为迷信的危险性。斯宾塞并没有完全脱离这种危险。

我们承认科学可以促进各种智力的发展，例如，判断力、记忆

力、推理能力；我们甚至也承认科学比语言能够更好地促进这些智力的发展。但是，斯宾塞赋予科学启发道德品质的功用，例如，毅力、真诚、活动、自我克制、虔诚甚至宗教情怀，对此我们不得不提出反对意见。在我们看来，科学是刺激和促进各种心灵活动的完美工具，但是，科学具有约束心灵的作用吗？感谢科学让人们知道，如果想成为工人、家长或公民应该怎么做，但这里的前提是他“愿意”；这种意志力的教育仍然是通过科学进行的吗？我们对此深表怀疑。

通过分析斯宾塞后期的一本著作《社会科学导论》（*Introduction to Social Science*），我们发现他对此也有怀疑。[①] 书中说道：“相信书本和天性是我们当代的两大迷信。”他还说：我们自欺欺人，在智力和意志之间搭建了一种关联，但是，人的行为不仅是由知识决定的，而且也是由情感决定的。

“用拉丁语上几何课，就像用智力学科启发道德情感一样荒谬。”

说实话，斯宾塞在这里又陷入另一个极端。在我们看来，他赋予 548
科学对道德教育的影响力不是太多、就是太少。

645. 智育

到现在为止，我们分析了斯宾塞对教育对象的天性和有利于人的教育知识门类的看法。接下来，我们还要研究大脑是如何接受知识的。教育学不仅要从理论上设计一个完美的必要的学科大纲，而且要探索教育手段和方法，以便这些知识能够更好地呈现给大脑，让人脑有更多机会接受有用的知识。

在这本有点实践性的著作中，斯宾塞先生认为，教育的主导思想应该是进化论思想，即人类的自我发展、自我创造、按照固有规律依次发展自然细胞或遗传基因中的各种能力、缓慢的循序渐进的进化过程。

646. 智力进化的规律

换句话说，斯宾塞表明，只有在弄清智力进化的规律之后，我们

---

① 斯宾塞：《社会科学导论》（*Introduction to Social Science*），第 390 页。

才能得出确切的教育学概念，他试图确立智力进化的规律。

他证明思维从简单到复杂、从不确定到确定、从具体到抽象、从经验到理性的自然发展过程；个人的起源与民族的起源是相似的；心灵更容易接受它自己发现的知识；对儿童有益的一切文化教育同时也是能够使他感到刺激和愉悦的练习。

549 从上述观点得出了以下实践方面的结论：必须首先向孩子展示简单的学习事物，比如单个的感官事物，从简单事物逐渐引向复杂事物，比如抽象的归纳和理性的概念等；儿童的智力不能强求，模糊不完整的概念经过思维的探索会逐渐变得清晰明确起来；教育应该是内在的，要教育每个孩子了解人类和文明的进化发展过程；教育必须强调学生的自身努力，而不是老师的所作所为；最后，教育必须探索有趣的方法。因此，教育家不能违背自然，不能违背自然的、不被察觉的真正发展过程，而要顺从自然一步一步成长发展。教育不再是一种阻止、压迫和扼杀的力量，相反，是与心灵的自发力量相互联系的一种支持和激发力量。

647. 自我教育

斯宾塞非常重视这条建议——让我们把自我教育放在第一位的格言：

“在教育中，应该鼓励自我发展过程的全面进行。我们应该引导儿童自主研究，得出自己的结论。我们应该尽量少讲给他们知识，而是要引导他们自己去探索发现更多的知识。只有通过自我教育，人性才能得到发展；为了获得最好的结果，每个人的思维发展过程都是同一种方式，这经常被自我教育的成功人士所证明。在学校的日常训练
550 下成长起来的人，或许会认为那是唯一可行的教育方式，让孩子成为自己的老师，在他们看来是不可能的。然而，如果他们能想到：孩子们在幼年时期没有任何帮助的情况下能够学会有关周围环境和事物的重要知识；孩子能够自己学会说母语；每个男孩自己在学校外面学到多么丰富的人生经历；伦敦城里无人照料的流浪孩子拥有多么不一般的智力和方向识别能力；甚至，我们的思维是如何在毫无帮助的情况

下挣扎着发展起来的，不仅要克服混乱无序的教学大纲，而且要克服其他很多困难。如果他们能想到这些，他们就会发现这个结论是合理的：如果我们把各个学科按照正确的顺序和形式展现在学生面前，任何有普通智力水平的学生都会克服相继出现的种种困难，几乎不需要任何外界的帮助。”

648. 德育

斯宾塞在德育方面并没有像智育一样有完整的理论体系，但是，他却对此做了一些思考。

斯宾塞明确宣布他不接受帕默斯顿勋爵（Lord Palmerson）[1] 的教条，或者法国人所说的卢梭教条，即所有儿童天性生来都是善良的。他更倾向于相反的观点，他说：“虽然不能证实，但是对我们来说更像真理。”毫无疑问，我们不能期望儿童具有多么高尚的道德品质，但是，斯宾塞有些夸张，他描绘了一幅过于黑暗的儿童画像： 551
“儿童与未开化的人相似，他的身体特征与道德直觉同样具有未开化的人的特征。”从字面意思推断，这种悲观主义按照逻辑会走向过度严厉的道德纪律，具有绝对的压制性和约束性。然而，这却不是斯宾塞的结论。他建议一种宽容和善的制度、一种相对任其发展的氛围，在我们看来，这更像卢梭乐观主义的产物。他批判英国学校中严厉残忍的纪律。最后，他要求对待儿童不要像对待无可救药、只屈从于武力的叛徒，因为儿童是有理性的，他有能力理解顺从的理由和好处，他可以从简单的事实中看出因果关系。

649. 自然惩罚法

在斯宾塞看来，真正的道德纪律要把学生置于完全依赖自然的状态下，自然启发孩子思考自己的行为造成的自然结果，以此教育他们厌恶自己的错误行为。必须废除人为惩罚，它不仅会使孩子气愤，而且容易造成误解。只能借助于自己错误行为造成的困境，促使儿童醒

① 帕默斯顿勋爵（1784—1865），英国外交大臣和首相。——译者注

悟和做出必要反应，因为这是他的行为的必然结果。

例如，一个男孩把房间弄得乱七八糟，这种情况下使用自然惩罚（natural punishment）的措施，就要让他自己整理房间。采用这种方式，他很快就会改正自己的乱闹行为，因为他自己就是这种行为的第一受害者。

一个小女孩因为懒惰或因为在洗漱打扮上耽误了太多的时间而散
552 步时迟到，我们惩罚她的措施，就是不要等她，把她自己留在家里。这是改正她未来懒惰和娇气的最好办法。

当然，这种用自然教训取代人为惩罚的纪律体系有很多优势。儿童不是屈服于某一个教师的权威或终将去世的父母的权威，而是屈从于永恒而无情的自然规律。人为惩罚往往容易激起儿童的反抗，因为他们不明白惩罚的意义，而且从人为意志出发，惩罚可能具有不公正之处和反复无常之处。在公正的自然力量面前，在精确的错误惩罚力量面前，[①] 一个人还能轻易抗拒吗？自然力量是不接受任何理由和请求的，它不威胁、不愤怒，只是默默无闻而坚定有力地执行着自然的规律。

650. 自然惩罚法实施的困难

斯宾塞的理论很完美，但是，理论应用于实践的机会却不像我们的哲学家所认为的那么多。在大多数情况下，孩子们很少懂得反思和推理，不会明白、尤其不会注意到个人得失的含义。

我们还要说，自然惩罚理论是完全消极的，它最多只是避免邪恶的行为。即使赋予它一种它所没有的功效，我们还是要批评它狭隘的道德文化。它把道德降低为简单的对有用性的狭隘追求，而对促进积极的美德发展以及促进高尚、崇高、无私的道德教育没有发挥任何作用。

553 最后，自然惩罚的制度往往会导致残酷危险的后果，对孩子造成

---

① 目前的经验能够证明，这只是一种假设。最轻微的伤害可能是最痛苦的，最严厉的伤害反而可能是最不痛的。

不可挽回的伤害。我们先不管针线包、沸水、烛火——斯宾塞先生列举的一些例子；但是，他任凭孩子去拿一块烧红的铁块，对此我们该怎么解释呢？对这个年幼无知的小孩犯下的错误和造成的严重后果，我们应该怎么解释呢？

格雷亚尔说："为了训练儿童的意志，让儿童完全接受自然惩罚的不可避免的结果，这样做是不是把儿童放在过于严厉甚至有失公正的制度下了呢？他们承受的惩罚相对于他们所犯的错误来说太严重了，人有权要求通过别的方式而不是残酷的现实来制裁自己的行为。他希望我们不仅要评价事实本身，而且要评价行为动机；他希望他的努力受到肯定，首先不要让极端的惩罚降落在自己身上；如果必须惩罚的话，他希望这种惩罚不会是破坏性的，而是在惩罚的同时向他伸出援助之手。"①

651. 回归自然

无论如何，斯宾塞先生值得称赞的一点是，他证明了道德教育和智力教育的最佳方法就是回归自然。回归自然是卢梭的理论特点，也是裴斯泰洛齐的实践特点，同时也是斯宾塞教育思想的主导特征。

如果我们深入探究这个问题，我们会发现，追求自然的坚定目的
不仅意味着对人为的教育方法的排斥，而且体现了一个基本信念—— 554
相信自然天性具有善意。相信自然天性，相信灵魂的自发力量，因为我们从中发现了更高的天命或内在的远见，这一信条对于指导人际事物来说一般都具有价值和启发意义。当我们发现这一信条也是斯宾塞的教育学的理论根基时，我们感到十分惊讶。

因此，在说到体育的时候，斯宾塞表明各种感知是自然的向导，如果不跟随自然的向导是很危险的。

"幸运的是，与自我生存直接相关的重要的教育内容大部分都已经被掌握了。自然成为了我们的老师，避免我们在如此繁多的知识里

① 参见吉拉德的回忆录：《教育中的纪律思想》（*Esprit de discipline dans l'education*），发表于《教育学杂志》（*Revue Pedagogique*），1883 年，第 11 期。

摸爬滚打。”

在另一处，斯宾塞说到引导儿童自己运动的直觉，认为体育运动是身体健康的基础。他宣称，违背这种直觉就是违背“上帝的旨意”，不能确保身体的健康成长。

652. 体育

斯宾塞用一章探讨了体育，这位哲学家完全没有唯心主义的偏见，并且毫不犹豫地写道：

“世界历史表明，优良的种族是那些精力充沛和占据支配地位的种族。”

555 首先最重要的是必须培养身强力壮的人，培养像“充满活力的动物”一样的人。

“儿童的真正教育在几方面是欠缺的：食物供应不足、衣服供应不足、运动训练不足、智力思考过度。”

斯宾塞抱怨现代教育变成了完全的智力教育，而忽视了身体。他提醒我们“保持身体健康是我们的责任之一”，有一种称之为“身体道德”（physical morality）的事物。

在这里，跟别的地方一样，斯宾塞要求我们遵循自然倾向。他从生理学角度解释了儿童对某些食物的强烈需求，比如糖。他强烈请求我们顺从儿童的喜好，并且让儿童进行自由自发的体操锻炼。

653. 对斯宾塞的总体评价

我们认为，有一点可以证明上述教育理论的真理性：它们与现代伟大的教育改革家的理论相一致。斯宾塞的思想与裴斯泰洛齐在斯坦茨的教育方法完全一致。斯宾塞说，裴斯泰洛齐在那里的成功归于两点：首先，他注重思考儿童需要什么样的教育；其次，他费尽心思在新知识和旧知识之间建立联系。

因此，斯宾塞的文章值得教育学家们关注。很少有其他著作像这本书一样具有敏锐的细节观察和坚定的论点总结，其中蕴含的精髓更
556 具有价值。然而，我们阅读这本书的时候必须小心谨慎。这位伟大的

英国思想家时常有失公正和尺度，他的大胆结论需要我们谨慎地进行思考。

654. 亚历山大·贝恩和《作为一门科学的教育》

亚历山大·贝恩先生的《作为一门科学的教育》(*Education As A Science*) 一书没有斯宾塞的著作出色，但是，这本书的优点在于它的研究分析和学术缜密。别人以丰富的想象力、独创性和热情可以超越贝恩，但是没人能够以丰富的细节内容和大量的精确观察与贝恩相提并论。在冒险精神丧失主导地位后，在发表了一篇独创性文章之后，贝恩开始进行理论和完整手册的写作。他的著作就像一个有良心的战士向维多利亚大军进军一样，用一种充满智慧的组织方式确保了鲁莽将军征服的每一个地方。换句话说，他的著作只不过是对斯宾塞教育理论的专心研究和透彻发展。

655. 对《作为一门科学的教育》的总体印象

我们不可能通过简单分析就能完全展现出《作为一门科学的教育》的价值，特别是这本书的价值在于作者探讨了大量的问题以及提出了众多的解决方案。画家会为一些风景而沮丧，因为尽管这风景很美，但是视野太大、细节太多，以至于难以在一幅画框中呈现。我们可以用同样的话来说贝恩的书。我们必须亲自读过著作才能对著作做出评价。从这本书中，所有的教授们会发现大量关于教育方法的周全建议和睿智反思。学习的本质、科目的顺序、难度的渐增、练习的选
择、口头教学与书本教学的比较、不同的纪律方式——这位思想家没 557
有忽视任何的方面。他不只是一个理论家或业余教育家，而是一个专业教育家、有能力的教师和有经验的教授。

其实，我们不应该被书名所蒙骗，《作为一门科学的教育》这个书名很有可能吓跑了所有的读者，比如从事教育的人，特别是寻求教育实践指导的人。相反，他们有足够的理由称赞这本书，因为书中的内容从一般性总结很快就过渡到实践方法，这本书首先最重要的就是一本实践和技术教育学手册。学习这本书不仅对从事高等学科教育的

老师们很有价值，如人文和科学的教授们；而且对于那些初级教师甚至那些教读书识字的老师们也很有益，因为贝恩先生没有忽视任何一点细节。

656.《作为一门科学的教育》的内容

《作为一门科学的教育》包括三个部分：(1) 心理资料；(2) 教学方法；(3) 现代教育。

贝恩首先研究了各种能力是按照什么顺序发展的，这种顺序对学科的分布会产生什么影响。这是心理分析部分。然后讨论了他所提出的“逻辑顺序”，即各门学科之间以及每门学科不同部分之间存在的关系。这是教育的“分析性问题”。①

558 在确立这些前提之后，贝恩进入了主题——教学方法。他依次讨论了阅读的首要因素、实物教学，“比其他任何教学方法都需要小心谨慎，因为一旦疏忽，这个伟大的教育过程在缺乏技巧的老师手中就会变成吸引人的外表事物，而不具有任何价值”；然后是历史、地理、科学和语言的各种教学方法。

最后，在第三部分中，贝恩展示了一个新的教育计划，其中特别提到了中等教育。

657. 心理顺序和逻辑顺序

贝恩对心理发展和学科分布的思考受到了斯宾塞指导理论的启发。

“观察先于思考。具体先于抽象。”

在教育中，顺序应该是从简单到复杂、从特别到一般、从模糊到确定、从经验到理性、从分析到综合、从大纲到细节、从有形到无形。

这就是教育应该坚持的完美顺序。但是，贝恩先生还指明，在实

---

① 参见《作为一门科学的教育》，第 5 章。贝恩先生所说的教育的“分析性问题”，是指不同学科的教育价值问题。——佩恩注

践中会有各方面困难阻碍这个严格的顺序。

658. 现代教育

贝恩向教育改革家们推荐的中等教育计划是通过各方面观察而得出的结论。

智育——接受普通教育的全体青少年学生的共同教育。其有三个重要组成部分：（1）科学；（2）人文学科；（3）修辞学和民族文学。 559
我们能够立刻理解最后一个部分的内容，但是，另外两个部分则需要做一些解释。

科学可以分为两个部分：一是需要掌握的科学——算术、几何、代数、物理、化学、生物、心理学；二是只需要简单了解的自然科学，因为这些学科有大量需要记忆的事实知识。这样，科学学习的大纲就完整了。但我们不知道为何把地理归入科学的行列，而把历史归入人文的行列。

至于人文学科，贝恩只是保留了它的虚名，却没有保留其实质。他所说的人文学科领域是经过缩减而严重变形的领域。他把人文学科的精华——古典语言学习排除在外；他甚至还排斥现代语言的学习。其实，他所说的人文学科是道德学科，“包括历史、社会学、政治经济学和法律学”。

人文学科中后来又增加了世界文学这门课程。但是，我们要知道，这门课程是没有著作原文的。

各门课程学习每周平均 2～3 个小时，整个教育过程持续 6 年。贝恩认为，智育的三个部分是同等重要的。

至于真正的人文学科，即古典语言和现代语言，教育体系中不再包含语言课程，除非作为选修或额外课程。关于语言教育的未来，贝恩甚至预言：“将来有一天，我们会发现语言教育在现在的教育体系中占据的位置太大了。”

贝恩把所有的青睐都给予了科学学习，他的书名或许很恰当，不 560
仅是《作为一门科学的教育》，而且是《教育中的科学》（*Science in Education*）。

659. 理论的错误

贝恩指责文学的理由是文学让人养成奴性的习惯。这是一种相当奇怪和扭曲的思想，竟然会认为文学是培养智力奴性的学科！或许科学教学更容易使精神变得奴性。科学中，不可动摇的证据和精确性难道不会时常扼杀创新思维、阻碍想象力的自由飞翔吗？

然而，这一缺点并没有让文学失去在智育大纲中的重要位置。让我们欣然接受文学的附庸，认可文学一定的地位，但我们绝不容许文学的侵蚀。一句话，科学的对象或者是完全抽象的概念，或者是完全物质的现实。学习数学和物理的人首先获得对崇高价值的真知。同时，他通过运用各种严格的科学方法来强化思维。我们非常乐意赞成贝恩这一观点，即认为科学不仅是有用真理的来源，而且是训练思维的有价值的工具。通过科学学习，我们不仅能获得关于世界的具体知识，而且能获得熟练的科学方法所带来的力量、严格和精密。

660. 科学的有限性

科学对于丰富和约束心灵非常有用，也非常必要，但问题是科学
561 是否对教育心灵也同样有效呢？教育家不是只需要做好两件事——犁地和播种的农夫。教育工作有一个更为广阔的领域。教育要发展各种能力或潜力——现代哲学已经不再称之为“能力”，而是给它起一个新的名称，即“心灵的潜意识力量”（the unconscious forces of the soul）；教育不是在大自然为我们完全准备好的土壤上劳作，教育本身的很大一部分工作是创造土壤。现在，科学确实是适合播种到土壤里的种子，但是，科学并不是给予种子养料、让种子成长的物质。

661. 感觉主义倾向

如果我们深入探究贝恩的关于心理的思想和理论，我们会发现他如此偏爱科学教学的秘密。他在教育实践中的错误源于他关于人性的错误理论。

贝恩与洛克一样，认为人的意识中不存在脱离于事实的智力，因

此，能力教育是不存在的。记忆力或想象力可以被认为是一种特殊能力，是一种令人或多或少感到高兴的能力，但是，这种能力也只不过是脑海中相继出现的回忆和印象而已。贝恩与洛克观点一致，认为最好的教育是把知识灌输给思维的教育，让头脑中积累大量的事实知识，而不是追求点燃心灵的智慧之火。

贝恩的理论还有一个扭曲的观点，即认为心灵没有独立性和个体
生命；对他来说，意识的背后就是大脑器官，没有任何中间部分。既 562
然大脑是自我发展的，随着年龄的增长，大脑就会越来越重、越来越大；并且从具体事物的年龄过渡到抽象概念的年龄。因此，教育领域必然得到了收缩和减小。教育不需要做任何事情，只需任凭自然去发展，让自然往大脑里面灌输知识就足够了。

662. 功利主义倾向

最后，总结贝恩教育思想的一般观点，我们发现还有一个缺点，即具体务实但粗俗的实用性掺杂在各种思想灵感之中。实用性的标准甚至经常是虚假过度。例如，在语言学习中，只要学习经常使用的词语；在科学中，只要学习经常应用的知识。甚至在道德教育中，这位英国哲学家的道德思想也具有狭隘的功利主义倾向。

例如，贝恩认为人们对刑法典的恐惧是培养美德的源泉，你会相
信吗？[①] 在这里，我们至少要承认科学是远远不够的。“认为学习生理
学可以教育我们适度的性欲，这其实是赋予科学一项不可能完成的任 563
务。”我们是否还要按照贝恩先生的要求去考虑一下各种社会影响因素和个人经历呢？在这里，他的美德教育是真正的经验主义教育，学习道德就像学习母语一样，是通过运用和模仿他人而进行的；所谓的道德教育变成了需要重复训练的文法规则。

---

① 我们不妨思考一下贝恩先生对惩罚措施的观察。下面是吉拉德对它们的评价：“贝恩先生的良好意愿和纪律方法没有放在执行规则上面，而是放在执行规则的不同情况上。关于这一点，他开始了详细的说明。他毫不犹豫地向刑罚专家寻求知识援助，他的建议与边沁的观点合起来可以编成30篇文章。”

663. 对贝恩教育思想的最后评价

但是，我们对贝恩教育思想一般倾向的评价，不会损害我们对《作为一门科学的教育》一书严谨品质的欣赏。毫无疑问，书中有些细节的错误值得注意，有些特别的方法还有待讨论，例如，永远不要同时做两件事情；要首先教孩子们学习本国历史的优点。贝恩忘记了神话历史和圣经历史，这些故事具有传奇般的色彩，对孩子的想象力具有特别的吸引力，比本国历史更适合儿童的心灵。但是，除了这些有争议的内容之外，书中还有很多内容值得重视，例如，对不同的教育阶段的睿智观察，从具体到抽象的过渡，实物教学中必须注意的事项，否则实物教学很容易堕落为滥用，等等。《作为一门科学的教育》一书中的绝对理论甚至也具有重要的价值；因为要证明思维的运作，没有什么比绝对的、诚实的观点更有价值了。如果我们不害怕拿人的心灵做实验的话，那我们甚至希望尝试按照贝恩的计划进行一个只有科学的教育实验。

664. 美国教育家钱宁

英国教育学的主要缺陷在于其贵族性特点。对于斯宾塞和贝恩以
564 及洛克来说，教育简单地讲就是绅士教育问题。在美国教育家钱宁(Channing，1780—1842）和贺拉斯·曼（Horace Mann，1796—1859）的著作中，我们发现了民主教育理论和民众教育理论的因素。[①]

钱宁是一位一神论牧师，他把宗教情感和哲学理性相结合，希望在神学领域一切事物都应该从人类判断的至高点出发。他最有趣的著作是1838年在波士顿的公共讲座，讲座的内容是个人教育以及工人阶级的提升。我们没有足够的篇幅来分析他的讲座，希望下面几段引文可以让大家了解这位美国改革家的一般精神：

“有人对工人接受教育提出了抗议，认为如果工人有时间和精力

① 除了这些著作外，还应该加上瑞士、意大利和法国的教育家，特别是西西里教育家的著作以及伯纳德·佩雷兹（Bernard Perez）具有创新性的和建设性的研究成果。

去提升心灵的话，那么他就会饿死自己，也会让国家变穷，但我对此不以为然，因为我想到了心灵的活力和效率。”

“宇宙中最高的力量就是心灵。心灵创造了天堂和大地。心灵把荒野变成果园，仁慈让政府部门把遥远的村落相连，满足每个人的需求。人类统治世界的力量不在于未开化的暴力或身体的力量，而在于艺术、技巧、智力和道德能力。心灵征服了世界。担心唤醒一个人的心灵会让他饿死或者让我们变得贫穷，实在是杞人忧天。”

“我们主要是通过阅读书籍与伟大的心灵进行对话的，这种珍贵的交流方式每个人都应该享有。在经典著作中，伟人们与我们对话，教给我们最宝贵的思想，把他们的心灵融入了我们的内心。感谢上帝 565
创造了书籍。书籍是悠久历史的声音，让我们继承发扬了过往的时代精神。书籍是真正的平衡器，给予全社会有心灵的人和真诚阅读书籍的人我们人类最美好、最伟大的东西。无论我多么贫穷，无论与我同时代的有名人士是否会拜访我的陋室，只要那些伟大的作家走进我的房门并住在我的家里，只要弥尔顿（Milton）① 唱着《失乐园》（Paradise）踏进我的门槛，只要莎士比亚为我打开想象力的世界和人类的内心情感，只要富兰克林（Franklin）② 用他的务实智慧丰富我的心灵，我就不会为没有智慧的陪伴而痛苦，我就可能成为一个有文化的人，尽管我住的地方远离所谓的上流社会。”

665. 贺拉斯·曼

贺拉斯·曼不是探讨教育的哲学家，而是改革并发展美国教育的政治家。作为马萨诸塞州教育委员会的秘书，他开办了学校，建立了图书馆，发表了大量的演讲，其中最著名的是《共和国政府中教育的必要性》（*The Necessity of Education in a Republic Government*）。

他经常说：“人们什么时候才能重视儿童？我们看着交给大地的种子，但直到青春的太阳落山之后，我们才发现人类的心灵。如果我

① 弥尔顿（1608—1674），英国诗人、政论家。——译者注

② 富兰克林（1706—1790），美国政治家、科学家和教育家。——译者注

有能力的话，那么，我会把书籍传播到世界的每个角落，就像人们把小麦的种子播种在耕耘的土地上一样。”

他对美国人、工人、商人解释教育的具体优点：

566 “如果明天有人告诉你最近发现的一个煤矿只需要支付10%，你会疯跑过去；你会想到你要支付给无知的匍匐挖煤者40%～50%。你只是考虑到了资金和机器，但是，首要的机器就是人力，首要的资金也是人力，你却忽视了人力。”

但是，他对教育的道德作用也很感兴趣，特别是一个民主社会中，每个公民都是一个小统治者：

“我们的民众现在接受的教育需要有更多的内容。通过教育，他们身上的新的力量会被唤醒，而这种智力和道德力量一定要受到管理。在这里，我们面对的不是机械力量，一旦开始运作就能自动完成任务，然后停止工作。不；这是精神力量之火，蕴含着生命和进化的原则，任何事物都无法将之熄灭。”

666. 结论

斯宾塞与贝恩的著作、钱宁与贺拉斯·曼的著作，还有其他教育学家的著作，都为我们解决现今教育问题做出了贡献。这些解决方案对我们国家的稳定繁荣意义重大。现在比以往任何时代都要求我们必须严肃思考教育问题，而不是灵感诡异多变而危险的问题。有人说，未来是不确定的，没有人知道法国社会会走向哪里，我们的命运掌握在无法预料的暴风雨的手中。我们不相信这个观点，因为我们有能力
567 改变命运。实际上，有一种办法可以保障民众的未来，那就是给他们智力和道德的教育，净化人们的心灵，强健人们的性格。我们不要把复兴和进步寄希望于忽然之间奇迹般的变革，我们甚至不必幻想这种或那种政治机构能够立即见效。从今以后，所有的进步都是按照缓慢的进化规律，通过一步步细微的改革而实现的。孩子每一天都在慢慢地长高，我们无法察觉这种缓慢的变化，只能看到孩子一年一年地长大。就像孩子的成长一样，我们国家的成长也是缓慢而坚定的，充满智慧和活力的教育启发着人们从邪恶走向善良、从卑微走向荣耀。

进化论的信仰者有时好像在向我们宣布一个优越于我们的种族正在接近我们和淘汰我们，正如我们淘汰了比我们低劣的种族一样。在未来的某一天，我们也许会在“岩石的一角”遇见淘汰人类的新种族。我们不会相信这种预言，这种假定的种族是自然选择的魔杖一挥，忽然之间产生的，这让我们觉得很可疑。

幸运的是，我们知道有另外一种更加可靠的进化方式，不是进化为一个奇怪的种族，而是进化为比我们更为优秀的一代人，他们拥有更加强壮的体力、更加高尚的心灵以及更加美好的品格。这种方法就是通过反思和理性建立一种更好的教育，促使我们更好地达到目标；一种更广阔、更完整的教育，一种更严厉同时又更自由的教育，因为它带来了更多的艰辛，同时也带来了更多的空间；在这种教育下，孩子要学会依靠自己；这种教育不再鼓励孩子形成不合时宜的、求助于 568
超自然帮助的惰性；教育不再是口头背诵的套话，而是内在心灵的深刻感知，在这里，对良心的敬畏将会取代其他的行为规范，自由的思考和反思不会再受到质疑；最后，这种教育会更加科学、更加理性，因为它不会遗漏任何有助于促进心灵发展的事物，致力于培养最接近完美的心灵。这种属于未来的教育经常会受到历史的旧思想的纠缠和阻挠，即便不考虑这点，这种教育也很难实现，理论难以确立，方法难以实践，除非有一个条件：对儿童心理进行了深刻研究和论述，对儿童心理可能造成的任何后果都进行了透彻的思考。

667. 对斯宾塞教育思想的评价

作者［孔佩雷］或许强调了他的小心谨慎。他抱着测评真理的态度，小心谨慎地阅读。斯宾塞先生的《教育论》一书完整谨慎而具有启发性，但是，我们依然可以质疑，自《爱弥儿》之后，是否还有其他著作像《教育论》一样以华丽的修辞和虚幻的哲学让不小心的读者落入陷井？斯宾塞的广阔思想和直率语言极具魅力，读者不由自主地认同了预定的结论。特别是第一章堪称佳作，其中对情感和悲痛的巧妙处理让读者很难形成自己的评价判断。

在这里，我只能以简单的方式指出书中几点根本谬误：

569 (1) 斯宾塞没有区分知识的直接实践价值和间接实践价值。我们可以认同他的观点：科学对于人类具有不可估量的重要价值。但是，这并不意味着每一个人都必须是科学家。我们不需要拥有一切对我们的舒适生活具有重要价值的东西，因此，我们也不必自己掌握能够指导我们的全部知识。

(2) 认为教育的功用仅仅局限为培养一个人适应他出生后所处的生活状态，这种观点是非常狭隘的。丛林人、印第安人、会计，都证明了各个地区教育的不幸。其实，教育的最高功用应该使一个人从出生家庭的生活状态中不断提升。

(3) 科目的指导价值等同于训练价值，这个命题只在一种前提下成立：丛林人永远是丛林人，印第安人永远是印第安人。以新哲学的思路，他们当然应该是这样。从事教育实践工作的教师非常清楚，越是具有实践价值的科目往往越是缺乏训练价值。斯宾塞只是引用“美丽的自然经济”(the beautiful economy of Nature) 这一句话来证明他的论点。

(4) 斯宾塞主张的教育体现了功利主义。他关注的教育是把人当做机器来培养，而不是当做渴望追求完美人性的人来培养。自由教育应该首先注重培养人，其次培养工具价值。

(5) 斯宾塞重复了孔狄亚克和孔德的理论：个人教育应该是文明史的一种内在复演。这个理论只是一个华而不实的一般性总结，它在任何程度上都不能应用于实践，因为它忽视了进化的一个重要因素
570 ——遗传。

(6) 赋予“自然”在教育中一个如此过分的角色，这是反常的和荒谬的。自然科学很早之前就已经摆脱了自然的神秘主义。只是在教育科学中，自然的神话还依然在上演。

(7) 斯宾塞的道德教育所主张的自然后果论，只能在有限的情况下使用，或者说，如果完全应用于实践的话是非常不人道的。适者生存，但是，如果没有人类同情和关爱的话，即使适者也很难从他们造成的严重后果中幸存下来。

附　录

A

对教育学史教学的建议

The two aims to be kept in view in the teaching of this subject are *culture* and *guidance*. The purpose should be to extend the intellectual horizon of the teacher, or, to use Plato's phrase, to make him "the spectator of all time and all existence"; and, in the second place, to furnish the teacher with a clew which will safely conduct him through the mazes of systems, methods, and doctrines. There is no other profession that has derived so little profit from capitalized experiences; and there is no profession in which culture and breadth are more necessary.

For securing the ends here proposed, it is recommended that a plan somewhat like the following be pursued in the use of this volume: —

1. If there are three recitations a week, assign one chapter for each; of the first two recitations, *to be carefully and thoughtfully read*, and require each pupil to selcct one special topic to present and discuss when he is called upon in the recitation; and for the *third* recitation in each week, require each pupil to select a topic from any part of the book which has thus far been studied. The purpose of this plan is to bring before the class, in sharp outline, the salient points of the subject; and, at the same time, to create a sense of the organic

unity of the theme as a comprehensive whole. When there are more than three recitations a week, only a part of a chapter need be assigned for an advance lesson.

2. When the first survey of the subject has been made in the way just suggested, a *review* may be conducted as follows: —

(1) *Biographical.* Following a chronological order, divide the whole treatise into as many sections as there are recitations to be devoted to this purpose, and require each pupil to make a careful study of some educator, as Socrates, Montaigne, or Pestalozzi, and to present this theme when called upon in recitation. When there is opportunity, encourage pupils to amplify their themes with information derived from other sources.

(2) *Topical.* Require each pupil to select some doctrine, system, or method, and to show, in a systematic way, its origin, progress , and termination. In this review, encourage the critical spirit, and make the recitation to consist, in part, of a free discussion of principles and doctrines. The value of this subject for *guidance* will appear in this part of the study.

(3) *By Chapters.* Require each pupil to prepare a summary of some chapter in the book, emphasizing the more important truths that are taught in it, and showing the tendency or drift of educational thought. The *culture* value of the subject will appear in this part of the study. By this mode of treatment, the subject can be compassed, with good results, in twenty weeks.

3. Where no more than twelve or fourteen weeks can be given to this subject, it is recommended that the following chapters be selected: Ⅰ., Ⅱ., Ⅲ., Ⅳ., Ⅴ., Ⅵ., Ⅶ., Ⅹ., Ⅺ., Ⅻ., XⅢ., XVⅢ., XIX., XX., XXⅠ., XXⅡ.

For use in *Teachers'Meetings* held by superintendents, the following chapters are suggested: Ⅱ., Ⅲ., Ⅴ., Ⅵ., Ⅶ., Ⅹ.,

XⅢ.，XVⅢ.，XX.，XXⅡ.

For use in *Teachers'Reading Circles*, either of the above selections will serve a good purpose.

B

教育学史补充书目精选

1. The Cyelopsedia of Education. New York.

2. Buisson. Dictionnaire de Pédagogie. Parts 1～156. Paris.

3. Lindner. IIandbuch der Erziehungskunde. Wien and Leipzig.

4. K. Schmidt. Die Geschiehte der Padagogik. Cöthen.

5. G. Compayré. Historie Critique des Doctrines de I'Education en France. Paris.

6. Barnard. German Teachers and Educational Reformers.

7. Barnard. French Teachers, Schools, and Pedagogy.

8. Barnard. English Teachers, Educators, and Promoters of Education.

9. Barnard. American Teachers, Educators, and Benefactors of Education.

10. Barnard. Pestalozzi and Swiss Pedagogy.

11. Biber. Pestalozzi and his Plan of Education. London.

12. Donaldson. Lectures on the History of Education. Edinburgh.

13. Krüsi. Pestalozzi: his Life, Work, and Influence. Cincinnati.

14. Lorenz. Life of Alcuin. London.

15. Mrs. Mann. Life of Horace Mann. Boston.

16. Meiklejohn. Dr. Andrew Bell. London.

17. Morley. J. Rousseau. London.

18. Mullinger. The Schools of Charles the Great. London.

19. Quick. Essays on Educational Reformers. Cincinnati.

20. Shuttleworth. Four Periods of Public Education. London.

21. Arnold. Higher Schools and Universities of Germany. London.

22. Hart. German Universities. New York.

23. De Guimps. Histoire de Pestalozzi. Lausanne.

24. De Guimps. La Philosophie et la Pratique de I'Education. Paris.

25. Meunier. Lutte du Principe Clerical et de Principe Laique dans I'Enseignement. Paris.

26. Gaufrés. Claude Baduel et la Réforme des Études au XVI • Siècle. Paris.

27. Bentham. Chrestomathia. London.

28. Drane. Christian Schools and Scholars. London.

29. Ascham. The Scholemaster. Notes by Mayor. London.

30. Locke. Thoughts concerning Education. Notes by Quick. Cambridge.

31. Laurie. John Amos Comenius. Boston.

32. Lancelot. Narrative of a Tour to La Grande Chartreuse. London.

33. Schimmelpenninck. Narrative of the Demolition of Port Royal. London.

34. Hamilton, Elizabeth. Letters on the Elementary Principles of Education. London.

35. Spencer. Education: Intellectual, Moral, and Physical. N. Y.

36. Rousseau, Émile. Extracts. Boston.

37. Blackie. Four Phases of Morals. N. Y.

38. Aristotle. The Politics and Economics. London.

39. Craik. The State in its Relation to Education. London.

40. Cousin. Report on the State of Public Instruction in Prussls.

41. Gill. Systems of Education. Boston.

42. Souquet. Les Ecrivains Pédagogues du XVIe Siècle. Paris.

43. Mann. Lectures on Education. Boston.

44. Quintilian. Institutes of Oratory. London.

45. Plato. The Republic and the Laws. London.

46. Xenophon. The Memorabilia of Socrates. N. Y.

47. Plutarch. Morals. Boston.

48. MacAlister. Montaigne on Education. Boston.

49. Pestalozzi. Leonard and Gertrude. Boston.

50. Neeker de Saussure. Education Progressive. Paris.

51. Cochin. Pestalozzi: sa Vie, ses CEuvres, ses Methodés. Paris.

52. Compayré. Cours de Pédagogie. Paris.

53. Milton. Tractate on Education. Cambridge.

54. Fénelon. Fables. Paris.

55. Fénelon. The Education of a Daughter. Dublin.

56. Martin. Les Doctrines Pédagogiques des Grecs. Paris.

57. Jacotot. Enseignement Universel. Paris.

58. Adams. The Free School System of the United States. London.

59. Conrad. The German Universities for the last Fifty Years. Glasgow.

60. Capes. University Life in Ancient Athens. N. Y.

61. Mahaffy. Old Greek Education.

62. Chassiotis. L'Instruction Publique chez les Grecs. Paris.

63. Spiers. School System of the Talmud. London.

64. Simon. L'Éducation et I'Instruction des Enfants chez les Anciens Juifs. Paris.

65. Edgeworth. Practical Education. N. Y.

Note. —For other supplementary works, and for a more complete description of the books in the above list, consult the Bibliography of G. Stanley Hall (Boston: D. C. Heath&Co.).

人名与主题索引